国家级一流本科专业建设点

U0884142

高等院校本科财务管理专业教材新系

项目评估

Project Evaluation

（第四版）

余炳文 主编

东北财经大学出版社
Dongbei University of Finance & Economics Press
大连

图书在版编目（CIP）数据

项目评估 / 余炳文主编．—4版．—大连：东北财经大学出版社，2024.9．—（高等院校本科财务管理专业教材新系）．—ISBN 978-7-5654-5345-8

Ⅰ.F224.5

中国国家版本馆CIP数据核字第20245C2X48号

东北财经大学出版社出版

（大连市黑石礁尖山街217号　邮政编码　116025）

网　　址：http://www.dufep.cn

读者信箱：dufep@dufe.edu.cn

大连市东晟印刷有限公司印刷　　东北财经大学出版社发行

幅面尺寸：185mm×260mm　字数：443千字　印张：18.5　插页：1

2024年9月第4版　　2024年9月第1次印刷

责任编辑：王　莹　　责任校对：高　铭

封面设计：张智波　　版式设计：原　皓

定价：45.00元

教学支持　售后服务　　联系电话：（0411）84710309

如有印装质量问题，请联系营销部：（0411）84710711

第四版前言

项目通常是为完成特定目标而进行的一系列有序的活动，项目评估一般是针对建设项目进行的经济性评价。按照《国家发展改革委、建设部关于印发建设项目经济评价方法与参数的通知》（发改投资〔2006〕1325号）的有关要求和国家科学技术委员会、国务院技术经济研究中心合编的《工业建设项目可行性研究经济评价方法——企业经济评价》的规定，项目评价包括企业经济评价和国民经济评价两个层次。企业经济评价从企业角度进行企业盈利分析，以确定项目的可行性；对于非营利性的公共工程和社会设施等建设项目的可行性研究经济评价，则可以通过费用效益分析的方法来进行。国民经济评价是从国家角度进行经济效益和社会效益分析，以确定项目的可行性。后来，随着市场化改革，市场建设项目不限于国家投资范畴，民营经济的发展给项目投资和项目建设带来了规模上的扩张，对项目建设的必要性、可行性、合理性以及项目实施的风险进行系统性的分析就显得十分有必要。党的二十大报告指出，“我国社会主要矛盾是人民日益增长的美好生活需要和不平衡不充分的发展之间的矛盾”，加之科技革命浪潮迭起，人工智能、大模型、数字信息技术发展促使项目建设出现新的变化趋势，数字产业化和产业数字化正在协同推进，半导体、集成电路、新能源、生物医药技术建设不断扩大，因此对建设项目的评估越来越重要。

本次修订是在《项目评估》第三版的基础上进行的，如今项目的复杂性、风险性、长周期性、多方参与性以及工艺设备技术性等都有所提高，评估重点技术性增强，这就要求项目评估专业人员具备多方面知识的融合与创新，在项目财务评估、项目风险评估、项目资源分配、项目敏感性分析以及后评价等方面要求不断提高，所以本次修订在原有的基础上参考了最新的相关文献，重新对内容进行了梳理，更新了相关的规定和规范，纠正了不妥当的说法，优化了教材体系。本次修订主要体现在以下三个方面：

一是融入课程思政元素。本书全面、准确、系统体现习近平新时代中国特色社会主义思想和党的二十大精神内涵，紧密结合学科专业人才培养，突出重点、抓紧关键点，充分发挥教材的铸魂育人作用，构建了思政目标、思政维度、思政元素、思政案例等相关内容，把家国情怀、民族自信、国际视野、社会责任、契约精神、职业道德、法治原则、科学管理、辩证思维、技术革新等纳入内容体系，将培养目标和教学内容相结合，起到教书育人的目的。

二是强调教材的实用性。此次修订依然遵循上一版的篇章结构，按照项目评估的顺序编写，用简洁明了的语言阐述项目评估的基本原理和方法，易于读者了解和掌握。主要内容包括项目概况评估与项目建设必要性评估、市场分析、项目规模的选择、选址与生产建设条件评估、技术方案评估、项目投资估算与资金筹措评估、项目财务基础数据测算、项目财务效益分析、国民经济效益评估、不确定性分析、项目总评估和项目后评估。此次修订注重理论联系实际，在进行理论讲解的同时，辅以有针对性的例题，做到既有理论分析，又有实务解答，提高了学生的认知能力和理论应用能力，更加注重教材的实用性、通俗性和实践性；紧密结合项目评估的有关理论、方法，进一步完善项目评估的相关知识体系，方便教师的教学和学生的自学。此次修订保留了每章开头的主要知识点，用以提示学生在学习时需要关注的内容；对部分自测题作了调整，可以帮助学生强化对知识点的记忆。本书各章章后设有本章小结、关键概念、章后练习等，有助于学生进一步巩固所学的知识。

三是完善教材相关内容。在修订过程中，结合《产业结构调整指导目录（2024年本）》对项目评估相关内容进行阐述。此外，各章节还修订了案例，以增加教材的可读性，丰富学生的知识面。各章章末给出部分练习参考答案，部分章节附有阅读材料，均以二维码的形式展现，有助于引导学生自主学习。

本书共分13章，其中第1章和第2章由江西财经大学余炳文修订；第3章和第4章由深圳大学米旭明修订；第5章和第7章由江西财经大学李明修订；第6章由浙江大学城市学院王薇修订；第8章和第9章由武汉华夏理工学院李珊修订；第10章由咸宁职业技术学院许泽想修订；第11章由江西财经大学何燕婷修订；第12章、第13章由广东金融学院唐龙海、张玲修订。江西财经大学硕士研究生郝帅参与了全书13章的修订核对，陈晖参与了第1~7章的修订核对，朱博文参与了第8~13章的修订核对，博士研究生陈星、凌兴等也对本书的修订做出了贡献。同时，东北财经大学出版社对本书的出版给予了大力支持，在此表示衷心的感谢。

本书适用于高等院校工程管理类、金融类、经济类、公共管理类以及相关学科类各专业教学用书，适用于本科、研究生等各个阶段学生的学习，也可以作为MBA、EMBA以及相关专业硕士各个项目中相关课程的学习。

由于编者水平有限，加上时间仓促，本书难免会有很多不尽如人意的地方，本书修订组恳请各位读者批评指正，以便我们在以后的修订中进一步完善。

主编的邮箱是yubingwen@jxufe.edu.cn。

编　者

2024年5月

课程思政与专业教育融合思维导图

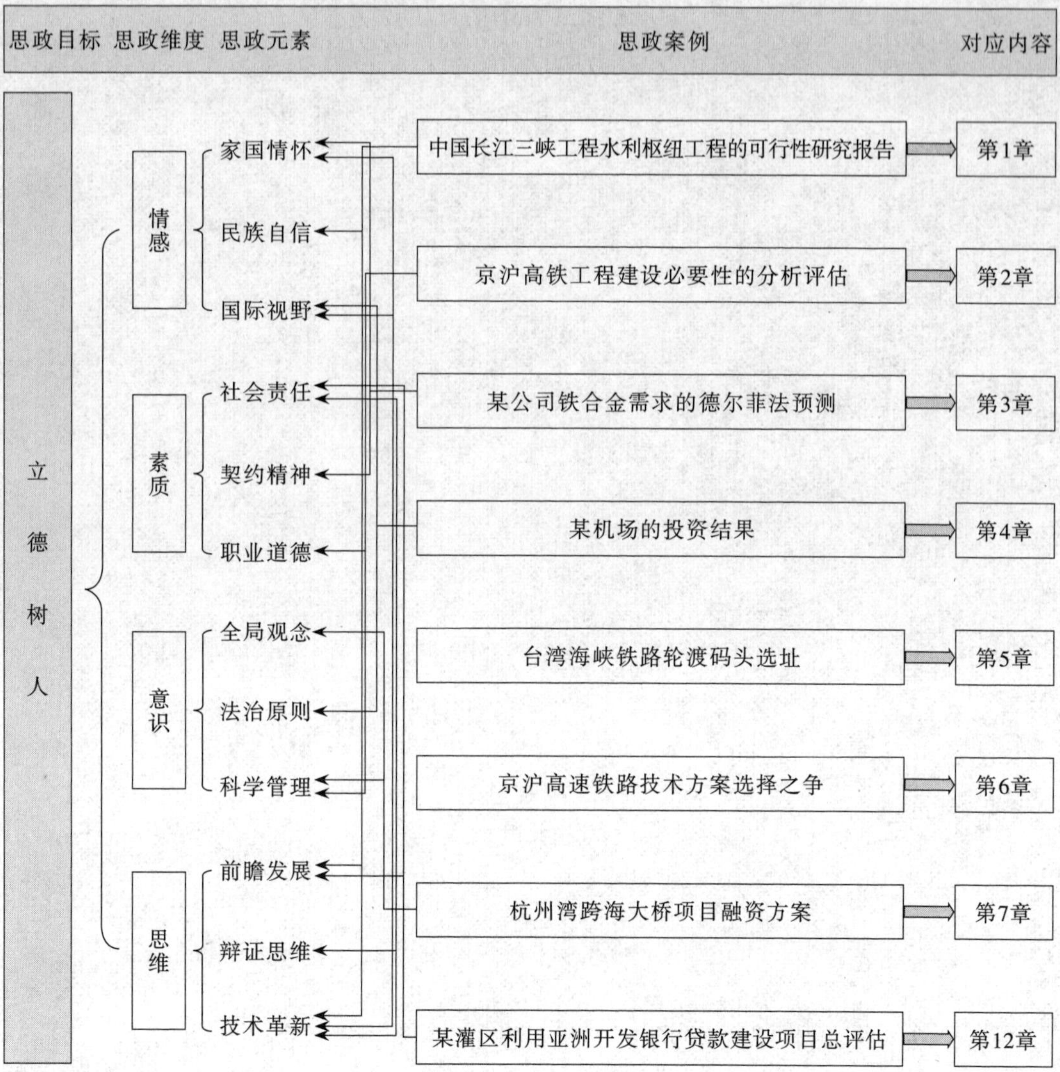

目　录

第 1 章 总 论

主要知识点

项目的概念、特征和分类；项目评估的概念、特点和意义；项目评估的产生和发展；项目评估与可行性研究的关系；项目评估的主要内容、原则、依据和程序。

1.1 项目评估概述

1.1.1 项目的概念、特征和分类

1）项目（project）的概念

一般认为，项目是指在某一地点，通过投入一定量的人力、物力、财力和科学技术，在预定的时间和空间范围内，为完成一项或一组开发目标，以达到预期的经济效益、社会效益等而进行的投资建设活动。项目是一个动态的概念，侧重于过程。

项目的定义有三层含义：第一，项目是一项有待完成的任务，且有特定的环境与要求；第二，在一定的组织机构内，利用有限的资源（人力、物力、财力等）在规定的时间内完成任务；第三，任务要满足一定的性能、质量、数量、技术指标等要求。这三层含义主要包含了项目的时间、费用和质量三重约束。通常情况下，项目的目标就是满足客户、管理层和供应商在时间、费用和质量上的不同要求。对于项目的概念，还有其他从不同角度给出的定义，其中具有代表性的包括以下几种：

（1）美国项目管理协会认为，项目是一种被承办的旨在创造某种独特产品或服务的临时性努力。一般来说，项目具有明确的目标和独特的性质，每一个项目都是唯一的、不可重复的，具有不可确定性、资源成本的约束性等特点。

（2）麦克·吉多所下的定义为，项目是以一套独特而又相互关联的任务为前提，有效利用资源，为实现一个特定的目标所作的努力。

（3）世界银行的解释如下："所谓项目，一般是指同一性质的投资（如设有发电厂和输电线路的水坝）、同一部门内一系列有关或者相同的投资，或不同部门内的一系列投资（如城市项目中市区内的住房、交通和供水等）。"它是在规定的期限内完成某项开发目标（或者一组目标）而规划的投资、政策及机构的综合体。

不论如何定义项目，项目对社会、企业、个人都具有非常重要的意义。

首先，项目是解决社会供需矛盾的主要手段。供需矛盾是社会与经济发展的动力，而

解决这一矛盾的策略之一就是扩大需求，如我国曾经为扩大内需而实施的“家电下乡”活动，为应对国际金融危机而进行的“4万亿元”投资等；另一策略是改善供给，改善供给要求企业推陈出新，推出个性化服务和产品，降低产品价格，提高产品质量，这一策略的实施需要政府和企业通过不断地启动、完成新项目来实现。

其次，项目是知识转化为生产力的重要途径。知识产生新的创意，形成新的科研成果，新的科研成果需要通过一个项目的启动、策划、实施、经营才能最终变为财富，否则，知识永远不能转化为现实的生产力，从知识到效益的转化要依赖于项目来实现。

最后，项目是实现企业发展战略的载体。企业的使命、企业的愿景、企业的战略目标都需要通过一个一个成功的项目来实现。成功的项目不仅能够实现企业的发展目标和目标利润、扩大企业的规模，而且能够强化企业的品牌效应、锻炼企业的研发团队、留住企业的人才。

在现实生活中，项目主要是作为投资载体而存在的，且企业的投资活动也大多是以项目的形式而存在的。因此在本书中，如果没有特别说明，项目就是指投资项目，且侧重于形成固定资产的投资项目。

2）项目的特征

从项目概念的内涵与外延来看，项目一般具有以下几个典型特征：

（1）一次性。这是项目与日常项目运作的最大区别。项目有明确的开始时间和结束时间，项目在此之前从来没有发生过，而且将来也不会在同样的条件下再发生，而日常项目运作则是无休止或重复的活动。

（2）独特性。每个项目都有自己的特点，项目所产生的产品、服务或完成的任务与已有的相似产品、服务或任务在某些方面有明显的差别。项目自身有具体的时间期限、费用和性能质量等方面的要求。

（3）目标性。每个项目都有自己明确的目标，项目在实施以前必须进行周密的计划，在实施过程中各项工作都是为实现项目的预定目标而进行的。一般地，项目最终的目标是效益目标，而我们通常提到的项目的时间（或进度）、成本、质量目标应是服从于效益目标的二级目标。

（4）约束性。每一个项目都在一定程度上受到客观条件的约束，如时间、空间、资源等，其中最主要的约束是资源上的制约。项目的约束条件一般包括项目的投入要素（人力、财力、物力）、时间和质量等。项目的约束性为项目任务的实施和完成提供了一个最低的参考标准。

（5）生命周期性。项目的一次性决定了项目有一个确定的起始、实施和终结过程，且在此过程中各阶段的任务、工作之间是按一定的顺序进行的，这就构成了项目的生命周期。项目的生命周期一般可分为三个阶段：第一阶段是项目前期阶段，包括项目规划、策划、论证等环节；第二阶段是项目实施阶段，即具体组织项目的实施以实现项目的目标；第三阶段是项目终结阶段，包括项目完成终结、总结、清理等。

（6）系统性和整体性。项目的各种要素之间都存在着某种联系，只有它们有机地结合在一起，才能保证项目目标的顺利实现，这在客观上形成了一个系统，体现了项目的系统性和整体性特征。

（7）冲突性。项目的目标约束十分严格，需要由多个利益相关者共同完成；同时，项目团队必须在确定的时间内，在严格规定的质量标准和资金约束下完成这些繁重、复杂的任务。由于利益相关者的多元性、任务的紧迫性、沟通障碍的存在以及各项活动衔接紧密等众多原因，项目存在很多矛盾和冲突，而且冲突贯穿于项目始终，一个项目完成的过程就是解决矛盾和冲突的过程。

（8）其他特征。项目具有较大的不确定性，它的过程是渐进的，潜伏着各种风险，它不像有些事情可以试做，失败了可以重来，即项目具有不可逆转性。同时，项目的组织形式还具有临时性和开放性。

3）项目的分类

从项目定义的角度出发，可对项目进行以下分类：

（1）按项目的目标分类。按项目的目标可将项目分为经营性项目和非经营性项目。**经营性项目**（profit oriented project）以实现所有者权益的市场价值最大化为目标，以投资谋利为行动导向。绝大多数生产或流通领域的项目都属于这一类型。非经营性项目不以追求盈利为目标，包括本身就没有经营活动、没有收益的项目，如城市道路、路灯、公共绿化等，这类项目的投入一般由政府支付。另外，有些项目的产出直接为公众提供服务，本身有生产经营活动，有营业收入，但产品价格由政府直接规定，这类项目也属于非经营性项目。在非经营性项目中，有些能收回全部成本，有财务生存能力；有些则无法收回全部成本，需要政府补贴才能维持运营，对于这类项目，国家有相应的配套政策。

（2）按项目的产品（或服务）性质分类。按项目的产品（或服务）性质可将项目分为公共项目和非公共项目。**公共项目**（public project）是指为满足社会公众需要，生产或提供公共物品的项目，如城市绿化广场等。通常情况下，公共项目是政府的职能，由政府生产或提供公共物品，可以增进社会福利。非公共项目是指除公共项目以外的其他项目。相对于“政府部门提供公共物品”的是“私人部门提供商品（或服务）”，供应商能够向那些想消费这种商品（或服务）的人收取费用，获得收益。

（3）按项目与原有资产的关系分类。按项目与原有资产的关系可将项目分为改扩建项目和新建项目。**改扩建项目**（reconstruction project）是指利用原有资产或资源，投资形成新的生产（或服务）设施，扩大或完善原有生产（或服务）系统的活动，包括改建、扩建、技术改造、迁建等。改扩建项目与新建项目的区别在于：改扩建项目是在原有企业的基础上进行建设的，在不同程度上利用了原有资源，以增量带动存量，以较小的新增投入取得较大的新增效益，建设期内项目建设与原项目的生产同步进行；而新建项目则是在新的选址上建设全新的项目。

（4）按项目的规模分类。按项目的规模可将项目分为大型项目、中型项目、小型项目。习惯上将大型项目和中型项目合称为大中型项目，较粗略的划分标准是能源、交通、原材料等工业项目总投资在5 000万元以上，其他项目总投资在3 000万元以上的为大中型项目，在此标准以下的为小型项目。具体到不同行业又有不同的划分标准，比如，就钢铁联合企业而言钢的年产量在100万吨以上的为大型企业，在10万吨至100万吨之间的为中型企业，在10万吨以下的为小型企业。

（5）按项目所在行业分类。按项目所在行业可将项目分为工业投资项目和非工业投资项目。工业投资项目主要包括石油、化工、轻工、纺织、电力、机械、煤炭、钢铁、建材等项目。非工业投资项目是指工业投资项目以外的所有投资项目，包括农业、林业、水利、水产、交通、通信、基础设施、教科文卫、环境保护等项目。

1.1.2 项目评估的概念、特点和意义

1）项目评估（project evaluation）的概念

项目评估是由专门机构（项目投资的决策部门、项目贷款的决策机构或具备资质的咨询机构）根据国家的政策法规或投资管理需要，从项目经济、国民经济和社会的角度，对上报的项目可行性研究报告进行全面的审核和评估，即对拟实施项目的必要性、可行性、合理性及效益、费用进行审核和评估。

项目评估可以对项目从正反两个方面提出意见，并力求客观、准确地将与项目执行有关的资源、技术、市场、财务、经济、社会等方面的数据资料和实况真实、完整地汇集并呈现于决策者面前，使其能够做出正确、合适的决策，同时也为项目的执行和全面检查奠定基础。

2）项目评估的特点

（1）预测分析与统计分析相结合，以预测分析为主。由于项目的周期一般较长，项目的建设、投产都是未来的事，因此未来的市场需求、未来的国民经济发展状况直接影响项目的经济效益。过去由于受市场信息及预测技术不发达的限制，往往只能以统计资料为依据，缺乏科学的预测分析；现在由于信息技术的发展，项目评估可以在原有统计资料的基础上，对项目未来现金流入、流出的时间和数额进行比较客观的预测，同时还对某些不确定性因素及风险进行了盈亏平衡分析、敏感性分析、概率分析等，以便做出科学的估计。

（2）动态分析与静态分析相结合，以动态分析为主。项目评估的方法考虑了货币的时间价值，将不同时点的现金流入量、流出量折算成同一时点的价值，然后加以比较，使不同项目、不同方案有了比较的基础，使项目评估方法更科学、更合理。现代项目评估以动态分析为主，同时又利用了静态分析方法简便、直观的特点。

（3）定量分析与定性分析相结合，以定量分析为主。项目评估主要是对项目建设和生产经营过程中的费用、效益进行分析，进而形成价值判断。这就要求凡是能量化的经济要素都尽可能地量化分析计算，将有关工艺技术方案、工程方案、环境方案都以定量指标来揭示其经济价值；对于一些不能量化的因素，要进行科学、准确的定性描述，结合定量分析得出评估结论。

3）项目评估的意义

项目评估可以用于分析判断项目可行性研究报告中所提出方案的优劣，为投资项目最终决策提供可靠、科学的依据，对决策者能够从中遴选出最佳方案有着重要的意义。作为投资者，无论是直接从事投资活动的各级政府、企事业单位或者个人，还是以其他形式出现的间接投资者，都有一个共同的目的，就是希望以一定的投入获取最大的效益，或以最小的投入获取一定的效益，这是在市场经济条件下人类进行一切投资或经济活动所要遵循的一个基本经济规律。项目评估使决策者所选择的项目能够合理地利用有限的资源和各种社会基础设施，兴建对投资者、政府和社会有较多贡献的项目，使有限的资源达到最有效的分配和使用。

项目评估是在项目可行性研究报告的基础上进行的，其主要工作任务有：①全面审核项目可行性研究报告中反映的各项情况是否属实；②分析项目可行性研究报告中各项指标

的计算是否正确，包括各种参数、基础数据、定额费率的选择；③从企业、政府和社会等方面综合分析判断项目的经济效益和社会效益；④分析判断项目可行性研究的可靠性、真实性和客观性，对项目做出取舍的最终决策；⑤完成并编写项目评估报告。

在项目评估过程中，依据开展评估活动的时间及所处的阶段，通常可以把项目评估分为项目前评估、项目中评估和项目后评估。项目前评估是指在项目的投资前期为项目投资决策提供依据所作的评估；项目中评估是指在项目建设过程中对项目的投资效果所作的分析；项目后评估是指在项目完成后若干年依据项目实施结果所作的总结性评价。

【自测题】项目的特征主要有（ ）。[①]

A.一次性 B.独特性 C.目标性

D.约束性 E.生命周期性 F.系统性和整体性

G.冲突性

1.2 项目评估的产生和发展

1.2.1 国外项目评估的产生和发展

在西方资本主义发展初期，个体投资者就开始对其所投资的项目进行评估，其主要目的是实现利润最大化。初期的评估方法十分简单，缺乏必要的信息，大都建立在直觉判断的基础上，难免存在误差。1844年，法国工程师杜比在总结前人研究成果的基础上，创立了成本-效益系统分析法，提出了公共工程的社会效益概念。他认为，公共项目所产生的社会效益的下限应当等于该项目的净产量与其相应的市场价格的乘积。

1902年，美国颁布了《河港法》，以法律的形式规定了河流与港口项目的评估方法，该法涉及一些现代意义上的项目评估的基本原理。20世纪30年代的大萧条，使得整个西方发达国家的经济形势发生了重大变化。随着自由放任经济体系的崩溃，一些西方发达国家的政府施行新经济政策，兴办公共建设工程，于是出现了公共项目评估方法。1936年，美国为了有效地控制洪水，大兴水利工程，并颁布了《全国洪水控制法》，该法正式规定了运用成本-效益分析方法评价洪水控制和水域资源开发项目。该法提出这样一个原则：一个项目只有当其产生的效益（无论受益者是谁）大于其投入的成本时才被认为是可行的。此后，美国政府还颁布了一系列的法规，对项目评估的原则和程序做出了规定。英国、加拿大等国政府也相继就项目评估的原则和程序做出了规定。

现代意义上的项目评估方法产生于20世纪60年代末期。在此之前，一些国际金融组织和发达国家在帮助发展中国家的许多工程项目建设过程中，发现用传统的财务分析方法已不能正确地进行工程项目决策。许多发展中国家的商品市场发育不完善、物资短缺，且实行保护价格和保护汇率制度，各种资源和产出物的价格严重扭曲，不能反映其真实价值。用这样的价格进行工程项目分析，无法确定一个工程项目对这个国家经济发展的真正贡献。在这期间，一些西方发展经济学家致力于发展中国家项目评估的理论研究。1968年，具有实用价值的项目经济评价理论正式诞生了，英国牛津大学教授里特尔（Ritter）

---

① 【答案】ABCDEFG。

和莫里斯（Mirrlees）联合编写了《发展中国家工业项目分析手册》，第一次系统地阐述了项目评估的基本理论和方法。

到了1972年，联合国工业发展组织（UNIDO）出版了另一本项目评估的重要著作《项目经济分析》。同年，世界银行出版了吉延格撰写的《农业项目经济分析》，第一次将项目评估的理论和方法引入农业（1982年又做了修订）。1975年，世界银行经济专家斯夸尔（Squire）等合作出版了《项目经济分析》，把项目评估的理论更推进了一步。1980年，联合国发展组织和阿拉伯工业发展中心联合编著了《工业项目评价手册》，提出了一套比较适合发展中国家使用的项目评价理论。上述提及的这些经典著作为项目评估理论和方法的发展及其运用做出了巨大的贡献，并对实际工作具有重要的指导意义。这些著作所表述的内容虽然存在差异，但其基本观点和基本方法是一致的。

20世纪80年代以后，项目评估工作越来越受到各国特别是广大发展中国家政府的重视，成为银行确定向投资项目发放贷款的重要依据。应当指出，在项目评估理论和实践的发展过程中，世界银行发挥了积极的作用。世界银行规定，不论哪个成员，要想取得世界银行的长期贷款，所有项目都要经过评估，评估的结论是确定贷款与否的主要依据。为了提高各成员国的项目评估水平，世界银行组织出版了一系列著作，为许多发展中国家培训专业技术人才，帮助发展中国家制定适合本国国情的项目评估方法。

1.2.2 我国项目评估的产生和发展

我国项目评估方法萌芽于20世纪50年代。早在“一五”时期，我国就学习苏联的经验，开始对一些大型建设项目进行技术经济论证。当时所采用的是一些极为简单的静态分析方法，尚不够全面和完善。到20世纪70年代末期，我国一直沿用这种传统的方法评价项目。尽管这种方法曾对当时的经济建设起到一定的积极作用，但随着经济的发展，这种方法已远不能满足项目投资决策的需要。

我国现代意义上的项目评估理论和方法产生于20世纪80年代，项目评估工作是在世界银行的帮助下开展起来的。1980年，我国在世界银行的合法席位得到恢复，自此以后开始向世界银行借贷资金。同时，为了适应我国经济发展和对外开放的需要，为了熟悉和汲取国际上在经济管理方面的先进经验，我国政府与世界银行经济发展学院合作培训国内经济管理人员，先后在上海国际经济管理学院和北京中央财政金融学院设立了培训中心，连续举办了宏观经济、部门经济和项目计划管理等多种类型讲习班，为我国开展项目评估工作培养了一大批人才。此外，世界银行专家也把项目评估的理论与方法带到了我国，推动了我国在这方面的研究工作的发展。

1981年，我国成立了以转贷世界银行贷款为主要业务的中国投资银行。1983年，中国投资银行推出了《工业贷款项目评估手册（试行本）》，之后曾多次加以修订，并被译成多种外文版本在国外出版发行，受到世界银行和许多发展中国家的好评。投资银行关于项目评估的研究和实践在我国起到了极好的探索与示范作用，与此同时，国内学术界对项目评估的理论和方法进行了有益的探讨，为建立具有中国特色的项目评估理论和方法体系起到了积极的作用。

继中国投资银行之后，中国人民建设银行也在审查建设项目的过程中开展了项目评估工作。1984年，中国建设银行总行拟定了《中国人民建设银行工业项目评估试行办法》。

经过两年的试行，建设银行对该办法进行了修改。修改后的办法规定，凡是利用建设银行的贷款项目，未经建设银行指定的咨询公司进行评估，建设银行有权拒绝提供贷款。因此，进行项目评估就成为项目申请贷款的必要条件。

在理论研究方面，项目评估理论和方法也引起了国内理论界的高度重视。1982年12月，“建设和改造项目经济评估讨论会”在北京市召开。1985年，国务院批准实施对项目决策程序的重大改革，把项目评估列为决策程序中的一个重要环节。1986年5月，“全国第二次可行性研究与经济评价讨论会”在昆明市召开。1986年，国家计划委员会为使国内的建设项目评估工作有章可循，专门成立了国家计委项目评价方法编写组，并于1987年10月正式出版了《建设项目经济评价方法与参数》一书。

进入20世纪90年代以后，我国项目评估理论和方法日趋成熟，越来越受到人们的重视，成为实现投资决策科学化、民主化和规范化的重要手段。1993年，国家计划委员会与建设部联合发布了《建设项目经济评价方法与参数》(第二版)。2006年，国家发展和改革委员会（以下称“国家发改委”）与建设部联合发布了《建设项目经济评价方法与参数》(第三版)；2023年6月，为落实党的二十大精神，国家发改委、住房和城乡建设部启动《建设项目经济评价方法与参数（第三版）》修订工作。此外，行业的建设项目经济评价方法与参数也陆续发布修订，如2009年修订的《水运建设项目经济评价方法与参数》等。2018年，《中华人民共和国环境影响评价法》第二次修订，要求项目可行性研究报告获得批准后，应委托有资质的机构编制环境影响评价报告。而今，中国投资者、决策机构和金融机构更加深刻地体会到，在社会主义市场经济环境中，项目评估在投资项目决策中发挥着不可替代的作用。

【自测题】我国现代意义的项目评估理论和方法产生于（　　）。①

A.20世纪80年代以后　　B.20世纪70年代

C.20世纪50年代　　D.20世纪80年代

1.3 项目评估与可行性研究的关系

1.3.1 可行性研究简述

1）可行性研究（feasibility study）的概念

可行性研究是分析、计算和评价各种技术方案和项目投资效果的一种方法，是在投资项目拟建之前，对与项目有关的市场、资源、工程技术、经济和社会等方面的问题进行全面分析、论证和评价，目的是为拟建项目提供科学依据，从而保证所建项目在技术上先进可行、在经济上合理有利，使项目的决策建立在科学性和可靠性的基础上。

目前，世界各国可行性研究的具体做法不完全相同，但均把它作为投资决策的重要程序，不仅发达国家如此，发展中国家也是如此。我国于20世纪70年代引进可行性研究，于20世纪80年代开始实施并不断完善，2002年国家计委委托制定了《投资项目可行性研究指南（试用版）》；在此基础上，2023年国家发改委研究制定了《政府投资项目可行性

① 【答案】D。

研究报告编写通用大纲（2023年版）》《企业投资项目可行性研究报告编写参考大纲（2023年版）》《关于投资项目可行性研究报告编写大纲的说明（2023年版）》。目前不同类型的项目已经有了各自的可行性研究报告指南，还有部分进行了修订，如2007年的《公共投资项目可行性研究指南修订》等，可行性研究已逐步科学化、规范化、程序化和制度化。

根据联合国工业发展组织编写的《工业可行性研究手册》的规定，投资前期的可行性研究工作可分为投资机会研究、初步可行性研究、详细可行性研究和项目评估四个阶段，前三个阶段属于可行性研究阶段，而项目评估是对项目的可行性研究所作工作的再评价，这里有必要对项目可行性研究作简单的阐述。

由于对基础资料的占有程度、研究深度及可靠程度要求不同，可行性研究各阶段的工作性质、工作内容、工作成果及费用、估算精度、费用占总投资的百分比、工作时间各不相同。项目不同阶段的划分和比较见表1-1。

表1-1 项目不同阶段的划分和比较

工作阶段 / 比较项	可行性研究			项目评估
	投资机会研究	初步可行性研究	详细可行性研究	
工作性质	项目设想	项目初选	项目拟定	项目评估与决策
工作内容	鉴别投资方向，寻找投资机会，提出项目投资建议	对项目作专题辅助研究，广泛分析、筛选方案，确定项目的初步可行性	对项目进行深入、细致的技术经济论证，重点分析财务效益和经济效益，进行多方案比较，提出结论性建议，确定项目投资的可行性	综合分析各种效益，对可行性研究报告进行评估和审核，分析项目可行性研究的可靠性和真实性，对项目做出最终决策
工作成果及费用	提出项目建议，作为编制项目建议书的基础，为初步选择投资项目提供依据	编制初步可行性研究报告，确定是否有必要进行下一步的详细可行性研究，进一步说明建设项目的生命力	编制可行性研究报告，作为项目投资决策的基础和重要依据	编制项目评估报告，为投资决策提供最后的决策依据，决定项目取舍，选择最佳投资方案
估算精度	±30%	±20%	±10%	±10%
费用占总投资的百分比	0.20% ~ 1.00%	0.25% ~ 1.25%	大项目0.80% ~ 1.00% 中小项目1.00% ~ 3.00%	—
工作时间（月）	1 ~ 3	4 ~ 7	8 ~ 12或者更长	—

资料来源：简德三. 投资项目评估［M］. 4版. 上海：上海财经大学出版社，2023.（略有改动）

2）可行性研究的作用

（1）作为项目投资者投资决策的依据。可行性研究是项目投资前期的首要工作，项目投资者需要在多方分析论证的基础上编制可行性研究报告，作为投资者投资决策的依据。

任何一个投资项目的成立与否，投资效益如何，都要受到社会、技术、经济等多种因素的影响。对投资项目进行深入、细致的可行性研究，正是从这三个方面对项目进行分析、评价，从而积极主动地采取有效措施，避免因不确定性因素造成损失，提高项目经济效益，实现项目投资决策的科学化。

(2) 作为向金融机构申请贷款的依据。世界银行等国际金融机构以及国内银行在受理项目贷款申请时，都要根据可行性研究报告，对申请贷款的项目进行全面、细致的分析论证，在此基础上编制项目评估报告，根据项目评估报告的结论决定是否予以贷款。

(3) 作为商务谈判和签订有关合同协议的依据。有些项目可能需要引进技术设备，在与外商谈判时要以可行性研究报告为依据；项目在实施时，需要供水、供电、供气、通信和原材料等部门协作配合。因此，要根据可行性研究报告的有关内容与这些部门签订有关协议或合同，以确保项目顺利实施并按预期投入运营。

(4) 作为项目初步设计的依据。在项目可行性研究报告获得批准后，可依据可行性研究报告中已确定的项目规模、产品方案、厂址、生产工艺、设备选型等内容进行项目的初步设计。在现行的规定中，虽然可行性研究与项目设计文件的编制是分别进行的，但项目的设计要求是严格按照批准的可行性研究报告内容进行的，不得随意改变可行性研究报告中已确定的规模、方案、标准、厂址及投资额等控制性指标。项目设计中的新技术、新设备也必须经过可行性研究才能被采用。因此，我国建设程序规定，可行性研究是建设程序中的一个重要环节，是在设计前进行的，并作为项目实施的依据。

此外，可行性研究报告在必要的时候还可以作为项目申报立项和获得批准的依据。首先根据项目可行性研究结论审批立项，项目获得批准后方可实施。

1.3.2 项目评估与可行性研究的联系与区别

1）项目评估与可行性研究的联系

项目评估与可行性研究都处在项目拟建初期，是投资者进行科学决策的重要组成部分。二者相辅相成、缺一不可。它们之间的具体联系体现在以下几个方面：

(1) 可行性研究是项目评估的对象和基础，项目评估应在可行性研究的基础上进行。可行性研究是在拟定的项目建议书被批准之后，通过专业而全面的分析论证来探究项目可行与否；项目评估是在可行性研究之后，通过专业的视角对项目可行性研究进行审查和分析，进而得出项目是否可行的结论。两者都属于项目建设前期重要的准备工作。

(2) 项目评估是使可行性研究的结果得以实现的前提；可行性研究的内容和成果必须通过项目评估的抉择性建议来实现。因此，项目评估的客观评审结论是实现可行性研究所作的投资规划的前提。

(3) 项目评估是可行性研究的延伸和再评价。由于项目评估是对可行性研究报告的各方面情况所作的进一步论证和审核，因此它是可行性研究工作的自然延伸和再研究。

2）项目评估与可行性研究的区别

项目评估与可行性研究在内容和目的等方面存在许多相同之处，但是从理论和实践上看，两者又存在诸多不同之处，主要表现在以下几个方面：

(1) 执行单位不同。项目评估和可行性研究是由不同的机构分别承担的，主要是为了保证项目决策前的调查研究和审查评价活动相对独立。项目的可行性研究由项目投资者或项目的主管部门主持，它们也可以把这项工作委托给专业机构，但受托机构只对项目业主负责，而委托机构的工作是为投资主体和决策部门服务的；项目评估主要从第三方的视角审查项目是否具有可行性。可行性研究的具体执行者一般是建设单位、设计院或咨询公司；项目评估的具体执行者一般是项目投资决策机构、项目贷款决策机构（贷款银行）或建设主管部门委托的工程咨询公司，它们负责对上报的可行性研究报告进行专业性的评估、审核。

（2）在项目管理中所处的阶段不同。在项目建设过程中，可行性研究在前，项目评估在后。可行性研究工作处于投资前期的项目准备工作阶段，它是根据国家、地区和行业发展规划的要求，对拟建项目进行技术经济分析、社会与经济效益预测和方案论证比较，是项目投资决策的基础和项目评估的重要前提，但它不能作为项目投资决策的最终依据。项目评估处于投资前期的项目审批决策阶段，是在建设单位提交可行性研究报告后才进行的，它以可行性研究报告为基础，对项目是否可行做出检查论证。从服务对象和地位方面考察，可行性研究为业主服务，是项目业主投资决策的依据；项目评估为决策机构服务，它实际上是可行性研究的再研究，其目的在于决策，通常比可行性研究更具有权威性。因此，两者在项目业主的最终决策过程中所处的阶段不同。

（3）分析的角度不同。可行性研究是从投资者的角度来考察项目的，项目评估则是从贷款银行或有关部门的角度来考察项目的，后者主要侧重于考察项目建设的可能性与借款的偿还能力。可行性研究一般要从企业的角度去考察项目的盈利能力，决定项目的取舍，其主要侧重于产品市场预测，对建设必要性、建设条件、技术可行性和财务效益合理性进行研究分析，着重考察投资项目的微观效益，据此进行取舍。而政府投资决策部门主持的项目评估是站在国家的立场上，对项目可行性研究报告的内容和质量进行评估，综合考察可行性研究的社会经济整体效益；贷款银行对项目所进行的评估，则主要从项目还贷能力的角度来评价项目融资主体的信用状况和还贷能力。

（4）发挥的作用不同。项目评估和可行性研究都是进行投资决策的重要依据，可行性研究是投资者进行投资决策和政府职能部门审批项目（主要指政府投资项目）的重要依据；项目评估则是政府职能部门（对于大型项目而言）和上级主管部门审批项目的重要依据，更是金融机构确定贷款与否的重要依据，当然，随着简政放权的推进，未来政府对市场主体投资项目的评估作用将逐步弱化。

（5）执行的目的不同。可行性研究既重视技术，又重视经济方面的论证分析，除了对项目的合理性、可行性、必要性进行分析论证外，还必须为建设项目规划多种方案，并从工程、技术经济方面对这些方案进行比较和选择，从中选出最佳方案作为投资决策方案。项目评估则较为侧重于经济效益方面的论证分析，它是对项目可行性研究报告所进行的全面审核和再评价工作，一般可以借助于可行性研究的成果，并且不必为项目设计多个实施方案，主要审查与判断项目可行性研究的可靠性、真实性和客观性，对投资拟建项目是否可行和确定最佳投资方案提出评估意见。执行的目的不同，可能导致对同一问题的看法不同，结论也可能有所差异。

（6）报告撰写格式不同。可行性研究报告主要包括总论、产品市场预测、建设规模分析、建设条件和技术方案论证、项目经济效益分析评价、结论与建议等方面的内容。报告中还应附有研究工作依据、市场调查报告、场址选择报告、资源信息量报告、环境影响报告和贷款意向书等技术性和政策性文件。

项目评估报告主要包括对项目建设必要性、建设与生产条件、技术方案、经济效益和项目总评估等五个方面的评估，全面审核可行性研究报告中反映的全部情况是否属实，此外还要分析各种参数、基础数据、定额费率和效果指标的测算和选择是否正确，而且在报告中必须附上有关企业资信、产品销售、物资供应、建设条件、技术方案专利与生产协作、资金来源等一系列的证明和协议文件，以判断和证实项目可行性研究的可靠性、真实性和客观性，以有利于决策机构对项目投资提出决策性建议。

【自测题】下列选项中，不属于可行性研究内容的是（ ）。[①]

A.投资机会研究　　B.初步可行性研究

C.详细可行性研究　　D.项目评估

1.4 项目评估的主要内容、原则、依据和程序

1.4.1 项目评估的主要内容

项目评估的内容会因项目的类型、规模、性质和复杂程度的不同而存在一定的差异，但从实践中总结的项目评估的内容来看，还是存在一些共性。概括起来，项目评估的主要内容一般包含以下几个方面：

1）项目的背景研究

项目的背景研究主要包括项目宏观背景研究和项目微观背景研究。

（1）项目宏观背景研究，主要研究项目是否符合国家或地方一定时期的方针、政策与规划等，这是项目是否可行的主要依据。首先，考察项目的实施是否与有关部门在一定时期的方针、政策相符；其次，分析项目的实施是否与各级政府及有关部门的长远规划相符。

（2）项目微观背景研究，主要是着眼于项目本身，从资金规模、管理水平、资信等级、技术能力、人力资源等方面着手，考察项目投资各方的技术经济实力，分析其能否承担项目的实施。

2）项目建设必要性评估

项目建设必要性评估主要包含以下四个方面的内容：

（1）分析项目是否符合国家的产业政策和行业规划。国家的产业政策与行业规划确定了整个国民经济产业发展的优先程度，对项目的投资建设与实施具有导向功能和指导作用。

（2）通过市场调查和市场预测，对产品尤其是新产品的需求情况和在市场上的竞争力进行分析，对产品价格进行预测，对市场风险进行分析等。

（3）分析项目建设对国民经济发展的作用及其社会经济意义。

（4）分析最优建设规模，主要是根据产品的市场需求及所需生产要素的供应情况，结合项目投资者的自身条件，确定项目的最优投资规模。

---

① 【答案】D。

3）项目资源条件评估

项目资源条件评估主要是针对资源开发利用项目，对拟开发项目资源开发利用的合理性、开发资源的可利用量、自然品质、禀赋条件和开发利用价值进行分析与评估，主要包括：项目所需的资源是否清楚，是否有保证；项目资源开发利用情况评估；资源评价。

4）项目实施规模与产品方案评估

项目实施规模与产品方案评估主要包括：项目规模方案选择的分析与评估；项目产品方案选择的分析与评估；项目规模与产品方案的评价。

5）项目实施地点选择评估

项目实施地点选择评估主要包括：项目实施地点选择的基本要求；项目实施地点选择评估内容；各种方案的比较与选择。

6）项目生产与建设条件评估

项目生产与建设条件评估涉及的内容主要与项目建设、生产环境相关，包括：工程地质、水文地质是否符合项目投资建设要求；项目所需的原材料、燃料、动力等的来源；交通运输状况；配套项目的落实情况；项目的环境保护与治理；成套项目和设备的比较与选择等。

7）项目技术评估

项目技术评估的主要内容包括：项目采用的工艺、技术和设备是否符合国情；工艺、技术和设备是否先进、适用，是否符合国家的技术发展政策；项目所采用的新工艺、新技术、新设备是否成熟，是否安全可靠；产品方案和资源利用是否合理。

8）项目投资和财务基本数据评估

项目投资和财务基本数据评估主要包括：建设投资的估算；流动资金的估算；项目融资分析与评估；项目投资贷款的借入、利率与偿还估算；项目产品价格的估算与选择；各项技术经济指标估算；产品成本和项目总成本估算；项目年收入及税金估算；项目的利润预测及现金流量预测。

9）项目财务评估

项目财务评估主要是分析与评估项目在财务方面的盈利能力和偿债能力，评价项目在财务上的可行性。项目财务评估的主要指标有：项目财务净现值、项目财务内部收益率、资本金收益率、投资各方收益率、投资利润率、借款偿还期、利息备付率、偿债备付率等。如项目涉及进出口，还需要进行财务外汇效果分析与评估，应计算外汇净现值、财务换汇成本与节汇成本等指标。

10）项目国民经济效益评估

项目的国民经济效益评估主要是从宏观方面运用影子价格、影子汇率、社会折现率、影子工资等评价参数，分析与评估项目对国民经济的净贡献，评价其在经济上的合理性。项目国民经济评价所采用的主要指标有经济净现值、经济内部收益率等。

11）项目的风险与不确定性评估

项目的风险与不确定性评估包括项目风险分析与评估、项目不确定性分析与评估。

（1）项目风险分析与评估的主要内容包括风险因素的识别、风险等级划分、风险评估方法及风险防范对策与措施等，分为盈亏平衡分析和敏感性分析。

（2）项目不确定性分析与评估是从财务效益和国民经济效益两方面分析项目在不确定

性因素影响下的稳定性和可靠性。对项目进行不确定性分析与评估的目的在于为项目的实施控制提供基础性资料，以便进行项目方案的选择及项目投资决策。

12）项目的环境影响评估

项目的环境影响评估主要是分析与评估项目对环境、生态的影响，审查项目有关环境保护的方案、措施的可行性及环保投资费用的保证程度以及合理性，分析评估项目存在的危害因素及危害程度、可能存在的不安全因素，对制订的安全措施方案与消防设施方案进行分析论证与评估等。

13）项目总评估

项目总评估主要包括：投资建设项目是否必要，建设多大规模较为适宜；建设条件和生产条件是否具备；经济上是否合理；技术上是否先进、适用、安全可靠；相关项目是否同步建设；投资来源及筹措方式的建议。

1.4.2 项目评估的原则

为保证项目评估的科学性、公正性及评估结果的真实有效性，一般要求项目评估工作人员在项目评估的过程中坚持如下原则：

1）系统性原则

系统性原则就是要求评估人员在项目评估中保持系统观念。从项目的内部环境来看，无论项目大小，都存在建设条件、生产条件、生产工艺、产品的市场需求等问题；从项目的外部环境来看，有与项目有关的协作配套问题、行业规划问题、城市改造问题，有与项目有关的环境保护、生态平衡、综合利用等问题，还有与项目效益密切联系的市场、价格、税收、信贷、利率等问题。所以，在进行项目评估时，必须全面、系统地加以考虑。

2）方案最优原则

方案最优就是要求在项目评估中坚持多方案选择，力求选出最优方案。一个投资项目，由于规模、品种、生产工艺、设备、原料供应和运输方式不同，客观上存在着多个可行的实施方案。评估目的就是在可行性研究的基础上，经过多方案的论证比较，选择最好的实施方案。

3）方法科学原则

在进行项目评估的过程中，不可避免地会进行大量的定性、定量分析工作，这就要求项目评估工作人员所采用的方法具有科学性。

4）客观公正原则

客观公正原则要求工作人员在进行项目评估时坚持实事求是的指导思想，有坚实的业务基础，要客观地反映项目的本来面目，不作虚假陈述。

5）指标统一性原则

指标统一性原则是指在投资项目评估中使用的技术参数、效益指标应该统一。如果采用的评估指标不统一，其结果必然不同。所以，在项目评估中，必须以国家机关制定的统一参数和指标为标准，并针对不同性质的项目，参考不同行业的参数和指标。

6）价格合理性原则

投资项目评估必然涉及大量的价格问题，要使评估具有科学性，必须采用合理的价格，也就是既符合价值又反映供求关系的价格。比如，对于涉外项目的主要投入与产出，可采用国际市场价格；对于主要在国内市场销售产品的项目，可参照国际市场价格进行调价，以保证评估工作符合实际。

1.4.3 项目评估的依据

根据项目评估的要求，一般需要提供的评估依据有：

(1) 有关部门颁布的项目评估方法及相关文件；

(2) 项目可行性研究报告、规划方案；

(3) 有关部门的批复文件，如项目建议书、可行性研究报告的批复；

(4) 项目建设和生产条件落实的有关批件与协议文件；

(5) 国家相关法规、规定、政策、办法等；

(6) 其他有关信息资料。

1.4.4 项目评估的程序

项目评估的程序是指开展项目评估工作应当依次经过的步骤。评估项目类型不同，对其进行评估的程序也不完全一致，但就一般项目而言，项目评估的工作程序可分为制订计划、搜集资料、系统分析和编写评估报告四个阶段。

1）制订计划阶段

项目评估工作一般是在借款人提供的可行性研究报告的基础上进行的。对于小型项目的评估，一般指定专人负责；对于大中型项目的评估，则应组织评估小组，落实评估人员，制订评估计划。

(1) 根据拟建项目的性质和特点，确定评估任务和需要实现的目标。让全体评估人员明确总体评估目标，以便在评估过程中紧紧抓住总体目标进行资料的收集和整理。

(2) 根据项目的繁简程度，确定评估人员的数量，以保证项目评估质量，成立与评估任务相适应的评估小组。评估小组一般应由经济技术人员、工程技术人员、经济管理人员、市场分析人员组成。规模特别大、技术特别复杂的项目，应聘请相关的工程技术专家、市场分析专家和财务经济分析专家参与评估，必要时配备法律专家、环境和社会问题专家，以及聘请与项目相关的权威人士和专业人士参与。另外，应对评估人员进行明确分工。

(3) 根据项目特点和评估任务来安排评估计划，据以组织和指导评估工作。评估计划主要包括：评估报告的内容、评估工作的重点、产品市场调查的途径和方法、拟收集与整理的资料和信息目录、时间和进度安排、人员的分工和合作等。

2）搜集资料阶段

这一阶段主要是收集评估所需资料，核实可行性研究报告编制依据和所有数据，对资料和数据进行收集、加工和整理。

(1) 评估所需资料在可行性研究报告中已经具备，但必要的旁证资料、补充资料则需要重新收集，可以根据制订计划阶段所拟定的资料和信息目录直接向有关单位索取，或拟定调查表格向有关单位发函征询。在评估过程中，开展独立的调查工作是必不可少的，以便收集与项目有关的文件资料，要保证资料来源的可靠性和合法性。对不符合要求的资料，应进行修订和补充，从而形成系统、科学的项目评估文件资料。

（2）对可行性研究报告中的各项数据进行核实，弄清基础数据与参数取得的途径并核实其可靠性，弄清其计算方法和过程，核对表与表之间、数据与数据之间的关系，找出可行性研究报告中存在的疏漏和错误。

（3）对收集到的资料和数据进行加工、整理、汇总归类，使资料和数据具有系统完整性，并与可行性研究报告中的有关资料数据进行对比分析，为下一步调查指明方向。

3）系统分析阶段

（1）对借款人的基本情况进行分析，弄清项目背景、建设目的、投资的必要性和经济意义。

（2）对项目的主要产品的市场供求情况进行调查，并对拟建规模、所需原材料、燃料动力供应及公用配套设施建设情况进行调查核实。

（3）对项目的厂址选择、设计采用的方案、环境保护措施、劳动定员等进行分析，从而保证项目在技术上的可行性。

（4）对项目进行财务分析，主要对项目总投资和年度投资计划进行分析，并根据已有的基础数据对项目投产后的生产负荷、产品产量、产品成本、销售收入、税金及附加、利润总额、税后利润、可用于还款的利润、折旧费、摊销费等进行测算，确认项目在财务上的可行性。

（5）对项目的国民经济效益进行分析，从国家整体的角度考察项目的效益和费用，运用各种影子价格等经济参数分析项目对国民经济的净贡献，确保项目的经济合理性。

4）编写评估报告阶段

在完成项目的系统分析以后，项目评估人员要根据分析结果撰写项目评估报告，对项目进行判断并提出总结意见，推荐合理的投资方案，对项目存在的问题提出合理化建议。

项目评估工作程序如图1-1所示。

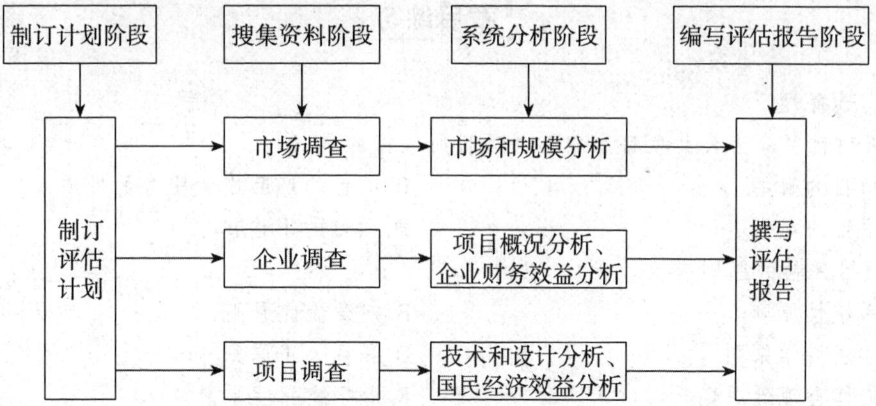

图1-1 项目评估工作程序图

本章小结

•项目评估是指由专门机构对上报的项目可行性研究报告进行全面审核和再评估工作，是对拟实施项目的必要性、可行性、合理性及效益、费用进行的审核和评估。

•项目评估与可行性研究作为项目投资前期两个非常重要的工作程序，主要为项目的投资决策提供依据。尤其是项目评估，不仅可以为上级主管部门的投资决策及金融机构的贷款决策提供依据，而且可以为政府职能部门审批相关项目提供依据。

•现代意义的项目评估方法萌芽于20世纪初，其理论和方法体系在20世纪60年代末得到完善，项目评估自此成为一门比较完整的技术经济学科。我国现代意义上的项目评估理论和方法产生于20世纪80年代，进入90年代以后得到较快发展。

•项目评估与可行性研究既有联系又有区别。可行性研究是项目评估的对象和基础，项目评估应在可行性研究的基础上进行；项目评估是使可行性研究的结果得以实现的前提，是对可行性研究的延伸和再评价。二者在执行单位、在项目管理中所处的阶段、分析的角度、发挥的作用、执行的目的、报告撰写格式上存在差异。

•项目评估的主要内容包括项目的背景研究、项目建设必要性评估、项目资源条件评估、项目实施规模与产品方案评估、项目实施地点选择评估、项目生产与建设条件评估、项目技术评估、项目投资和财务基本数据评估、项目财务评估、项目国民经济效益评估、项目的风险与不确定性评估、项目的环境影响评估及项目总评估等。在进行项目评估的过程中，为保证评估质量，评估人员应遵循系统性原则、方案最优原则、方法科学原则、客观公正原则、指标统一性原则、价格合理性原则，并按照一定的依据与规范进行。

•项目评估还需要遵循一定的程序，一般可分为制订计划、搜集资料、系统分析和编写评估报告四个阶段。

关键概念

项目　项目评估　可行性研究　经营性项目　公共项目　改扩建项目

章后练习

一、选择题

1.将项目区分为公共项目和非公共项目所依据的是（　　）。

A.项目的目的　　B.项目的产品或者服务的性质

C.项目的规模　　D.项目的用途

2.项目评估的原则有（　　）。

A.系统性原则　　B.方案最优原则

C.方法科学原则　　D.客观公正原则

E.价格合理性原则　　F.指标统一性原则

3.下列选项中，属于项目评估内容的有（　　）。

A.项目的背景研究　　B.项目国民经济效益评估

C.项目的风险评估　　D.项目的不确定性评估

E.项目建设必要性评估　　F.项目审查

G.项目可行性研究

4.下列选项中，属于项目典型特征的有（　　）。

A.一次性　　B.独特性

C.目标性　　　　　　　　　　　　D.确定性

E.约束性　　　　　　　　　　　　F.生命周期性

5.下列选项中，属于项目评估特点的有（　　）。

A.预测分析与统计分析相结合　　　　B.动态分析与静态分析相结合

C.定量分析与定性分析相结合　　　　D.整体分析与局部分析相结合

6.下列选项中，属于可行性研究内容的有（　　）。

A.投资机会研究　　　　　　　　　B.初步可行性研究

C.详细可行性研究　　　　　　　　D.项目评估与决策

7.下列选项中，属于可行性研究作用的有（　　）。

A.作为项目投资者投资决策的依据

B.作为向金融机构申请贷款的依据

C.作为商务谈判和签订有关合同与协议的依据

D.作为项目初步设计的依据

E.作为项目申报立项和获得批准的依据

二、判断题

1.项目评估就是对项目总投资的评估。（　　）

2.项目评估就是可行性研究。（　　）

3.项目评估是在项目建议书之后进行可行性研究。（　　）

4.项目管理是项目评估的一个组成部分。（　　）

5.项目评估结论可以作为是否取得贷款的依据。（　　）

三、简答题

1.项目的定义是什么？它有哪些主要特征？

2.项目评估的含义是什么？它在投资决策中有哪些作用？

3.项目可按哪些标准进行分类？

4.项目可行性研究的主要内容是什么？

5.项目评估的主要内容有哪些？

6.在项目评估的过程中，应遵循哪些基本原则？项目评估按什么程序进行？

四、讨论题

1.《政府核准的投资项目目录》由国务院投资主管部门会同有关行业主管部门核准，其中重要项目报国务院核准。根据该目录，企业投资建设列入核准的项目仅需向政府提交项目申请报告，不再经过批准项目建议书、可行性研究报告和开工报告等程序。为什么需要核准项目？应怎样予以规范？

2.为什么有些项目投资失败，而其他类似的投资项目却能获得成功？

部分练习参考答案

中国长江三峡水利枢纽工程的可行性研究报告

第 2 章 项目概况评估与项目建设必要性评估

主要知识点

项目概况评估；项目投资者的考察与评估；项目提出背景的考察与评估；项目审批程序的考察与评估；项目发展概况的考察与评估；项目投资环境的考察与评估；项目可行性研究报告的考察与评估；项目建设必要性评估及其作用、内容；项目建设与国家规划、产业政策一致性的判断。

2.1 项目概况评估

项目概况（project overview）评估是指项目评估者根据投资者提供的有关资料，围绕项目投资者、项目提出背景、项目审批程序、项目发展概况和项目投资环境等方面所作的调查、研究、分析、考察与评价工作。在进行项目概况评估时，需要判断有关项目投资者是否符合项目要求，项目提出背景是否成立，项目审批程序是否符合要求，项目的发展程度是否能够保证项目及时实施，以及项目投资环境是否有利于项目建设，并提出相应的结论。

2.1.1 项目投资者的考察与评估

1）投资者的经济技术实力

项目，尤其是部分大中型投资项目，在对项目投资者（project investor）进行考察与评估时，最基本的判断标准就在于对其经济技术实力（economic and technology strength）的评估，主要包括对资产、负债、人力资源及各项经济技术指标的评估。具体说来包括以下内容：

（1）历史沿革，主要是审查投资者的成立、发展过程与体制、隶属关系的变化，从而对投资者的历史情况有一个整体把握，为下一步评估做好准备。

（2）经济实力分析，主要是了解投资者的注册资金、流动资产、固定资产，特别是近年来的财务状况，详细分析其利润表、资产负债表和现金流量表，根据财务指标判断投资者的资产拥有量和负债情况，以确定投资者是否有足够的实力来保证项目的顺利实施。

（3）技术实力分析，主要是分析投资者的技术开发组织机构是否健全，专业技术人员数量、专业结构、层次构成，工艺技术装备水平，以及研究开发能力等，从而评估项目人员配置的合理性和技术水平。在进行技术实力分析时，可以在投资者提供可行性研究报告的基础上进行分析，调查、核实投资者的技术实力，并与所投资的项目进行比较分析，判断投资者是否有足够的技术实力来保证项目的实施。

(4) 经营状况分析，主要包括投资者目前的利税水平、产销率、市场占有率、产品优良率，据此来全面分析投资者的经营状况。

2）投资者的管理水平

投资者的管理水平是指管理人员特别是高级管理人员对项目（包括建设阶段和生产阶段）的管理能力，它是管理人员综合素质的反映，包括个人经历、管理经验、管理能力、知识结构、年龄分布等。在考察投资者的管理水平时，还需要考察机构的设置及其合理性、经营管理方面的主要业绩，以及已经实施的投资项目的管理情况。此外，对投资者管理水平的考察，还包括了解投资者尤其是高级管理人员对今后的发展有无进一步的设想和安排，对产品结构的改善、质量和产量的提升有无长远的打算等。

3）投资者的资信程度

投资者的资信程度（credit level）是指投资者的筹资能力和信用程度。

(1) 投资项目的筹资包括内部筹资与外部筹资两种。内部筹资主要依靠投资者的积累，而外部筹资主要是投资者从金融机构或其他部门借款。对投资者筹资能力的考察与评估，可以通过对投资者开户的金融机构进行调查。一般而言，可以要求金融机构出具资金证明，以说明投资者自有资金的充裕程度，借此评估投资者自身的筹资能力。就外部筹资而言，可以要求金融机构或者其他部门做出提供资金的承诺。

(2) 投资者的信用包括金融信用和经营信用。金融信用主要是指借款按期偿还率。通过对其提供借款的金融机构或其他部门了解借款的偿还情况，看其是否能按期归还借款。经营信用主要是指经济合同的履约率，包括供销、技术服务和技术咨询等方面的合同履约率。可以通过对有关单位的调查，判定投资者的经济合同履约情况。一般来说，合同履约率可以用式（2.1）计算。

$$\text{合同履约率}=\frac{\text{近两年实际完成合同份数}}{\text{近两年签订合同份数}} \tag{2.1}$$

2.1.2 项目提出背景的考察与评估

项目提出背景是指最初设计或规划投资项目的根据或理由。任何一个投资项目，都是在一定背景下提出的。从整体上讲，可以从产业背景、区位背景和项目定位三个方面对项目提出背景进行分析和评价。

1）产业背景（industry background）分析

对于一个国家来说，在商品经济发展到一定程度，国民经济具备一定的基础之后，就要制定相应的产业政策。在进行项目的产业背景分析时，首先应该对同期的产业政策进行深入研究，这是因为产业政策是政府为了实现一定的经济和社会目标而制定的有关产业的一切政策的总和，是政府对未来产业结构变动方向的干预，是政府为了弥补市场机制所造成的"调节失灵"而采取的一些预防和补救措施。

国家产业政策包括产业结构政策、产业组织政策、产业分布政策以及国家在这一时期制定的技术政策和投资政策等。其主要功能就是协调产业结构，如扶持战略产业、调整和援助弱小产业、培育和鼓励新兴产业等。因此，产业政策在某种意义上集中地反映了政府希望通过调整投资结构来实现经济发展目标的强烈愿望，确定了整个国民经济优先发展的产业和需要抑制发展的产业。只有当投资项目符合国家产业政策要求时，才可以认为项目的提出是合理的，项目的建设是必要的。也就是说，符合国家产业政策是项目合理可行的必要条件之一。不仅要考察项目建设与同期的产业政策之间的关系，还要分析项目建设内容与产业政策的相符程度，以及项目建设对产业政策的影响程度。

行业分析包括对国家制定的行业政策、管制与准入、行业周期、行业及项目的成长性、稳定性、发展趋势等方面的分析。其中，管制与准入对项目资金需求量、现金流入及未来偿债能力影响甚大。对项目产业背景进行分析，还要了解项目实施人的资格、项目是否符合产业规划、项目对应产品（或服务）的市场前景及行业供需状况、项目技术、建设条件及规模定位等。就工业、房地产等行业来说，不仅要对行业本身竞争力的影响因素作充分的评估，更要关注其相关行业的联动性、行业间替代产品的出现及行业内产品的升级，也就是要清楚地了解目前的市场份额、行业同层次竞争者及潜在竞争者，以准确确定自身的市场定位。

2）区位背景（geographical background）分析

任何经济活动都离不开某一特定空间，不管其发展水平如何，最终都能在某一特定空间找到它的位置。投资项目建设也是与一定地区紧密联系在一起的。优越的区位，对投资者和生产者而言，同样的投入可获得更大的产出；对消费者而言，同样的支出可获得更大的效用。

投资者或生产者在进行区位选择时应尽可能寻找利益最大化的地点，这是因为不同投资项目的建设和生产对生产要素和产品服务的要求是不同的，对市场距离、资源分布和环境等状况的依赖程度也有所差异。从区位的角度看，项目对生产要素、市场和环境的区位指向主要有以下类型：

（1）市场指向型，也可称为消费地指向型，是指项目靠近消费地比靠近原料产地布局更有利的倾向。

（2）资源地指向型。这里的资源仅指自然资源。有些项目在布局时只能考虑建在有某种自然资源储量的地区，一般是那些直接以自然资源的开采和利用为目的的项目，如采煤项目、采油项目、森林加工项目和水力发电项目等。这类项目在布局时几乎没有其他选择。

（3）原料供应地指向型，是指项目趋于原材料产地的倾向。

（4）燃料及动力指向型。有许多工业项目在布局时要侧重考虑接近燃料和动力产地，主要是那些在生产过程中对燃料和动力依赖性极强且消耗量非常大的项目，如火力发电项目、有色金属冶炼项目、稀有金属生产加工项目等。靠近燃料和动力产地，可以大大节省在燃料或动力长距离运输过程中发生的高昂的成本费用和损耗，并且有助于燃料和动力供给的充分性和稳定性。

（5）劳动力指向型，是指某些项目具有密集使用廉价劳动力的倾向。有些生产活动受劳动力价格、劳动力供给数量和质量的影响程度比较高，在布局时须重点考虑那些有条件节约劳动力费用或能提供相应劳动力资源的区域。这类项目一般是劳动密集型项目，但也可能是技术密集型项目（如需要高素质劳动力的项目），如纺织、服装、食品和造船等行业实施的项目。

(6) 技术指向型，主要是指随着新技术变革而产生的一系列新兴产业朝着文化、教育、科技和经济发达地区布局的倾向，如电子、信息和生物基因工程等项目。

(7) 集聚经济指向型。在现代化大生产的条件下，不同企业之间的经济联系日趋密切，一些企业的产出常常是另一些企业的投入。如果这些互相联系、互相依赖的企业集聚在一起，就能更好地协调相互间的供产销关系，进行更有效、更合理的分工协作，从而可以节约成本。这些企业集聚在一起，即使它们之间没有直接的联系，也可以共同使用某些基础设施，以节省投资费用。如果对一个投资项目来说，在将来生产经营过程中的协作关系非常重要，或其必须使用某种基础设施而凭自身能力无法单独建设，在布局中必须首先考虑接近具备上述条件的工业基地，那么这个项目在布局上就是集聚经济指向型项目。

综上所述，投资项目的建设要充分发挥项目所在地的地区优势，就是要在众多优势中选择优势最大者，在没有优势的情况下选择劣势最小者，这符合地区作为相对独立利益主体的要求。只有这样，项目的区位背景才是合理的。

3）项目定位（project orientation）分析

项目定位分析，是从项目角度即微观角度对项目的建设背景进行的分析。在市场经济条件下，需求总量决定了产业调整空间，需求结构牵动产业结构的调整，从而在根本上决定了项目的市场定位。投资项目所生产的产品是不是为社会所需要，确切地讲是否为市场所接受，从根本上决定了项目能否取得比较好的经济效益，也就决定了项目是不是有建设的必要性。因此，企业应当生产市场特别需要的产品，这是企业生产的真谛，投资项目也是如此。市场的变化必然会引起产品需求结构的变化，也会引起投资方向的变化。只有把资金投向适应市场需求的产品生产中去，投资才能取得预期效益，投资才具有必要性。

要想成功地对项目所生产的产品进行定位，就必须了解项目在竞争市场中所处的位置，必须清楚项目的强项和弱项，对竞争对手进行全面的分析，对生产项目产品的行业进行透彻的分析，从而追求差异优势。因此，项目定位分析应该透过市场的变化，首先研究市场的需求情况，调查目前市场上的需求和供给状况，预测市场的未来发展态势，判断项目投产后生产的产品是否符合市场的要求，并在此基础上制定策略，进行企业或产品的市场定位。只有项目定位准确，项目的建设才能实现预期的经济目标。

2.1.3 项目审批程序的考察与评估

项目建设程序是指项目从设想、选择、评估、决策、设计、施工直到竣工验收、投产整个建设过程所经过的各个阶段和相关工作步骤的先后顺序。这里主要论述涉及项目建设需要审批的项目建议书和项目可行性研究报告的考察与评估。

1）项目审批流程

每个项目的建设都需要一套审批程序，即使是市场化的投资项目，也需要经过融资机构的审查。

一般的审批流程是：首先提出项目建议书，决策部门提出审批意见；然后进行项目的可行性研究，如果项目可行，则再次提交决策部门做出投资决策，同时融资机构也会根据可行性研究报告出具评估报告。只有在所有上述事项都完成后，才可以进行项目开工建设。项目审批流程图如图 2-1 所示。

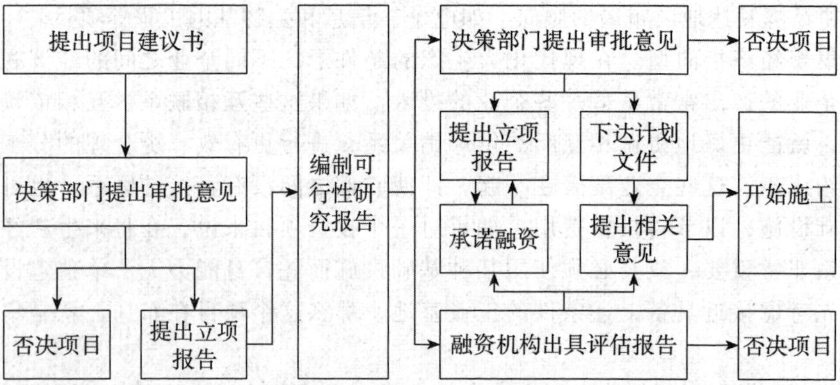

图2-1　项目审批流程图

2）项目建议书审查和可行性研究报告审查

（1）项目建议书审查。提交项目建议书是项目建设程序中最开始的阶段，它是根据国民经济和社会长远规划，结合行业和地区发展要求提出的准备建设项目的初步设想。项目建议书完成后，应当按照建设要求和审批权限报批。需要注意的是，我国各类项目的建设有不同的审批权限，要按照各级别的审批权限进行报批，如大型项目一般由国家发改委审批，中小型项目则由地方审批并报上级备案。项目评估人员对项目建议书的审查重点是：投资项目是否是政府允许或者鼓励的投资项目；是否符合国家有关项目的报批手续和审批权限，审批是否合理。

（2）可行性研究报告审查。这是开展项目评估的重要内容之一。项目评估人员对可行性研究报告的审查重点包括：报告内容是否全面，是否考虑了全部影响因素；数据来源是否可靠、准确；测算方法是否正确、合理等。一般要详细审阅可行性研究报告的内容，提出每一个内容的关键点和问题，用表格或者其他方式列示影响项目是否可行的各项重要因素，确定在可行性研究报告中没有得到有效解决的疑点和问题，并对上述问题进行详细的分析研究，确定项目评估的关键点。

2.1.4　项目发展概况的考察与评估

项目发展概况（project development overview）是指进入项目评估阶段之前，在项目发展过程中所做的工作的情况，主要包括已做过调查研究的项目内容及其成果、已做过的试验试制工作和厂址（线路）选择的初选意见等。

1）对已做过调查研究的项目内容及其成果进行考察与评估

对每一个建设项目都要进行市场、技术、资源、经济和社会等方面的调查研究。只有经过全面的考察和系统的分析评估，才能确定项目投资是否可行。对于不同的项目，应根据项目的性质、特征和客观条件，有针对性地对某些复杂问题进行专题调查研究，一般包括资源调查、市场调查、社会公用设施调查和拟建地区环境状况调查。评估人员应了解在评估之前是否做过这些调查，做到什么程度，取得了哪些成果，是否符合要求，并对这些情况进行分析论述，提出结论性意见。

2）对已做过的试验试制工作进行考察与评估

如果在项目中需要用到新技术、新工艺、新设备等科学技术成果或者引进国外技术，则在具体应用前应进行试验试制工作。在项目评估前必须完成中间试验，并获得鉴定证明材料，以便评估人员对项目所使用的技术进行分析，先看其是否属于新的科研成果、高新技术或实用新型等，考察项目所采用的技术条件是否成熟，再从投资者的技术实力、技术水平和技术人员的素质等方面分析其是否有能力消化与吸收该项技术，满足该项技术的要求，使项目产生良好的经济效益。评估人员可逐项说明项目评估前已做的试验或者试制工作情况。

3）对厂址（线路）选择的初选意见进行考察与评估

评估人员要了解从项目建议书到可行性研究阶段所提出的各种厂址（线路）的选择方案，分析各选址方案中厂址（线路）的自然和社会经济条件及其主要优缺点，提出初选意见；分析评估各个可供选择的建设地区及厂址位置的勘查、测量和比选情况，了解初步选择意见以及尚存的遗留问题等，并列表说明（建设地点资料表见表2-1）。此外，如果想购买已经开工建设的项目，则需要了解项目的建设情况，了解评估时该项目已经建设了哪些工程、投入了多少资金、资金来源如何、还需要建设哪些工程、尚需要投入多少资金等。

表2-1　**建设地点资料表**

序号	初选项目	项目提出单位意见		项目建议书意见			可行性研究报告意见			备注
		Ⅰ	Ⅱ	Ⅰ	Ⅱ	推荐意见	Ⅰ	Ⅱ	推荐意见	
1	地点或地区									
2	地段									
3	地形地质									
4	地貌									
	⋮									
5	社会经济条件									
	⋮									
6	其他条件									
	⋮									
7	主要优缺点									
	⋮									

2.1.5　项目投资环境的考察与评估

项目投资环境（project investment environment）是指影响项目投资行为的各种外部因素的总称。它是影响和制约投资行为及投资活动全过程的外部因素和条件的总和，是投资赖以进行的前提。投资环境根据不同的标准可分为不同的类型。

1）按投资环境与投资的关系分类

按投资环境与投资的关系，投资环境可分为狭义投资环境和广义投资环境。狭义投资环境主要是指经济环境，是由与项目投资直接相关的各子环境构成。如投资项目建设环境、地域或协同环境、项目总体环境等。广义投资环境一般是指自然环境、经济社会环境、国际环境等。它包括的范围较广，是由与项目投资直接或间接相关的诸子环境构成的。进行项目评估所涉及的投资环境，既大于狭义投资环境所包括的范围，又小于广义投资环境所包括的范围，介于两者之间。

（2）按投资地域的不同分类

按投资地域的不同，投资环境可分为国内投资环境与国际投资环境。国内投资环境是指投资者在本国境内的投资，影响其投资机会决策的诸因素所构成的环境。一般来说，进行国内项目的评估，对象主要是国内投资环境。国际投资环境一般是指东道国影响投资决策的诸因素所构成的环境。

（3）按投资环境的表现形态分类

按投资环境的表现形态，投资环境可分为软环境和硬环境。软环境是指投资环境中无形的非物质条件，属于投资环境中无形的条件，一般指人才引进政策、措施、政府对项目的政策支持力度、办事效率以及相关法律、制度等社会政治经济环境。硬环境一般是指与项目相关的交通运输条件、邮电通信和城市基础设施、原材料供应条件、自然资源、资金和技术等项目建设的必要条件，以及生产生活服务的第三产业的发展状况。这里主要考察社会政治环境、经济环境以及自然、技术和物质环境。

（1）社会政治环境。社会政治环境是投资环境中最敏感的因素。社会政治环境评估主要包括政治环境评估、社会意识形态评估和法治建设评估。对政治环境的评估主要是考察国家、地区的社会安定及政治稳定程度，政府对投资者的态度，以及政府的办事效率等；对社会意识形态的评估主要是考察项目所在地的风俗习惯和人们的价值观、宗教信仰、生活方式、社会关系和文化素质；对法治建设的评估主要是考察与项目实施有关的法律是否完善、有效，能否保障投资者的权益。

（2）经济环境。经济环境涉及的范围比较广，包括经济体制的健全程度、社会经济的发展水平、经济结构、生产要素市场等方面的内容。对经济环境的评估需要考察地区乃至全国的经济发展现状、趋势和稳定性，项目所在地的劳务、资金、生产资料和土地等市场的供给、政策、规模与发展趋势，并且将其与产品、运输条件、利税优惠程度等条件结合起来进行综合分析。

（3）自然、技术和物质环境。自然、技术和物质环境评估主要包括对自然环境、技术环境和基础设施的评估。通常情况下，对自然环境分析的内容主要有项目所在地的地理位置和自然资源，具体包括项目所在地的交通便利程度、地质情况和气候条件，可满足项目投资建设资源的品种、产量、分布状况、品位高低、可供周期、可供经营期，是否有投资价值等；对技术环境的评估主要是考察相应时期的技术政策、科技发展水平、科技人员素质及数量、科技组织结构等；对物质环境的评估主要是考察项目所在地的运输条件、通信条件和公用条件等。

2.1.6 项目可行性研究报告的考察与评估

无论是决策部门组织的项目评估，还是金融部门组织的项目评估，其实质都是对项目的可行性研究报告进行审查。取得有关项目的可行性研究报告、运用科学的方法审查决定项目是否可行的每一个重要因素、核实可行性研究得出的结论，是开展项目评估工作的重要内容。

审查可行性研究报告，要求项目评估机构和评估人员熟练掌握可行性研究的理论和方法，熟悉有关信息的内容和处理方法，并能根据相关数据核实有关信息。

项目可行性研究报告的审查内容主要包括：①审查其内容是否全面，是否考虑了全部影响因素；②审查其数据来源是否可靠、准确；③审查其所用的方法是否正确、合理。

对可行性研究报告审查的一般程序是：①对研究内容进行详细审阅，并概括出每一部分内容的要点和问题；②列出影响项目是否可行的各项重要因素，确定在可行性研究报告中没有得到解决或存在疑点的问题；③对上述问题进行详细的分析和研究，确定项目评估的要点。

【自测题】下列影响项目投资环境的因素中，（　　）属于软环境因素。①

A.相关政策　　B.基础设施　　C.法律制度

D.原材料供给　　E.技术水平　　F.服务态度

2.2 项目建设必要性评估

项目建设必要性（project construction necessity）评估是对可行性研究报告中提出的项目建设理由进行审查、分析和评估，即对项目所提供的服务或产品能否得到社会承认进行分析和评估，这是项目进行投资的先决条件。如果一个项目根本没有建设的必要，那么项目的技术、盈利等其他评估论证工作也就没有必要进行下去了。因此，只有通过对项目建设必要性进行严格的审查、分析和评价，才能确定项目建设的必要程度，以保证项目规划和投资决策的正确性。同时，项目建设必要性评估还对控制投资规模、避免盲目建设、提高投资效益起着决定性作用。

2.2.1 项目建设必要性评估的作用

项目建设必要性评估常常关系到项目的投资决策。在项目决策阶段，项目建设必要性通常是关注的焦点之一，特别是需要政府配置资源的项目或需要政府安排公共支出的项目，审批机关通常会对项目建设必要性进行审查，对不合理、不充分的项目可以行使否决权。

1）保证项目规划和投资决策的正确性

项目建设必要性评估是项目决策的重要前提条件，是项目成立的重要依据。通过项目建设必要性评估，确认项目兴建的必要性程度，有利于确保项目投资的安全，保证项目规划和投资决策的正确性。

① 【答案】ACF。

2）控制投资项目建设规模，避免盲目建设和重复建设

在项目建设必要性评估中，必须收集与投资项目相关的行业、地区和部门的经济信息资料。通过分析这些资料对项目产品未来的市场竞争情况和销售情况进行预测，对原材料等资源的供应情况进行调查分析，合理确定项目的建设规模。这有利于控制项目的资源投入，避免盲目建设项目和产能过剩项目的出现。

3）为项目未来的生产经营提供可靠的依据

通过对项目产品现有生产能力和未来可能增加的生产能力状况的调查预测，分析市场的供求趋势和项目产品的性能、质量、价格等产品特征及其竞争能力，进一步提高项目未来的投资效益和产品市场占有率，降低或规避项目的投资风险。

4）指导投资者和贷款机构选择正确的投资方向

在项目建设必要性评估中，需要考虑政府的产业政策和技术政策、行业与地区的发展规划，并提供政府在不同时期的投资政策和投资方向信息。这样有助于投资者和贷款机构根据政府制定的方针政策和建设条件择优选择投资项目，有助于政府将有限的经济资源集中投入最需要的地方，满足中央与地方重点项目和短线产品的需要。

2.2.2 项目建设必要性评估的内容

项目建设必要性评估一般可以从宏观和微观两个方面进行分析。

1）项目建设宏观必要性评估

项目建设宏观必要性评估，就是从国民经济整体的角度，衡量项目对国民经济总量平衡、结构优化和产业政策、地区规划与行业规划等方面的影响，进而对项目建设的必要性进行评估。一般来说，对于大中型建设项目，应侧重于从国民经济和社会发展的角度进行评估；对于中小型建设项目，则应侧重于从地区与行业发展的角度进行评估。

具体评估内容如下：

（1）是否符合国民经济总量平衡和结构平衡发展的要求。

①国民经济总量平衡，是指社会总需求量和总供给量的基本平衡。社会总需求量由投资需求和消费需求两部分构成；社会总供给量由投资品供给和消费品供给组成。项目建设投资直接构成投资需求，在消费供求平衡的条件下，如果投资需求规模过大，将使社会总需求大于总供给，引起财政和信贷收支不平衡，引发通货膨胀和经济波动；如果投资需求规模过小，将导致社会总需求小于总供给，使经济出现萧条和衰退。所以，应根据国民经济总量平衡的需要决定项目的压缩、停缓建或者相应扩大。

②国民经济结构平衡，主要指国民经济各部门之间的比例关系协调，产业结构合理。从一定意义上来讲，国民经济的平衡发展主要取决于结构平衡。在社会主义市场经济条件下，各级政府需要利用国民经济发展计划和各种经济杠杆，根据资源的可得性和社会需求实现资源的合理配置，主动寻求实现国民经济结构优化的途径。投资作为一种特殊的经济活动，能够起到调节国民经济平衡发展的积极作用。当国民经济出现不平衡时，就要及时地调整投资方向，给“瓶颈”产业以更多的投资，压缩对“长线”产业的投资，从而积极地影响国民经济产业结构，促使国民经济进入良性循环，使国民经济趋于平衡发展。另外，由于经济形势不断发展，市场、技术、资源等条件不断变化，国民经济不能停留在原有的水平上协调发展，而必须使产业结构不断向高级化、现代化转变，这种转变只有通过

科学地确定和调整国民经济结构才能实现。因此，在对投资项目进行评估时，应从宏观上考察项目的建设是否具有这种功能。如果对国民经济平衡发展具有积极作用，则可认为项目的建设是必要的；否则，则认为项目的建设是不必要的。这一点对于大型投资项目尤为重要。

（2）是否符合国家一定时期的产业政策。产业政策对投资项目建设具有一定的指导作用，会引导投资者把资金投向政策鼓励发展的产业。当前我国产业政策总的原则是“依靠科技进步，促进产业结构的调整和优化，在改造和提高传统产业的基础上，发展新兴产业和高新技术产业，推进国民经济信息化”。产业结构优化的重点是高度重视农业，调整和改造加工工业，加快发展基础设施、基础工业和第三产业，振兴支柱产业。考察项目宏观上是否具有建设的必要性，就应该深入研究国家同期的产业政策，并把项目建设与产业政策的要求进行对比分析，只有符合国家产业政策要求的项目才认为是有必要的。国家发改委2023年12月1日第六次委务会议审议通过《产业结构调整指导目录（2024年本）》，自2024年2月1日起施行。《产业结构调整指导目录（2019年本）》同时废止。这次修订的导向是坚持以习近平新时代中国特色社会主义思想为指导，深入贯彻落实党的二十大精神，坚持把发展经济的着力点放在实体经济上，推进新型工业化，加快建设制造强国、质量强国、航天强国、交通强国、网络强国、数字中国，加快构建具有智能化、绿色化、融合化特征和符合完整性、先进性、安全性要求的现代化产业体系。

（3）是否符合布局经济的要求，能否促使国民经济地区结构优化。根据生产力最佳配置的要求，在一个国家或地区范围内，选择最适宜的地理位置和最佳的组合形式来安排投资建设，由此产生的经济效益就是所谓的布局经济。每个国家在一定时期内都有相应的布局构想，由于不同的产业之间具有一定的“联系效应”，因而存在着布局经济的问题。科学的经济布局能够协调整个国民经济的发展。根据布局经济的要求，一个国家或地区的经济开发总是具有一定的先后顺序，按照“梯级开发”的规律，以发达地区的经济发展逐步带动落后或不发达地区的经济发展。合理的布局能够减少运输费用和生产成本，有效利用各种资源，加快信息的传递，以同样的投资取得更好的经济效益。另外，合理的布局能够促进分工协作，加快经济发展，这是因为布局经济要求各地区按照自己的资源、技术和经济等方面的优势来发展经济，这样就会形成重点突出、各有特色的经济区域和生产组织，促进地区间和地区内部的分工协作，从而达到加快地区经济和整个国民经济发展的目的。因此，对投资项目进行评估，就不得不考察项目是否符合布局经济的要求。可以将拟建项目放到国家或地区的经济布局中，以考察其是否符合布局经济的要求。《产业结构调整指导目录（2024年本）》由鼓励类、限制类、淘汰类三个类别组成。鼓励类主要是对经济社会发展有重要促进作用的技术、装备及产品；限制类主要是工艺技术落后，不符合行业准入条件和有关规定，不利于安全生产，不利于实现碳达峰碳中和目标，需要督促改造和禁止新建的生产能力、工艺技术、装备及产品；淘汰类主要是不符合有关法律法规规定，严重浪费资源、污染环境，安全生产隐患严重，阻碍实现碳达峰碳中和目标，需要淘汰的落后工艺技术、装备及产品。鼓励类、限制类和淘汰类之外的，且符合国家有关法律、法规和政策规定的属于允许类。设置三个类别的政策导向是推动制造业高端化、智能化、绿色化，巩固优势产业领先地位，在关系安全发展的领域加快补齐短板，构建优质高效的服务业新体系，显然三个类别的设置有助于国家更好地调整经济布局。

除上述评估内容外，还可以考察项目是否符合经济结构（包括产业结构、地区结构、企业结构和投资结构等）优化的要求，考察项目建设是否符合国民经济长远发展规划、行业发展规划和地区发展规划的要求，考察项目产品在国民经济和社会发展中的地位与作用等，以便为项目建设的宏观必要性评估提供更为充分的依据。

2）项目建设微观必要性评估

项目建设微观必要性评估，主要是从企业发展的角度出发，衡量项目对市场需求、企业发展、科技进步和投资效益等微观因素的影响，进而对项目建设的必要性进行评估。

具体评估内容如下：

（1）项目所生产的产品（或提供的服务）是否符合市场的需求。市场需求是项目建设的基础，也是企业生存和发展的基本前提。投资项目所生产的产品（或提供的服务）是否符合市场需求，从根本上决定了投资项目能否取得良好的经济效益，也就决定了投资项目是不是有必要建设。市场的变化会引起产品结构的变化，同时会引起投资方向的变化。只有把资金投向符合市场需求的产品生产项目中，投资才具有必要性。评估项目的微观必要性，必须首先研究市场的需求情况，对项目产品市场的需求量和竞争能力进行深入的调查分析。通过对与项目产品有关的生产资料和消费资料，以及项目产品在国内外的供给量与需求量的调查和预测，综合分析项目产品的社会总需求与总供给是否相适应，据以判断和评估项目产品市场需求的可靠性，并进一步分析产品质量、性质、成本和价格等方面在国内外市场上的竞争能力和产品的市场占有率。只有项目产品（或服务）适销对路，满足社会和市场需要，拟建项目的投资才是必要的。因此，对市场需求的研究分析是进行项目建设微观必要性评估的起点。

（2）是否符合企业发展战略。市场经济条件下，企业是一个独立核算、自主经营、自负盈亏的经济实体，企业的发展目标包括产品结构的调整、生产能力的扩大、经营范围的拓宽等。企业的发展有多种途径，如改变产品结构、扩大生产能力、拓宽经营范围等，但无论选择哪种途径，一般都离不开投资。任何一家企业都有自身的发展规划和要求，因此投资项目必须符合企业发展规划的要求。在进行项目评估时，首先要了解承担项目投资的企业单位的发展规划和要求，并且分析企业的发展规划是否与国家经济发展规划和地区或行业发展规划相结合，判断企业的发展是否与大环境相吻合，再将拟建投资项目的目标与企业的发展规划和要求进行对比，分析项目的建设是否能为企业带来各种预期的经济和社会利益，从而判断投资项目的建设对于企业本身的发展是否是必要的。

（3）是否考虑到了合理生产规模问题。生产规模的大小直接影响到对项目建设条件的要求、技术方案的选择、产品的生产成本与效益。合理生产规模的确定是在产品市场需求与市场竞争能力可行的前提下，结合产品生产所需的原材料、能源、水资源及协作配套条件的可能性，依据行业规模经济原则与产业结构要求而进行的。生产规模评估是项目建设必要性评估的又一项重要内容，它是对可行性研究报告中提出的拟建项目的设计生产能力是否与产品的市场需求相适应，是否与资金、原材料、能源及外部协作配套条件相适应，是否与项目的合理经济规模相适应，以及是否符合本行业的产业结构变化趋势所作的深入分析与评价。如果投资项目的建设既符合市场需求，也符合合理经济规模的要求，那么该项目的建设就是必要的。

（4）是否有利于技术进步。近年来，科学技术的新现象、新特点带来了生产力和经济增长的新趋势。正所谓科学技术是第一生产力，科学技术对生产力的发展起到第一位的推动作用，科学技术进步已成为生产发展的主导因素，科学技术以渗透的方式凝结于生产力的实体要素之中，使生产力发生了质的变化。科学技术作为精神生产力，要想转化为物质生产力，增加社会财富，必须经过一定的途径才能实现，而途径之一就是通过投资把科研成果转化为社会需要的产品。无论是新建项目还是改扩建项目，都应尽可能地采用先进、适用的新技术、新工艺和新设备，并将新的科研成果尽快运用于产品的设计与生产，使项目能生产出社会所需要的高质量的新产品。对这类项目进行必要性评估时，首先分析科研成果转化为生产力的必要性和可能性，然后考察拟建项目是否具备这方面的能力。如果能够通过拟建项目的建设尽快地把科研成果转化为生产力，则认为该项目的建设是必要的。

2.2.3 项目建设与国家规划、产业政策一致性的判断

国民经济长远规划是国家在一定时期的奋斗目标和行动纲领，它确定了经济和社会发展的战略目标、步骤、重大比例关系和生产力布局等重大经济政策，是决定项目有无必要建设的前提。项目是否符合国家一定时期的产业政策，是决定项目取舍的重要依据。产业政策对项目建设具有指导作用，它可以引导投资者把资金投向政策鼓励发展的产业。另外，项目建设必须对本地区、本行业发展有利。各地区、各行业的拟建项目只有符合地区规划和行业规划的要求，才有利于提升地区、行业优势，有利于增强地区、行业的经济实力，也才有建设的必要性。

判断项目建设是否符合国家规划和产业政策，同样可以从宏观和微观两个方面进行考察。从宏观方面，主要考察项目对国民经济总量平衡、经济结构优化、国家产业政策、国家生产力布局的影响，以及项目产品在国民经济和社会发展中的地位与作用；从微观方面，主要考察项目所生产的产品是否符合市场需求，以及项目建设是否有利于科技进步。

本章小结

• 投资项目概况评估，是指项目评估者根据投资者提供的有关资料，围绕项目提出背景、可行性研究、项目发展概况和项目投资环境等方面所作的调查、研究、分析、考察与评价工作。组织投资项目概况评估，需要判断有关项目提出的背景是否成立，可行性研究报告的内容是否全面、客观，项目的发展程度是否能够保证项目及时付诸实施，以及项目所处环境是否有利于项目建设，并提出相应结论。

• 项目可行性研究报告评估，要求项目评估机构和评估人员熟练掌握可行性研究的理论和方法，熟悉有关信息的内容和处理方法，并能根据相关数据核实有关信息。

• 项目建设必要性评估是对可行性研究报告中提出的项目建设理由进行审查、分析和评估，即对项目所生产的产品或提供的服务能否得到社会认可进行分析和评估，这是项目进行投资的先决条件。

• 考察评估项目发展概况需要对已做过调查研究的项目内容及其成果、已做过的试验试制工作和厂址（线路）选择的初选意见进行分析。

• 投资环境是指影响项目投资行为的外部条件的总称，可分为狭义与广义、国内与国际、软与硬等各种环境类型。开展项目评估，需要明确具体项目所处的投资环境。通常需

要评估社会政治、经济、自然、技术和物质环境等因素。

•进行项目建设必要性评估，可以起到四个方面的作用：一是保证项目规划和投资决策的正确性；二是控制投资项目建设规模，避免盲目建设和重复建设；三是为项目未来的生产经营提供可靠的依据；四是指导投资者和贷款机构选择正确的投资方向。

•项目建设必要性评估，就是针对所确定的建设目标，采用定性和定量分析方法，重点审查、分析和评价投资项目是否有必要确立或兴建，即对投资项目所生产的产品或提供的服务能否得到社会认可进行分析和评估。

•项目建设必要性评估通常可以从宏观和微观两个方面进行分析。项目建设宏观必要性评估重点考察项目建设是否符合国民经济平衡发展和布局经济的要求，是否符合国家的产业政策；项目建设微观必要性评估主要考察项目产品是否符合市场、地区或部门发展及企业发展的要求，是否有助于把科研成果转化为生产力，以及能否取得预期的经济效益、社会效益和环境效益等方面内容。

关键概念

项目概况　项目投资者　经济技术　资信程度　产业背景　区位背景　项目定位　项目发展概况　项目投资环境　项目建设必要性

章后练习

一、选择题

1.项目概况评估的主要内容包括（　　）。

A.项目投资者的考察与评估　　B.项目提出背景的考察与评估
C.项目审批程序的考察与评估　　D.项目发展概况的考察与评估
E.项目投资环境的考察与评估　　F.项目可行性研究报告的考察与评估

2.项目投资者的考察与评估的内容主要包括（　　）。

A.经济技术实力　　B.管理水平
C.信用程度　　D.筹资能力

3.项目提出背景的考察与评估的内容主要包括（　　）。

A.产业背景分析　　B.区位背景分析
C.项目定位分析　　D.产品定位分析

4.项目建设宏观必要性评估的内容主要包括（　　）。

A.是否符合国民经济总量平衡和结构平衡发展的要求
B.是否符合企业发展战略
C.是否符合国家一定时期的产业政策
D.是否符合布局经济的要求

5.项目发展概况的考察与评估的内容主要包括（　　）。

A.对已做过调查研究的项目内容及其成果进行考察与评估
B.对已做过的试验试制工作进行考察与评估

C.对厂址选择的初选意见进行考察与评估

D.对建设地点的意见进行考察与评估

6.项目投资环境考察与评估的内容主要包括（　　）。

A.社会环境　　B.政治环境

C.经济环境　　D.自然、技术和物质环境

7.投资环境按其与投资的关系，可分为（　　）。

A.国内环境与国际环境　　B.软环境与硬环境

C.狭义投资环境和广义投资环境　　D.内环境与外环境

二、判断题

1.项目概况评估就是对项目投资者的经营状况进行分析。（　　）

2.项目建设必要性评估的作用主要是向金融机构申请贷款。（　　）

3.项目提出的背景是指最初设计或规划投资项目的根据或理由。（　　）

4.项目建设经决策部门审批后即可开工建设。（　　）

三、简答题

1.如何对项目提出的产业背景进行分析？

2.如何对项目提出的区位背景进行分析？

3.怎样考察和评估项目的可行性研究报告？

4.项目提出背景与投资环境有何异同？

5.项目投资环境评估的内容包括哪些？

6.怎样从宏观角度进行项目建设必要性的分析和评估？

7.怎样从微观角度进行项目建设必要性的分析和评估？

四、讨论题

在进行项目概况评估和项目建设必要性评估时，应从哪些方面对项目进行分析与评估？投资主体市场化会对项目建设必要性评估会产生哪些影响？

部分练习参考答案

京沪高铁工程建设必要性的分析评估

第 3 章　市场分析

主要知识点

市场及市场分析的概念；市场需求分析及市场供给分析的定义和内容；产品分析；价格分析；市场综合分析；市场预测的概念、分类、特征、原则和程序；市场预测方法；主观估计法；专家预测法中的头脑风暴法、德尔菲法；定量预测方法中的时间序列预测方法、平均数预测方法、简单回归分析法和多元线性回归预测法。

3.1　市场分析概述

3.1.1　市场的概念

市场（market）的概念有狭义和广义之分。狭义的市场是指买卖双方进行商品交换的场所和领域；广义的市场是指各种市场主体之间的交换关系乃至全部经济关系的总和，它是社会分工和商品生产发展的必然产物。市场通过价格杠杆作用，直接影响着人们生产什么、生产多少、如何生产以及产品进入市场的时间、产品销售状况等。

根据不同的标准，市场可分为不同的类型。按交易场所的形式划分，有商场、店铺、交易所、交流会、集市、庙会等；按交易的地区范围划分，有国际市场、国内市场、城市市场、农村市场等；按交易的品种范围划分，有商品市场、资本市场、货币市场等；按企业的角色划分，有买方市场和卖方市场；按市场的时间标准划分，有现货市场和期货市场。

【自测题】市场按交易的地区范围划分，不包括（　　）。[①]

A. 国际市场　　　　B. 农业市场

C. 国内市场　　　　D. 农村市场

3.1.2　市场分析的概念

市场分析（market analysis）是指在市场调查和预测的基础上，根据项目产品的竞争力、市场环境和竞争程度等因素，对市场供求、规模位置、性质特点等调查资料进行分析，以此对项目投产后所生产的产品是否有市场的一种专业分析技术。市场分析主要是分

① 【答案】B。

析和判断项目投产后产品的未来销路问题，具体就是考察项目产品在特定时期内是否有市场、在什么范围内有市场，以及这个市场究竟有多大。从市场营销的角度来看，它既是市场调查的组成部分和必然结果，又是市场预测的前提和准备过程。市场分析是一门综合性科学，涉及经济学、统计学、计量经济学、运筹学、心理学、社会学等理论和方法。市场分析是现代企业管理人员必须掌握的分析技术。

市场分析包含市场调查和市场预测。市场调查是指利用科学的方法，收集、记录和整理反映市场的历史、现状及发展变化情况等第一手资料。市场调查是项目评估的重要环节之一，是一种认识市场、获取市场信息的重要手段，是进行市场预测的前提和基础。市场预测是对未来某种不确定或未知的事项进行调查研究和分析，做出符合事物发展趋势的推断，以指导实际行动。市场预测是项目评估的重要工作，市场调查的根本目的就是进行市场预测。因此，市场预测是在市场调查的基础上，运用一定的方法和分析模型，对未来一定时期内市场的发展状况和趋势做出正确的估计和判断，是对拟建项目产品的供应与需求发展趋势以及相互联系的各种因素及其变化进行调查、分析、判断和预测。

市场预测的结果是判断项目建设可行性的重要依据，以避免项目的重复建设和盲目建设。它是实现社会供需平衡、提高项目投资效益、促进国民经济协调发展的重要保证，也是项目投资效益分析指标正确与否的重要保证。

3.1.3 市场分析的作用

任何项目都要以市场需求为前提，并且最终为了满足市场需求，获得经济利益。在市场经济条件下，任何经济活动都要围绕市场展开。因此，在进行投资项目可行性分析与项目评估时，必然要求将市场分析放在重要的战略位置。

1）项目市场分析是项目评估的起点和基础

进行项目评估的主要目的是弄清项目建设的必要性与可能性、技术的适宜性、经济的合理性。其中，必要性是前提。如果一个项目没有必要建设，那么建设的可能性、技术的适宜性和经济的合理性就失去了前提。然而，在市场经济条件下，项目有无建设的必要性，归根结底要看项目产品能否适应市场需求。因此，要进行项目评估，必须首先进行市场分析。市场分析与项目评估的各项内容关系极为密切。项目评估中的大部分内容是以市场分析为基础的，如原材料采购、产品销售、市场规模定位、价格预测等都是在市场调查和分析的基础上做出的。

2）项目市场分析是项目可行性研究和项目评估的重要内容

项目产品是否有市场和能否实现市场目标是项目可行与否的前提条件。通过市场分析，可以了解项目投产后的产品是否符合社会需求，生产什么产品有利，产品的目标市场在哪里。只有确定项目的市场可行性，才能为进一步分析财务和经济效益的可行性提供条件。

3）项目市场分析是确定合理经济规模的重要依据

合理经济规模是指在一定的技术经济条件下，项目的投入产出比处于优化状态，资源和资金可以得到充分利用，并可以获取较优的经济效益规模。在确定合理的经济规模时，市场分析可以帮助投资者确定项目的设计方案和建设规模。确定项目设计方案，需要考虑项目是否符合产业政策，项目投产后产品的市场需求、定位、竞争力、技术来源的渠道及其可靠度、生产技术条件等因素；确定建设规模，需要考虑项目投产后的产品是否适应市场需求，以及产品的整体市场容量、工艺装备设计能力、规模可行性、行业政策的影响因素等。

4）项目市场分析是设计项目产品方案的重要依据

针对市场需求，以细分市场为基础，形成项目开发的整体思路，以期拓展新的增长点。严谨、科学的产品策划将为建设项目的成功提供可靠的保障，避免错误的项目给企业带来不必要的损失。

总之，通过市场分析，可以搜集对项目有用的各种信息，为决策者进行项目决策提供必要的、科学的指导，帮助项目的投资者熟悉市场环境，使投资者合理地配置各种资源，促进项目的总目标得以顺利实现。

【自测题】市场分析的意义包括（　　）。①

A.项目市场分析是项目评估的起点和基础

B.项目市场分析是项目可行性研究和项目评估的重要内容

C.项目市场分析是确定合理经济规模的重要依据

D.项目市场分析设计项目产品方案的重要依据

3.2　市场分析的内容

市场分析包括市场需求分析、市场供给分析、产品分析、价格分析和市场综合分析等。

3.2.1　市场需求分析

1）市场需求分析的定义

市场需求（market demand）是指在一定时期、一定条件下、一定市场范围内消费者愿意并且能够购买某种产品的数量及其构成。市场需求分析主要是预估市场规模的大小及产品潜在需求量，确定地理区域的目标市场，考虑消费限制条件、消费者的平均购买力以及其他需要考虑的因素。

项目评估中的市场需求分析与生产经营中的需求分析有所不同。生产经营中的需求分析往往只调查或预测一年中季节性的需求变化，或近几年市场需求的变化趋势，以调整其产量或产品结构，因此比较容易；而项目评估中的市场需求分析，要求调查和预测整个项目寿命期内市场需求的变化情况，所以难度很大。

2）市场需求分析的内容

调查研究市场需求情况的主要目的在于掌握市场需求量的大小、市场容量的大小、市场占有率的大小以及如何运用有效的经营策略和手段。市场需求分析可以从定性与定量、近期与远期、国内需求与国外需求等方面进行分析。

（1）调查预测国内需求

①调查国内目前需求量。国内市场需求调查主要是弄清国内市场最近或前一段时期对

① 【答案】ABCD。

某种产品的需求情况，以便对未来的需求情况做出预测。市场需求资料的重要来源如下：一是商业、物资等产品销售部门；二是统计部门、工业和商业的主管部门以及综合经济部门等，它们可以提供大量在市场上不能直接得到的资料；三是客户或消费者，他们不但可以提供自身产品需求量的资料，而且可以提供第一手的需求资料，这些都是分析判断国内市场需求状况的重要依据。通过广泛的调查可以获取上述资料，据此分析过去一定时期内社会对某种产品需求状况的发展趋势，进而推测产品的未来需求量。

②预测国内未来需求量。在查明国内目前需求量以后，就可预测今后一定时期内（一般估计10~20年，根据项目的预计寿命期而定）需求将以何种速度增长。如果缺乏有关增长速度的信息资料，那么最简单的预测方法就是假定过去的趋势将延续到未来。预测产品的未来需求量，应区别产品属于消费资料型还是属于生产资料型，以便采取不同的预测方法。但是应该注意到，消费资料型产品和生产资料型产品的情况是不同的。消费资料型产品的需求增长速度通常比收入的增长速度慢，而生产资料型产品的需求增长速度通常比收入的增长速度快。在预测消费资料型产品的需求增长速度时，也可利用经济发达国家的数据作为参考，比如美国、加拿大、澳大利亚等国家的数据。根据这些国家当前对某种产品的需求量，结合预计的收入增长量，可以预测产品的未来需求量。在某些情况下，还应考虑相关产品（如互补品和替代品）的需求增长率。

（2）调查预测国外需求

调查预测国外需求的目的是了解项目产品有无进入国外市场的可能，即国外市场对项目产品有无需求。开展这项工作时，可以先向外经贸部门了解该项目所生产的产品目前的出口数量、出口国家或地区，过去的出口增长率以及今后的出口计划和前景。因为国外市场对产品的需求往往受到政治、经济形势的影响，或者受到贸易保护主义政策的限制，所以在调查时也要了解这些方面的影响。国外市场的需求不是固定不变的，因此，在调查预测国外市场需求时，必须充分估计各方面的影响因素，同时应加强对国外竞争对手的分析，考虑占领和扩大国外市场的措施。

【自测题】在进行市场分析时，可以从（　　）等角度进行市场需求分析。①

A.国际需求　　　　B.远期需求

C.国内需求　　　　D.行业需求

3.2.2 市场供给分析

1）市场供给分析的定义

市场供给（market supply）是指在一定时期、一定条件下、一定市场范围内可提供给消费者的某种商品或劳务的总量。进行市场供给分析时应考虑整个项目生命周期。市场范围包括国内市场和国际市场。

从时间特征上看，市场供给量分为实际的供给量和潜在的供给量两类。前者是指在预测时点市场上的实际供给能力；后者是指在预测期（项目寿命期内）可能增加的潜在供给能力。实际的供给量和潜在的供给量之和近似为市场供给量。

从空间特征上看，市场供给量分为国内供给量和国外供给量。对市场供给能力的分

① 【答案】ABC。

析，不仅要研究国内市场的供给能力，而且要研究国外市场的供给能力。

2）市场供给分析的内容

（1）国内供给量的调查与预测

产品的国内供给量，主要取决于国内的生产能力。因此，调查国内供给量时，必须首先调查全国或一定地区内该产品的现有生产能力。调查中还应注意了解现有生产能力中是否还有一部分未加以利用。如有这种情况，则应了解其比例有多大，原因何在（如技术问题、原材料不足、需求下降等），短期内有无扩大利用的可能。如不考虑这项因素，就会低估供给量或者高估市场需求的不足额。所需资料一般可由计划部门、统计部门、有关企业的主管部门以及金融部门等单位提供，也可以对现有生产企业作实地调查。

在掌握目前供给量后，就可以预测未来供给量。预测未来供给量非常重要，这是因为不少产品从目前看需求量很大，供给量严重不足，但当多个厂商准备生产这种产品时，情况很快就会发生变化。因此，在预测未来供给量时，要尽可能掌握较全面的资料和信息，以便正确估计未来的供给能力。

（2）国外供给量的调查与预测

开展国外供给量的调查与预测，并不需要调查与预测世界各国的总供给量，只需要考察我国可能进口这种产品的数量。如果国内对这种产品的需求要依靠一部分进口来满足，则应向外经贸部门了解目前的进口量和将来采取的进口政策，同时要注意产品的规格、型号和质量要求。一般情况下，允许的进口量以满足国内的生产缺口为依据。这样一来，如果减少进口，就可为项目产品开辟国内市场；反之，如果增加进口，就会使项目产品的国内市场缩小。

根据经验，国外供给量往往会对产品市场产生很大影响。有的产品，原来国内外供给量都很少，但由于没有进行有效的控制，各地纷纷盲目进口，造成项目投产后产品销不出去。

3.2.3 产品分析

产品分析是指对产品的产量、品种、质量进行分析，判断三者之间的均衡关系。在了解项目产品的市场容量和供求现状后，要根据历史数据分析目前供求平衡状况。首先要分析市场是供不应求还是供过于求，分析这种状况形成的原因和发展趋势、行业平均利润水平、行业竞争水平等；其次要获取并分析产品目前的价格水平，包括产品价格的历史走势、影响价格波动的主要因素等；最后要分析价格的形成机制，即市场定价还是行政控制价格，有无行业垄断或倾销，价格对行业利润率和行业竞争度的影响，国际国内市场价格变化有无相关性以及关联程度的大小等。

一般而言，如果产品供不应求，那么项目产品的市场前景看好，但要注意分析这种状况形成的原因，是新产品的产能不够，还是技术、资源被垄断，导致其他厂商进入门槛高，致使产量上不去。如果产品供大于求，则要分析行业目前的整体产品构成，是否还有较大的市场潜力可挖；产品目前是否存在缺陷，有无更新换代的可能或趋势；拟建项目产品在创新程度、技术含量、资源占用等方面是否具有市场竞争优势；确定项目能否获得预期的市场份额，从而确定项目有无足够的市场生存空间。

对产品价格变动的趋势需要结合供求关系进行分析。通过对产品目前的价格水平和价格波动状况进行分析，确定价格与市场供求的相关性，找出导致价格变化的其他主要因素，如新产品或替代品的出现、技术更新、消费者习惯改变、原材料供应发生变化等，为未来的产品价格和供求变化趋势（即市场预测）提供数据和依据。

3.2.4 价格分析

价格是市场行为的重要因素。市场经济越发达，价格对来自市场的影响越敏感。价格分析的内容包括现行的价格水平和未来的发展趋势、市场对价格变动的反映、项目产品价格的研究等。价格分析应该与市场供求分析结合起来。市场供求的变化往往会影响产品价格，产品价格的升降也会影响市场供求状况。此外，分析价格时要注意生产技术发展的影响，技术的发展会导致生产成本下降，从而导致价格下降。

产品价格是项目计算的基础，也是影响项目效益的关键因素。消费者对某一项目需求量的变化与这一项目产品的价格变化方向相反。如果项目产品的价格下降，则需求量上升；反之，项目产品的价格上升，则需求量下降。所以，在项目评估时，需要对项目产品价格进行预测。具体依据可以通过以下三项调查来获取：调查项目产品国内市场价格的历史演变过程及其变化规律、最高价格和最低价格出现的时间和原因；调查项目产品国际市场价格的历史演变过程及其变化规律，分析价格的合理性，调查项目产品有无垄断或倾销等情况；调查不同类型项目产品的价格形成机制，如产品价格是国家宏观调控价格还是市场形成价格。

在对价格进行分析时，要做到具体问题具体分析。也就是说，对于不同的项目，要从不同的角度去分析，不要固守一种分析模式。以房地产市场为例，影响房地产价格的因素有很多，具体可以进行以下分析：

1）土地需求的不平衡性

（1）住房供给受土地供给的影响非常大，而土地资源是稀缺的，其供给往往不能随着需求的增加而增加。住房对土地的这种强烈依赖性，致使住房的供给对价格上涨的反应不够敏感，产品的供给弹性较小。当住房市场需求增加时，如果开发商得不到土地，住房供给就不能增加，结果住房市场只能更多地通过房价上涨而非增加供给实现供求平衡。

（2）不同地段的土地存在较大的差异性，由此导致好地段的住房产品价格非常高，其原因并非完全在于建筑成本高。现实中往往存在这样一种现象——即使房型一模一样，仅仅由于建在不同地段，两个住房产品也会在价格上存在较大的差异性。不同地段的相同房型之间尚且缺乏替代性，更不用说不同地段的不同房型了。所以，好地段与差地段的房价之差往往大于建筑成本之差

2）市场结构状态分析

房地产产品本身具有特殊性，加上一些现行制度安排仍存在不完善之处，使得该市场完全处于垄断或寡头垄断的结构状态。获得土地是企业进入房地产市场最基本的条件，但土地是由政府垄断供给的，只有通过政府才能获得开发用地。如果土地是在规范、公开、透明的市场化方式下出让的，那么，一方面，政府可以通过对土地持续适度的供应来有效调节房地产的市场供给；另一方面，土地出让的实际收益可以充分地纳入有效管理的渠道，防止倒卖土地的现象出现。但是，个别地方政府在土地收购储备制度建立后，不但没有适量及时地供应土地，反而采取了维持土地市场适度饥渴的做法，使市场供求紧张的状

态更趋恶化。在这种情况下，获得土地的房地产公司很可能与政府关系密切。而这些企业一旦获得土地，就会成为房地产市场的主宰，土地的行政性垄断由此转化为市场性垄断。再考虑到住房产品空间的不动性、高度异质性、极低的相互替代性等特点，进入房地产市场而又存在相互竞争关系的企业数目就不会太多。

3）商品化住房累积效应分析

2000—2020年这20年期间，住房销售额增长普遍显著高于城镇居民人均可支配收入增长和城乡居民储蓄余额增长，这说明改革开放40多年来持续被压抑的住房需求迅速被释放，这种释放不是建立在居民收入与储蓄同时增长的基础上的，而是存在着巨大的有效需求缺口。国内住房市场的热销仅仅是以往存量需求的释放，而不是潜在需求真正地转化为有效需求。存量需求的释放基本上依赖于银行信贷的收益转移来完成，这可能给银行带来巨大的系统性风险。

4）政府对房地产市场管理方式分析

（1）政府土地出让方式改变。以前土地市场尚未形成，土地出让主要是通过协议方式进行的。这期间不仅容易出现暗箱操作，而且往往使土地的名义价格远低于实际价格。2002年5月，我国开始推行土地"招拍挂"制度，商业用地大多通过市场拍卖、招标方式出让，这些通过竞争出让方式形成的地价较为真实地反映了土地的实际价值，可以说出让方式的改变导致当时地价上涨是房价上涨的原因之一。

（2）政府城市建设投资增加。政府通过基础设施投资，改善道路交通状况，方便了人们的工作和生活；政府通过治理环境污染，开展植树造林，改善了人们的居住环境。在现实生活中也会发现，同样一块土地，在周围土地改变用途以后，该土地的价格上涨，房价也随之上升。当时有一段时间，政府为了减少土地资源浪费，打击非法买卖土地行为，加大了土地市场的调节力度，严格限制农用地转为建设用地，清理各种开发区，这些措施有利于规范土地市场的秩序，有利于提高土地资源的利用效率，也有利于房地产市场长远健康的发展。这些措施的实施不仅是必要的，而且是合理的。

5）利率、汇率和通货膨胀对房价的影响分析

（1）利率对房价的影响，主要表现在利率同时影响房地产的供给和需求。一方面，利率上升，会增加银行贷款的利息，增加投资成本，抑制投资需求，同时也会因利率提高而导致实际房价上涨，消费需求减少。所以，利率提高会使房地产需求减少；反之，则会使房地产需求增加。另一方面，利率上升，会增加开发商的资金成本。在需求旺盛时，开发商会将这部分成本转嫁给购房者，导致房价上涨。

（2）汇率对房价的影响，主要表现在本国货币持续升值预期。如果本国货币处于长期的升值预期，对本国货币的需求就会增加，国内增加的流动性必然会使得房地产的投资需求增加，进而带动消费需求增加，也会刺激供给增加，导致房价上涨。

（3）通货膨胀是指物价总水平上涨。通货膨胀率增高，说明社会物价总水平提高。房地产无论作为投资品还是消费品，都会随着物价总水平的提高而上涨。同时，由于土地的稀缺性和供给的有限性，在高通货膨胀时期，房地产作为一种投资品，常常是某些投资者保值增值的一种手段，这也会导致投资需求增加。通货膨胀对房价的影响还表现在，通货膨胀使实际利率降低，导致利润率与利率之间的差额增加，从而使得投资需求增加。

3.2.5 市场综合分析

市场综合分析是在考虑影响市场的各种因素后，对产品市场的供给与需求做出总体判断，以此做出项目产品是否有市场发展前景的最终判断。为了正确预测拟建项目产品的未来市场情况，应将前面各阶段搜集到的有关需求和供给的资料予以汇总。

某种产品市场总需求、总供给及总需求缺口的计算公式如下：

总需求=国内销售+未满足的需求+出口 (3.1)

总供给=国内现有生产能力+进口 (3.2)

总需求缺口=总需求-总供给 (3.3)

市场供求关系有三种情况，即供不应求、供求平衡和供过于求。供不应求，即不同时期总的预测需求量都超过预测供给量，说明产品有比较可靠的市场。如果供求平衡或供过于求，则应对市场进行进一步分析，既要进一步调查分析项目产品是否在竞争中处于有利地位，如性能较好、质量较高、设计新颖、成本低廉等，还要判断是否有可能代替进口产品，以及目标客户的消费能力、竞争对手的产品价格及生产成本。在进行供求综合平衡分析时，必须明确各种假定因素。

3.3 市场预测的方法

3.3.1 市场预测的概念、分类和特征

1）市场预测的概念

市场预测（market forecast）是指在市场调查的基础上，利用各种信息资料，通过分析研究或运用数学方法，对未来一定时期内市场上商品或劳务的需求量及其发展变化趋势的预见和测算。通过市场预测可以从总体上掌握市场供求变化规律，为经营决策提供可靠的参考依据。

市场预测是制定销售策略的重要依据，但预测方法种类繁多，每一种预测方法都有其特定的原理、特点、用途和适用范围，而且在相同条件下，不同的预测方法会产生不同的预测结果。因此，选择适合的预测方法就显得尤为重要。

2）市场预测的分类

项目市场预测可以从不同角度进行分类：

（1）按照预测的空间范围不同，可分为国际市场预测和国内市场预测。其中，国内市场预测又可分为全国性市场预测和地区性市场预测、城市市场预测和农村市场预测。

（2）按照预测的时间跨度不同，可分为近期预测、短期预测、中期预测和长期预测。

（3）按照预测的性质不同，可分为定性市场预测和定量市场预测。

（4）按照预测结果有无附加条件不同，可分为有条件预测和无条件预测。

3）市场预测的特征

（1）服务性，是指市场预测是为企业决策服务的。从程序上讲，预测在前，决策在后。预测是决策的先导，是决策科学化的前提。没有准确、科学的预测，要取得企业决策的成功是不可能的。企业决策是企业经营管理的核心，决策正确与否关系到企业的生存和

发展。因此，在实际工作中，要充分认识到预测的重要性，只有把预测与决策有机结合起来，才能收到良好的效果。

（2）描述性。市场预测描述事物各种因素之间相互作用的关系和程度，反映事物发展变化的客观规律性。在预测过程中，无论建立定量预测的数学模型，还是建立定性预测的逻辑思维模型，都是预测程序中必不可少的重要步骤，是人们对客观事物认识的一种描述。这种描述说明预测具有科学性，不是主观随意的猜测。因此，对预测描述的难度和技巧就在于如何处理好误差范围和转折点问题，以使预测更好、更准确地反映客观规律。

3）局限性。市场预测是人们对事物的未来发展做出的科学判断，但由于人们对未来的认识往往受到经验、知识、时间、条件、工具等多方面的限制，因此预测误差在所难免，这就使得预测的应用范围和预测精度受到不同程度的影响。

【自测题】市场预测的特征主要有（　　）。①

A.服务性　　B.描述性

C.局限性　　D.前瞻性

3.3.2 市场预测的原则和程序

1）市场预测的原则

（1）连贯原则。客观事物的发生、发展、变化过程常常表现出延续性，这种现象通常称为“惯性现象”。经济现象中也存在这种惯性现象。在市场预测过程中，运用连贯原则可以了解、掌握和分析项目生产经营的延续性，找出规律性的变化和发展变化趋势，从而为企业制订合理的产品方案、确定合理的项目规模提供依据。

（2）相关原则。任何事物的发展、变化都不是孤立的，而是在与其他事物的相互影响、相互作用下进行的。经济现象也有着一定的内在相关性。深入分析经济现象与相关事物之间的依存关系和影响程度，可以揭示市场的变化特征和发展规律，并可以用来预测未来。

（3）类推原则，即相似性原则。利用事物在发展变化方面往往存在相似性这一特点，可以将先发展的事物的表现过程类推到后发展的事物上，从而对后发展事物的前景做出预测。

（4）实用原则。预测可以为企业经营决策提供依据，因此，市场预测不是纯理论性工作，而是实用性工作，要以经济理论为指导，用科学的方法和手段，根据市场经济的需要，寻找经济现象之间的内在规律，做出科学预测，以取得较好的经济效益。

2）市场预测的程序

（1）确定预测目标，拟定预测计划。进行市场预测，首先必须确定预测目标。预测目标的确定应包括以下内容：明确预测对象、预测目的、预测范围，以及产品的名称、用途和特点等。预测目标应详细、明确、具体，否则会降低预测的准确度。

（2）根据预测目标，收集整理资料。根据预测目标，广泛搜集相关历史资料，并对资料进行分析处理，这是预测的基础性工作。资料搜集要注意真实性、可靠性、全面性。既要搜集企业内部资料，也要搜集企业外部环境方面的资料。预测资料的来源包括：国家统

① 【答案】ABC。

计部门的资料；本行业过去和现在的统计资料；国内外有关的技术经济资料；情报部门提供的信息、参考资料；其他方面的资料。

(3) 选择预测方法，建立预测模型。预测方法种类繁多，每一种预测方法都各有其特点和适用范围。同一种预测方法可用于不同预测目标，同一预测目标又可以使用不同的预测方法，但预测结果可能不同。在市场预测时，应根据预测对象的特点、精度要求和市场预测费用等各种因素来选择预测方法。

(4) 做出预测推断，分析预测结果。这一程序主要是分析预测结果的准确性和可靠性，更多的是去修正与前期存在的差异。其重点应放在预测误差的分析上，找出产生误差的原因，并相应地修正预测结果，最终得到可信的预测结果。

(5) 编写预测报告。预测报告是对整个预测过程的概括和总结。在报告中要写明：预测对象、目的；预测资料、数据及其分析处理情况；选择的预测方法和建立的预测模型；预测的定量、定性分析结果。预测报告要提交有关部门和单位，作为可行性研究和项目决策的依据。

【自测题】下列各项中，属于市场预测应遵循的原则的有（ ）。①

A.连贯原则　　B.科学原则

C.实用原则　　D.相关原则

3.3.3 市场预测方法

市场预测方法可以分为定性预测方法和定量预测方法，二者互为补充。在实际预测过程中，应该把这两种方法结合起来使用。

1）定性预测方法

定性预测是依靠预测者的专门知识、经验和能力来分析判断事物未来发展趋势。该方法适合预测那些模糊的、无法计量的社会经济现象。该方法的运用通常由预测者集体进行。定性预测方法的优点是简便、易于掌握，而且耗时短、费用少，因此被广泛采用。特别是进行多因素综合分析时，采用定性预测方法效果更显著。定性预测方法的缺点是易受主观因素影响，比较依赖于预测者的主观判断，因而易受预测者的知识、经验和能力大小的限制，尤其是缺乏对事物发展在数量上的精确描述。定性预测方法主要有主观估计法和专家预测法。

(1) 主观估计法

①经验判断法

经验判断法是依靠个别专家的专业知识和特殊才能进行预测的方法。优点是利用专家个人的创造力，不受外界影响，简单易行，费用也不多。缺点是易受专家的知识面、知识深度、占有资料是否充分以及对预测问题的兴趣等方面的影响，具有一定的片面性。所以，经验判断法最好结合其他方法一起使用。

②主观概率法

主观概率法是人们根据自己的经验和知识对某一事件可能发生概率的主观估计。由于每个人的认识和能力不同，对同一事件在同一条件下出现的概率，不同的主体可能提出不

① 【答案】ACD。

同的主观概率，并且主观概率是否正确也无法核实。但是，这种方法的适应性很强，在预测中易受到重视。

（2）专家预测法

专家预测法是运用专家自己的知识和经验，考虑预测对象的外部环境和内部条件，直观地对预测对象进行综合分析研究，寻求经验现象的特性和发展规律并进行预测的一类定性预测方法。专家预测法分为头脑风暴法和德尔菲法。

①头脑风暴法（brain storming method）

头脑风暴法又可分为直接头脑风暴法（通常简称为头脑风暴法）和质疑头脑风暴法（也称反头脑风暴法）。在采用头脑风暴法组织群体决策时，要集中有关专家召开专题会议，主持者以明确的方式向所有参会者阐明问题，说明会议规则，尽力创造融洽、轻松的会议气氛。主持者通常不发表意见，以免影响会议的自由气氛，由专家们自由提出尽可能多的方案。在运用头脑风暴法时，要注意以下问题：

a.选择合适的专家。根据预测目的、对象选择专家，既要选择预测专家、熟悉预测对象专业方面的专家，也要选择相关领域的专家。专家人数一般选择10～50人。

b.被选中的专家最好互相不认识，若彼此认识，则应从同一职称或级别中选择，这样他们就会有平等意识，能够自由发挥、畅所欲言。

c.要为专家们创造一个能够真正自由发言的环境，组织者要向专家阐述规则，并且鼓励专家提出修改意见。

d.头脑风暴的领导工作可以由预测专家小组负责，以便启发诱导。

②德尔菲法（Delphi method）

德尔菲法是20世纪40年代由赫尔姆和达尔克首创，经过戈登和兰德公司进一步发展而成的。1946年，兰德公司首次使用这种方法进行预测，随后该方法迅速被广泛采用。具体做法如下：

a.设计调查表。组织者根据预测目标，以专家问答表的形式，将需要预测的问题列在表格中，以便专家填写。调查表中列出的问题要清楚明白，并且集中、有针对性，以便得到准确的回答。

b.选择调查对象，收集专家意见。首先，组织者挑选人数相当多的专家和有特殊能力的协作者，请他们在调查表上作答。然后，组织者将回答的意见综合、整理、归纳，并匿名反馈给各个专家，再次收集专家意见，并再次加以综合、反馈，如此进行几轮循环。

c.结果处理。组织者根据目标的要求，对各位专家的预测意见进行整理分析，得出预测结果。在汇总专家意见时，一般采用中位数和上下四分位点的办法。将参加预测的各专家的意见按大小顺序排列，如一半成员的估计大于某一数字，而另一半成员的估计小于该数字，则取此数字为中位数，这就是调查结论。另外，再取上、下两个四分位点，其中一个距一端为1/4，另一个距另一端也为1/4。回答的分散值可用四分位点的间距来表示。实践表明，经过几轮反复之后，专家们的意见就会比较集中的，上、下四分位点的间距逐渐缩小。

德尔菲法可以避免群体决策一些可能的缺点，声音最大或地位最高的人没有机会控制群体意志，因为每个人的观点都会被收集到。另外，管理者可以保证在征集意见以便做出决策时，没有忽视重要观点。

2）定量预测方法

定量预测是指在数据资料充分的基础上，运用数学方法，有时还要结合计算机技术，对事物未来的发展趋势进行数量方面的估计与推测。定量预测方法有两个明显的特点：一是依靠实际观察数据，重视数据的作用和定量分析；二是建立数学模型，将其作为定量预测的工具。定量预测方法主要包括时间序列预测方法、平均数预测方法、相关与回归分析法。

（1）时间序列预测方法

时间序列预测方法是通过编制和分析时间序列，根据时间序列反映的发展过程、方向和趋势，对事物的未来状况进行预测。在运用时间序列预测方法时，应遵循如下步骤：

首先，搜集历史资料，编制时间序列，绘制统计图。搜集的资料要尽可能丰富，对搜集到的历史资料必须进行加工整理。编制时间序列时应注意数据时间长短应合适，指标的含义、计算单位应一致等。

其次，分析时间序列，从中找出事物随时间变化的规律。时间序列中每一时期的数值都是许多因素共同作用的结果。为便于分析，通常对各种可能发生作用的因素进行分类，一般分为长期趋势、季节变动、随机变动等。长期趋势通常是利用较长时期的历史资料和数据，运用预测科学的有关理论和方法进行分析得出的；季节变动通常是以一年为周期的规律性变动，一般是能预测到的，是固有规律作用于经济活动的结果，其本质是周期变化的变动；随机变动，又称为不规则变动，其变化无规律可循，这种变动都是由偶然事件引起的，如自然灾害、战争、政策调整等。

最后，选用合适的模型进行预测。时间序列预测方法有许多种，每种方法都有其特点，如趋势模型预测法、季节变动预测法、周期波动预测法等，要根据预测对象的有关条件选用合适的方法。

（2）平均数预测方法

①移动平均法

移动平均法是最简单的方法，在短期预测中应用较多。其做法是用最近几期实际销售量的平均数作为下期销售量的预测数。在进行平均化处理时，既可以采用算术平均法，也可以采用加权平均法。

②算术平均法

算术平均法是指事先确定时期数，以该期间内各期销售量的代数和为分子，计算出有关平均数，将其作为市场预测量的方法。下面就举一个例子来加深对这种方法的认识。

【例3-1】某企业2024年1月份至5月份的销售额分别是280万元、200万元、180万元、150万元、160万元，则按算术平均法预测6月份的销售额y为：

$$y=\frac{280+200+180+150+160}{5}=194\text{（万元）}$$

③加权平均法

加权平均法是指分别以一定期间内各期销售量为基础，以事先确定的各期权数进行加权，再除以各期权数之和，计算出有关平均数，将其作为市场预测量的方法。

加权平均法预测精度较高，但需要根据“近大远小”的原则确定各期权数，即距离预测期越远的时期，其权数越小；距离预测期越近的时期，其权数越大。如已知4期销售量，要求预测第5期的销售量，则可依次将第1期至第4期的权数分别定为1、2、3、4。

【例3-2】2024年1月份至5月份某企业某产品的销售额分别为400万元、430万元、360万元、500万元、600万元，取1月份权数为1，以后各期权数分别为2、3、4、5，则按加权平均法预测6月份该产品的销售额y为：

$$y = \frac{400 \times 1 + 430 \times 2 + 360 \times 3 + 500 \times 4 + 600 \times 5}{1 + 2 + 3 + 4 + 5} = 489 \text{（万元）}$$

（3）相关与回归分析法

①简单回归分析法

简单回归分析法就是一元回归分析法，是根据大量统计资料，研究两个变量之间的统计规律及有关回归关系的计算方法和理论。由一元回归分析确定的预测模型称为一元回归预测模型。在进行回归预测时应注意：只有经济现象之间具有相关关系，才能运用回归分析法；预测对象（因变量）和相关因素（自变量）之间的关系必须是密切的，而相关因素（自变量）之间的关系必须是不密切的，且自变量的数值能够求出。

简单回归分析法的一般步骤如下：

a.确定自变量。明确预测的具体目标，也就确定了因变量。比如，预测的具体目标是下一年度销售量，那么销售量就是因变量。通过市场调查和查阅资料，寻找与预测目标相关的影响因素，即自变量，并从中选出主要影响因素。

b.建立预测模型。根据理论分析和相关分析，如果有几个重要因素同时对预测对象有影响作用且密切相关，则应选用多元回归方程式；如果在几个因素中，其中某一因素起到决定性作用，其他因素影响作用不大，则可选用一元回归方程式。自变量与因变量之间的数据分布如果呈线性时间序列，可选用线性回归方程式；如果呈曲线时间序列，则可选用非线性回归方程式。

c.进行相关分析。回归分析是对具有因果关系的影响因素（自变量）和预测对象（因变量）所进行的数理统计分析处理。只有当自变量与因变量之间确实存在某种关系时，建立的回归方程才有意义。因此，作为自变量的影响因素与作为因变量的预测对象是否有关，相关程度如何，以及判断这种相关程度的把握性有多大，就成为进行回归分析必须解决的问题。在进行相关分析时，一般要得出相关关系，以相关系数的大小来判断自变量与因变量的相关程度，并求出回归方程式。

d.对回归方程式进行效果检验。可利用相关系数r检验、F检验、t检验等方法判断回归方程的效果。若效果好，则可用于预测。

e.计算并确定预测值。利用回归预测模型计算预测值，并对预测值进行综合分析，确定最后的预测值。

一元线性回归模型的一般方程式为：

$$\hat{y} = a + bx \tag{3.4}$$

式中：$\hat{y}$为因变量，即预测对象；x为自变量，即引起预测对象变化的影响因素；a、b为回归系数。

运用最小二乘法求得如下方程组：

$$\begin{cases} \sum y_i = na + b\sum x_i \\ \sum x_i y_i = a\sum x_i + b\sum x_i^2 \end{cases} \tag{3.5}$$

解上述方程组，就可以得出回归系数a和b的计算公式：

$$a=\frac{\sum y_i - b\sum x_i}{n} \tag{3.6}$$

$$b=\frac{n\sum x_i y_i - \sum x_i \sum y_i}{n\sum x_i^2 - (\sum x_i)^2} \tag{3.7}$$

【例3-3】假设有表3-1列示的统计资料。试运用一元线性回归模型预测第9年社会商品（消费品）的零售额。假设已知第9年居民货币收入为21亿元。

表3-1　**某市居民货币收入和社会商品零售额统计表**　单位：亿元

项目＼年序	1	2	3	4	5	6	7	8
居民货币收入（x_i）	11.6	12.9	13.7	14.6	14.4	16.5	18.2	19.2
社会商品零售额（y_i）	10.4	11.5	12.4	13.1	13.2	14.5	15.8	17.2

求解过程：

根据表3-1中的统计资料，建立一元线性回归模型，即：

$\hat{y}_i=a+bx_i$

估计参数：

$$b=\frac{n\sum x_i y_i - \sum x_i \sum y_i}{n\sum x_i^2 - (\sum x_i)^2}=0.8492$$

$$a=\frac{\sum y_i - b\sum x_i}{n}=0.6577$$

则一元线性回归模型为：

$\hat{y}_i=0.6577+0.8492x_i$

A.模型显著性检验

通过对模型的未知参数a、b进行估计，求出一元线性回归模型，它在一定程度上揭示了两个相关变量x（居民货币收入）与y（社会商品零售额）之间的相关程度、模型的精度及稳定性，同时还必须对模型进行检验。

B.经济理论检验

从【例3-3】中所求得的预测模型$\hat{y}_i=0.6577+0.8492x_i$中可以看出，居民货币收入和社会商品零售额预测值之间是正向变化的关系，因此前面的符号也应该是正号。

C.统计检验

现在介绍相关系数r检验、t检验和F检验。对回归模型进行显著性检验时，可以任选其中一种。这里仅介绍相关系数r检验和t检验。

a.相关系数r检验

相关系数r的计算公式为：

$$r=\frac{\sum_r (x_r-\bar{x})(y_r-\bar{y})}{\sqrt{\sum_r (x_r-\bar{x})^2 \sum_r (y_r-\bar{y})^2}}$$

为了统一检验标准，设置了临界相关系数r_{min}。若$r>r_{min}$，则表明显著相关；若$r<r_{min}$，则表明相关性不明显，x与y之间的关系不能直接用模型来描述（查表得r_{min}时需要给出显

著性水平α的值和自由度（n-2）的值）。

本例中r=0.9969，查表得r_{min}=0.834，$r>r_{min}$，表示x与y之间存在显著的相关关系，回归模型是可靠的。

b.t检验

t值的计算公式为：

$$t=\frac{r}{\sqrt{1-r^2}}\cdot\sqrt{n-2}$$

在本例中，t=31.04。计算出t值后，按给定的显著性水平α查t分布表。本例中，显著性水平α=0.01，查t分布表$t_{\frac{\alpha}{2}}$（n-2）=3.707，$t>t_{\frac{\alpha}{2}}$（n-2），说明x与y之间的线性关系是极其显著的。

回归模型通过显著性检验后，就可以用来预测了。

将第9年的居民货币收入x_9=21亿元代入回归模型$\hat{y}_i=0.6577+0.8492x_i$，得：

$\hat{y}_9=0.6577+0.8492\times21=18.49$（亿元）

这表明，如果第9年居民货币收入达到21亿元，则社会商品零售额大致能达到18.49亿元，此值又称为点预测值。

根据上述计算可以看出，在其他因素没有特殊变化的情况下，居民货币收入每增加1亿元，社会商品零售额就会增加0.8492亿元。

利用回归模型进行预测，预测值只是回归曲线上的数据点，y的未来实际值可能落在回归趋势线之外，与预测值不符。实际值总是在一定幅度范围内围绕着回归线上下波动的，因此，需要对未来实际值的可能取值范围即置信区间和置信度进行分析。

回归方程$\hat{y}=a+bx$使自变量x与因变量y的相关关系建立起来，但x的某一特定值x_0对应的y值是一个随机变量，它必然由于随机因素的影响而发生波动。实际值y与回归值$\hat{y}$之间偏差的大小是有一定规律的。一般来说，随机变量服从正态分布。对于每一个确定的$x=x_0$，y值也服从正态分布，y在点x_0最有可能的取值是$\hat{y}_0=a+bx_0$，它的波动情况可用回归标准误差S来加以估计。回归标准误差的计算公式为：

$$S=\sqrt{\frac{1}{n-2}\sum_{i=1}^{n}(y_i-\hat{y}_i)^2} \tag{3.8}$$

在本例中，S=0.3697。在数理统计中已经证明，S^2是总体方差δ的无偏估计量。根据正态分布的性质，对于固定的$x=x_0$，y的取值范围是以y_0为中心作对称分布的，越靠近$\hat{y}_0$的地方，样本出现的概率越大。

求y_0的置信区间，可以用$\hat{y}_0-y_0$这一差量来考虑。$\hat{y}_0-y_0$也是随机变量，它的期望值为：

$$E(\hat{y}_0-y_0)=E[(a+bx_0)-(\hat{a}+\hat{b}x_0+\varepsilon)]=0 \tag{3.9}$$

因$\hat{y}_0$和y_0都服从正态分布，故$\hat{y}_0-y_0$也服从正态分布，其期望值为0，标准差为：

$$S=\sqrt{1+\frac{1}{n}+\frac{(x_0-\bar{x})^2}{\sum(x-\bar{x})^2}} \tag{3.10}$$

在预测的显著性水平α下，y_0的置信水平为1-α的置信区间为：

$$y_0\pm t_{\frac{a}{2}}\cdot S\sqrt{1+\frac{1}{n}+\frac{(x_0-\bar{x})^2}{\sum(x-\bar{x})^2}} \tag{3.11}$$

在本例中，显著性水平α=0.01，查t分布表得$t_{0.005}$=3.707，据此计算出预测置信区间为

[16.37，19.99]。也就是说，如果第9年居民货币收入为21亿元，则第9年社会商品零售额在0.01的显著性水平上（即有99%的可靠程度）为16.37亿～19.99亿元。

对于一元线性回归预测而言，建立预测的回归模型看起来很简单（如先作散点图，再从散点图中看发展趋势，当散点图大致呈直线趋势时，可用趋势直线来描述散点图以建立直线模型），但是实际上，预测工作者的知识水平和实践工作经验相当重要。

②多元线性回归预测法

在现实中，常常发生一个因变量与两个或者两个以上的自变量有依存关系的情况。多元线性回归预测法与一元线性回归预测法基本相同，只是扩散了方程式。

多元线性回归预测方程式为：

$$y=a+b_1x_1+b_2x_2+\cdots+b_mx_m \tag{3.12}$$

式中：y为因变量，即预测值；x_1、x_2、…、x_m为自变量；a、b_1、b_2、…、b_m为回归系数。

运用多元线性回归预测法进行预测需要很多数据，计算也很复杂，除了二元线性回归预测可用手工计算外，一般借助计算机来完成。

通常来说，如果认为预测对象y与影响因素x_1、x_2、…、x_p之间具有线性相关关系，那么，它们的关系可以表示为线性回归预测模型：

$$\hat{y}=b_0+b_1x_1+b_2x_2+\cdots+b_px_p \tag{3.13}$$

式中：b_0为常量因素，表示不能用其他自变量表示的部分；b_1、b_2、…、b_p为各自变量的加权系数，表示各自变量对因变量影响的大小。

多元线性回归预测方法的参数估计、模型显著性检验、预测、预测置信区间都与一元线性回归预测方法相似。下面举例说明多元线性回归预测方法的应用。

【例3-4】某乡镇企业第1～10年产值和两种主要产品产量统计表见表3-2，第11年两种产品的计划产量分别为12吨和15吨，试预测该企业第11年的利润。

表3-2 **某乡镇企业第1～10年产值和两种主要产品产量统计表**

项目＼年序	1	2	3	4	5	6	7	8	9	10
第一种产品产量（吨）x_1	2	2	3	4	6	1	6	2	8	10
第二种产品产量（吨）x_2	1	2	3	5	8	2	6	4	10	11
产值（万元）y	10	12	17	13	15	10	14	12	16	18

解：根据题意，设二元回归模型如下：

$$\hat{y}=b_0+b_1x_1+b_2x_2$$

由已知得：

$$y=\begin{bmatrix}10\\12\\\vdots\\18\end{bmatrix},\ x=\begin{bmatrix}1&2&1\\1&2&2\\\vdots&\vdots&\vdots\\1&10&11\end{bmatrix}$$

求得：

$$b=\begin{bmatrix}9.3871\\0.1285\\0.6174\end{bmatrix}$$

因此，二元回归模型为：

$\hat{y}=9.3871+0.1285x_1+0.6174x_2$

标准差为：

$$S=\sqrt{1+\frac{1}{n}+\frac{(x_0-\bar{x})^2}{\sum(x-\bar{x})^2}}=1.0933$$

F检验、参数精度检验，此处略。

t检验：

$$t_{b_1}=\frac{|b_1|}{\sqrt{c_{11}}\cdot S}=\frac{0.1285}{\sqrt{\frac{1\,200}{7\,160}}\times 1.0933}=0.2871$$

$$t_{b_2}=\frac{|b_2|}{\sqrt{c_{22}}\cdot S}=\frac{0.6174}{\sqrt{\frac{860}{7\,160}}\times 1.0933}=1.6294$$

查t分布表，当$\alpha=0.05$、$n-p-1=10-2-1=7$时，临界量$t_{0.05}$（7）=1.8946，此时$t_{b_1}<t_{0.05}$（7），$t_{b_2}<t_{0.05}$（7），t检验不显著。经过比较，剔除影响较弱的第一个自变量x_1，用一元线性回归方法重新估计参数，得到：

$\hat{y}=9.4+0.7166x_2$

经检验表明，这一回归模型可以用于预测。将第11年$x_2=15$代入上式，得：

$\hat{y}=9.4+0.7166\times 15=20.149$（万元）

预计该企业第11年的利润可达到20.149万元。

上述例题介绍了多元线性回归预测的过程。对客观现象的实际预测要比此例复杂得多，其复杂性主要表现在影响因素多、影响因素量化困难、预测周期长等方面，这就要求预测人员熟练掌握多元线性回归预测的基本方法，对预测对象有深入的了解且有一定的专业知识，从众多复杂的影响因素中尽可能选取最主要的影响因素。对所选取的影响因素运用合适的量化方法，采用适当的指标来表征影响因素。

【自测题】在定量预测中，（　　）是最简单的方法。①

A.时间序列预测方法　　B.平均数预测方法

C.一元回归分析法　　D.多元线性回归预测法

本章小结

•项目市场分析主要是指通过市场调查和市场预测，了解和掌握项目产品的供应、需求、价格等市场现状，对项目产品的市场容量、价格、竞争力、营销策略以及市场风险进行分析、预测和研究。只有产品有市场的投资项目，才有必要进一步研究与其相关的资源、技术、经济、社会等其他方面的问题。

•市场分析包括市场需求分析、市场供给分析、产品分析、价格分析和市场综合分析等具体内容。市场需求分析主要是预估市场规模的大小及产品潜在需求量，确定地理区域的目标市场，考虑消费限制条件、消费者的平均购买力以及其他需要考虑的因素。其任务在于调查和了解影响项目产品需求的因素及其影响程度，进而确定项目产品的市场需求

① 【答案】B。

量。市场供给是指在一定时期、一定条件下、一定市场范围内可提供给消费者的某种商品或劳务的总量。

•市场综合分析是在考虑影响市场的各种因素后，对产品市场的供给与需求做出总体判断，以此做出项目产品是否有市场的最终判断。

•市场预测是指在市场调查的基础上，利用各种信息资料，通过分析研究或运用数学方法，对未来一定时期内市场上商品或劳务的需求量及其发展变化趋势的预见和测算。

•市场预测方法可以分为定性预测方法和定量预测方法，二者互为补充。在实际预测过程中，应该把这两种方法结合起来使用。定性预测方法主要有主观估计法和专家预测法，其中专家预测法又可以分为头脑风暴法和德尔菲法。定量预测方法主要有时间序列预测方法、移动平均法、算术平均法、加权平均法、简单回归分析法和多元线性回归预测法，也可以借助计算机运用这些方法来解决实际问题。

关键概念

市场　市场分析　市场需求分析　市场供给分析　市场预测　头脑风暴法　德尔菲法

章后练习

一、选择题

1. 对现有市场和潜在市场各个方面情况进行研究和评价，其目的在于收集市场信息，了解市场动态，把握市场的现状和发展趋势，发现市场机会，为企业投资决策提供参考依据的是（　　）。

A. 市场预测　　B. 市场分析　　C. 市场调查　　D. 市场调控

2. 在通过市场调查取得一定资料的基础上，运用已有的知识、经验和科学的方法，对市场未来的发展状态、价格、趋势进行分析并做出判断与推测，其中最关键的是产品需求预测，指的是（　　）。

A. 市场预测　　B. 市场分析　　C. 市场调查　　D. 市场调控

3. 下列各项中，对市场预测的程序描述正确的是（　　）。

A. 收集分析资料→确定预测目标→选择预测方法并建立预测模型→分析评价预测结果→修正预测结果

B. 确定预测目标→收集分析资料→选择预测方法并建立预测模型→分析评价预测结果→修正预测结果

C. 确定预测目标→选择预测方法并建立预测模型→收集分析资料→分析评价预测结果→修正预测结果

D. 选择预测方法并建立预测模型→确定预测目标→收集分析资料→分析评价预测结果→修正预测结果

4.（　　）是建立在经验判断的基础上，对判断结果进行有效处理的预测方法，适用于预测对象受到各种因素的影响，却又无法对其影响因素进行定量分析的情况。

A. 定性预测　　B. 定量预测　　C. 直接预测　　D. 间接预测

5.（　　）的基本原理是运用逻辑学、应用统计学的方法来推断预测对象的未来发展趋势。

A.定性预测　　B.定量预测　　C.专家会议预测　　D.类推预测法

6.回归分析法按分析中自变量的个数分为（　　）。

A.线性回归　　B.非线性回归　　C.二元线性回归

D.多元回归　　E.一元回归

7.回归分析法中按分析中自变量与因变量的关系分为（　　）。

A.线性回归　　B.非线性回归　　C.二元回归

D.多元回归　　E.一元回归

二、判断题

1.市场需求分析主要是预估市场规模的大小及产品潜在需求量。（　　）

2.市场供给量包括实际的供给量和潜在的供给量。（　　）

3.价格分析要与市场供求分析相结合，且需要考虑生产技术发展的影响。（　　）

三、思考题

1.为什么要开展投资项目的市场分析？

2.市场分析需要考察哪些方面的问题？

3.定性预测方法的优缺点有哪些？

部分练习参考答案

某公司铁合金需求的德尔菲法预测

第4章 项目规模的选择

主要知识点

规模经济理论及其产生和发展；规模收益的变动；生产规模的界定；生产规模的制约和决定因素；不同条件下确定项目生产规模的方法。

4.1 规模经济理论概述

4.1.1 规模经济理论

规模经济理论是以研究各种类型的工业企业在目前的技术经济条件下达到怎样的规模才最有效率为目的的理论。

1）规模经济

（1）规模经济的定义

规模经济（scale economy）是指工业企业在一定范围内扩大生产规模使单位成本下降而获得的经济利益。它表现为规模的总收益递增。但是，这种随着生产规模扩大而带来的总收益增加并不是无限的。在规模达到一定程度后，如果继续扩大规模，规模经济就不再出现，甚至会使单位成本上升而出现收益递减，这是规模不经济的结果。所以，规模经济实际上体现了生产规模变动引起的收益变动的规律性。

在项目评估中进行规模经济评价，就是评价某一项目的生产规模是否符合规模经济的规律而能获得规模效益，避免出现规模不经济而带来收益递减的损失。

规模经济之所以存在，主要是因为生产力因素的不可分割性和生产的专业化、设备同等功效所需费用的差异性，这是因为任何设备或生产线的生产活动只有当生产的产品达到相当大的数量时才有可能进行。

（2）规模经济的分类

①按照实现领域的不同，规模经济可分为生产上的规模经济和经营上的规模经济。

生产上的规模经济是指由于实行专业化生产或流水作业，增加了生产批量，或者采用大型高效设备，扩大了生产规模，从而使单位产品成本随着生产批量扩大或生产规模扩大而降低。

经营上的规模经济是指由于扩大经营规模，节省了经营费用，生产要素物尽其用，从而使产品和技术开发能力提高，抵御经营风险的能力增强。生产上的规模经济多与工业企业的规模有关，但这并不意味着单一的企业规模的无限扩大。分工细化、小而专的企业同样能够通过扩大生产批量获得规模效益；经营商的规模经济通常也与工业企业的规模有关，但亦可以通过企业之间的横向联合来实现。

②规模经济还可分为规模的内部经济性和外部经济性。

规模的内部经济性（internal economies）是指企业在生产经营过程中达到资源最佳组合时的生产能力或产量。它由企业内部因素决定，一般处于平均成本的最低状态。产生规模经济的原因不仅与工艺系统的技术经济特点有关，而且与工艺系统和企业大规模经营的效益节约有关。工艺系统的规模经济是企业规模经济的技术基础，而一定规模的企业是实现技术规模经济性的组织保证。规模经济企业不一定是大企业，专业化水平高的规模经济企业也可能是小企业，这取决于行业和国情。从行业来看，冶金、化工、汽车制造等行业适宜于建设大型企业，食品、工艺品等行业则适宜于建设中小型企业；从国情来看，瑞士是欧洲的一个小国，中小企业占90%以上，但在世界经济贸易中占有举足轻重的地位。

规模的外部经济性（external economies）是指实现规模的内部经济性所需的外部条件，如市场的规模及其分布、资源条件、运输条件、资金筹措条件等。如果市场广阔、资源丰富、运输方便、资金筹措便捷，则容易实现规模经济。

2）规模不经济

规模经济的对立概念是规模不经济。规模不经济（diseconomies of scale）是指一定经济实体的规模过小或过大引起的不经济性。规模不经济意味着资源配置不合理，有限的资源不能得到合理的利用。规模不经济可分为生产上的规模不经济和经营上的规模不经济，还可分为规模的内在不经济性和外在不经济性。

【自测题】按照实现领域的不同对规模经济进行分类，其结果包括（　　）。[①]

A.生产上的规模经济　　B.经营上的规模经济

C.规模的内部经济性　　D.规模的外部经济性

4.1.2　规模经济理论的产生和发展

从经济学说史的角度来看，亚当·斯密在《国民财富的性质和原因的研究》中指出：“劳动生产力最大的进步，以及劳动在任何地方的运用中体现的大部分的技能、熟练度和判断力似乎都是分工的结果。”斯密以制针业为例，从劳动分工和专业化的角度揭示了制针工序细化之所以能提高生产率，原因就在于分工提高了每个工人的劳动技巧和熟练程度，节约了由于变换工作而浪费的时间，并且有利于机器的发明和应用。由于劳动分工的基础是一定规模的批量生产，因此，斯密的理论可以说是规模经济的一种古典解释。

真正意义上的规模经济理论起源于美国，它揭示了大批量生产的经济性规模。典型代表人物有阿尔弗雷德·马歇尔（Alfred Marshall）、张伯伦（E. H. Chamberin）、罗宾逊（Joan Robinson）和贝恩（J. S. Bain）等。马歇尔在《经济学原理》一书中提出：“大规模生产的利益在工业上表现得最为清楚。大工厂的利益在于专门机构的使用与改革、采购与销售、专门技术和经营管理工作的进一步划分。”马歇尔还论述了规模经济形成的两种途径：一是依赖于个别企业对资源的充分有效利用、组织和经营效率的提高而形成的“内部

① 【答案】AB。

规模经济”；二是依赖于多家企业之间因合理的分工与联合、合理的地区布局等所形成的“外部规模经济”。他进一步研究了规模经济报酬的变化规律，即随着生产规模的不断扩大，规模报酬将依次经过规模报酬递增、规模报酬不变和规模报酬递减三个阶段。

马克思在《资本论（第一卷）》中详细分析了社会劳动生产力的发展必须以大规模的生产与协作为前提的观点。他认为，大规模生产是提高劳动生产率的有效途径，是近代工业发展的必由之路，在此基础上“才能组织劳动的分工和结合，才能使生产资料由于大规模积聚而得到节约，才能产生那些按其物质属性来说适于共同使用的劳动资料，如机器体系等，才能使巨大的自然力为生产服务，才能使生产过程变为科学在工艺上的应用”。马克思还指出，生产规模的扩大主要是为了实现以下目的：一是产、供、销的联合与资本的扩张；二是降低生产成本。显然，马克思的理论与马歇尔关于“外部规模经济”和“内部规模经济”的论述异曲同工。

新古典经济学派从生产的边际成本出发，认为只有当边际收益等于边际成本时，企业才能达到最佳规模。美国第一个诺贝尔经济学奖得主（1970年）萨缪尔森（Paul A. Samuelson）在《经济学》一书中指出：“生产在企业里进行的原因在于效率通常要求大规模的生产、筹集巨额资金以及对正在进行的活动实行细致的管理与监督。”他认为：“导致在企业里组织生产的最强有力的因素来自大规模生产的经济性。”从传统成本理论观点来看，随着企业规模的扩大，在规模经济规律的作用下，企业生产成本将不断降低，直到实现适度生产规模。如果企业生产规模扩大到超过最佳生产效益的规模，则会因管理上的不合理而导致成本增加，边际效益逐渐下降，甚至变为负值，引发规模不经济现象。或者说，企业间关系结构的每一步变化，都与规模经济有关。

企业间合并是否成功取决于所增加的组织费用和所节约的交易费用的比较。美国著名管理学家钱德勒（Alfred D. Chandler）在《看得见的手》一书中也指出：“当管理上的协调比市场机制的协调带来更大的生产力、较低的成本和较高的利润时，现代工商企业就会取代传统的大小公司。”以科斯为代表的交易成本理论阐明了企业代替市场机制组织交易的条件下，管理对规模经济的贡献。企业的管理水平越高，在相同生产条件下，管理成本越低，企业规模扩张程度就越高。可见，交易成本理论不仅是现代企业理论的核心，也是规模经济理论的重要发展。

4.1.3 规模收益的变动

1）规模收益变动的类型

从上述内容可以看出，规模经济与规模收益的变动有关。规模扩大，企业总收益增加，即为规模经济；规模扩大，企业总收益递减，即为规模不经济。规模变动引起的企业总收益变动有递增、递减、不变三种情况。

（1）规模收益递增，是指规模扩大后收益增加的幅度大于规模扩大的幅度，这是规模经济的结果。

（2）规模收益递减，是指在规模扩大超过一定的限度以后，收益增加的幅度小于规模扩大的幅度，甚至出现绝对收益减少的情况，即规模过分增大使边际收益变为负值，这是规模不经济的结果。

（3）规模收益不变，是指规模扩大的幅度与收益增加的幅度相等，通常是在规模收益递增转为规模收益递减的阶段出现。

2）规模经济区间

项目规模应当适度，也就是力求使规模收益递增，至少是保持规模收益不变，而不能使规模收益递减。

规模经济所要研究的就是企业的生产规模对成本和利润的影响，这必然与产品的销售收入、总成本费用、利润等有关。我们把平面直角坐标系上能够表示规模收益变动以及产量、成本、利润之间关系的曲线称为规模效果曲线（如图4-1所示）。

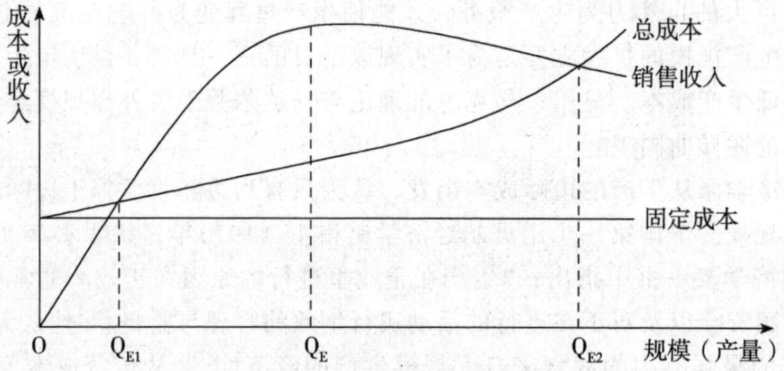

图4-1　规模效果曲线图

从图4-1可以看出，当规模（产量）达到Q_{E1}时，企业不盈不亏；当规模（产量）超过Q_{E1}时，企业开始取得净收益；当规模（产量）达到Q_{E2}时，企业又出现不盈不亏的状态；超过该规模（产量），企业开始亏损。在Q_{E1}和Q_E之间，企业的规模收益一直是递增的，即收益的增加幅度大于规模（产量）扩大的幅度；在超过Q_E后，企业的规模收益递减，即收益的增加幅度小于规模（产量）扩大的幅度，甚至规模（产量）的扩大使边际收益变为负值。可以认为，Q_{E1}和Q_E之间的区间是规模经济区间。

4.1.4　生产规模的界定

从工业项目评估的角度来看，规模经济中的规模一般是指工业企业的生产规模。工业企业的生产规模（scale of production）是指劳动力、生产资料等在工业企业中的总体状况。衡量生产规模的指标有生产能力（主要用于机械化、自动化水平较高的行业）、企业人数（主要用于机械化水平低、以手工劳动为主的企业）、固定资产价值（主要用于不宜用劳动人数和生产能力来衡量的企业）。

在项目评估中，评价拟建项目的生产规模主要采用生产能力指标。生产能力是指企业在一定的生产技术条件下和一定时期内可能生产某种产品的最大能力（通常按年计算，以实物量或标准实物量表示）。生产能力可分为设计生产能力和计划生产能力。

在项目评估中，建设规模分析的是拟建项目的设计生产能力，即在项目规划设计时，根据理论计算，按设计规定的产品方案和生产条件可能达到的生产某种产品的最大能力。

国家统计局根据目前我国经济发展和企业机械化、自动化水平，把企业生产规模分为大型、中型、小型。划分标准有以下三种：

（1）根据产品生产能力划分。例如，钢铁联合企业年产钢材在100万吨以上的为大型企业，在10万～100万吨之间的为中型企业，在10万吨以下的为小型企业。

（2）根据装机容量或设备数量划分。例如，发电厂装机容量在25万千瓦以上的为大型发电厂，在2.5万～25万千瓦之间的为中型发电厂，在2.5万千瓦以下的为小型发电厂。

（3）根据固定资产价值划分。例如，通用设备制造厂固定资产原值在3 000万元以上的为大型制造厂，在800万～3 000万元之间的为中型制造厂，在800万元以下的为小型制造厂。

对于企业规模的判断并不是一成不变的，它与国民经济的发展水平有着密切的关系。

4.2 项目规模的确定

对于一个项目，不同的建设规模将会取得不同的经济效益。例如，英国学者马克西（G. Maxcy）和西尔伯斯通（A. Shberston）在1959年出版的《汽车工业》中提出了汽车工厂生产线长期平均费用曲线图，即著名的马克西-西尔伯斯通曲线（如图4-2所示）。

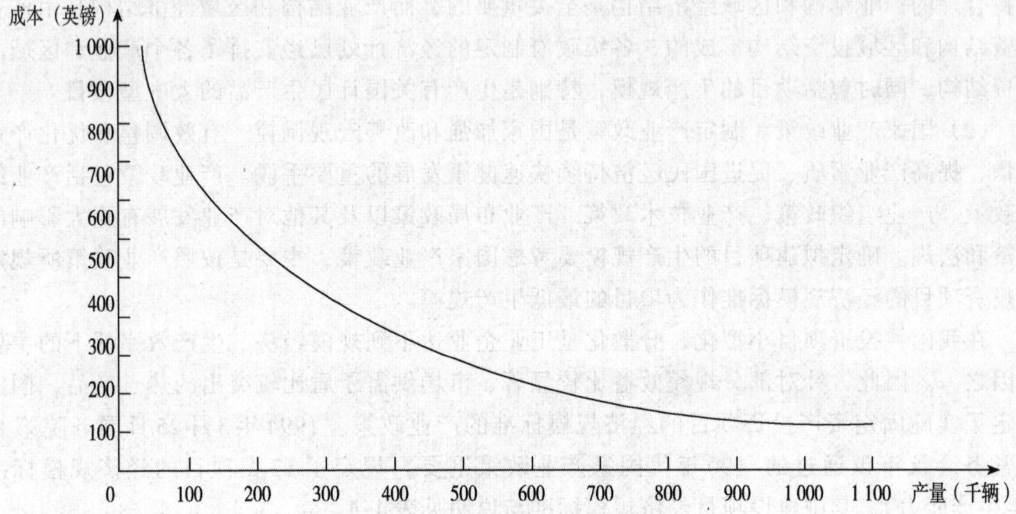

图4-2 马克西-西尔伯斯通曲线

他们测算的产量增加量和单位成本下降的比例大致如下：

（1）当年产量由1万辆增加到5万辆时，单位成本将下降40%；

（2）当年产量由5万辆增加到10万辆时，单位成本将下降15%；

（3）当年产量由10万辆增加到20万辆时，单位成本将下降10%；

（4）当年产量由20万辆增加到40万辆时，单位成本将下降5%；

（5）当年产量超过40万辆时，成本的下降幅度显著减小；

（6）在年产量达到100万辆以后，即使再增加产量，成本也不会下降了。

图4-2说明了同一种车型的生产批量与成本的关系。因此，马克西和西尔伯斯通提出，就最小最佳规模而言，汽车装配线为年产6万～10万辆，发动机生产线为年产50万台，冲压设备为年产100万套。据此，马克西和西尔伯斯通进一步认为，汽车工业整个生产过程的最佳规模应当是各个生产工序最佳规模的最小公倍数。其最佳匹配是：一个年产100万套的冲压厂、2条年产50万台的发动机生产线和10条年产10万辆的汽车装配线。他们认为，这种匹配组合的生产成本是最低的。由此可见，确定投资项目生产规模的大小，

不可能是随意的。在项目评估时，要考察可行性研究中所确定的建设规模是否合理。如果不合理，则要以规模经济理论为指导，根据现有条件，确定最适宜的建设规模。

接下来将从规模经济理论入手，探讨制约和决定项目建设规模的因素，介绍确定建设规模的方法。

4.2.1 生产规模的制约和决定因素

在项目评估中，确定拟建项目的生产规模，旨在为拟建项目规划合理的规模，使其达到规模经济。一般来讲，评价和确定投资项目的规模，应当根据投资项目所处的经济环境和社会环境，从当时国家的政治经济任务出发并考虑制约投资项目规模大小的因素。

制约和决定项目生产规模的因素主要包括以下几个方面：

1）国家经济计划和产业政策

（1）国家经济计划。经济计划是指各级政府的计划安排和规定。要使经济稳定发展，保持合理的产业结构和区域经济结构是至关重要的，而产业结构和区域经济结构是由产业投资结构和区域投资结构形成的，各级政府制定的经济计划已经安排了各个产业和区域的投资结构，同时包括项目的生产规模，特别是生产有关国计民生产品的大中型项目。

（2）国家产业政策。制定产业政策是国家加强和改善宏观调控、有效调整和优化产业结构、提高产业素质、促进国民经济持续快速健康发展的重要手段。产业政策包括产业结构政策、产业组织政策、产业技术政策、产业布局政策以及其他对产业发展有重大影响的政策和法规。确定拟建项目的生产规模要考虑国家产业政策，主要是按照产业政策所规定的投资项目的经济规模标准作为项目的最低生产规模。

在我国，投资项目小型化、分散化是工业企业达不到规模经济、生产效率低下的主要原因之一。因此，针对部分规模效益比较显著、市场供需矛盾比较突出的热点产品，国家制定了实施固定资产投资项目的经济规模标准的产业政策。1994年3月25日国务院第16次常务会议审议通过的《90年代国家产业政策纲要》规定了17类项目的经济规模标准（年生产能力），其中建设项目经济规模标准与说明见表4-1。

表4-1　**建设项目经济规模标准与说明**

序号	产品名称	建设项目经济规模标准（年生产能力）	说　明
1	乙烯	新建项目：30万吨及以上	除列入国家10年规划的乙烯建设项目外，“八五”期间不再审批新项目；以后也不再审批以油为原料的30万吨以上的新项目
2	炼油	新建项目：50万吨及以上	除列入国家“八五”计划的基建和技改项目外，“八五”期间原则上不再审批新项目
3	电解铝	新建项目：10万吨及以上	新建项目应采用预焙阳极电解槽，160千安及以上电流强度
4	轿车	发动机排气量在1 600cc以下的新建、改扩建和技改项目：15万辆及以上	新建、改扩建和技改项目须报经国务院批准
5	车用汽油发动机	排气量在2 500cc以下的新建、改扩建和技改项目：15万台及以上	国际标准轿车规模经济起点为30万辆

这里要注意的是，各个产业的经济规模会随着技术进步而发生变化。如乙烯生产项目，在《90年代国家产业政策纲要》中规定的经济规模标准是30万吨及以上，而从目前来看，经济规模标准应该是50万吨及以上；再如轿车生产项目，《90年代国家产业政策纲要》中规定的经济规模标准是15万辆及以上，而从目前来看，经济规模标准应该是30万辆及以上。

2）市场需求量

市场决定项目的命运。只有当项目产品有市场时，才有必要实施该项目。市场需求量有多大，项目的生产规模就应参照这个需求量来确定，这样才能保证项目的顺利实施和正常生产，才不至于浪费有限的资源。在这方面有过教训，有些企业不深入研究项目产品的市场需求情况，盲目扩大生产规模，导致生产出来的产品销不出去，不是产品大量积压，就是生产能力不能得到充分利用，造成资源浪费。其结果轻则生产效率不佳，重则企业破产倒闭。

评估人员在确定拟建项目的生产规模时，必须对市场分析结果进行研究，分析项目产品的市场供求关系，预测项目产品的市场需求量，并将其作为制约和决定项目生产规模的重要因素。一般来讲，在市场分析阶段，通过市场调查和预测，已经明确项目产品的市场供求情况及市场需求量。如果项目产品无市场，或者市场需求量很小，那么在市场分析阶段就已经否定了该项目，谈不上确定生产规模的问题；如果项目产品有一定的市场需求量，就要根据规模经济理论，参照这个需求量及其他制约条件，决定项目生产规模，以此确定拟建项目的生产规模。

从数量上讲，确定的生产规模应小于或等于市场需求量。如果按照这个需求量确定的生产规模不在规模经济区间，那么不外乎两种情况，即生产规模小于Q_{E1}或大于Q_E。若生产规模小于Q_{E1}，这个项目就是不可行的，如果没有通过主观努力增加市场需求量的可能性，就可以否定该项目；若生产规模大于Q_E，则不能盲目地否定该项目，可采取缩小规模的方法，参考其他制约和决定项目生产规模的因素，把生产规模控制在规模经济区间内，即Q_{E1}<生产规模<Q_E。同时，建议有关部门或企业再实施同样的项目，以满足市场对该种产品的需求。

3）项目所处行业的技术经济特点

不同的部门和行业对项目生产规模有不同的要求。例如，采掘工业的项目规模主要取决于矿区的地质条件及矿产资源的工业储量和工业开采价值；水力发电站的建设规模主要根据水源的流量、落差来确定，而火力发电厂的建设规模取决于设备能力、最大机组装机容量和设备台件的限度，此行业具有向大型化发展的趋势；化学工业企业要求对原料综合利用和“三废”治理相结合，在技术工艺条件准备、资源供应集中的条件下，企业规模大，经济效益就显著；冶金工业企业规模主要由高炉及其他冶炼联动机设备能力决定，一般以大型企业为主，而对于特殊钢的冶炼，则以中小型企业为主；机械行业中的大型产品和中型设备制造厂，因其产品的技术经济条件制约，一般以大型企业为主；一般机械制造厂，由于其产品品种复杂、批量变化较大，则应以中型企业为主；轻工业企业由于其产品市场性较强，应根据具体的市场需求状况，实行大中小型企业并举，以中小型企业为主。

4）工艺设备

在不同的工业部门中，可供使用的加工工艺和设备通常可以按某种生产能力进行标准化处理。如一条装备汽车的生产线或电视机、电冰箱等的生产线，就各有其额定生产能力；再如发电机组的发电能力，可分别用5万千瓦、10万千瓦、20万千瓦、30万千瓦和60万千瓦等来表示。在产业政策和其他相关规定的导向制约下，项目工艺和设备的发展越来越具有标准化、大型化的趋势。为此，在确定拟建项目的生产规模时，应当考虑上述特点。如果使用某种标准化工艺和设备所确定的生产规模不处于规模经济区间，就应当按照其他组合方式来确定拟建项目的生产规模，使其达到规模经济。确定规模经济并不完全取决于标准化工艺和设备因素，还需要考虑其他限制因素。

5）资金和基本投入物

国内外资金的短缺和基本投入物来源的匮乏，都可能限制拟建项目的生产规模。这些因素往往是限制拟建项目生产规模的重要因素。确定项目规模应本着实事求是、量力而行的原则。具体来说，在确定投资项目的规模时应当考虑建设资金和资源的供应情况。

（1）资金。无论在什么时候，可用于投资的资金总是有限的，有时甚至是非常短缺的。资金的有限性表现为自有资金不足，银根紧缩，难以得到金融方面的支持。如果项目所需的设备和投入物全部或部分需要从外国进口，又会受到外汇供给的限制。没有投资资金的支持，无论确定什么样的生产规模，都是难以实现的。

（2）基本投入物，是指用于项目经营的主要原材料、中间产品和主要的燃料及动力等。在一定时期内，资源的需求和供给往往总是发生矛盾，这是因为对资源的需求是无限的，而资源的供给又总是有限的，这就是资源的稀缺性。项目所需的基本投入物可能受到以下三个方面的限制：

①总的供应量满足不了项目的需要。项目所需的基本投入物种类较多，有些或某种重要的基本投入物可能供给不足。在生产工艺、产品方案一定的条件下，这些基本投入物的供给就成为选择项目生产规模的重要因素之一。

②基本投入物的质量满足不了项目的要求。在生产工艺、设备和产品方案一定的条件下，项目对基本投入物的质量有比较严格的要求，有些基本投入物可能在数量上能满足供应，但在质量上满足不了项目的要求。当然，如果全部基本投入物或部分基本投入物的质量满足不了项目的要求，那么该项目的技术、工艺和设备的选择就是错误的，项目是不可行的。在技术条件一定的情况下，满足质量要求的可供基本投入物数量，是确定项目生产规模必须考虑的因素。

③使用基本投入物的成本问题。即使基本投入物的质量和数量都能满足项目的要求，但有些基本投入物可能运输距离长、运输成本高，这也会影响项目的生产规模。另外，如果项目消耗的某种基本投入物的数量比较多，需要由许多厂家来供应，而这些厂家布局比较分散，或者需要从国外进口全部或部分基本投入物，就要考虑运输成本的问题。因此，使用基本投入物的成本也是确定项目生产规模时应考虑的因素。

6）专业化分工与协作条件

现代化的工业分工越来越细，专业化水平越来越高，那些大而全（或小而全）的企业已不能适应形势发展的需要。这就是说，一个项目往往不是独立的，需要由许多企业或单位协作配套，投产后才能正常发挥作用，比如有原辅材料的配套，有生产零部件的配套，有动力供应、交通运输等方面的配套。所以，确定项目的拟建规模要充分考虑协作配套条件，即项目的规模要与协作配套的量相符合。规模过小，浪费了资源，协作配套企业或单位的能力、效益不能充分发挥出来；规模过大，项目的生产能力利用率低，也同样导致资源浪费。

7）项目拟采用的生产技术和设备设施状况

先进、适用的生产技术及技术装备是项目规模效益赖以存在的基础，而相应的管理技术水平是实现规模效益的保证。若与经济规模生产相适应的先进技术及其装备的来源没有保障，或获取技术的成本过高，或管理水平跟不上，那么，不仅预期的规模效益难以实现，还会给项目的生存和发展带来危机，导致项目投资效益低下，资金浪费严重。项目生产规模的选择并不是一项孤立的工作，应该结合项目的其他技术经济特征的安排来综合考虑。如果打算采用先进生产技术和专用设备，能够进行大批量生产，项目的生产规模就可以定得大一些；否则，就应该定得小一些。

8）其他生产建设因素

其他生产建设因素包括土地、交通、通信、环境保护等，这些因素从不同方面制约着项目的生产规模。

（1）项目建设需要使用土地，而我国的耕地面积少。因此，在确定项目的生产规模时，既要尽可能少地占用土地，又要考虑可能供给的土地面积和土地质量。

（2）交通、通信等都属于基础产业，而基础产业一直是我国的“瓶颈”产业，发展相对滞后，在确定现代化工业项目的建设规模时也不得不考虑这些因素的制约。

（3）随着经济的不断发展，环境问题日益重要。在确定项目规模时，一定要考虑地区环境的承载能力。依据国家相关环境标准和政策制定的项目生产规模，可以确保经济与环境的协调发展。

9）经济效益

项目拟定的生产规模应达到或接近该部门或行业规模经济的生产能力，就是要使该项目生产的产品成本最低，投资最小，利润最高，所以应按照规模经济的要求确定企业的生产规模。在项目评估中，按照经济效益的高低，通常可以把项目的生产规模分为以下四种类型：

（1）亏损规模，即销售收入小于总成本的规模。在图4-1中，小于Q_{E1}和大于Q_{E2}的规模都属于亏损规模。

（2）起始生产规模（或最小经济规模），即销售收入等于总成本的保本最小规模。在图4-1中，Q_{E1}即为起始生产规模。

（3）合理经济规模（或适宜经济规模），即销售收入大于总成本并能够保证一定盈利水平的生产规模。在图4-1中，该规模位于Q_{E1}和Q_E之间。

（4）最佳经济规模，即能够产生最高经济效益的生产规模。在图4-1中，Q_E即为最佳经济规模。

从以上四种类型的规模可以看出，第四种规模是最理想的规模，拟建项目的生产规模最好能达到这个水平，但受许多因素的限制，这种规模一般很难达到。而第一种和第二种规模，都不能选择。在一般情况下，第三种规模是应当优先考虑的。

综合上述条件可知，企业的生产规模没有绝对的、一成不变的优化标准，合理与否、优化与否要依据各种因素来综合分析。

【自测题】制约和决定项目生产规模最关键的因素是（　　）。[①]

A.经济效益　　B.资金和基本投入物

C.国家经济计划和产业政策　　D.专业化分工与协作条件

4.2.2 确定项目生产规模的方法

如何合理确定生产规模的问题，不仅关系着投资规模，也直接影响企业的经济效益，因此，合理确定项目生产规模是企业经营决策的重要问题。

确定项目生产规模的方法包括以下几种：

1）经验法

经验法是指根据国内外相同或类似企业的经验数据，考虑生产规模的制约和决定因素，确定拟建项目生产规模的一种方法。在实践中，该方法应用最为普遍。

在确定拟建项目生产规模之前，首先找出与该项目相同或类似的企业，特别是要找出几个规模不同的企业，并计算不同规模企业的主要技术经济指标，如财务内部收益率、投资利润和投资回收期等，然后综合考虑制约和决定该项目拟建规模的各种因素，最后确定适当的规模。

【例4-1】某企业拟建一个生产某产品的项目，可能筹措到的资金为15 600万元，该项目可能占有的市场份额为80万～120万台。通过调查并计算，同类企业中，各种规模企业的生产规模、投资额与财务内部收益率数据见表4-2。请确定该拟建项目的生产规模。

表4-2　**各种规模企业的生产规模、投资额与财务内部收益率数据**

生产规模（万台/年）	35	55	90	180	250	360
投资额（万元）	8 000	10 000	12 000	18 000	25 000	30 000
财务内部收益率（%）	9.12	10.42	15.31	22.40	27.50	27.13

通过表4-2可以看出，年产250万台的规模是最佳生产规模，但需要的投资额比较大，需要25 000万元。通过对各种制约与决定因素进行研究，除资金供给和市场需求因素以外，其他方面都是相适应的。该拟建项目可能筹措到的资金只有15 600万元，只适应年产90万台的生产规模。另外，从市场需求情况来看，该项目可能占有的市场份额为80万～120万台，也只能选择年产90万台的规模。当然，该项目选择年产90万台的规模，其财务内部收益率要达到15.31%也存在一定的难度，该收益率虽然偏低但可以接受。

2）规模效果曲线法

规模效果曲线法（size effect curve method）是通过研究企业的销售收入与总成本曲线随着拟定的生产规模不断扩大而变化的情况，来确定最适宜项目的生产规模的一种方法。因为销售收入与总成本曲线也叫规模效果曲线，所以这种方法也称为规模效果曲线法。

从图4-1中可以看出，Q_{E1}到Q_E是规模经济区间。在这个区间内，Q_E不但是规模经济临界点，也是最佳经济规模，因为在这一点上边际收入等于边际成本。从理论上讲，应该

① 【答案】A。

以Q_E作为拟建项目的生产规模，但在实践中，往往受其他制约和决定生产规模的因素的影响而不能达到这个规模，一般小于Q_E。Q_{E1}是第一个盈亏平衡点，不能选择这样的规模。在选择拟建项目的生产规模时，首先应当确定规模经济区间，然后在这个区间内，根据制约和决定生产规模的诸多因素，选择离Q_E最近的规模。

3）分步法

分步法，也叫逼近法，是指首先确定起始生产规模并将其作为所选规模的下限，确定最大生产规模并将其作为所选规模的上限，然后在上、下限之间拟定若干有价值的潜在方案，最后通过比较选取最合理的生产规模的一种方法。具体步骤如下：

（1）确定起始生产规模

起始生产规模也就是项目盈亏平衡时的最小经济规模，主要受技术和设备的制约。

①确定起始生产规模的一般方法

确定起始生产规模的步骤如下：第一步，确定产品的先进工艺过程。第二步，按工艺条件选择与计算最低产量。第三步，根据产品销售量、成本和合理利润水平，计算最小规模。第四步，对最小规模与最低产量进行比较，如果最小规模超过最低产量，则必须增加设备、提高产量，以最小规模作为起始生产规模；如果最小规模低于最低产量，则以最低产量作为起始生产规模。第五步，计算起始生产规模的经济效益。

确定起始生产规模的思路如下：一是按单机、单机组、单机群、单线确定综合生产能力；二是按获得的合理利润率，确定最小规模。

确定起始生产规模的计算方法如下：

首先，确定盈亏平衡点产量（或销售量）。当销售净收入等于销售成本时，企业盈亏平衡点产（销）量可表示为：

产（销）量×（单位产品售价-单位产品税金）=总固定成本+产（销）量×单位产品可变成本 （4.1）

盈亏平衡点产（销）量=总固定成本÷（单位产品售价-单位产品税金-单位产品可变成本） （4.2）

式（4.2）中，分母单位产品售价扣除单位产品税金和单位产品可变成本的余额，就是单位产品的边际收益，它表示每产销一个单位产品可获得的用来补偿固定成本的收益。

其次，如果某一项目能保持一定的销售利润率，就可以使用产品售价乘以销售利润率计算出产品利润率，即为单位产品必须保证的合理利润。

最后，按式（4.3）就能获得合理利润的产销量，即最小规模产量。

最小规模产量=总固定成本÷（单位产品售价-单位产品税金-单位产品可变成本-单位产品利润） （4.3）

【例4-2】假定某项目根据工艺条件，选定单条生产线的最低产量为2 500件。如果安装单条生产线，总固定成本为100 000元，每件产品的可变成本为55元，出厂价格为100元，税金及附加为5元；如果安装两条生产线，总固定成本为200 000元，每件产品的可变成本为45元，出厂价格为100元，税金及附加为5元。该项目要求销售利润率为10%，即单位产品利润为10元（100×10%）。求最小规模产量。

（1）计算安装单条生产线的盈亏平衡点产量：

盈亏平衡点产量=100 000÷（100-5-55）=2 500（件）

（2）计算安装两条生产线获得合理利润的最小规模产量：

最小规模产量=200 000÷（100-5-45-10）=5 000（件）

计算结果说明，只有安装两条生产线，产量才能超过5 000件，才能获得合理利润并取得较好的经济效益。

（3）确定起始生产规模：

在计划允许和满足市场需求的情况下，应安装两条生产线。将两条生产线的年产量定为5 000件（2 500×2）作为项目的起始生产规模。

②根据项目产品性质按以下条件确定起始生产规模

如果项目产品在国内销售且无法用进口产品替代，则可利用规模效果曲线确定起始生产规模。通常来说，选择较小的生产规模，因其生产技术往往比较落后，经济效益差，所以会带来规模不经济的效果。另外，在一些生产部门，可供使用的工艺和设备经常按一定的生产能力标准化，若将生产能力较大的标准化设备用于较小的生产规模，则会造成设备能力的闲置和成本费用的上升。因此，在这种情况下，确定起始生产规模时，可利用规模效果曲线，对可供选择的工艺和设备进行分析，选定其中不至于出现亏损的工艺和设备作为起始生产规模，也就是图4-1中的Q_{E1}。

如果项目产品可以用进口产品替代，则应将生产成本费用与进口成本进行比较，确定起始生产规模。通过单位项目产品成本费用和单位产品进口成本的比较，可以确定进口替代项目的经济规模（如图4-3所示）。假定进口产品的口岸价格比较稳定，那么单位产品进口成本就是一条比较稳定的水平线；单位项目产品成本费用则随着该项目生产规模的扩大而有所变化。当项目生产规模在Q_1至Q_2之间时，该项目生产是合算的；当项目生产规模小于Q_1时，单位项目产品成本费用高于单位产品进口成本。因此，Q_1是拟建项目的起始生产规模。

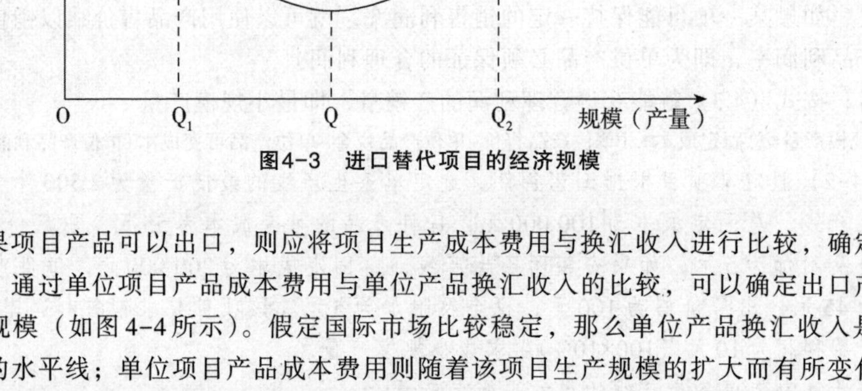

图4-3　进口替代项目的经济规模

如果项目产品可以出口，则应将项目生产成本费用与换汇收入进行比较，确定起始生产规模。通过单位项目产品成本费用与单位产品换汇收入的比较，可以确定出口产品项目的经济规模（如图4-4所示）。假定国际市场比较稳定，那么单位产品换汇收入是一条比较稳定的水平线；单位项目产品成本费用则随着该项目生产规模的扩大而有所变化。当项目生产规模在Q_1至Q_2之间时，该项目生产是合算的；当项目生产规模小于Q_1时，单位项目产品成本费用大于单位产品换汇收入，出口生产是不合算的。因此，Q_1是拟建项目的起始生产规模。

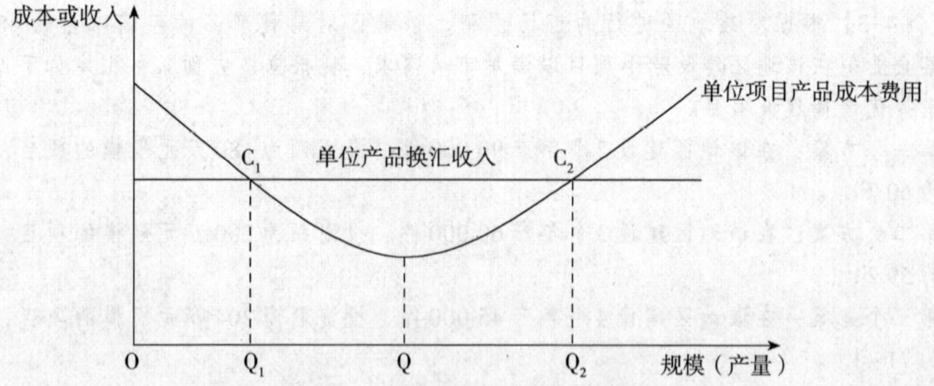

图4-4 出口产品项目的经济规模

（2）确定最大生产规模

在确定起始生产规模以后，将其作为确定拟建项目生产规模的下限，然后确定最大生产规模。在现实经济生活中，项目生产规模受到很多因素的制约。因此，需要综合考虑各种因素对项目生产规模的限制作用，特别是要对制约项目生产规模扩大的瓶颈因素进行分析。在一定的投资条件下，某个因素对项目生产规模的大小可能起到决定性作用，即成为项目生产规模的“瓶颈”因素。通过对“瓶颈”因素的分析，可以确定在可行条件下的最大生产规模，作为所选生产规模的上限。

（3）确定合理生产规模

在起始生产规模与最大生产规模确定以后，就确定了拟建项目生产规模的上限和下限，可在它们之间拟定若干不同规模的比较方案。在拟定的比较方案中，起决定性作用的是设备能力。可以在最小规模和最大规模之间选择具有不同能力的设备或者对设备进行不同的组合，以拟定出不同的生产规模方案，然后计算不同生产规模方案的成本费用和效益，再对成本费用和效益进行比较。其中成本费用最低、效益最好的方案应为最终确定的拟建项目的生产规模。这里采用的主要方法是最小费用法和投资收益率法。

①最小费用法

在项目生产规模方案的比较中，常常把费用最小作为判断标准。一个项目的年度总费用或总成本可以表示为：

$$C=P+T+S+I\cdot R_c \tag{4.4}$$

式中：C为年度总成本；P为年度生产成本；T为年度原材料运输费用；S为年度销售费用；I为项目投资成本；R_c为投资回收系数（即年金折现系数的倒数）。在各种方案的比较中，若收益水平一定或基本一致，则以总费用最低的方案为最优方案。

②投资收益率法

在进行多方案的比较时，也可以计算各方案的投资收益率，并把投资收益率最高的方案作为最优方案。投资收益率的计算公式为：

$$投资收益率=年收益额÷投资额×100\% \tag{4.5}$$

需要说明的是，在实际工作中，年收益额是指项目的净利润，且投资收益率既可以指静态投资收益率，也可以指以现值形式表示的动态投资收益率。下面以静态投资收益率为判断标准举例说明。

【例4-3】根据对某地区进行的市场预测，该地区对某种产品的年需求量为180 000件。某企业拟在该地区建设若干项目以满足市场需求，现根据各方面条件拟定如下四个方案，请择优选择建设项目。

第一个方案：在该地区建设2个年产90 000件、投资额为180万元规模的项目，年收益额为60万元。

第二个方案：在该地区建设3个年产60 000件、投资额为200万元规模的项目，年收益额为59万元。

第三个方案：在该地区建设4个年产45 000件、投资额为204万元规模的项目，年收益额为71万元。

第四个方案：在该地区建设1个年产180 000件、投资额为192万元规模的项目，年收益额为63万元。

根据以上资料，分别计算各方案的投资收益率：

第一个方案的投资收益率=60÷180×100%=33.33%

第二个方案的投资收益率=59÷200×100%=29.50%

第三个方案的投资收益率=71÷204×100%=34.80%

第四个方案的投资收益率=63÷192×100%=32.81%

计算结果表明，第三个方案的投资收益率最高，投资经济效果最好。因此，可选择第三个方案，即在该地区建设4个年产45 000件、投资额为204万元规模的项目。

【自测题】下列各项中，属于确定项目生产规模的方法的有（　　）。①

A.规模效果曲线法　　B.经验法　　C.类比法

D.分步法　　E.调查法

本章小结

•工业项目的规模一般是指工业企业的生产规模。工业企业的生产规模是指劳动力、生产资料等在工业企业中的总体状况。衡量生产规模的指标有生产能力、企业人数、固定资产价值。

•规模经济是在一定的规模下或一定的规模区间内，企业生产最有效率，能够取得比较好的效益，即企业按照一定的生产规模组织生产可获得经济利益。按照实现领域的不同，规模经济可分为生产上的规模经济和经营上的规模经济；规模经济还可分为规模的内部经济性和外部经济性。

•规模不经济是指一定经济实体的规模过小或过大而引起的不经济性。规模不经济可分为生产上的规模不经济和经营上的规模不经济，也可分为规模的内在不经济性和外在不经济性。规模收益变动的类型有递增、递减和不变三种情况。

•制约和决定项目生产规模的因素主要包括：国家经济计划和产业政策、市场需求量、项目所处行业的技术经济特点、工艺设备、资金和基本投入物、专业化分工与协作条件、项目拟采用的生产技术和设备设施状况、其他生产建设因素和经济效益因素等。

•项目的生产规模包括亏损规模、起始生产规模、合理经济规模和最佳经济规模四

① 【答案】ABD。

种类型。

•确定项目生产规模的方法有经验法、规模效果曲线法和分步法。其中，分步法包括确定起始生产规模、确定最大生产规模和确定合理生产规模三个步骤。确定合理生产规模的方法有最小费用法和投资收益率法。

关键概念

规模经济　规模不经济　内部经济性　外部经济性　生产规模　规模效果曲线法

章后练习

一、选择题

1.一般情况下，确定生产规模时应当优先考虑的是（　　）。

A.亏损规模　B.起始生产规模　C.合理经济规模　D.最佳经济规模

2.下列各种确定生产规模的方法中，应用最为普遍的是（　　）。

A.经验法　B.规模效果曲线法　C.直线分析法　D.分步法

3.企业在生产经营过程中达到资源最佳组合时的生产能力或产量指的是（　　）。

A.规模经济　B.规模的内部经济性

C.规模的外部经济性　D.规模不经济

4.下列选项中，不属于规模收益变动类型的是（　　）。

A.规模收益波动　B.规模收益递增　C.规模收益递减　D.规模收益不变

5.确定合理生产规模采用的主要方法是（　　）。

A.最小费用法　B.投资收益率法　C.规模效果曲线法　D.分步法

二、判断题

1.规模经济理论表明，随着生产规模的扩大，单位成本始终是下降的。（　　）

2.在选择项目生产规模时，应优先考虑规模经济区间。（　　）

3.专业化分工与协作条件不属于确定项目生产规模的制约和决定因素。（　　）

4.资金和基本投入物的供应情况是制约项目生产规模的重要因素。（　　）

5.确定项目生产规模的方法有经验法、规模效果曲线法、分类估算法和分步法。（　　）

三、简答题

1.请解释什么是规模经济理论。

2.制约和决定项目生产规模的因素主要包括哪些？

3.如何确定项目所处的规模经济类型？

部分练习参考答案　　某机场的投资结果

第5章 选址与生产建设条件评估

主要知识点

项目选址的原则；项目选址的影响因素；项目选址的基本要求和方法；地质灾害危险性评估；生产建设条件评估；资源、原材料供应、燃料及动力供应条件评估；交通运输、通信、人力资源、外部协作和同步建设条件评估；项目环境保护、职业安全卫生健康与消防条件评估。

5.1 项目选址评估

选择一个合适的地址是建设项目前期工作的重要内容，项目选址（site selection）合理与否不仅对项目的设计、施工、投资有影响，而且对项目建成投产后的经营管理、产品成本、长远发展、环境保护以及工农关系等方面有重大的直接影响。建设项目选址既是一个具有全局性、长远性和战略性的重要问题，也是一项政策性和科学性很强的综合性工作。

项目选址可以分为建设地区选择和建设地点选择两个层次。建设地区选择通常与投资环境分析相结合；建设地点选择则是在建设地区选择所划定的范围内进行具体坐落位置的选择，也被称为工程选址。一般来说，项目选址主要指的是建设地点选择。

不同行业项目选址需要研究的具体内容、方法和遵循的规程、规范不同，其称谓也不同。例如，工业项目称厂址选择，水利水电项目称场址选择，铁路、公路、城市轨道交通项目称线路选择，输油气管道、输电和通信线路项目称路径选择。

5.1.1 项目选址的原则

1）科学性原则

科学性原则是指项目选址必须符合国家和地区的长远发展规划与生产力的合理布局、国家生产建设方针政策，服从行业发展规划和所在城市的总体发展规划要求，既要考虑拟建项目地区的工业基础，也要考虑地区间的均衡发展。比如，位于工业基础好的地区，容易实现专业化生产和分工协作，容易获得熟练的工人和工程技术人员，实现规模经济。再如，可以把项目厂址选在内地，以促进内地经济加速发展，减少各地经济发展的不均衡性。

2）经济性原则

建设项目的选址应遵循节省资源、降低成本、提高经济效益的原则。选址应以节省项目投资、降低经营成本等为核心问题，尽量少占或不占耕地，充分利用山地、荒地和空地，尽力做到降低建设投资、节省运费、减少成本、提高利润。通过进行多方案的分析对比，确定经济上最合理的地址方案。

3）全面性原则

项目选址时，首先，应满足生产需要，保证各种工艺技术条件的实施和正常运行；其次，要充分利用已有的生活设施，为职工的生活创造必要的条件；再次，还要考虑建设施工条件、防洪、防震、防地质灾害、战争危害等因素，全面综合考虑各种因素之间的关系，对多个场（厂）址进行调查研究；最后，经过科学分析和比选，提出合理的选址方案，保障项目建设生产的顺利进行。

4）环保性原则

建设项目在选址时必须考虑其对环境的影响，符合环境保护的要求，以人为本，减少对生态和环境的影响。在选址时，对于有“三废”排放的项目，必须有利于“三废”稀释和处理；对于建成后在生产过程中可能引起爆炸、毒气、毒剂和辐射泄漏的项目，应避开工业中心和居民中心区。

5.1.2 项目选址的影响因素

1）自然因素

自然因素包括气候条件和生态要求两个方面。

（1）气候条件，包括气温、湿度、日照、风向、降水量、台风风险、土壤条件、地下水位、自然灾害，以及工程地质和水文地质条件。工程地质条件包括地质构造、地基承载力、地震基本烈度、要求的地震设防等级、历史地震资料、选址附近断裂构造，以及有无严重不良地质地段（如溶洞、断层、软土、湿陷土等），是否处于滑坡区或泥石流区等；水文地质条件包括水文地质构造、地下水的类型与特征、土壤含水性，以及地下水水位、流向、流量和涌水量等。气候条件不仅影响项目生产建设，而且直接影响经营成本。

（2）生态要求，包括项目受周边环境的影响和项目建成后给周边环境带来的影响

2）经济因素

社会经济因素包括基础设施条件、土地使用条件、人力资源条件、生活设施条件等。

（1）基础设施条件，具体包括：能否满足项目建设和生产运营的用水量、能源、动力、人力、土地等的数量和质量要求；能否满足项目建设和运营的交通运输条件，如港口、铁路、公路、机场、通信等，距离是否恰当，运输能力、接卸能力能否满足大宗物资的运输需要，铁路、公路的承载能力能否满足项目的需要等。基础设施对建设项目能否正常建设和运营起着极为重要的作用，

（2）土地使用条件，具体包括：当地的土地政策，土地市场及地价水平，土地使用权的取得方式和具体途径；项目选址范围内的土地权属、土地利用现状和人口情况，土地征收、征用和安置补偿政策，补偿标准和安置办法；项目选址范围内的建（构）筑物类型与数量，高低压输电线路、通信线路、坟墓、果木、种植物等的数量，拆除与搬迁条件等。

（3）人力资源条件。优秀的管理人员、技术人员和工人是影响建设项目未来生产运营

的重要因素，因此，各地区对专业人员的吸引力、劳动力素质、招聘条件、培训设施和工资水平等都会影响项目选址。

(4) 生活设施条件。当地的住宅、学校、医院、文化、娱乐、体育等生活设施条件对项目要求的满足程度也会影响项目选址。

此外，在项目选址时，还要考虑经济技术因素，如拟选地区的经济实力、协作条件、基础设施、技术水平、市场潜力、人口素质与数量等。

3）政治因素

政治因素包括政局因素与政策因素两个方面。

(1) 政局因素。一个国家或地区的政治是否稳定，会直接影响建设项目投资信心。

(2) 政策因素，具体包括项目选址所适用的土地政策、税收政策、项目建设特许及项目本身所能获得的鼓励和优惠政策等。政策因素会对项目选址产生重要影响。

4）社会因素

社会因素主要包括社会制度、社会群体、社会交往、道德规范、国家法律、社会舆论、风俗习惯等。比如，政府法律法规和相关政策对项目选址有重要影响，包括适用于各种项目选址的法律条例及程序；当地居民的生活习惯、文化教育水平、宗教信仰和生活水平也会影响项目选址。

5）环境因素

环境因素具体包括：项目选址方案是否符合当地发展规划，与周边村镇、工矿企业等是否协调；项目选址的施工场地、施工用水用电条件及其可靠性，以及地材供应、结构件加工和地方施工能力等，能否满足工程施工的需要；项目选址是否符合国家环境保护法规的要求，能否为当地环境容量所接受；周边居民对项目选址的意见、当地政府对项目选址的意见和态度、当地人防部门对项目选址的意见和要求有哪些；项目建成后产生的噪声、污染、废弃物处理排放对周边环境的影响如何等。

5.1.3 项目选址的基本要求

1）区域位置

(1) 贯彻执行政府的方针、政策，遵守有关法律规定，远离重要的铁路枢纽站、大型桥梁、大型储油库、重要的军事工程、飞机场等。

(2) 有良好的经济、文化发展前景和投资、经营环境，尽量接近原材料、燃料产地及产品销售地区；基础建设（如水、电、燃气、排污、有线电视、供暖等）设施到位，能满足项目正常建设生产的需要。

(3) 满足当地规划要求，听取当地政府部门（如规划、建设、安全消防、土地管理、环境保护、交通、地质、气象、水利、电力、文物管理部门等）的意见，避开高压输电线路，不压城市地下管线。当地址选择在文物地区或风景保护区时，应取得当地主管部门的同意文件。

(4) 可能产生工业废水的项目，应位于江河、港区、水源地等的下游；可能产生大量废气的项目，应位于城镇的下风向。

2）地形和地貌

自然地面坡度不宜过大，一般以4~5度为宜。在项目选址时，应根据地形、地貌和地质条件，合理、有效、集约地利用土地资源，科学、合理地布局道路交通、给水排水、能源供应、防灾等基础设施，使土地使用性质及其可能发生的相应活动贴近其应有的土地价值和用地规律，避免土地资源的浪费。

3）给水排水

给水设施便利，能满足生产建设需要；污水排放满足环保要求；避开对工厂环境、劳动安全、卫生有威胁的区域，如有严重放射性物质或大量有害气体的区域，传染病和地方病流行的区域，有爆破作业的危险区域等。

4）工程地质与水文地质

（1）尽可能避开存在不良地质现象且对场地稳定性有直接危害或潜在威胁的区域、地基土性质严重不良的区域、地下有未开采的有价值的矿藏或未稳定的地下采空区及泥石流多发区等。

（2）尽量避免因工程地质问题使工程基础复杂化；地基承载力等条件要满足项目要求。

（3）地下水位最好低于地下室和地下构筑物的深度，最好无侵蚀性。

5）气象

（1）考虑高温、高湿、云雾、风沙、暴风、落雷、滚雷区对项目的影响。

（2）考虑冰冻线对建（构）筑物基础和地下管线敷设的影响。

5.1.4　项目选址的方法

项目选址是一项多因素的技术经济分析工作，必须在综合分析和多方案比较的基础上，最终确定合理方案。项目选址的方法很多，常用的方法有多方案比较法、评分优选法、最小运输费用法，此外还有选址度量法、盈亏平衡法和线性规划法等，实践中可根据具体情况选用，一般采用定性分析和定量分析相结合的方法。

1）多方案比较法

多方案比较法（multiple scheme comparison method）就是通过对项目不同选址方案的投资和费用进行对比分析来做出选址决策。

基本步骤如下：首先，针对初选的若干选址方案，列出比选因素，进行初步比较后，从中选出2～3个较好的方案；然后，进行详细的调查和勘查，计算各方案的投资和经营费用；最后，经过比较，选择投资额和经营费用均较低的方案，这就是最合适的方案。

然而，实践中遇到的情况恰恰相反，投资额较高的方案往往其经营费用较低，而投资额较低的方案往往其经营费用较高。因此，在这种情况下，需要计算两个方案的追加投资回收期，以此与基准投资回收期比较。若追加投资回收期小于基准投资回收期，则投资额较大的方案为优；否则，投资额较小的方案为优。追加投资回收期的计算公式为：

$$T=\frac{R_2-R_1}{C_1-C_2} \tag{5.1}$$

式中：T表示追加投资回收期（年）；R_1、R_2表示方案1、方案2各自的投资额，且$R_2>R_1$；C_1、C_2表示方案1、方案2各自的经营费用，且$C_1>C_2$。

【例5-1】已知两个可供选择的厂址方案：方案甲的投资额为2 600万元，年经营成本为150万元；方案乙的投资额为2 000万元，年经营成本为200万元。行业的基准投资回收期P_c为10年。试确定较优的厂址方案。

T=（2 600 - 2 000）÷（200-150）=12（年）

P_c=10年

由于追加投资回收期（T）>基准投资回收期（P_c），因此投资额较小的方案（方案乙）较优。

2）评分优选法

评分优选法（score optimization method）是一种定性问题定量分析的方法。

基本步骤如下：首先，确定方案比较的评价指标；然后，对各评价指标按其对方案的影响程度赋予一定的权重，并根据实际情况给出相应的评分，列出指标分值表；最后，分别计算出每个指标的得分值，即指标分值×相应权重，累加得出各个方案的总分值，取总分值最高者为最佳选址方案。

【例5-2】已知某汽车制造厂厂址选择有两个可供比选的方案，请采用评分优选法择优选择。

评分优选法的应用步骤如下：

第一步，确定方案比较的评价因素。该汽车制造厂选址方案评价因素见表5-1。

表5-1　**某汽车制造厂选址方案评价因素**

序号	指标（判断因素）	方案甲	方案乙
1	厂址位置	某市环岛工业区	某市重型机械厂附近
2	占地面积	16.2万平方米	38万平方米
3	可利用固定资产原值	3 200万元	8 000万元
4	可利用原有生产设施	无	生产性设施15.2万平方米；铸造车间3.6万平方米，其中可利用2.1万平方米
5	交通运输条件	无铁路专用线	有铁路专用线
6	土方工程	新建4万平方米厂房和公用设施，填方8万平方米	无大的土方施工量
7	所需投资	8 500万元	6 000万元
8	消化引进技术条件	易于掌握引进技术	消化引进需要较长时间

第二步，根据各方案的实际条件给出比重因子和指标评价值。各选址方案的权重因子和指标评价值见表5-2。

表5-2　**各选址方案的权重因子和指标评价值**

序号	指标（判断因素）	不同方案的指标评价值		指标评价值之和
		方案甲	方案乙	
1	厂址位置	0.32	0.68	1.00
2	占地面积	0.23	0.77	1.00
3	可利用固定资产原值	0.28	0.72	1.00

续表

序号	指标（判断因素）	不同方案的指标评价值		指标评价值之和
		方案甲	方案乙	
4	可利用原有生产设施	0.00	1.00	1.00
5	交通运输条件	0.25	0.75	1.00
6	土方工程	0.10	0.90	1.00
7	所需投资	0.45	0.55	1.00
8	消化引进技术条件	0.82	0.18	1.00

第三步，计算方案评价分。各选址方案的综合评价得分表见表5-3。

表5-3 **各选址方案的综合评价得分表**

序号	指标（判断因素）	比重因子（WF）	不同方案的指标评价值		指标评价值之和
			方案甲	方案乙	
1	厂址位置	15%	0.0480	0.1020	0.1500
2	占地面积	15%	0.0345	0.1155	0.1500
3	可利用固定资产原值	10%	0.0280	0.0720	0.1000
4	可利用原有生产设施	10%	0.0000	0.1000	0.1000
5	交通运输条件	5%	0.0125	0.0375	0.0500
6	土方工程	10%	0.0100	0.0900	0.1000
7	所需投资	15%	0.0675	0.0825	0.1500
8	消化引进技术条件	20%	0.1640	0.0360	0.2000
合计		100%	0.3645	0.6355	1.0000

对于指标评价值，有的可根据经验判断，有的可根据已知数据计算出其中一个方案的指标评价值在总评价值中的比重。根据表5-3的计算结果可知，方案甲的分值累加为36.45%，方案乙的分值累加为63.55%。因此，方案乙为最佳选址方案。

3）最小运输费用法

最小运输费用法（minimum transport cost method），也称重心法，特点是将运输费用作为项目选址的重要基点。运输费用主要包括建设项目所需的原材料、燃料运输费和销售产品运输费。

假定生产所需要的多种原材料由不同地区供应，而产品又要销售到若干地区的用户，在这种情况下，就要寻找运输距离最短、运输量最小、运输费用最低的选址方案，那么项目地址往往位于中心位置。其原理是在分别计算不同选址方案的运输费用（包括原材料、燃料的运进费用和产品销售的运出费用）的基础上，选择运输费用最小的方案作为选址方案。

最小运输费用法的适用条件是项目存在若干选址方案，各方案中的其他因素基本相同，只有运输费用不同。在计算运输费用时，要全面考虑运输距离、运输方式、运输价格等因素。

【例5-3】某项目每年从A点运输生铁6 900万吨，运费为0.10元/吨·千米；从B点运输焦炭780万吨，运费为0.25元/吨·千米；从C点运输模砂1 200万吨，运费为0.12元/吨·千米；产品铸件每年销售到D点2 500万吨、E点3 500万吨，运费为0.20元/吨·千米。项目选址时各点平面坐标位置如图5-1所示。

于是P点的坐标X、Y分别为：

$$X = \frac{0.10 \times 6\,900 \times 600 + 0.25 \times 780 \times 250 + 0.12 \times 1\,200 \times 700 + 0.20 \times 2\,500 \times 700 + 0.20 \times 3\,500 \times 100}{0.10 \times 6\,900 + 0.25 \times 780 + 0.12 \times 1\,200 + 0.20 \times 2\,500 + 0.20 \times 3\,500}$$

$$= 441.3$$

$$Y = \frac{0.10 \times 6\,900 \times 600 + 0.25 \times 780 \times 400 + 0.12 \times 1\,200 \times 200 + 0.20 \times 2\,500 \times 350 + 0.20 \times 3\,500 \times 100}{0.10 \times 6\,900 + 0.25 \times 780 + 0.12 \times 1\,200 + 0.20 \times 2\,500 + 0.20 \times 3\,500}$$

$$= 343.6$$

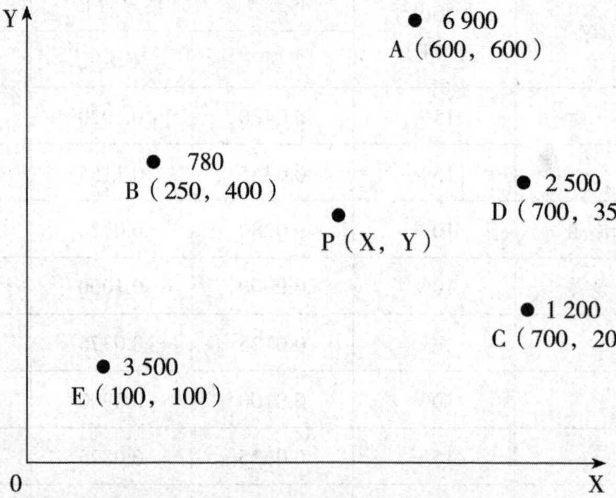

图5-1　项目选址时各点平面坐标位置

以上简要地介绍了项目选址时采用的技术经济分析必选的三种基本方法。实际上，建设项目的地址选择需要考虑多种因素，进行多方案综合评价，由此才能最终确定合理的建设场地。

5.1.5　地质灾害危险性评估

根据国家《地质灾害防治条例》的要求，城市建设、有可能导致地质灾害（主要包括崩塌、滑坡、泥石流、地面塌陷、地裂缝、地面沉降等）发生的工程项目建设和在地质灾害易发区内进行的工程建设，在申请建设用地之前还必须进行地质灾害危险性评估。地质灾害危险性评估的主要内容包括：工程建设诱发、加剧地质灾害的可能性；工程建设本身可能遭受地质灾害危害的危险性；拟采取的防治措施等。

在编制和实施水利、铁路、交通、能源等重大建设工程项目时，应当充分考虑地质灾害防治要求，减轻或避免地质灾害造成的损失。在地质灾害易发区内进行工程建设，应当在决策分析与评价阶段进行地质灾害危险性评估，并将评估结果作为可行性研究报告及其后进行的项目评估的组成部分。可行性研究报告未包含地质灾害危险性评估结果的，不得批准该可行性研究报告。对经评估认为可能引发地质灾害或者可能遭受地质灾害危害的建设工程，报告编制和评估单位必须提出配套建设地质灾害治理工程。

5.2 生产建设条件评估

项目生产建设条件（project production and construction conditions）评估是根据不同行业建设项目的生产特点，审查、分析和评价拟建项目是否具备建设施工条件和生产经营条件，即对项目实施的可能性和建成投产后顺利开展生产经营的可能性进行的分析评价工作。对于投资项目来说，具备一定的生产建设条件是投资项目实现预期目标、取得预期经济效益的保证，也是决定项目取舍的重要因素。

5.2.1 资源条件评估

项目资源条件评估中的资源是指项目需要的能够为工业生产提供原材料和能量的自然资源，如各种矿产资源、土地资源、水资源及各种能源等。项目资源条件评估的目的是使项目能够最大限度地利用资源，因此评估时需要结合本地区的资源特点，遵循一定的评估原则，对资源分布、储量、品位、开采利用的可能性和经济性等进行全面的分析评价。

1）资源特点

（1）资源的有限性。绝大多数资源是经过漫长的年代，在特定条件下形成的，这决定了它们在数量上的有限性，而且随着经济社会的发展，资源的数量也在日益减少，因此，在开展条件评价分析时必须考虑资源有限性的约束。

（2）资源的复杂性。由于项目中的工业项目所需资源大多数埋藏在地下，储量、成分、品质等往往不易探明，而其他农、林、牧、渔等资源受自然条件的影响较大，来源并不十分稳定，这就增加了资源分析的难度。所以，在评估时必须慎重，不能仅凭不准确的资源信息加以判断，盲目地兴建项目。

（3）资源分布的不均衡性。地球上资源的分布是极不均衡的，在拟建项目时必须根据本地资源的特点、品位、储量及开采条件，考虑资源分布的不均衡性，充分利用本地的资源条件，发挥优势，做出正确的决策。

2）评估原则

（1）环境保护原则。任何资源的开发利用，都必须以保护生态环境、维护生态平衡为前提。

（2）综合利用原则。对资源的开发利用，必须达到多层次、多目标的综合利用。

（3）经济开发原则。必须注重资源开发利用的经济合理性，考虑资源的供应数量、质量、使用年限、开发方式和利用条件等因素，以及技术进步对资源利用的影响，以便达到最佳的经济开发利用程度。

（4）可持续利用原则。资源的开发利用需要贯彻可持续原则，尤其是对可再生资源（如农、林、牧、渔等资源）的开发利用，要保证资源连续补偿，使其能够持续发展和利用。

3）自然资源（natural resource）条件评估

（1）资源报告的可靠性分析。分析为项目提供的资源报告是否真实可靠，矿产资源要有国家有关部门批准的关于该资源储量、品位、开采价值以及运输条件的报告。各种矿产品的物理和化学组成是不大相同的，而且每种类型矿石的处理都要采用不同的方法和设备。因此，在项目评估报告中应提供对矿产品的物理、化学和其他性质的详细分析。

（2）资源的种类和性质分析。分析和评价项目所需资源的种类、性质，如所需资源是属于矿产资源，还是属于农产品资源。对于矿产资源，要分析和评价其矿床规模、类型特征、矿体形态及其大小、矿体埋藏条件、矿石质量、矿石含有的其他元素成分及选矿需要的详细情况；农产品资源应依据过去农产品的供应量及其部门分布数据，估算有关农产品目前供应与今后可能获得的品种和数量，还要关注农村经济发展及世界农产品市场的变化。

（3）资源的属性特征分析。分析和评价项目所需资源的供应数量、质量、服务年限、开采方式和供应方式、成本高低及运输难易程度等。

（4）技术进步的影响分析。分析和评价技术进步对资源优势利用的影响，如石油的加工深度对石油资源经济效益的发挥有很大影响。

（5）资源的稀缺性和替代性分析。分析和评价稀缺资源的供应情况、开发新资源的前景和寻找替代资源的途径。

4）劳动力资源条件评估

劳动力资源是指能从事各类工作的劳动力人口，包括项目所需的工人、技术人员和管理人员。劳动力资源条件评估主要包括以下几个方面：

（1）劳动力保障程度分析。分析项目投产后需要新增人员的数量、技术水平、来源、成本及培训规划，分析劳动力的保障程度。一般在可行性研究中应提出企业对主要工种的技术水平要求，结合人员来源和素质制订培训计划。对于需要送往国外培训的人员要单独制订计划，说明培训国别、人数、培训方式、时间及出国培训的必要性。遵照政府或行业现行规定的职工培训费定额进行培训费用估算，并将估算总额列入固定资产投资。

（2）技术人员保证程度分析。分析新增技术人员的来源、数量、技能要求、质量和落实情况，以便分析项目投产后劳动力和技术力量的保证程度。

（3）管理人员保证程度分析。分析主要经营管理人员的经营业绩、素质、薪酬水平及服务于本项目的可能性。

5.2.2 原材料供应条件评估

原材料（raw material）供应条件是指项目在建成投产后的生产经营过程中所需的各种主要原材料、辅助材料及半成品等的供应数量、质量、价格、供应来源、运输距离及仓储设施等方面的条件，它是工业生产所必备的基本条件。一般来说，在项目评估阶段重点对主要或关键性的原材料的供应条件进行分析评价，目的是选择适合项目要求的、来源稳定可靠的、价格经济合理的原材料作为项目的主要投入物，从而保证项目生产的连续性和稳定性。原材料供应条件评估主要包括以下内容：

1）原材料的供应数量评估

分析和评估原材料的供应数量能否满足项目的要求。在评估时，应根据项目的设计生产能力、选用的工艺技术和使用的设备来估算所需原材料的数量，分析和预测原材料供应的稳定性及保证程度。

2）原材料的供应质量评估

一般来说，投入物的质量和性能特征对特定项目的生产工艺、产品质量和资源利用程度影响极大，因此，必须分析这些投入物的质量和性能是否符合特定项目的要求。

3）原材料的供应价格评估

项目主要投入物的价格是影响项目经济效益的关键因素之一，因此，要对原材料价格当前的变化动向以及未来的变化趋势进行评价，充分估计原材料供应的弹性和互补性，以保证原材料的合理替换和选择。

4）原材料的运输方式评估

项目所需的主要原材料运输距离的远近及运输方式的选择等对项目生产的连续性和产品成本的高低都有很大影响。在分析评估原材料供应条件时，应对运输能力和运输费用进行估算。运输方式评估的目的是选择经济合理的供应距离和运输方式，以保证项目生产的连续性和降低产品成本。

5）原材料的存储设施条件评估

为保证项目产品的连续生产，应重视原材料存储设施的建设。在评估时应分析拟建项目的存储设施规模是否适应生产的连续性，原材料的储备量是否合理。

6）原材料的国产化可能性评估

原材料的供应首先要立足国内；如果必须从国外进口，则应就需要进口的原材料和其他投入物说明理由。进口原材料需要重点关注供应的稳定性和运输环节，以及国外供应来源有变化时需要采取的应变措施，分析和预测用国产原材料替代的前景。

5.2.3 燃料及动力供应条件评估

燃料及动力是项目建设和生产过程中的基本要素与重要的物质保证。燃料及动力供应条件评估就是针对建设和生产过程中所需的燃料（通常有煤炭、石油和天然气等）和动力（主要有电力、蒸汽和水等）进行分析评价，以便选择适合项目要求的、来源稳定可靠的、价格经济合理的燃料和动力资源，保证项目生产的连续性和稳定性。燃料及动力供应条件评估主要包括以下内容：

1）燃料供应条件评估

这是指评估项目所需燃料的需求量能否得到满足。首先要依据产品生产过程、成本、质量、区域环境对所用燃料的要求来选择燃料种类；其次要分析燃料供应政策、供应数量、质量、来源及供应方式。如果是消耗大宗燃料的项目，还要落实燃料的运输及储存设施。

2）供水条件评估

在此项评估中，要估算项目生产和建设所需用水量、供水价格对成本的影响，分析项目对水源和水质的要求，分析是否有节水的循环设施、污水净化设施，估算水源、供水泵站及管网等供水设施的费用。

3）供电条件评估

电力是工业生产的主要动力。对于耗电量大而又要求连续生产的工业项目（如轧钢项目），需要分析估算项目的最大用电量、高峰负荷、备用量、供电来源，按生产工艺要求计算日耗电量、年耗电量以及对产品成本的影响，还需要计算变电所、输电线路、自备电厂的功率及投资额，要尽可能保证动力供应的稳定性。

4）其他动力供应条件评估

在此项评估中，要预测和估算建设项目生产中所需的其他动力（如蒸汽、煤气等）的总需要量，分析其对产品成本的影响，分析自备设施投资规模及设备选型、管网布置的合理性。

5.2.4 交通运输条件评估

交通运输条件是项目生产建设的重要条件和关键环节，良好的交通运输条件是保障项目生产建设正常进行的关键要素。交通运输条件直接关系到项目建设、生产和销售各个环节，也直接影响着生产过程的连续性和经济的合理性。项目的运输条件分为厂外运输条件和厂内运输条件两个方面。交通运输条件的分析和评价主要围绕运输成本、运输方式的经济合理性、运输中各个环节（即装、运、卸、储等）的衔接性及运输能力等方面。

1）厂外运输条件评估

厂外运输条件评估主要是对厂外运输方式及设备选型进行审查分析。影响项目厂外运输方式及设备选型的因素很多，包括地理环境、物资类型、运输量大小及运输距离等。厂外运输条件分析需要根据运输物资数量、类型和特点以及外部具备的运输条件来确定。对于靠近铁路干线，且原材料或产品运输量较大的项目，应修建铁路专用线、编组站等，采用铁路运输方式；对于靠近江、河或海的项目，应修建港口、码头，采用水路运输方式；项目所在地地形复杂、运输批量小的，可以采用公路运输方式；对于原材料来源比较固定或产品用户相对稳定，且产地与销售地有一定的地势差的项目，可采用管道运输方式。通过对不同运输方式的经济合理性比较，可以达到及时性和低成本的要求。

2）厂内运输条件评估

厂内运输安排合理适当，可使货物进出通畅，生产流转合理。厂内运输条件评估主要是对厂内运输方式及设备选型进行审查分析。厂内运输主要涉及厂区布局、道路设计、载体类型、工艺要求等因素。厂内运输方式及设备选型应在考虑厂区地形地貌以及总平面图布置要求的基础上，根据工艺流程的特点、车间组成特点来确定。

5.2.5 通信条件评估

通信条件包括电信系统、网络系统和邮电系统。具备必要的通信条件是项目生产建设的基本条件之一，也是项目建成后与外界联络和信息交流的重要手段。通信条件评估应重点分析项目所在地的通信能否保证项目与外界信息的正常交流。

5.2.6 人力资源条件评估

人力资源包括项目所需的各类工作人员，如工人、技术人员和管理人员等。人力资源的数量与质量会对知识密集型项目和劳动密集型项目形成制约。一个项目拥有的工程技术人员和经营管理人员的数量、素质、经验，是构成企业技术能力的重要因素，是决定其创新能力的基础。人力资源条件评估需要首先审查分析项目所需各类人员的数量、素质和技能；其次审查分析项目所需各类人员的来源是否有保证，对未达到要求的人员的培训手段是否落实；最后审查分析各类人力资源的成本。

5.2.7 外部协作和同步建设条件评估

1）外部协作条件评估

外部协作（external cooperation）条件是指与项目的建设和生产具有密切联系、互相制约的协作企业的条件。协作企业可能是为项目生产提供零部件、半成品、包装物的上游企业，或项目为其提供产品的下游企业等。

一方面，要分析上游协作企业对项目所需零部件、半成品、包装物的供应能力、规格型号、交货期和运输条件，协作企业的地址和技术力量对项目生产建设的保证程度，以及协作企业提供货物的质量、价格、运输费用对项目产品质量和成本的影响；另一方面，要分析项目产品对下游企业的配套问题，确保产品需求稳定。

2）同步建设条件评估

同步建设（synchronous construction）条件是指项目建设、生产需要、交通运输等方面的配套建设。特别是大型项目，更应考虑配套项目的同步建设和所需的相关投资。

同步建设条件评估主要分析评价项目的上、下游企业内部配套项目，以及建设进度、生产技术和生产能力、时间和技术上的同步性问题；保证相关项目的建设在时间安排上衔接，即同时建成投产，同时发挥作用；项目的投入和产出与上、下游企业技术水平相适应，能充分发挥作用，产生综合经济效益；相关项目之间的生产能力能够相互适应。

5.2.8 项目建设条件评估

项目建设条件评估是根据不同行业项目建设的特点，重点分析项目建设前的各项建设条件，如建设资金、建设场地、设计能力、设备制造和供应、施工力量等。此外，还要关注外界供应商的生产条件是否具备和落实，以确定项目实施的可行性。项目建设条件评估主要分析评价的内容包括：

1）建设资金条件评估

建设资金的落实到位是建设项目得以顺利实施和取得预期投资效果的重要前提条件，因此，在项目建设前必须对建设项目的资金条件进行认真分析。其主要内容有：

（1）项目的资金需求预测。认真核算项目建设总投资，按国家有关规定测算，不留缺口，并按照合理的建设进度和资金来源制订年度投资使用计划。项目资金需求预测要从筹措资金和合理调度资金的角度来考虑，而且一定要反映资金的支出时间。

（2）资金来源的正当性和可靠性分析。根据不同资金的筹集方式，分析筹资条件和筹资成本，评价资金的来源是否符合国家政策规定，资金数量能否满足建设项目需要。对各种方式筹集的资金都要加以分析，以保证资金能够及时足额投入项目建设。

（3）资金来源的使用条件及使用可能性分析。如果该项目使用外汇或者国际融资，那么尤其要注意其使用条件和使用可能性，注意分析国际市场上物资价格和外汇汇率的变化，以保证外汇物资的顺利采购，同时防范筹集外资的风险。

2）建设场地条件评估

建设场地条件评估就是对项目建设地址的自然条件、建设用地条件，以及建设场地的供水、供电等施工保证条件进行分析，以判断项目建设的可行性。

（1）项目所在地（建设地址）的自然条件分析，即分析项目所在地（建设地址）的地形、地貌、工程地质和水文地质等自然条件在项目实施过程中可能给施工总平面布置、建筑材料、施工机械和施工条件等方面带来的影响，尤其是地下水位和土壤耐压力可能给基础工程和地下深部施工带来的不利影响。

（2）建设用地的可行性分析。目的是在节约使用土地资源的前提下，采取合理措施，有计划、分阶段地征用施工占地。对于需要大量占用施工用地的项目，应做出建设用地的估算，分析施工占用土地的可能性和经济合理性。

（3）施工保证条件分析。这是对施工阶段供水、供电、交通运输等方面的可靠性进行分析，分析其对施工生产的保证程度，以便减少各种运输费用，降低产品成本，避免因供应中断影响施工质量和施工进度所造成的严重损失。

3）设计能力条件评估

工程项目设计质量是保证项目顺利建设和生产的重要条件，应根据项目的性质、特征、建设规模和技术设计的难易程度来分析项目设计单位的技术方案和技术装备等状况，以达到项目总体设计方案合理、初步设计和施工图设计满足施工要求等目的，最终使项目总体设计符合质量安全可靠、技术先进适用和经济合理的要求。

4）设备制造和供应条件评估

工艺设备制造技术（尤其是大型特殊设备制造技术）的质量是直接影响企业产品质量和生产经营效益的关键因素。在项目评估阶段，要对这类设备的制造技术进行可行性分析，以保证设备质量，确保能在项目实施阶段按时进行设备安装，顺利进行设备的联动负荷试车，这样才能保证项目投产后的产品生产安全可靠，产品质量和成本符合设计要求。

5）施工力量评估

施工队伍素质的高低对项目建设质量、建设进度和工程成本有着重要影响。在项目实施前必须对施工队伍的技术力量、管理水平、专业文化程度、人员素质和施工技术装备水平进行调查和分析，对劳动力来源、招聘条件和培训设施等因素进行分析和评价，还要对某些特大型或技术难度大的工程施工技术方案进行必要的可行性分析，组织力量攻关，防止产生不必要的损失和浪费。

5.2.9 项目建设环境保护条件评估

项目建设环境保护（project construction environmental protection）条件评估是建设条件评估的重要内容，主要是审查项目在生产建设过程中排放污染物或者造成新的污染源的可能性、对环境造成的影响、采取的相应措施及其是否符合环境保护标准，以确保项目在生产建设过程中对环境的影响最低。评估内容主要包括：

1）项目环境污染的可能性评估

投资项目在给社会带来效益的同时，也可能带来一定程度的自然环境污染和社会环境污染。自然环境污染主要是指社会生产活动对空气、土壤、河流和森林等方面的破坏；社会环境污染主要是指城市膨胀、交通拥挤、垃圾堆积等。

投资项目可能造成环境污染的因素主要包括以下两个方面：

（1）项目生产造成的环境污染。这方面的污染物主要包括废水、废气、废渣、粉尘、噪声、振动、辐射等，其中又以废水、废气、废渣这三种污染物最为常见且污染最大。

①废水是工业生产过程中的液态排放物。造纸厂、化工厂、电子工业企业等排放的废水，都含有一种或多种对人体或其他生物有害的物质；有些工业企业排放的废水，即使是无毒的，也会影响环境卫生。

②废气是工业生产过程中释放的硫的氧化物、氮的氧化物、烃类、一氧化碳和颗粒粉尘等气态排放物，对大气造成污染，从而影响人类活动和动植物正常生长。尽管大气环境本身有净化能力，但当排放的气体污染物的数量和浓度超过大气的净化能力时，就会对人类和生物构成危害。

③废渣包括矿山的废弃开采物、冶炼厂的炉渣、火电厂的粉煤灰、核工业的放射性废料以及各种工业生产的垃圾废料等。废渣的大量排放除了直接影响本地区人们的生活环境外，有些废渣污染物随河流、雨水冲刷渗入土壤，还会造成更大范围的污染。

（2）项目投产后所用能源导致的污染。这方面的污染物主要包括煤、石油、天然气等燃烧产生的硫的氧化物、氮的氧化物、一氧化碳和颗粒粉尘等。这些污染物除了危害人类呼吸系统外，还以酸雨的形式返回地面，影响生物生长，污染江河水体和土壤。

2）项目环境保护评估

《中华人民共和国环境保护法》规定：“编制有关开发利用规划，建设对环境有影响的项目，应当依法进行环境影响评价。未依法进行环境影响评价的开发利用规划，不得组织实施；未依法进行环境影响评价的建设项目，不得开工建设。”根据这一规定，所有会造成环境污染的项目都必须制定相应的环境保护措施。

项目环境保护评估主要包括以下四个方面：

（1）环境影响报告书审查。①审查在可行性研究阶段是否全面分析了项目建设对周围环境产生的影响，提出了环境影响报告书；②审查环境影响报告书是否经过环保部门批准；③审查环境影响报告书中是否提出了具体的治理对策，特别是对生产过程中产生的污染源是否提出了科学可靠的控制方案。

（2）治理方案审查。①审查投资项目污染治理技术是否科学可靠。对技术上没能解决污染问题的项目，则应建议采用其他生产工艺以避免污染环境。②审查设计任务书中的治理措施是否合理可靠。检查项目造成的环境污染经治理后能否达到国家颁布的有关标准，能否保证环境的质量。

（3）总投资和总设计审查。①审查总投资和总设计是否包括了环保工程的有关投资列项，来源有无保证；②审查环保资金的使用安排是否合理，是否做到保证污染治理工程与项目主体工程同时进行，并确保同时建成，同时投入使用。

（4）环境保护的经济性分析。①分析治理环境取得的成效与付出的代价；②通过分析治理环境与不治理环境造成的损失差异之间的关系，分析环保资金使用的经济性。

3）安全防护条件评估

建设项目必须依据劳动部门和消防部门的有关法规及规范，制定必要的劳动安全和生产安全防护方案。安全防护的目的是控制项目的内部环境污染。安全防护条件评估主要审查投资项目在生产建设过程中有关防爆、防火、防腐、防震和防放射性污染是否得到落实和保证。

（1）防爆。对项目生产建设中容易产生可燃性气体或液体的工序应设置仪器仪表控制系统，对在爆炸极限前及时预报警控制系统的安装进行审查，分析项目是否采取安全措施。

（2）防火。按照安全防火的规定和规范，分析项目的耐火等级、防火间距和防火距离是否达到有关要求。

（3）防腐。审查项目是否按有关规定采取措施进行防腐，以提高项目的使用寿命。

（4）防震。投资项目一般不应在9级以上地震强度区建设，对在地震区建设的项目应采取抗震措施，保证建筑物在7～9级地震时不发生倒塌。

（5）防放射性污染。对于有放射性污染的项目，应审查项目是否采取防护措施，如设置防护门、防护屏等，以避免或减少放射性污染对人体和环境的危害。

5.2.10 职业安全卫生健康与消防条件评估

职业安全卫生健康与消防条件评估是在已确定的技术方案和工程方案的基础上，分析在项目建设和生产过程中存在的对劳动者和财产可能产生影响的不安全因素（如工伤和职业病、火灾隐患等），并提出相应的防范措施。

1）职业安全卫生健康评估

为加强安全生产监督管理，防止和减少安全生产事故，保障人民生命财产安全，促进经济发展，国家相继出台了《中华人民共和国安全生产法》《危险化学品安全管理条例》《建设项目（工程）劳动安全卫生监察规定》《职业安全健康管理体系指导意见》《职业安全健康管理体系审核规范》等一系列相关法规，这些法规为项目职业安全卫生健康方案设计提供了政策依据。评估内容主要包括：

（1）危害因素和危害程度分析。分析在生产或作业过程中可能对劳动者身体健康和生产安全产生危害的物品、部位、场所以及危害范围和程度，主要包括五个方面：

①建设项目的重大危险源分析。按照《危险化学品重大危险源辨识》（GB 18218—2018）的规定，确定拟建项目的重大危险源。

②有毒有害物品的危害分析。分析生产和使用带有危害性的原料、材料和产品，包括爆炸品类，易燃、易爆、有毒气体类，易燃液体类，易燃固体类，氧化剂和过氧化物类，毒害品类，腐蚀品类，辐射物质类，以及工业粉尘类等。分析有毒有害物品的物理化学性质、引起火灾爆炸危险的条件、对人体健康的危害程度以及造成职业病的可能性。

③危险性作业的危害分析。分析高空、高温、高压作业，井下作业，以及辐射、振动、噪声等危险场所作业可能对人体造成的危害。

④生产过程中危害因素较大的设备种类、型号、数量、分布点及危害程度分析。

⑤可能受到职业危害的人数及危害程度分析。要求危害分析到人，并且要量化，以评价可接受程度。

（2）安全生产保障措施。针对不同危害和危险性因素的场所、范围以及危害程度，研究并提出相应的安全生产保障措施方案，主要包括：选择先进、经济、节能、高效的安全技术、材料、工艺和设备，保证生产过程的本质安全，从源头上消除事故隐患；对重大危险源进行有效监督，使重大事故隐患得到有效治理；建立企业安全生产监督体系，创新安全生产监督方式和手段，提高安全生产监督执法装备水平和执法水平；建立健全本企业安全生产应急救援体系；建立安全生产责任制，健全安全生产规章和操作规程；新建、改建、扩建危险化学品生产、储存装置和设施，伴有危险化学品生产的化学品生产装置和设施的建设项目，应当按照《危险化学品建设项目安全许可实施办法》（国家安全生产监督管理总局令第8号）在可行性研究阶段进行建设项目设立（审核、核准、备案）前的安全审查，并获得建设项目安全许可实施部门通过安全审查的文件；建设项目安全设施应坚持“三同时”制度，即新建、改建、扩建工程的劳动安全卫生设施必须与主体工程同时设计、同时施工、同时投入生产和使用。

（3）职业卫生健康对策与措施。针对影响职业卫生健康的不同职业环境，研究并提出相应的对策措施方案，主要包括：建设项目应具备符合国家职业卫生要求的工作场所；建立和完善职业卫生监督检查机制，配备必要的专业监督与检查装备；研究、开发、推广先进的职业危害控制技术，采用职业安全健康管理体系等先进的管理方法，促进企业职业卫生状况的改善；落实有关规章制度和职业危害防治与整改措施；加强从业人员的劳动保护，有效防止职业危害；强化对粉尘、毒物、放射性物质、腐蚀性物质等监测工作的监察；对建设项目可能产生的职业病危害因素及其对工作场所和劳动者健康的影响做出评价，确定危害类别和职业病预防措施；建设项目的职业病预防措施应坚持“三同时”制度，即建设项目的职业病防护设施所需要费用应当纳入建设项目工程预算，并与主体工程同时设计、同时施工、同时投入生产和使用。

2）消防条件评估

消防条件评估主要是分析项目在生产运营过程中可能存在的火灾隐患和重点消防部位。根据消防安全规范确定消防等级，并结合当地的消防设施情况，提出消防监控报警系统和消防设施配置方案。

（1）火灾危险性分析。分析生产过程中使用的原材料、中间产品、成品的火灾危险性，包括储存物品的火灾危险性，生产过程中易燃、易爆产生的部位和火灾危险性，运输过程中的火灾危险性等。

（2）消防设施布局分析，主要包括三个方面：①调查项目选址周边公安消防机构的级别、规模、装备、人员编制、位置和责任区范围，以及所在地公安消防队与厂址的距离及通行条件，以确定项目对公安消防机构的依托程度。②调查周边工矿企业消防站分布状况，包括消防站位置及所属企业，消防站类别、规模、装备、人员编制，与厂址的距离及通行条件，达成消防协作的可能性及要求条件，以确定项目对社会消防机构的依托程度。③依托企业的消防状况。对于改扩建项目，要了解依托企业的消防设施状况，包括生产设施的火灾危险性类别、消防装备及性能、灭火介质、消防防护范围等，以确定项目对依托企业消防设施的依托程度。

（3）消防措施和设施。根据项目在生产运营过程中存在的火灾隐患部位、火灾危险类别以及可能波及的范围，确定应采用的消防等级，并结合项目周围消防设施状况，提出消防监控报警系统和消防设施配置方案。消防措施和设施包括消防安全布局、消防供水系统、消防供电系统、火灾报警系统、消防道路系统、消防设施及装备，以及消防监督管理方面的措施等。

本章小结

•本章主要介绍了项目选址评估和生产建设条件评估两部分内容。项目选址评估主要从项目选址的原则入手介绍了科学性、经济性、全面性和环保性四个原则，分析了项目选址的影响因素，包括自然因素、经济因素、政治因素、社会因素和环境因素五个方面，并从项目选址的区域位置、地形和地貌、给水排水、工程地质与水文地质、气象等方面阐述了项目选址的基本要求。

•在项目选址的方法上，重点介绍了多方案比较法、评分优选法、最小运输费用法三种常用的选址方法，并对建设项目地质灾害危险性评估作了分析。

•生产建设条件评估是对项目实施的可能性和投产后顺利开展生产经营的可能性进行的分析评价工作，主要包括资源条件、原材料供应条件、燃料及动力供应条件、交通运输条件、通信条件、人力资源条件、外部协作和同步建设条件、项目建设条件、项目建设环境保护条件、职业安全卫生健康与消防条件评估等内容。

•原材料供应条件评估主要包括建设项目主要或关键性的原材料的供应数量、供应质量、供应价格、运输方式、存储设施条件和国产化可能性评估。

•燃料及动力供应条件评估主要包括燃料供应条件、供水条件、供电条件及其他动力供应条件评估。

•交通运输条件评估，可以从厂内运输条件和厂外运输条件两个方面分析评价运输成本、运输方式的经济合理性、运输中各个环节的衔接性及运输能力等。

•通信条件包括电信系统、网络系统和邮电系统。通信条件评估应重点分析项目所在地的通信能否保证项目与外界信息的正常交流。

•人力资源条件评估重在分析项目所需的各类工作人员，如工人、技术人员和管理人员对项目的保证性。

•外部协作条件评估重在分析与项目的建设和生产具有密切联系、互相制约的协作企业的条件；同步建设条件评估重在分析项目建设、生产需要、交通运输等方面的配套建设。

•项目建设条件评估主要分析建设资金、建设场地、设计能力、设备制造和供应、施工力量等方面条件的可行性程度。

•项目建设环境保护条件评估主要审查项目在生产建设过程中排放污染物或者造成新的污染源的可能性、对环境造成的影响、采取的相应措施及其是否符合环境保护标准。

•职业安全卫生健康及消防条件评估主要分析在项目建设和生产过程中存在的对劳动者和财产可能产生影响的不安全因素（如工伤和职业病、火灾隐患等），并提出相应的防范措施。

关键概念

选址　多方案比较法　评分优选法　最小运输费用法　生产建设条件　自然资源　原材料　外部协作　同步建设　环境保护

章后练习

一、填空题

1. 项目的运输条件分为（ ）和（ ）两个方面。

2. 项目生产造成的环境污染中最为常见和污染最大的三种污染物是（ ）、（ ）和（ ）。

3. 投资项目一般不应在（ ）级以上地震强度区建设，对在地震区建设的项目，应采取抗震措施，保证建筑物在（ ）级地震时不发生倒塌。

二、选择题

1. 下列各项中，项目选址的原则不包括（ ）。

A. 科学性　B. 经济性　C. 全面性　D. 风水性

2. 资源条件评估的原则有（ ）。

A. 环境保护原则　B. 综合利用原则　C. 经济开发原则　D. 可持续利用原则

3. 通过对项目不同选址方案的投资和费用的对比分析来做出选址决策的项目选址方法是（ ）。

A. 多方案比较法　B. 评分优选法　C. 最小运输费用法　D. 盈亏平衡法

4. 安全防护条件评估主要审查投资项目的（ ）。

A. 防爆　B. 防火　C. 防震

D. 防腐　E. 防放射性污染

三、判断题

1. 项目选址时不需要考虑环境的保护。（ ）

2. 建设地区选择通常与投资环境分析相结合。（ ）

3. 生产建设条件评估时要考虑项目所需要的资源条件。（ ）

4. 建设条件评估需要分析与项目有关的配套建设的同步性。（ ）

5. 评分优选法是一种定量问题定性分析的方法。（ ）

四、计算分析题

1. 已知甲、乙两个选址方案：甲方案投资800万元，年经营费用为100万元；乙方案投资1 000万元，年经营费用为140万元。该行业的基准投资回收期P_c为7年。试确定较优的选址方案。

2. 请自行调查设计一个项目厂址选择多方案（至少两个）数据资料，采用评分优选法做出最佳选址方案的决策。

部分练习参考答案

台湾海峡铁路轮渡码头选址

第 6 章　技术方案评估

主要知识点

技术与技术方案评估；项目技术评估的基本原则、基本程序和影响因素；生产工艺方案评估的必要性、内容和方法；设备选型的要求和原则；设备选型方案评估的要点和方法；工程设计方案评估；总平面设计方案评估；建筑物空间平面设计评估；建筑物结构方案设计评估；主要建筑物的工程建造方案评估。

6.1 技术方案评估概述

6.1.1 技术与技术方案评估

技术是由系统的科学知识、成熟的实践经验和操作技艺综合在一起而形成的一种从事生产的专门学问和手段，具体包括三个方面的内容：①为了达成某种目的的科学知识和技能；②为实现一定目标所选择的工艺技术方法；③为落实工艺技术方法而采用的物质手段。若按其表现形式，技术可分为有形技术（如工艺图纸、厂房设备等）和无形技术（如人的知识、经验、技能等）。

技术方案评估（technical scheme evaluation）是一种技术政策研究，旨在系统地考察一种技术的引入、扩散所产生的社会影响，尤其是那些非预期的、间接的、滞后的负效果。技术方案评估的目的是为项目的技术设计、设备方案等打下基础。每个投资项目的经济效益和社会效益都是在既定的项目设计、工艺、设备方案等前提下取得的。因此，只有在技术上被认为是可行的投资项目，才有必要进一步进行财务评价和国民经济评价。

6.1.2 项目技术评估的基本原则

1）先进适用性原则

这一原则要求项目所采用的工艺技术和设备既能在技术领域中居领先地位，又能适应生产要素的现有条件，符合国情、国力和国家技术经济发展政策。从理论上说，项目采用的工艺和设备越先进越好，但世界上最先进的技术往往因对原材料的要求过高、国内设备不配套或技术不容易掌握等原因而不符合我国的实际需要，因此，一方面应积极推广和使用先进技术，追踪世界高新技术的发展，另一方面要考虑技术的适用性，使其符合我国的实际情况。

先进技术是通过各种技术经济指标来体现的。不同行业有不同的特点，评价技术水平的指标也不尽相同，如炼铁行业的“高炉利用系数”、石油化工行业的“原油综合利用率”、机械行业的“机械转速”“单位产品耗电量”等。

适用技术与先进技术并不是对立的，适用技术包括先进技术、中等水平的中间技术和较低水平的改良技术。如果一个建设项目根据本国和自身的条件，采用国际上先进的技术，取得了较好的经济效益，那么这种技术既是先进技术，又是适用技术。适用技术应符合以下基本条件：①有利于综合利用本国本地的资源，提高原材料、能源利用率；②能与本国本地的技术水平相适应，并能充分发挥原有技术装备和技术力量的作用；③在实施中可行，能取得较好的经济效益，并有利于环境保护。

坚持先进适用性原则，既要克服片面追求高新技术的倾向，又要防止以选用适用技术为由而降低对技术先进性的要求，进而影响技术现代化进程。

2）经济合理性原则

经济合理性（economic rationality）原则要求合理地协调技术和经济、功能和成本之间的关系，以最低的耗费获得最大的经济效益。技术与经济的关系是互相促进、互相依存、互相制约的。一般情况下，要取得较好的经济效益，应采用先进的技术方案，但技术先进不一定就是经济合理，因此应采用能取得较好经济效益的先进技术。

为了保证技术方案的经济合理性，技术方案本身应具有合理性，主要体现在：①设备规模或容量、产品及生产规模合理；②工艺流程合理；③衔接配套合理；④专业化协作程度高等。贯彻经济合理性原则，既要防止单纯追求技术先进性而忽视经济合理性，又要避免为一时的节约而违背技术科学规律。

3）安全可靠性原则

安全可靠性（security and reliability）原则要求项目的工艺技术方案是成熟可靠的、能在实践中发挥预期效益的，同时要求从劳动保护和环境保护的角度出发，最大限度地保证项目的技术方案不会对工作人员的身心和周围环境造成危害。

技术上产生不安全的原因大致有两个：①技术方案本身存在缺陷；②技术使用不当或没有事先考虑防范措施而贸然使用。如果工艺不可靠、技术不过关，将会给建设和生产留下隐患，甚至造成重大的浪费和损失。因此，各种新技术、新工艺必须经过试验阶段，有的还要经过中间试验，证明其确实成熟可靠，在获得有关部门的科学鉴定后，方可在工业生产中推广。

6.1.3 项目技术评估的基本程序

1）收集和整理资料

在开展项目技术评估时，首先按照技术分析的要求，有计划、有组织地收集资料，然后进行归纳、加工和整理，使之系统化、条理化、科学化。收集资料时要注意了解资料的来源和可靠程度，判断资料的真实性和正确性，对资料中发现的问题和疑点，须进一步调查核实，必要时可与类似项目的资料进行比较，以便在分析判断时做出必要的修正。

一般情况下，需要收集的资料主要包括：①基本技术资料，包括工艺方案、工艺流程、工艺说明书、设备说明书、引进技术设备的报价单等；②其他技术方案资料，即生产同种产品的其他各种技术方案的有关资料；③可行性研究报告的有关资料，包括技术论证资料、财务经济评价资料等；④有关技术发展趋势的资料，如国内外与项目有关的新技术、新工艺、新设备、新材料的资料，以避免采用将要淘汰的技术。

2）确定技术分析的重点

投资项目所涉及的技术问题十分丰富。由于种种原因，评估人员不可能也没有必要对全部技术问题逐项进行分析，因此需要明确技术问题的层次，以便明确技术分析的重点。

按技术影响的范围和作用，可将技术问题划分为三个层次：第一个层次是对整个国家、地区、行业有影响的技术问题。这类技术问题涉及面广、影响大、关系项目全局，应首先予以明确，如对技术政策、环境、生态有影响或对原材料、能源动力有影响的技术问题。第二个层次是对项目本身有决定性作用的内在技术问题。这类技术问题是项目的关键，也是技术分析的重点，如工艺及流程方案、主要工艺环节（工序）、主要设备及关键性零配件等。第三个层次是一般性的技术问题。这类技术问题对项目的总体影响不大，可以不作详细分析。

3）进行技术分析

根据获得的文件资料，按项目评估的内容对项目进行全面的技术经济论证。

6.1.4 项目技术评估的影响因素

任何一个社会经济系统选择任何一种技术都要受到下列共性因素的制约，这些因素也是我们在对项目拟选技术进行评价时应考虑的主要因素。

1）需求因素

企业开发引进某项技术，一是为了满足社会对某种产品（或服务）的需要，二是为了取得明显的经济效益。一般情况下，技术进步有两种模式：一种是由市场需求引起的技术进步，称为市场吸引模式；另一种是由追求科学技术的可能性引起的技术进步，称为技术推进模式。

市场需求是技术开发与选用的重要制约因素之一。市场需求从以下两个方面影响技术选择与评价：①市场需求决定项目生产的产品、规格、质量以及生产规模、生产类型，进而要求项目选用相应的生产工艺和生产设备；②市场需求结构因社会经济的发展而变化。企业为适应市场动态的发展和需求结构的变化，必须调整技术结构，促进技术发展，以保持市场竞争地位。

2）资源因素

资源对技术评估的影响主要是指资金、人力、能源、原料、机械设备以及其他生产资料的利用形成的制约。具体而言，资金短缺会对资金密集型技术形成制约；人力素质与数量会对知识密集型技术形成制约；能源的利用会对高耗能技术形成制约；原料质量会对加工技术形成制约；机器设备及其他生产资料的使用会对技术选择形成制约。这些制约的程度取决于项目所形成的技术水平、生产能力以及进口的可能性。

3）经济技术环境因素

经济技术环境（economic and technological environment）是指能使技术发挥效益的经济技术条件，包括基础设施、技术能力等。基础设施是为生产提供一般性共同条件的设施。直接为项目生产系统运行提供条件的有运输、通信、动力、供水、供气等设施以及厂房、仓库等；间接为项目生产系统服务的有住宅、食堂、医院、学校、商店、公园等公用福利设施和生活服务设施。具备必要的基础设施是项目顺利建设并充分发挥效益的必要条件。技术能力是指对某一生产领域有关的各种知识的理解与掌握程度，也是技术选择应考虑的重要因素。

4）社会分工环境因素

社会分工环境（social division of labor environment）是指生产社会化程度。随着社会发展和技术进步，社会化程度越来越高。生产专业化是生产社会化的重要形式，而专业化水平在很大程度上影响技术的选择。这是由于专业化生产水平决定了采用什么样的生产组织方式，而按不同生产组织方式构成的生产系统所选用的技术和装备也不完全相同。通常来说，专业化水平越高，生产组织方式就越先进合理，而先进合理的生产组织方式往往是高效先进的技术得以选用的重要条件。

5）自然生态环境因素

任何技术的采用都不应当对当地的自然生态环境（natural ecological environment）构成危害，影响人类生活、劳动和自然生物的生存。生态环境是经济发展的前提和基础，如果项目建设和未来生产对生态环境造成严重的破坏，生态环境的承载力就会下降，而生态环境的恶化反过来又会影响当地居民自身的生存和发展。因此，以牺牲环境为代价换取经济发展是不可取的。

6.2 生产工艺方案评估

6.2.1 生产工艺方案评估的必要性

生产工艺是生产产品所采用的工艺流程和制作方法，是设计工作的核心技术内容。采用什么样的工艺，关系到确定什么样的生产设备等问题。所以，生产工艺方案的确定不仅涉及项目投资的多少、项目工期的长短，而且对未来产品的产量和质量、成本和费用、经济效益和社会效益都会产生直接影响。再者，生产工艺是根据项目生产的特点、生产性质和功能来确定的，不同产业部门的生产工艺过程各不相同、各有特色，不同的工程设施也各有不同的工艺要求，由此可见，项目生产工艺方案评估的目的是确定生产全过程技术方法的可行性。因而，做好项目生产工艺方案的评估工作对于项目评估具有重要意义。

6.2.2 生产工艺方案评估的内容

1）工艺可靠性的分析评估

工艺可靠性（process reliability）是指所选的工艺必须是成熟的，在实践中能发挥预期效益。可靠性是工艺选择的前提。项目的工艺不可靠，企业的生产经营活动就无法正常进行，甚至会造成重大的浪费和损失。新工艺要进入生产领域，必须经过试验阶段，只有在解决了各种技术问题并经有关部门鉴定之后，才能进入生产阶段。对于危害性较大但又必须采用的先进工艺，必须有可靠的防范措施，确保生产者的人身安全和环境不受污染。为了保证可靠性，还应分析该工艺在国外有无成功的先例，在国内是不是第一次使用，有无使用经验，可能会遇到什么风险和困难，以及利弊大小等，进而确定能否采用。

2）工艺流程合理性的分析评估

工艺流程合理性（process rationality）是指工艺过程要符合加工制造规律，使产品在生产过程中行程短、时间省、质量高、耗费小。为此，应使工艺流程符合以下要求：

（1）生产过程的连续性。连续性是指产品在生产过程中各阶段、各工序之间的流动，在时间上是衔接的和连续的。保持和提高生产过程的连续性，可以缩短产品的生产周期，加速资金周转，提高产品质量，提高生产效率，提高设备和设施的利用率。连续性与生产工艺和生产组织的水平有关。比如，提高机械化、自动化水平，采用先进的流水线，就有可能提高生产过程的连续性。

（2）生产过程的协调性。协调性是指生产过程中各阶段、各工序之间在生产能力上应有符合产品生产要求的比例关系。也就是说，各工序配备的工人数量及专业技能水平，配置的设备数量及精度、效率，应与产品加工的技术要求和劳动量大小互相协调。保持生产过程的协调性，是顺利开展生产和提高经济效益的保证。要保持协调性，必须正确配备专业技术人员和合适的设备。

（3）生产过程的适应性。适应性是指生产过程能够适应市场需求多变的特点。市场需求的不断变化，要求产品在品种、功能等方面与之相适应。因此，工艺技术也需要具有一定的灵活性，以便在市场需求变化时能及时调整或改变制造方法和工艺流程。比如，大批量生产应按对象专业化原则进行工艺布置，这样自动化程度更高；中小批量生产应按工艺专业化原则进行工艺布置，这样适应程度更高。

【自测题】工艺流程合理性的分析评估主要考虑工艺的（　　）。[①]

A.连续性　　B.协调性

C.适应性　　D.反馈性

3）工艺适用性（process applicability）的分析评估

（1）原材料、燃料、加工对象的适用性。这是指采用的工艺应与原材料、燃料、加工对象相适应。不同的生产工艺，往往要求不同质量的原材料，因此，应分析生产工艺对原材料的型号、规格、成分等技术指标的要求。若已确定原材料，则应分析生产工艺能否满足原材料的要求，同时还应考虑原材料的供应来源和供应量能否保证生产需要。

（2）对产品质量的保证程度。产品质量主要是由工艺所决定的。随着生产和技术的发展，市场对产品质量的要求越来越高，项目采用的工艺必须满足产品质量的要求，使产品在性能、稳定性、耐用性、安全性、经济性等方面满足市场需求。

（3）综合利用和节约能源。产品生产要消耗一定的原材料、能源、劳动力等资源。节约资源和充分利用资源是选择工艺的重要原则，不同的工艺方案其资源消耗量是不同的。比如，无切削加工工艺较切削加工工艺能节约大量材料；采用自动化生产工艺可节约劳动力；炼钢过程中采用连铸连轧工艺可大量节约能源和劳动力。综合利用也是节约资源的有效方法，对资源的多层次利用和合理利用等也可以提高综合效益。

（4）工艺对实施条件的要求。一定的工艺方案对实施条件有一定的要求。有些行业对工艺实施条件有特殊要求，如某些产品的生产需要净化、恒温、防火等条件，因此在项目评估时必须检查其实施条件是否能够满足工艺的具体要求，是否采取了必要措施。

---

① 【答案】ABC。

4）工艺经济性的分析评估

项目生产工艺方案的经济性主要表现在产品制造成本上。降低产品成本、提高经济效益是投资建设的主要目的。在评价生产工艺的经济性时，要对各种工艺方案的年产品制造成本进行比较，选取年产品制造成本最低的方案。若只有一个方案，则可与同类项目的先进水平进行比较，以评价其经济性。因此，技术评估必须注意对产品制造成本的分析。

6.2.3 生产工艺方案评估的方法

生产工艺方案评估是在满足项目经营条件的前提下，选择能够达到项目设计要求且工艺成本最低的方案。生产工艺评估的方法很多，可以从技术的功能方面进行分析，也可以从技术的经济方面进行分析。这里仅介绍经济分析中通常采用的工艺成本法。

1）工艺成本法的步骤

第一步，确定工艺成本。通常把工艺成本划分为两类：有些费用与产量增减呈正比例变化，称为变动费用，如人工费、主要原材料费用；而有些费用与产量增减无直接关系，称为固定费用，如折旧费、管理费等。

第二步，画出不同工艺方案的费用与产量关系的坐标图。

第三步，对不同工艺方案进行经济分析、评价和选择。

2）不同生产工艺方案下工艺成本法的运用

(1) 项目规模一定且固定费用相同的工艺方案的选择。

设Q为产品年产量（即项目规模），F为工艺成本中的固定费用，V为单位产品变动费用，C为产品年工艺成本。现有工艺方案Ⅰ和方案Ⅱ，V_1和V_2分别是它们的单位变动费用，且$V_1>V_2$。若项目规模一定且固定费用相等，则有式（6.1）和式（6.2）：

$$C_1=V_1\cdot Q+F \tag{6.1}$$

$$C_2=V_2\cdot Q+F \tag{6.2}$$

由于$V_1>V_2$，故$C_1>C_2$，因此应选择工艺成本低的方案Ⅱ。

(2) 固定费用不同的工艺方案的选择。

仍沿用上例资料。假设$F_1<F_2$，其他条件相同，则两种工艺方案如图6-1所示。

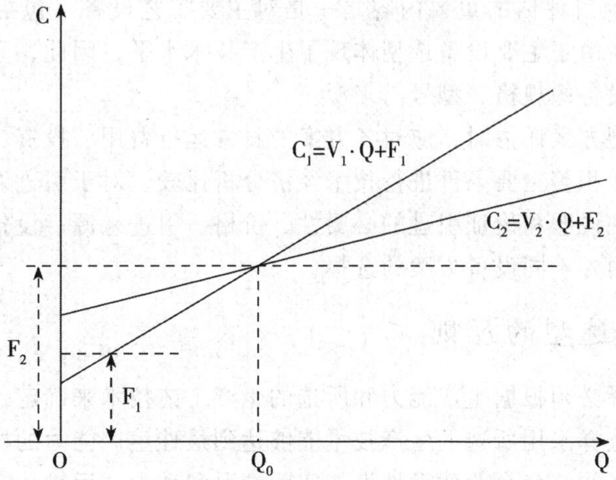

图6-1 固定费用不同时的工艺方案选择

具体有以下三种情况：

①当$Q=Q_0$时，$C_1=C_2$，这时两个方案的工艺成本相等，可根据具体情况，任意选择。

②当$Q<Q_0$时，$C_1<C_2$，此时选择方案Ⅰ较为经济。

③当$Q>Q_0$时，$C_1>C_2$，此时选择方案Ⅱ较为经济。

（3）增加投资的工艺方案的选择。

如果工艺方案需要增加投资，则应通过计算追加投资回收期来进行方案比较。

假设I_1、I_2为方案Ⅰ和方案Ⅱ的投资额，且$I_1>I_2$，C_1、C_2为两种方案的工艺成本，且$C_2>C_1$，则追加投资回收期P的计算公式见式（6.3）。

$$P=\frac{I_1-I_2}{C_2-C_1} \tag{6.3}$$

追加投资回收期指标表明，方案Ⅰ比方案Ⅱ追加的投资额，需要经过多少年能用方案Ⅰ比方案Ⅱ节约的成本额将其收回。追加投资回收期若低于本行业的基准投资回收期或平均投资回收期，那么追加投资是合理的；反之，追加投资是不合理的，应选择投资小的方案。

6.3 设备选型方案评估

6.3.1 设备选型的要求

在生产工艺流程和选用技术确定后，就要根据工厂生产规模和工艺流程的要求选择设备的型号和数量。设备选择与技术选择密切相关，没有先进的技术，就生产不出先进的设备，没有先进的设备，就体现不了先进的技术，二者相互依存、紧密相连、缺一不可。因此，在进行设备选型（type selection of equipment）时，必须将其与工艺技术的选择联系起来考虑，满足工艺技术对设备和机械的要求，且应在工厂的生产能力和选定的生产工艺技术的基础上加以验证。设备选型的重点是选择为所选的生产工艺技术和达到既定的生产能力所需要的、最佳的、高效能的设备和机械类型。

可行性研究和项目评估的重要内容之一是对主要工艺设备（包括专用设备和通用设备）进行分析评估。由于主要设备选型体现了生产技术水平，因此，只有在进行多方案比选后才能确定主要设备的规格、型号与来源。

在进行设备选型方案评估时，应对各方案的日常运行费用、投资、各种消耗、产出物质量、价格、占地面积等主要条件进行技术经济分析比较。对于引进设备，更需要进行全面的调查分析，详细说明和论证引进的必要性、价格、引进来源、设备引进的经过、型号选择的理由以及国内外不同设备方案的选择。

6.3.2 设备选型的原则

（1）设备的选择必须根据生产能力和所选的生产工艺技术来确定，即根据生产规模和工艺过程的要求，选择采用所选的生产技术能够达到最佳生产能力的机械组合。

（2）设备的选择要结合企业建设地点的实际情况和动力、运输、资源等具体条件。

（3）设备的选择应立足于国内，但也不排除引进国外的先进设备和机械。当必须从国外引进设备时，应注意引进设备之间及引进设备与国产设备之间的协作配套问题。

（4）无论采用国内设备，还是引进国外设备，都要求在技术先进、安全、可靠的前提下，尽量将设备引进费用控制在最低限度。

（5）设备选型应注意标准化、通用化和系列化，以便维修、更新或替换。

6.3.3 设备选型方案评估的要点

设备评估工作是要通过设备选型与合理配置，使项目所选择的技术达到先进适用、经济合理和安全可靠的目标。在评估中应掌握以下要点：

1）选择的设备必须与生产工艺和生产能力相适应

工艺的选择决定设备的选择，设备的数量和性能必须满足工艺方案的要求，这是选择设备最基本的条件。

项目设计生产能力一般是以主导或主要设备的额定生产能力为标准确定的，其他工序的设备则是按设计生产能力的要求配置的。

评估设备的配置是否与生产能力相适应，就要审核各工序确定的设备（台）套数是否合理，比例是否得当。各工序设备的配置数量应根据项目的实际情况确定，以使装备达到优势组合。

2）选择的设备必须具有较高的可靠性

可靠性是指设备在规定时间内和规定条件下完成规定功能的能力，一般可用可靠度来衡量。

选择有较高可靠度的设备，可以满足生产工艺的要求，连续不断生产出高质量的产品，避免设备故障可能带来的重大经济损失和人身事故。

3）选择的设备要考虑使用寿命和维修性

设备的使用寿命应结合项目所在行业的技术发展趋势和技术更新周期进行考察，尽量选择经济寿命长的设备。

对设备的维修性评估主要分析设备维修的难易性，应选择具有易接近性、易检查性、易装拆性、零部件标准化和互换性好的、维修性能较强的设备，这样可以保证设备正常运行。

4）选择的设备要有较高的经济性

设备的经济性较高是指在所选择的设备能够满足生产工艺对设备功能的要求的前提下，使设备对活劳动和物化劳动的消耗最少。

5）引进的设备要注意必要性和平衡性问题

对引进国外设备的评估，应着重注意必要性和平衡性两方面问题。

（1）引进设备的必要性。必须引进的国外先进设备，应能扩大国内生产能力，提高产品质量，增加花色品种；应能填补国内空白，带动行业技术水平提高；应能充分节约原材料能源，提高资源的综合利用程度。

（2）设备的平衡性。为保证引进设备生产能力的充分发挥，要做好引进设备的配套平衡工作，包括与企业原有设备的配套平衡、与原材料和动力供应条件的配套平衡以及进口设备之间的配套平衡，并从节约外汇的角度，采用国际竞争性招标的方式择优选购国内必需的关键性设备。

【自测题】设备选型方案评估的主要内容包括（　　）。[①]

A.设备与生产工艺和生产能力的适应性　B.设备的可靠性

C.设备的使用寿命和维修性　D.设备的经济性

E.引进设备的必要性　F.设备的平衡性

6.3.4 设备选型方案评估的方法

为了选择经济上合理的设备，需要对设备的购置方案进行分析对比，以便从几种性能、功能等条件相似的设备中选择经济性最好的设备。常用的方法如下：

1）投资回收期法

投资回收期（investment payoff period）是指企业使用设备后每年所得的收益偿还设备投资所需要的时间。投资回收期的计算公式为：

投资回收期=设备的投资额÷（年利润+年税金+年折旧额）　(6.4)

在式（6.4）中，假定每年的利润、税金、折旧额均相等。若各年收益不等，则逐年累计收益额，再将其与投资额相比较。在其他条件相同的情况下，以投资回收期短的方案为好。

2）年费用法

设备费用一般由设备购置费和设备使用费构成。设备购置费包括设备售价、运费和安装费；设备使用费包括能源消耗费、保养维修费、操作工人工资等。

年费用法是指将设备的最初购置费按复利计算原则换算为使用寿命期内平均每年的费用，再将其与年使用费（维修费用）相加，求出设备每年的总费用。通过比较不同设备购置方案的年总费用，就可以选出最佳方案。年总费用的计算公式为：

设备的总费用=初始投资费用×资本回收系数+年维修费用　(6.5)

式中：资本回收系数（A/P，i，n）可查表求得，i为年利息率或收益率，n为使用寿命期。

6.4 工程设计方案评估

6.4.1 总平面设计方案评估

1）总平面设计的内容

工业企业的总平面设计（site planning）主要包括总图布置（全厂分区布置）和厂内外运输两大方面的设计。要根据企业的生产性质、规模和生产工艺流程或使用功能等要求及其相互关系，结合建厂地区的自然、气候、地形、水文、地质，以及厂内外运输、公用设施和厂际协作等具体场地和外部环境条件，按照从原料进厂到成品出厂的整个生产工艺过程，经济合理地布置厂区内的建筑物和构筑物，对项目各组成部分的位置进行合成，搞好平面和竖向关系，组织好厂内外交通运输等总平面布置的设计工作。

总平面设计方案涉及整个建设场地的土地使用、建筑物的位置和工程管网的长度。

① 【答案】ABCDEF。

正确合理的总平面设计方案能够构建工艺流程合理、总体布置紧凑、流程顺畅、经济合理、使用方便的格局，可以大大减少建筑工程量，节约用地，节省建设投资，加快建设进度，可以为工业企业创造良好的生产组织、经营条件和生产环境，创造完美的建筑艺术整体，还能使项目建成后较快地投入正常生产，发挥良好的投资效果，节省经营管理费用。

2）总平面设计方案选择分析的要求

（1）总平面布置要求

① 必须满足生产工艺过程的要求。这是总平面设计中最根本的依据。总平面设计应当能够保证生产过程的连续性，主要生产作业线无交叉、无往复和迂回、无逆流现象，使生产线最短、最直接，各建筑物之间布置紧凑。一个经济、实用、人流和货流畅通的厂区布置方案，要求功能分区、系统分明、布置整齐，并在经济适用的前提下注意美观。

② 要适应厂区的气候、地形、工程水文地质等自然条件和城市规划的要求，因地制宜，以求技术上合理、工程上经济。结合建设场地的地形、主导风向、地耐力与地下水位等自然条件，选择合理的总平面（总图）布置形式，使厂房和构筑物布置与自然条件相适应，为生产、运输和生活创造有利条件和良好环境。厂房的外形、层数、朝向和道路等厂区总平面布置的空间处理应符合城市规划要求，与周围建筑群体和地形配合、统一协调。

③ 必须满足卫生、防火和安全防护的要求，且符合卫生、防火、防震、防噪声等方面治理措施的规定，如采用无害工艺、设置防护间隔距离、进行绿化布置等。根据设计规范确定建筑物间距，保证生产安全和消防安全。

④ 注意节约用地的要求，可以采取车间合并、合理留用土地、分期征用等措施。如在原厂区内新建车间和附属工程，应注意新建筑物与原有建筑物之间总平面布置的协调性，使土地利用系数和建筑系数科学合理。

⑤ 必须通过技术经济指标进行分析评估。在可行性研究阶段，应当对总平面设计方案提供几项主要技术经济分析指标，标明厂区的基本布局、厂外设施规模和位置，据此评估总平面设计的技术经济合理性，同时为土地管理部门提供决策依据。

（2）运输方案选择要求

① 统筹规划厂内外运输，做到物料流向合理并形成完整、连续的系统。

② 项目中的运输应尽量依托社会运输系统；自建的专用铁路、公路要符合规划要求，应有足够的运量，避免投资浪费。

③ 主要产出物、大宗原材料和燃料运输要避免多次倒运，以降低运输成本，提高运输效率。

④ 必须符合厂内外运输的要求。根据项目的投入物、产出物与废弃物的总量，按其不同种类、不同运输方式与运输工具等要求，合理组织厂内外运输，并从运量、运距、运输成本、运输负荷变化及投资与经营费用等方面计算运输量，选择运输方式，合理布置运输线路，选择运输设备，建设运输设施。

⑤ 对不同的运输方案进行多方案比较分析，从中选择方便、经济的运输设施与合理的运输路线。

（3）总平面设计方案的评估内容

在新建厂房时应特别注意总平面设计方案是否合理，主要应分析评估以下方面：

①是否满足生产工艺过程的要求；

②是否符合厂内外运输的要求；

③是否符合气候、地形、水文地质等自然条件和城市规划的要求；

④是否注意了卫生、安全防护等要求；

⑤是否注意了节约用地的要求等。

对于技术改造项目，如果在原厂区新建一些车间和附属工程，还应注意新建筑物与企业现有建筑物的总平面布置和功能区分是否协调。

(4) 总平面设计方案的比选

①总图布置方案应从技术经济指标和功能两个方面进行比选。在进行技术经济指标比选时，一般应采用全厂土地利用系数、生产区场地利用系数、生产区建筑系数、生活区建筑系数、全厂绿化系数、占地面积分布、工程量、经营费用和总图布置费用等技术经济指标。功能比选主要比选生产流程的短捷、流畅、连续程度以及满足安全生产的程度。总图布置方案比选论证后，提出推荐方案并绘制总平面图，标明总平面边界、建筑物和构筑物的平面位置、厂内外道路（铁路）的衔接关系，并说明主要技术经济指标等。技术改造项目的总平面布置图中应注明新的、原有的和拆除的建筑物、构筑物的平面位置。

②项目运输方案经过比选论证后提出推荐方案，并编制厂内和厂外运输量一览表（见表6-1和表6-2）。

表6-1 厂内运输量一览表

序号	物料名称	运输方式	装货点	卸货点	运输量	物态	包装形式	备注

表6-2 厂外运输量一览表

序号	物料名称	运输方式	起点	终点	运输量		物态	包装形式	备注
					运入	运出			

6.4.2 建筑物空间平面设计（building space plane design）评估

1）正确选择工业厂房建筑的层数和层高

工业厂房根据生产性质和生产工艺要求，可分为单层厂房和多层厂房。单层厂房对于需要大跨度和高层高、生产时震动强、散发热气多，以及有重型生产设备、起重设备的车间是经济合理的。如冶金工业的钢铁联合企业中的铸工、锻工、轧钢、装配等车间一般采用单层厂房。而多层厂房适用于工艺过程比较紧凑，需要组织垂直工艺流程，可利用重力输送原料，设备重量和产品重量都较轻，以及需要保持恒温、恒湿的各种轻型车间。如化工厂、面粉厂、食品厂、仪器仪表厂等工厂车间一般采用多层厂房。

单层厂房的高度主要取决于车间内部运输方式。正确选择车间内部运输方式，对于减少厂房高度、降低工程造价具有重要意义。多层厂房的高度则应综合考虑生产工艺、设备、安装维修高度要求、采光、通风以及建筑经济各方面的因素进行选择。此外，就多层厂房而言，在一定的高度范围内，加大宽度也能降低建筑造价。

2）正确设计厂房建筑（车间）的平面布置，合理确定柱网

在工艺流程、技术参数和主要设备选型确定之后，应本着物料流向最经济合理、操作控制最有利、检测维修最方便的原则，采用多方案比较的方法，选择经济适用的厂房建筑（车间）的平面布置方案。

厂房建筑（车间）的平面布置主要应做到以下几个方面：满足生产工艺的要求，保证生产线的合理布置；使设备布置与生产操作有一定的空间；各个工序之间有最短、最直接的联系；车间之间和车间内部运输方便，并适应全厂的工艺流程；充分利用车间平面面积和空间，在保证生产安全和具有良好的工作环境的条件下，尽量节省厂房面积。

工业厂房（车间）的平面布置中最关键的是合理确定柱网，即确定柱子的跨度和柱距。跨度的大小经常根据设备的尺寸大小、布置情况、产品运输及生产操作所需的空间来确定；柱距则根据结构模数和现实条件的可能性来确定，就是结合设备外形、前后位置、各种物料的投入和流向、操作要求、功效动力的投入位置、产出物的输出方向等通盘考虑。

3）正确确定厂房的体积和面积

在不影响生产能力的前提下，尽量减少厂房（车间）的体积和面积，可降低建筑投资和占地面积。尽量减少单位产品产量的建筑面积，提高单位厂房面积的产品产量，这是衡量工业企业生产技术水平和建筑设计水平先进性的重要技术经济指标。

为提高单位厂房面积的产品产量，可采用先进工艺和高效能的大型生产设备；向空间发展，节省占地面积；可采用大跨度、大柱距的厂房，以提高平面利用系数；可改进厂区和车间内部运输方式，以增加厂房的有效使用面积等。

4）厂房空间平面设计方案的技术经济分析与评估指标

厂房空间平面设计方案的技术经济分析与评估指标包括：①建筑面积、生产面积、辅助面积和服务面积的比重；②每个生产工人所占的生产面积；③单位设备所占的生产面积；④单位产品产量的占地面积和建筑面积等。在实际应用中，应根据部门（行业）的生产工艺特点来确定相应的指标定额进行分析评估。

5）建筑物的空间平面设计评估

无论是新建厂房还是改建旧厂房都必须注意建筑物的空间平面设计是否合理，需要评估的内容主要包括：①正确选择厂房建筑的层数和层高；②正确安排车间内的平面布置，包括柱网位置、设备布置及工作空间的安排等，要在适用的原则下尽量减少车间（或其他建筑）的体积和面积。总之，空间平面设计应在符合生产要求的原则下力求节约。

6.4.3 建筑物结构方案设计评估

1）建筑结构形式的选择

（1）应本着适用、经济、美观的原则，综合考虑生产工艺的要求、厂房的大小和建设场地的具体条件，合理选用厂房的建筑结构形式，如砖混结构、钢筋混凝土结构、预应力钢筋混凝土结构、钢结构等。目前，工业厂房建筑结构形式已向“轻质、大跨、空间、薄壁”的方向发展，并以薄壳结构、悬索结构、折板结构等装配式结构和现浇混凝土筒体结构逐渐替代以往广泛采用的梁板结构。

（2）结构的造型必须因地制宜、因工程制宜，就地取材，充分利用当地的建筑资源，降低运输费用，切实做到技术先进、经济合理、安全适用、施工方便。在满足生产使用要求的前提下，广泛采用新结构、新构件、新材料，充分利用地方材料和工业废料，节省“三材”（钢材、木材、水泥）。

（3）促进工程设计标准化、构件预制工厂化、施工机械化，逐步提高建筑工业化水平。

（4）对于某些有特殊要求（如恒温、防震等）的厂房，应根据具体情况来特殊考虑。

2）工业厂房建筑结构体系和构件方案的技术经济指标评估

工业厂房建筑结构体系和构件方案的技术经济指标主要包括建设工期、劳动消耗、材料消耗、混凝土折算厚度、建筑物自重及建筑造价、结构构件的造价、制造构件所需的劳动消耗、主要建材消耗、装配程度、装配式构件的统一化程度、取暖费和燃料消耗、使用期限和结构构件的重量等。

3）建筑物的结构方案设计评估内容

（1）建筑物的结构方案设计是否合理。要从总体上对结构方案的技术经济指标加以评估，考察建筑工程采用的标准、规范是否先进、合理，是否符合国家有关规定。

（2）厂房建筑结构是否根据经济适用的原则、生产需要、厂房大小和当地的具体条件合理选用。如果先进的建筑结构符合经济适用的原则，当地也具备相关条件，可以适当选用；否则，不要盲目追求先进的建筑结构。

（3）建筑物结构造型的选择是否符合因地制宜、就地取材和安全适用的原则，是否有利于标准化、工厂化、机械化和提高建筑工业化水平。

6.4.4 主要建筑物的工程建造方案评估

1）选择工程建造方案的要求

（1）满足生产和使用的要求。在确定项目的工程内容、建筑面积和建筑结构时，要满足生产和使用的要求。对于分期建设项目，应适当留有发展余地。

（2）适应已选定的厂址（线路）。在已选定的厂址（线路）范围内，合理布局建筑物、构筑物以及地上、地下管网的位置。

（3）符合工程标准规范。建（构）筑物的基础、结构和所采用的建筑材料，应符合政府部门或专门机构发布的技术标准规范要求，确保工程质量。

（4）经济合理。工程方案应当在满足使用功能、确保质量的前提下力求降低造价，节约建设资金。

2）工程建造方案的分析和比选

对于一般建设项目的建（构）筑物的工程方案，主要分析其建筑特征（如面积、层数、高度、跨度等空间平面设计方案）、建（构）筑物的结构形式（即结构设计方案）、特殊建筑要求（如防火、防爆、隔音、隔热等），以及基础工程方案和抗震、设防等。不同类型、行业和性质的建设项目均应按其特殊要求和内容进行工程建造方案的评估。

工程建造方案经过分析、论证、评估和比选以后，应编制推荐方案的主要建筑物、构筑物工程一览表（见表6-3），列出主要建筑物和构筑物的名称、层数、占地面积、结构形式、建筑面积和体积、“三材”用量、建设造价等，作为工程量和投资估算的依据。

表6-3　　　　主要建筑物、构筑物工程一览表

序号	建筑物、构筑物名称	层数	占地面积（m^2）	结构形式	建筑物、构筑物建筑面积（m^2）	建筑物、构筑物长×宽×高（m×m×m）	“三材”用量			建设造价（元/m^2）
							钢材（t）	木材（m^2）	水泥（t）	
1	生产设施									
2	辅助设施									
3	生活福利设施									

注：

①按工段或车间分别列出主要建筑物、构筑物；

②生活福利设施包括宿舍、文体场所、学校、卫生设施等；

③非主要建筑物、构筑物工程在可行性研究阶段可不列入该工程一览表，为估算投资，可参考已建成的同类项目的类似工程估算其工程量和投资。

本章小结

•技术是由系统的科学知识、成熟的实践经验和操作技艺综合在一起而形成的从事生产的专门学问和手段。技术方案评估是一种技术政策研究，系统地考察某项技术的引入、扩散所产生的社会影响，尤其是那些非预期的、间接的、滞后的负效果。

•项目技术评估的基本原则包括先进适用性原则、经济合理性原则和安全可靠性原则。项目技术评估的基本程序包括收集和整理资料、确定技术分析的重点、进行技术分析。项目技术评估的影响因素包括需求因素、资源因素、经济技术环境因素、社会分工环境因素和自然生态环境因素。

•生产工艺是生产产品所采用的工艺流程和制作方法。生产工艺方案评估的内容包括工艺可靠性的分析评估、工艺流程合理性的分析评估、工艺适用性的分析评估和工艺经济性的分析评估。生产工艺方案评估的方法主要是工艺成本法。

•设备选型方案评估中，设备的选择必须与工艺技术的选择联系起来考虑，并且满足工艺技术对设备和机械的要求，应在工厂的生产能力和选定的生产工艺技术的基础上加以验证。所选的设备必须与生产工艺和生产能力相适应，具有较高的可靠性和经济性，考虑使用寿命和维修性，以及引进设备的必要性和平衡性问题。设备选型方案评估的方法有投资回收期法和年费用法。

•工程设计方案评估中，总平面设计的内容主要包括总图布置（全厂分区布置）和厂内外运输两大方面的设计。总图布置方案应从技术经济指标和功能两个方面进行比选；运输方案选择是指从中选择方便、经济的运输设施与合理的运输路线。

•建筑物空间平面设计评估需要正确选择工业厂房建筑的层数和层高；正确设计厂房建筑（车间）的平面布置，合理确定柱网；正确确定厂房的体积和面积。建筑结构的设计应根据适用、经济、美观、因地制宜，以及工程设计标准化、构件预制工厂化、施工机械化等要求进行。

•主要建筑物的工程建造方案评估要符合满足生产和使用、适应已选定的厂址（线路）、符合工程标准规范以及经济合理等要求。工程方案经过分析、论证、评估和比选以后，应列出主要建筑物和构筑物的名称、层数、占地面积、结构形式、建筑面积和体积、“三材”用量、建设造价等，作为工程量和投资估算的依据。

关键概念

技术方案评估　经济合理性　安全可靠性　经济技术环境　社会分工环境　生产工艺方案评估　工艺可靠性　工艺流程合理性　工艺适用性　设备选型　总平面设计　建筑物空间平面设计

章后练习

一、选择题

1.项目技术评估的基本原则包括（　　）。

A.先进适用性原则　　B.经济合理性原则

C.安全可靠性原则　　D.必要性和平衡性原则

2.在影响项目技术评估的因素中，需求因素需要分析（　　）等。

A.生产的产品　　B.产品规格　　C.产品质量

D.生产类型　　E.生产规模

3.工艺适用性的分析评估包括（　　）。

A.原材料、燃料、加工对象的适用性　　B.对产品质量的保证程度

C.综合利用和节约能源　　D.工艺对实施条件的要求

4.设备选型评估的方法主要有（　　）。

A.投资回收期法　　B.年费用法

C.回收法　　D.增加价值法

5.下列选项中，属于总平面布置要求的是（　　）。

A.必须满足生产工艺过程的要求　　B.必须满足卫生、防火和安全防护的要求

C.注意节约用地的要求　　D.必须通过技术经济指标进行分析评估

二、判断题

1.技术方案评估的目的是为项目的技术设计、设备方案等打下基础，确保投资项目的经济效益和社会效益。（　　）

2.安全可靠性原则不属于项目技术评估应遵循的原则。（　　）

3.选择设备时应当优先考虑引进国外设备。（　　）

4.可以通过计算追加投资回收期来比较工艺方案。（　　）

5.总图布置方案应从技术经济指标和功能指标两个方面进行比选。 （ ）

三、简答题

1.投资项目技术评估的基本原则是什么？

2.简述技术评估的基本内容。

3.简述投资项目技术选择的制约因素。

4.简述投资项目技术评估程序。

5.工艺评估的主要内容有哪些？

6.设备评估的基本原则是什么？

7.设备采购方案评估包括哪些内容？

部分练习参考答案

京沪高速铁路技术方案选择之争

第 7 章 项目投资估算与资金筹措评估

主要知识点

投资估算的内容、要求、依据与作用；投资估算的阶段划分与编制；投资估算方法；简单估算法，如单位生产能力估算法、生产能力指数法、比例估算法、系数估算法和投资估算指标法；分类估算法；流动资金估算；资金来源分析；融资方案研究。

7.1 投资估算概述

投资估算（investment estimate）是指在对项目的建设规模、产品方案、工艺技术与设备方案、工程方案及项目实施进度等进行研究并基本确定的基础上，估算项目所需资金总额（包括建设投资和流动资金），制订融资方案，进行财务费用和效益的预测，并测算建设期分年资金使用计划。投资估算是拟建项目编制项目建议书和可行性研究报告的重要组成部分，是项目决策的重要依据之一。

7.1.1 投资估算的内容

从费用构成来看，投资估算的内容应包括该项目从筹建、设计、施工直至竣工投产所需的全部费用，分为固定资产投资和流动资金两部分。

国内工程项目总投资构成如图 7-1 所示。

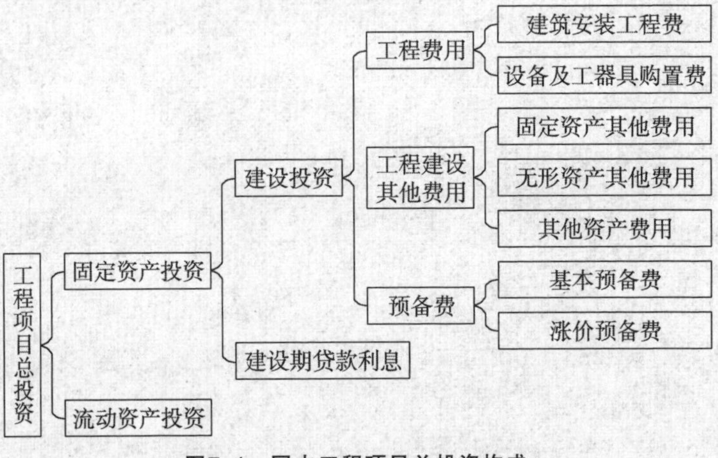

图7-1 国内工程项目总投资构成

实践中，项目总投资的构成因项目类型而异。以工程项目为例，在生产性工程项目中，总投资包括固定资产投资和流动资产投资两部分；在非生产性工程项目中，总投资只包括固定资产投资，不含流动资产投资。

1）固定资产投资

固定资产投资（fixed assets investment）估算的内容按照费用的性质划分，包括建筑安装工程费、设备及工器具购置费、工程建设其他费用、基本预备费、涨价预备费和建设期贷款利息等。①固定资产投资可分为静态部分和动态部分。涨价预备费和建设期贷款利息构成动态部分，其余部分为静态部分。

2）流动资金

流动资金是指生产经营性项目投产后用于购买原材料、燃料、支付工资及其他经营费用等所需的周转资金，是伴随着固定资产投资而发生的长期占用的流动资产投资。流动资金等于流动资产与流动负债之差，其中流动资产主要考虑现金（项目流动资金中的现金是指货币资金，即企业生产经营活动中停留于货币形态的那一部分资金，包括企业库存现金和银行存款）、应收账款和存货，而流动负债主要考虑应付账款。因此，流动资金的概念实际上就是财务中的营运资金。

7.1.2 投资估算的要求

1）投资估算的内容要求

估算人或机构在开展投资估算时，必须严格满足项目投资估算书的撰写规范与内容要求。首先要确切了解投资项目的内容与回报要求，其次要合理划分投资估算的执行阶段，并制定精度要求。投资项目的内容与回报要求是项目投资估算活动的基础，决定了项目建设方向是否正确；投资估算的阶段划分和精度要求则是在前者的基础上对项目实施过程进行了解剖析，逐步逐段地依据建设进度进行项目投资概况估算，在满足精度要求的基础上，预测项目投资的可行性与收益性。对比上面两项工作，投资者更为关注项目投资估算的阶段划分和精度要求的制定。

国内与国外项目投资估算的阶段划分和精度要求分别见表7-1和表7-2。

表7-1 **国内项目投资估算的阶段划分和精度要求**

阶段划分		精度要求
第一阶段	项目规划阶段	允许误差超过±30%
第二阶段	项目建议书阶段	误差应控制在±30%以内
第三阶段	初步可行性研究阶段	误差应控制在±20%以内
第四阶段	详细可行性研究阶段	误差应控制在±10%以内

① 根据国务院发布的《中华人民共和国固定资产投资方向调节税暂行条例》的有关规定，1991年，我国开征固定资产投资方向调节税。固定资产投资方向调节税的开征，在调控国民经济、遏制投资膨胀等方面发挥了一定的作用。在金融危机发生后，为了鼓励社会投资，拉动经济增长，减轻金融危机的不利影响，国务院自2000年1月1日起暂停征收该税。2012年11月9日，国务院发布中华人民共和国国务院令第628号，公布《国务院关于修改和废止部分行政法规的决定》，自2013年1月1日起取消该税并废止《中华人民共和国固定资产投资方向调节税暂行条例》。

表7-2　　国外项目投资估算的阶段划分和精度要求

阶段划分			精度要求
第一阶段	投资设想阶段	又称毛估阶段或比照估算	允许误差超过±30%
第二阶段	投资机会研究阶段	又称粗估阶段或因素估算	误差应控制在±30%以内
第三阶段	初步可行性研究阶段	又称初步估算或认可估算	误差应控制在±20%以内
第四阶段	详细可行性研究阶段	又称确定估算或控制估算	误差应控制在±10%以内
第五阶段	工程设计阶段	又称详细估算或投标估算	误差应控制在±5%以内

项目投资建议书中要求投资估算的结果数据应满足一定的精度要求，这是项目投资估算要求的重点。投资估算在具体数额上允许存在一定的误差，但必须达到以下要求：

（1）估算的范围应与项目投资方案所涉及的范围、所确定的各项工程内容相一致。

（2）估算的工程内容和费用构成齐全、计算合理、实事求是，不搞虚假数字，不提高或降低估算标准，不重复计算或者漏项少算，以便为决策提供客观、真实的数据。

（3）估算应做到方法科学、基础资料完整、依据充分。

（4）估算所选用的标准若与具体项目之间存在标准或者条件上的差异，应进行必要的换算或者调整。

（5）估算的准确度应能够满足投资项目决策不同阶段的要求。比如，在投资机会研究阶段，误差应控制在±30%以内；在初步可行性研究阶段，误差应控制在±20%以内；在详细可行性研究阶段，误差应控制在±10%以内。

2）投资估算的深度要求

投资估算是依据现有资料和一定的估算方法对建设项目的投资数额进行的估计。由于在投资决策过程中，各个工作阶段所具备的条件、掌握的资料和工程技术文件不同，因而投资估算的准确程度也不相同。随着投资估算阶段的进展，调查研究不断深入，掌握的资料越来越丰富，工程技术文件越来越完善，投资估算也逐步准确，其所起的作用也越来越重要。在对项目投资方案进行抉择时，项目投资可行性研究报告中的投资估算部分应具备足够的深度。在详细可行性研究阶段的建设方案中，项目投资估算设计应满足以下深度要求：

（1）各主要条件和数据应有文件或意向书作为依据；

（2）各层次建设方案设计经比选后提出倾向性意见；

（3）满足投资估算误差不超过±10%的要求；

（4）项目决策分析与评价的结论应当能够满足投资决策控制准确度的要求。

7.1.3　投资估算的依据与作用

1）投资估算的依据与基础资料

投资估算结果作为项目建议书和可行性研究报告的重要支撑材料，对项目投资决策的制定具有举足轻重的作用。为了避免估算失误，实践中用于项目投资估算的依据一般存在严格的行业界定。一般来说，项目投资估算工作涉及的估算依据与基础资料主要包括以下几个方面：

（1）项目的主体工程、辅助工程及项目生命周期内各阶段工程的建设内容及工程量；

（2）专门机构发布的同类项目建设工程造价及费用构成、估算指标、计算方法，以及其他有关估算工程造价的文件；

（3）由专门机构发布的工程建设其他费用计算办法和费用标准，以及由政府部门发布的物价指数；

（4）已建同类工程项目的投资档案资料；

（5）影响建设工程投资的动态因素，如利率、汇率、税率等；

（6）部门或行业制定的投资估算办法和估算指标；

（7）拟建项目所需设备、材料的市场价格。

2）投资估算的作用

任何工程建设项目都必须在经过全面的技术经济论证后才能决定是否正式立项。在拟建项目的全面论证过程中，除考虑技术上可行与否之外还要考虑经济上的合理性，而建设项目的投资估算在拟建项目前期各阶段的工作中，作为论证拟建项目的重要经济文件，有着极其重要的作用。

（1）项目建议书阶段的投资估算是多方案比选、优化设计、合理确定项目投资的基础，是项目主管部门审批项目建议书的依据之一，并对项目规划、规模确定起到参考作用，有助于从经济上判断项目是否应列入投资计划。

（2）项目可行性研究阶段的投资估算是项目投资决策的重要依据，是正确评价建设项目投资的合理性、分析投资效益、为项目决策提供依据的基础。在可行性研究报告被批准之后，其投资估算额就将作为建设项目投资的最高限额，不得随意突破。

（3）项目投资估算对工程设计概算起到控制作用。它为设计提供了经济依据和投资限额，设计概算不得突破批准的投资估算额。投资估算额一经确定，即成为限额设计的依据，用于对各专业设计实行投资切块分配，作为控制和指导设计的尺度或标准。

（4）项目投资估算是进行工程设计招标、优选设计方案的依据。

（5）项目投资估算可作为项目资金筹措及制订建设贷款计划的依据，建设单位可根据批准的投资估算额进行资金筹措，向银行申请贷款。

（6）项目投资估算是进行项目经济评价的基础。估算中涉及的项目投资成本、设备造价、资源配置、投资期长短、外部影响因素变化等估算指标在提供决策参考的同时，也可作为投资绩效评价的指标，从而提高投资项目对比、择优选择的准确度。

7.1.4 投资估算的阶段划分

投资估算贯穿于整个建设项目投资决策过程。投资决策过程可划分为项目的投资机会研究或项目建议书、初步可行性研究及详细可行性研究三个阶段。因此，投资估算工作也相应地分为三个阶段。不同阶段所具备的条件和掌握的资料不同，对投资估算的要求也各不相同，因而投资估算的准确程度在不同阶段有所不同，所起的作用也不相同。

1）投资机会研究或项目建议书阶段的投资估算

该阶段主要是选择有利的投资机会，明确投资方向，提出概略的项目投资建议，编制项目建议书。投资额的估计一般是通过与类似已建项目的对比得来的，估算工作比较粗略。该阶段投资估算的误差允许控制在±30%以内。

该阶段的投资估算作为相关管理部门审批项目建议书、初步选择投资项目的主要依据之一，对初步可行性研究及相应的投资估算起到指导作用。

2）初步可行性研究阶段的投资估算

初步可行性研究是在投资机会研究结论的基础上，进一步确定项目的投资规模、原材料来源、工艺技术、厂址、组织机构和建设进度等情况后，进行经济效益评价，判断项目的可行性，做出初步投资评价。该阶段投资估算的误差一般要求控制在±20%以内。

该阶段的投资估算既是决定进行详细可行性研究的依据之一，也是确定哪些关键问题需要进行辅助性专题研究的依据之一。

3）详细可行性研究阶段的投资估算

详细可行性研究阶段的投资估算主要是进行全面、详细、深入的技术经济分析论证，评价拟建项目的各项投资方案并选择最优方案，对项目的可行性提出结论性意见。该阶段投资估算的误差一般要求控制在±10%以内。

该阶段的投资估算是进行详尽的经济评价、确定项目可行性、选择最佳投资方案的主要依据，也是编制设计文件、控制初步设计及概算的主要依据。

7.1.5 投资估算的编制

1）投资估算编制的原则

（1）实事求是原则。这是指从实际出发，深入开展调查研究，掌握第一手资料，决不弄虚作假。

（2）合理利用资源、效益最高原则。这是指在市场经济环境中利用有限的资源尽可能满足项目的需要。

（3）尽量做到快、准的原则。虽然投资估算误差通常比较大，但仍应通过艰苦细致的工作，加强研究，积累资料，尽量又快又准地拿出项目的投资估算。

（4）适应高科技发展的原则。这是指在资料收集，信息储存、处理、使用，编制方法选择和投资估算编制过程中应逐步实现计算机化、网络化。

2）投资估算编制的程序

不同类型的工程项目通常使用不同的投资估算编制方法，不同的投资估算编制方法拥有不同的投资估算编制程序。较为常用的工程项目投资估算编制程序如下：

（1）熟悉工程项目的特点、组成、内容和规模等；

（2）收集有关资料、数据和估算指标等；

（3）选择相应的投资估算编制方法；

（4）估算工程项目各单位工程的建筑面积及工程量；

（5）进行单项工程的投资估算编制；

（6）进行附属工程的投资估算编制；

（7）进行工程建设其他费用的投资估算编制；

（8）进行预备费用的投资估算编制；

（9）计算贷款利息；

（10）汇总工程项目投资估算总额；

（11）检查、调整不适当的费用，确定工程项目的投资估算总额；

（12）估算工程项目的主要材料和设备需用量。

7.2 投资估算方法

投资估算方法包括简单估算法和分类估算法两大类。简单估算法又包括单位生产能力估算法、生产能力指数法、比例估算法、系数估算法和投资估算指标法等。其中前四种估算方法准确度相对较低，适用于投资机会研究和初步可行性研究阶段；在详细可行性研究阶段主要采用投资估算指标法和分类估算法。

7.2.1 简单估算法

1）单位生产能力估算法

单位生产能力估算法（unit production capacity estimation method）是根据已建成的、性质类似的建设项目的单位生产能力投资额乘以拟建项目的生产能力来估算拟建项目投资额的方法。该方法将项目的建设投资与其生产能力的关系视为简单的线性关系，估算简便迅速，但精确度较差。使用这种方法要求拟建项目与所选取的已建项目相类似，仅存在规模大小和时间上的差异。拟建项目投资额的计算公式为：

$$I_2 = \frac{I_1}{Q_1} \cdot Q_2 \cdot f \tag{7.1}$$

式中：I_2为拟建项目投资额；I_1为已建类似项目投资额；Q_2为拟建项目的生产能力；Q_1为已建类似项目的生产能力；f为不同时期、不同地点的定额、单价、费用变更等综合调整系数。

【例7-1】已知十年前建设日供水能力为10万立方米的自来水厂的投资额为20 000万元。如今拟建一座日供水能力为20万立方米的自来水厂，工程条件与十年前的已建项目类似，调整系数f为1.25。试估算该拟建项目的投资额。

解：$I_2=\frac{I_1}{Q_1}\cdot Q_2\cdot f=\frac{20\,000}{10}\times 20\times 1.25=50\,000$（万元）

2）生产能力指数法

生产能力指数法（production capacity index method）是根据已建成的、性质类似的建设项目的投资额和生产能力以及拟建项目的生产能力，估算拟建项目投资额的方法。该方法计算简单、速度快，但要求类似工程的资料可靠，条件基本相同，否则会产生很大的误差。拟建项目投资额的计算公式为：

$$I_2=I_1\cdot\left(\frac{Q_2}{Q_1}\right)^n\cdot f \tag{7.2}$$

式中：I_2为拟建项目投资额；I_1为已建类似项目投资额；Q_2为拟建项目的生产能力；Q_1为已建类似项目的生产能力；f为不同时期、不同地点的定额、单价、费用变更等综合调整系数；n为生产能力指数，$0\leq n\leq 1$。

若已建类似项目的规模和拟建项目的规模相差不大，生产规模比值为0.5 ~ 2，则n的取值近似为1。若已建类似项目的规模和拟建项目的规模相差不大于50倍，且拟建项目规模的扩大仅靠增加设备规模来达到，则n的取值为0.6～0.7；若拟建项目规模的扩大靠增加相同规格设备的数量达到，则n的取值为0.8～0.9。

【例7-2】已知已建成的年生产能力为50万吨的某化工项目投资额为80 000万元。现准备投资建设一个类似的年生产能力为80万吨的化工项目，工程条件与前述工程类似。试估算该化工项目的投资额（生产能力指数n=0.6，调整系数f=1.2）。

解：$I_2=I_1\cdot\left(\frac{Q_2}{Q_1}\right)^n\cdot f=80\ 000\times\left(\frac{80}{50}\right)^{0.6}\times1.2=127\ 275.03$（万元）

3）比例估算法

比例估算法（ratio estimation method）是根据已建成的建设项目的建筑工程费、安装工程费和其他工程费用等所占设备费的比例，估算拟建同类项目的投资额的方法。比例估算法包括以拟建项目的全部设备费为基数进行估算和以拟建项目的最主要工艺设备费为基数进行估算两种。

（1）以拟建项目的全部设备费为基数进行估算。

根据已建成的同类项目的建筑安装费和其他工程费用等占设备费的百分比，求出相应的建筑安装费及其他工程费用等，再加上拟建项目的其他费用，其总和即为项目或装置的投资。拟建项目投资额的计算公式为：

$$I=E(1+f_1P_1+f_2P_2+f_3P_3+\cdots)+C \tag{7.3}$$

式中：I为拟建项目投资额；E为根据拟建项目当时当地价格计算的设备费（含运杂费）；P_1、P_2、P_3…为已建项目中建筑、安装及其他工程费用等占设备费的百分比；f_1、f_2、f_3…为时间因素引起的定额、价格、费用标准等综合调整系数；C为拟建项目的其他费用。

【例7-3】某新建项目的设备费为20 000万元。根据已建同类项目统计情况，一般建筑工程费用占设备费的28.5%，安装工程费用占设备费的9.5%，其他工程费用占设备费的7.8%。该项目其他费用估计为1 000万元。试估算该项目的投资额（调整系数f=1）。

解：$I=E(1+f_1P_1+f_2P_2+f_3P_3+\cdots)+C$

$=20\ 000\times(1+28.5\%\times1+9.5\%\times1+7.8\%\times1)+1\ 000$

$=30\ 160$（万元）

（2）以拟建项目的最主要工艺设备费为基数进行估算。

根据同类已建项目的有关统计资料，计算拟建项目各专业工程占工艺设备费的百分比，据以求出各专业工程的投资，然后把各部分投资相加求和，再加上工程其他有关费用，即为项目总投资额。拟建项目投资额的计算公式为：

$$I=E(1+f_1P_1+f_2P_2+f_3P_3+\cdots)+C \tag{7.4}$$

式中：I为拟建项目投资额；E为根据拟建项目当时当地价格计算的主要工艺设备费（含运杂费）；P_1、P_2、P_3…为各专业工程费用占主要工艺设备费的百分比；f_1、f_2、f_3…为时间因素引起的定额、价格、费用标准等综合调整系数；C为拟建项目的其他费用。

【例7-4】某新建项目根据当地价格计算的主要工艺设备费为30 000万元。根据已建同类项目的统计情况，一般建筑工程费用占主要工艺设备费的30.25%，安装工程费用占主要工艺设备费的10.5%，其他工程费用占主要工艺设备费的8.5%。该项目其他费用估计为2 000万元。试估算该项目的投资额（调整系数f=1.2）。

解：$I=30\ 000\times(1+30.25\%\times1.2+10.5\%\times1.2+8.5\%\times1.2)+2\ 000=49\ 730$（万元）

4）系数估算法

系数估算法（coefficient evaluation method），也称因子估算法，是以拟建项目的主体工程费或主要设备购置费为基数，以其他工程费用与主体工程费用的百分比为系数估算项目的静态投资的方法。这种方法简单易行，但是精度较低，一般用于项目建议书阶段。

朗格系数法是现行项目投资估算中常用的系数估算方法。该方法以设备购置费为基数，再乘以适当系数来推算项目的静态投资。拟建项目投资额的计算公式为：

$$I = \sum C_i(1 + \sum k_i) \tag{7.5}$$

式中：I为拟建项目的投资额；C_i为主要设备费用或者厂房土建费用；k_i为管线、仪表、建筑物等各项与主体工程费或主要设备费相对应的估算系数。

【例7-5】某项目工艺设备及安装费用估计为3 000万元。对应的各项专业设备投资系数如下：工艺设备1.0，起重设备0.09，加热炉及烟道0.12，气化冷却0.01，余热锅炉0.04，供电及转动0.18，自动化仪表0.02。系数合计为1.46。厂房土建费用估计为4 000万元。对应的各项专业工程投资系数如下：厂房土建（含设备基础）1，给排水工程0.04，采暖通风0.03，工业管道0.01，电器照明0.01。系数合计为1.09。试估算项目总投资额。

解：$I = \sum C_i(1 + \sum k_i)=3\ 000\times1.46+4\ 000\times1.09=8\ 740$（万元）

5）投资估算指标法

投资估算指标法（index investment estimation method）是采用已建同类项目的各种估算指标计算拟建项目投资的方法。投资估算指标以独立的建设项目、单项工程或单位工程为对象，综合项目全过程投资和建设中的各类成本与费用，反映其扩大的技术经济指标，具有较强的综合性和概括性。

投资估算指标是确定和控制建设项目全过程各项投资支出的技术经济指标，其范围涉及建设前期、建设实施期和竣工验收交付使用期等各个阶段的费用支出，一般可分为建设项目综合指标、单项工程指标和单位工程指标三个层次。

（1）建设项目综合指标，是指按规定应列入建设项目总投资的，从立项筹建开始至竣工验收交付使用的全部投资额，包括单项工程投资、工程建设其他费用和预备费等。建设项目综合指标一般以项目的综合生产能力单位投资表示（如“元/吨”“元/千瓦”）或以使用功能表示（如医院床位用“元/床”表示）。

（2）单项工程指标，是指按规定应列入能够独立发挥生产能力或使用效益的单项工程内的全部投资额，包括建筑工程费，安装工程费，设备、工器具及生产家具购置费和其他费用。单项工程指标一般以单项工程生产能力单位投资表示。比如，一般工业与民用建筑用“元/平方米”表示；工业窑炉砌筑用“元/立方米”表示；变配电站用“元/千伏安”表示等。

（3）单位工程指标，是指按规定应列入能够独立设计、施工的工程项目的费用，即建筑安装工程费。单位工程指标一般以如下方式表示：房屋区别不同结构形式用“元/米”表示；道路区别不同结构层、面层用“元/米”表示；水塔区别不同结构层、容积用“元/座”表示；管道区别不同材质、管径用“元/米”表示。

当使用投资估算指标法时，由于在不同地区、不同时期，设备、材料及人工的价格有很大差异，因而必须根据不同地区、不同时期的实际情况进行调整，在有关部门颁布了定额或材料价差系数（物价指数）时，可以根据价差系数进行调整。

7.2.2 分类估算法

分类估算法（classification estimation method）是对构成建设投资的各类投资（包括工程费用、工程建设其他费用和预备费）分类进行估算的方法。

估算步骤如下：

第一步，分别估算各单项工程所需的建筑工程费、设备及工器具购置费、安装工程费；

第二步，在汇总各单项工程费用的基础上估算工程建设其他费用；

第三步，估算基本预备费和涨价预备费；

第四步，加和求得建设投资（不含建设期利息）总额；

第五步，估算建设期贷款利息；

第六步，汇总得到建设投资。

1）建筑工程费的估算

建筑工程费是指为建造永久性建筑物和构筑物所需要的费用。

建筑工程费的估算一般可采用以下三种方法：

（1）单位建筑工程投资估算法，即以单位建筑工程量投资乘以建筑工程总量估算。

（2）单位实物工程量投资估算法，即以单位实物工程量投资乘以实物工程总量估算。

（3）概算指标投资估算法，即根据面积、体积乘以概算指标得出直接费用，然后计算出其他直接费用。

2）设备及工器具购置费的估算

设备及工器具购置费包括设备购置费、工器具及生产家具购置费，其中设备购置费应按国内设备与进口设备分别估算。

（1）国内设备购置费的估算。国内设备购置费是指为建设项目购置或自制的达到固定资产标准的各种国产设备的购置费用，由设备原价和运杂费构成。

设备原价分为以下两类：①国产标准设备原价，指设备制造厂的交货价，即出厂价，一般按带备件的出厂价计算，如设备由设备成套公司供应，则应以订货合同价为设备原价；②国产非标准设备原价，按成本计算估价法，包括材料费、加工费、辅助材料费、专用工具费、废品损失费、外购配套件费、包装费、利润、税金和非标准设备设计费。

设备运杂费包括运输费、装卸费、供销手续费和仓库保管费等，一般按运杂费率占设备出厂价的百分比计算。

（2）进口设备购置费的估算。进口设备购置费由进口设备原价和国内运杂费构成。

①进口设备原价包括进口设备货价和进口从属费用。

进口设备货价按照交货地点和方式的不同，分为离岸价（free on board，FOB）和到岸价（cost insurance and freight，CIF）。离岸价是指出口货物运抵出口国口岸交货的价格；到岸价是指进口货物抵达进口国口岸交货的价格，含进口货物的离岸价、国外运输费和国外运输保险费。进口设备货价一般通过向有关厂商询价、报价或按订货合同价计算。

进口从属费用包括国际运费、运输保险费、进口关税、增值税、外贸手续费、银行财务手续费、海关监管手续费等。

②国内运杂费由运费和装卸费、运输保险费、包装费、设备供销部门的手续费、采购及仓库保管费组成。

【例 7-6】某项目进口一批工艺设备，其银行财务费为4.25万元，外贸手续费为18.90万元，关税税率为20%，增值税税率为13%，抵岸价为1 792.19万元。该批设备无消费税、海关监管手续费。计算该批进口设备的到岸价（CIF）。

解：

抵岸价=CIF+银行财务费+外贸手续费+关税+增值税

=CIF+银行财务费+外贸手续费+关税+（CIF+关税+消费税）×增值税税率

=CIF+银行财务费+外贸手续费+CIF×进口关税税率+（CIF+CIF×进口关税税率+消费税）×增值税税率

1 792.19=CIF+4.25+18.90+CIF×20%+（CIF+CIF×20%+0）×13%

解得：

$$CIF=\frac{1\,792.19-4.25-18.90}{(1+20\%)+(1+20\%)\times 13\%}=1\,304.60\text{（万元）}$$

（3）工器具及生产家具购置费的估算。工器具及生产家具购置费是指新建或扩建项目初步设计规定的，保证初期正常生产必须购置的没有达到固定资产标准的设备、仪器、工卡模具、器具、生产家具和备品备件的购置费用。工器具及生产家具购置费一般以国内设备原价和进口设备离岸价为计算基数，按照部门或行业规定的工器具及生产家具购置费费率计算。

4）安装工程费的估算

设备安装工程费包括生产、动力、起重、运输、传动、医疗、试验等各种需要安装的机械设备的装配费用，与设备相连的工作台、梯子、栏杆等装设工程，附设于被安装设备的管线敷设工程和被安装设备的绝缘、防腐、保温、油漆等工作的材料费和安装费，以及为测定安装工作质量，对单个设备进行单机试运转和对系统设备进行联动无负荷试运转工作的调试费。

安装工程费的估算方法一般采用行业或专门机构发布的安装工程定额、取费标准进行估算，具体可以采用设备安装费费率、每吨设备安装费指标、单位安装工程实物工程量费用指标三种方法。其计算公式分别为：

安装工程费=设备原价×设备安装费费率　（7.6）

安装工程费=设备吨位×每吨设备安装费指标　（7.7）

安装工程费=安装工程实物量×单位安装工程实物工程量费用指标　（7.8）

5）工程建设其他费用的估算

工程建设其他费用是指从工程筹建到工程竣工验收交付使用的整个建设期间，除建筑安装工程费和设备及工器具购置费以外的，为保证工程建设顺利完成和交付使用后能够正常发挥效用而发生的各项费用，主要包括下列三类费用：

（1）与土地使用有关的费用。

①土地征用及迁移补偿费，指工程建设项目通过划拨方式取得土地使用权时，依据《中华人民共和国土地管理法》等规定支付的费用。土地补偿费一般按耕地被征用前3年平均产量的6～10倍计算；安置补助费按需要安置的农业人口数计算，补助标准一般为该耕地被征用前3年平均产值的4～6倍；地上附着物和青苗补偿费按相关政府补偿标准计算。

②土地使用权出让金，指建设单位为取得有限制的土地使用权，依照《中华人民共和国城镇国有土地使用权出让和转让暂行条例》向国家支付的土地使用费。

（2）与工程建设有关的其他费用，主要包括建设单位管理费、勘察设计费、研究试验费、建设单位临时设施费、工程建设监理费、引进技术和进口设备其他费用等。该项费用一般按照工程费用乘以相应的费率计算。

（3）与未来企业生产经营有关的其他费用，主要包括职工培训费、样品样机购置费、联合试运转费、生产准备费、办公及生活家具购置费。该项费用一般也是按照工程费用乘以相应的费率计算。

此外，还有开办费等。开办费是针对新建企业而言的，是指新企业筹建过程中发生的、不能计入固定资产和无形资产的非流动资产。开办费主要包括筹建期间起草文件、谈判、考察的支出，销售网建设费用，广告宣传费用，注册登记费，筹建期间人员的工资、办公费、律师费等费用。需要特别说明的是，企业筹建期间发生的某些费用不得计入开办费，比如应当由投资者负担的各项费用支出，为取得各项固定资产、无形资产所发生的各项费用支出，筹建期间应当计入资产价值的汇兑损益和利息支出等各项费用支出。

6）基本预备费的估算

基本预备费，又称工程建设不可预见费，是指在项目实施过程中可能发生但在项目决策阶段难以预料的支出，是需要事先预留的费用。基本预备费一般包括以下三类：

（1）在批准的设计范围内技术设计、施工图设计和施工过程中所增加的工程费用，以及经批准的设计变更、工程变更、材料代用、局部地基处理等所增加的费用。

（2）一般自然灾害造成的损失和为预防自然灾害而采取的措施费用。

（3）竣工验收时，为鉴定工程质量对隐蔽工程进行必要的挖掘、破损和修复的费用。

基本预备费的计算公式如下：

基本预备费=（工程费用+工程建设其他费用）×基本预备费费率 （7.9）

7）涨价预备费的估算

涨价预备费，也称价格变动不可预见费，是指工期较长的建设项目为应对建设期内价格上涨可能引起投资增加而预留的费用。

涨价预备费的估算以分年度的工程建设投资为基数。涨价预备费的计算公式为：

$$PC = \sum_{t=1}^{n} I_t[(1+f)^t - 1] \tag{7.10}$$

式中：PC为涨价预备费；t为建设期年份数；I_t为第t年的建筑安装工程费、设备及工器具购置费之和；f为年均投资价格上涨率；n为建设前期年限，即从编制估算到开工建设的年份数。

【例7-7】某建设项目建设期为3年。各年度投资计划为：第一年投资5 000万元，第二年投资8 000万元，第三年投资5 000万元。年均投资价格上涨率为5%。求该建设项目建设期间各年涨价预备费。

解：第一年涨价预备费为：

$PC_1=I_1[(1+f)-1]=5\,000\times[(1+5\%)-1]=250$（万元）

第二年涨价预备费为：

$PC_2=I_2[(1+f)^2-1]=8\,000\times[(1+5\%)^2-1]=820$（万元）

第三年涨价预备费为：

$PC_3=I_3[(1+f)^3-1]=5\,000\times[(1+5\%)^3-1]=788.13$（万元）

8）建设期贷款利息的估算

建设期贷款利息是指项目债务资金在建设期内发生的计入固定资产原值的利息，包括借款利息及手续费、承诺费、管理费等财务费用。

为简化计算，项目评估中建设期贷款一般按贷款计划分年均衡发放。通常假设借款发生当年均在年中使用，按半年计息，其后年份按全年计息。建设期贷款利息的计算公式为：

$$q_t=\left(P_{t-1}+\frac{1}{2}A_t\right)\cdot i \tag{7.11}$$

式中：q_t为建设期第t年的应计利息；P_{t-1}为建设期第（t-1）年年末的贷款累计金额与利息累计金额之和；A_t为建设期第t年的贷款额；i为贷款年利率。

【例7-8】某新建项目的建设期为3年。分年均衡进行贷款，第一年贷款为2 000万元，以后各年贷款均为1 000万元，贷款年利率为6%，建设期内只计息不支付。试计算该项目建设期贷款利息。

解：第一年贷款利息=（2 000÷2）×6%=60（万元）

第二年贷款利息=（2 000+60+1 000÷2）×6%=153.60（万元）

第三年贷款利息=（2 000+60+1 000+153.60+1 000÷2）×6%=222.82（万元）

项目建设期贷款利息总和=60+153.60+222.82 =436.42（万元）

9）建设投资估算表（见表7-3）的编制

表7-3　**建设投资估算表**　单位：万元

序号	工程或费用名称	建筑工程费	设备及工器具购置费	安装工程费	其他费用	合计	投资比例
1	工程费用						
1.1	主要生产项目						
1.2	辅助生产项目						
1.3	公用工程项目						
1.4	厂外工程项目						
2	其他费用						
3	预备费						
3.1	基本预备费						
3.2	涨价预备费						
4	建设期贷款利息						
5	建设投资合计						

7.2.3　流动资金估算

流动资金（current capital）是指项目投产后，为进行正常生产经营，用于购买原材料和燃料、支付工资及其他经营费用等必不可少的周转资金。为保证企业正常生产经营的需要，必须有一定量的流动资金维持其周转。在周转过程中，流动资金不断改变其自身实物形态，其价值也随着实物形态的变化而转移到新产品中，并随着销售的实现而收回。

流动资金估算基础主要是营业收入和经营成本，估算方法通常有扩大指标估算法和分项详细估算法。

1）扩大指标估算法

扩大指标估算法是一种简化的流动资金估算方法，一般可参照同类企业流动资金占营业收入、经营成本的比例或者单位产量占用流动资金额估算。虽然扩大指标估算法简便易行，但准确度不高，一般适用于项目建议书阶段的流动资金估算。其计算公式为：

流动资金=年营业收入×营业收入资金率 (7.12)

流动资金=年经营成本×经营成本资金率 (7.13)

流动资金=年产量×单位产量占用流动资金额 (7.14)

【例7-9】某大型钢铁厂年炼钢量为800万吨。为了扩大再生产，厂领导决定将年炼钢量提高到1 200万吨。已知该钢铁厂单位炼钢量占用流动资金0.2万元，求扩大再生产后增加的流动资金额。

解：增加的流动资金额=（1 200−800）×0.2=80（万元）

2）分项详细估算法

对流动资金构成的各项流动资产和流动负债（包括存货、现金、应收账款、应付账款、预收账款等）分别进行估算，最后得出项目所需的流动资金额。其计算公式为：

流动资金=流动资产−流动负债 (7.15)

流动资产=应收账款+存货+现金 (7.16)

流动负债=应付账款+预收账款 (7.17)

流动资金本年增加额=本年流动资金−上年流动资金 (7.18)

流动资金估算的步骤为：第一步，确定各分项的最低周转天数，计算存货、现金、应收账款和应付账款的年周转次数；第二步，分项估算流动资产和流动负债。

（1）周转次数计算。周转次数的计算公式为：

$$周转次数=\frac{360天}{最低周转天数} \quad (7.19)$$

存货、现金、应收账款、应付账款的最低周转天数要根据项目的实际情况，参照类似企业的平均周转天数或按部门（行业）规定，并考虑一定的保险系数来综合确定。

（2）存货估算。存货是企业在日常生产经营过程中为销售或耗用而储备的各种货物，主要有原材料、辅助材料、燃料、低值易耗品、修理用备件、包装物、在产品、自制半成品和产成品等。为简化计算，项目评估中仅考虑外购原材料、外购燃料、在产品和产成品，并分项进行计算。

存货=外购原材料+外购燃料+在产品+产成品 (7.20)

$$外购原材料=\frac{年外购原材料费用}{外购原材料年周转次数} \quad (7.21)$$

$$外购燃料=\frac{年外购燃料费用}{外购燃料年周转次数} \quad (7.22)$$

在产品=（年外购原材料费用+年进口零部件费用+年外购燃料费用+年工资及福利费+年修理费用+年其他制造费用）÷在产品年周转次数 (7.23)

$$产成品=\frac{年经营成本-年销售费用}{产成品年周转次数} \quad (7.24)$$

（3）应收账款估算。应收账款是指企业已对外销售商品、提供劳务尚未收回的资金，包括很多科目。为简化计算，项目评估中一般只计算应收销售款。

$$应收账款=\frac{年经营成本}{应收账款年周转次数} \tag{7.25}$$

（4）现金需求量估算。现金需求量的计算公式为：

$$现金需求量=\frac{年工资及福利费+年其他费用}{现金年周转次数} \tag{7.26}$$

年其他费用=其他制造费用+其他管理费用+其他销售费用+技术转让费+研究与开发费用　(7.27)

（5）流动负债估算。流动负债是指在1年或超过1年的一个营业周期内需要偿还的各种债务，包括短期借款、应付账款、预收账款、应付职工薪酬、应交税费、应付股利等。

为简化计算，项目评估中一般主要考虑应付账款。应付账款是指因购买材料、商品或接受劳务等发生的债务，也就是买卖双方在购销活动中由于取得物资与支付货款在时间上不一致而产生的负债。此外，项目评估中还可考虑预收账款。预收账款是指买卖双方协议商定，由购买方预先支付一部分货款给销售方，从而形成销售方的负债。其计算公式分别为：

$$应付账款=\frac{年外购原材料、燃料、动力费用+年其他材料费用}{应付账款年周转次数} \tag{7.28}$$

$$预收账款=\frac{预收年营业收入}{预收账款年周转次数} \tag{7.29}$$

【例7-10】某新建项目工程费用为5 000万元，工程建设其他费用为2 000万元。项目建设期为3年，基本预备费费率为5%，预计年平均价格上涨率为3%。该项目的实施计划进度为：第一年完成项目全部投资的25%；第二年完成项目全部投资的60%；第三年完成项目全部投资的15%。本项目自有资金4 000万元，其余为贷款，贷款年利率为5%（按半年计息）。在投资过程中，先使用自有资金，然后向银行贷款，投产后的年营业收入为8 000万元，年经营成本为6 000万元（包括年外购原材料费用4 300万元、年进口零部件费用750万元、年外购燃料费用50万元、年工资及福利费260万元、年其他费用540万元、年修理费用100万元，年其他费用中的年其他制造费用为300万元），年销售费用为3 000万元。各项流动资金最低周转天数为：应收账款40天，预付账款30天，原材料48天，进口零部件90天，燃料60天，在产品20天，产成品10天，现金15天，应付账款40天，预收账款30天。试估算该项目的总投资。

解：（1）基本预备费

基本预备费=（工程费用+工程建设其他费用）×基本预备费费率=（5 000+2 000）×5%=350（万元）

（2）涨价预备费

第一年计划投资额 I_1=5 000×25%=1 250（万元）

第一年涨价预备费 $PC_1=I_1[(1+f)-1]=1\,250\times[(1+3\%)-1]=37.50$（万元）

第二年计划投资额 I_2=5 000×60%=3 000（万元）

第二年涨价预备费 $PC_2=I_2[(1+f)^2-1]=3\,000\times[(1+3\%)^2-1]=182.70$（万元）

第三年计划投资额 I_3=5 000×15%=750（万元）

第三年涨价预备费 $PC_3=I_3[(1+f)^3-1]=750\times[(1+3\%)^3-1]=69.55$（万元）

涨价预备费总额 $PC=PC_1+PC_2+PC_3=37.50+182.70+69.55=289.75$（万元）

（3）建设投资

建设投资=工程费用+工程建设其他费用+基本预备费+涨价预备费=5 000+2 000+350+289.75=7 639.75（万元）

（4）建设期贷款利息

有效年利率 $i=\left(1+\dfrac{5\%}{2}\right)^2-1=5.06\%$

第一年建设投资额=7 639.75×25%=1 909.94（万元）

第一年需要的贷款额 $A_2=0$（1 909.94万元<4 000万元，故第一年无须贷款）

第二年建设投资额=7 639.75×60%=4 583.85（万元）

第二年需要的贷款额 A_2=1 909.94+4 583.85−4 000=2 493.79（万元）

第二年贷款利息 $q_2=\left(P_1+\dfrac{1}{2}A_2\right)\cdot i=\left(\dfrac{1}{2}\times 2\,493.79\right)\times 5.06\%=63.09$（万元）

第三年建设投资额=7 639.75×15%=1 145.96（万元）

第三年需要的贷款额 A_3=1 145.96万元

第三年贷款利息 $q_3=\left(P_2+\dfrac{1}{2}A_3\right)\cdot i=\left[(2\,493.79+63.09)+\dfrac{1}{2}\times 1\,145.96\right]\times 5.06\%=158.37$（万元）

项目建设期贷款利息 $q=q_1+q_2+q_3=0+63.09+158.37=221.46$（万元）

（5）流动资金

应收账款年周转次数=360÷40=9（次）

预付账款年周转次数=360÷30=12（次）

原材料年周转次数=360÷48=7.5（次）

进口零部件年周转次数=360÷90=4（次）

外购燃料年周转次数=360÷60=6（次）

在产品年周转次数=360÷20=18（次）

产成品年周转次数=360÷10=36（次）

现金年周转次数=360÷15=24（次）

应付账款年周转次数=360÷40=9（次）

预收账款年周转次数=360÷30=12（次）

应收账款 $=\dfrac{\text{年经营成本}}{\text{应收账款年周转次数}}=\dfrac{6\,000}{9}=666.67$（万元）

预付账款 $=\dfrac{\text{年外购原材料费用}+\text{年进口零部件费用}+\text{年外购燃料费用}}{\text{预付账款年周转次数}}=\dfrac{4\,300+750+50}{12}=425$（万元）

外购原材料 $=\dfrac{\text{年外购原材料费用}}{\text{外购原材料年周转次数}}=\dfrac{4\,300}{7.5}=573.33$（万元）

进口零部件 $=\dfrac{\text{年进口零部件费用}}{\text{进口零部件年周转次数}}=\dfrac{750}{4}=187.50$（万元）

外购燃料 $=\dfrac{\text{年外购燃料费用}}{\text{外购燃料年周转次数}}=\dfrac{50}{6}=8.33$（万元）

在产品=（年外购原材料费用+年进口零部件费用+年外购燃料费用+年工资及福利费+年修理费用+年其他制造费用）÷在产品年周转次数=（4 300+750+50+260+100+300）÷18=320（万元）

产成品 $=\dfrac{\text{年经营成本}-\text{年销售费用}}{\text{产成品年周转次数}}=\dfrac{6\,000-3\,000}{36}=83.33$（万元）

现金 $=\dfrac{\text{年工资及福利费}+\text{年其他费用}}{\text{现金年周转次数}}=\dfrac{260+540}{24}=33.33$（万元）

$$\text{应付账款}=\frac{\text{年外购原材料、燃料、动力费用}+\text{年其他材料费}}{\text{应付账款年周转次数}}=\frac{4\,300+50+750}{9}=566.67\text{（万元）}$$

$$\text{预收账款}=\frac{\text{预收年营业收入}}{\text{预收账款年周转次数}}=\frac{8\,000}{12}=666.67\text{（万元）}$$

流动资产=应收账款+预付账款+存货+现金=666.67+425+573.33+187.50+8.33+320+83.33+33.33
=2 297.49（万元）

流动负债=应付账款+预收账款=566.67+666.67=1 233.34（万元）

流动资金=流动资产-流动负债=2 297.49-1 233.34=1 064.15（万元）

（6）项目总投资

项目总投资=建设投资+建设期贷款利息+流动资金=7 639.75+221.46+1 064.15=8 925.36（万元）

7.3 资金来源分析

资金来源是指建设项目获得资金的渠道，包括项目资本金和债务资金两大类。项目资本金，又称权益资本，是指在建设项目总投资中由投资者认缴的出资额，对于建设项目来说是非债务性资金。项目法人不承担这部分资金的任何利息和债务；投资者可按其出资的比例依法享有所有者权益，也可转让其出资及相应权益，但不得以任何方式抽回资金。债务资金主要包括通过国内外金融机构贷款、债券等形式获得的资金。

7.3.1 权益资本（equity capital）

1）国家财政拨款

国家财政拨款一般用于国防、教育、文化、科学、卫生等事业。由于财政拨款无偿无息，因此常常得不到合理使用，很多项目对于国家财政拨款浪费严重，效益较差。

2）企业利润留存

企业在税后利润中提取的盈余公积和未分配利润可投资于项目，成为项目资本金。

3）发行股票

经政府批准的股份有限公司可申请向社会公开发行股票，有利于扩大股东范围，筹集大量资本金，是现代企业和项目筹集权益资本的主要方式。

4）外商直接投资

外商在中外合资、中外合作和外商独资经营企业中投入的资本，统称为外商直接投资资本金。

7.3.2 债务资金

1）国内银行贷款

我国国家政策性银行及商业银行对项目的贷款一般按期限分为短、中、长期贷款。1年以内偿还的为短期贷款，1~5年偿还的为中期贷款，5年以上偿还的为长期贷款。

2）国外贷款

（1）外国政府贷款，也称政府信贷，是指外国政府向我国政府提供的长期优惠贷款，其性质属于政府间的开发援助。偿还期一般为20~30年，利率较低，年利率只有2%~3%。政府贷款中赠予成分较高，一般为50%~70%。我国目前利用的外国政府贷款主要有日本海外协力基金贷款、日本能源贷款、美国国际开发署和加拿大国际开发署提供的政府贷款以及法国、德国等提供的贷款。政府信贷政治性强，只有双方就国际形势、区域政治达成一定共识，才有可能签订贷款协议。此类贷款一般投入借款国非营利性开发项目（如城市基础设施、交通、能源等项目），或投入贷款国优势行业，有利于该国出口设备。

（2）国际金融组织贷款，是指来自国际货币基金组织、世界银行、亚洲开发银行等国际金融组织的贷款。

①国际货币基金组织的宗旨是促进国际货币合作、支持国际贸易的发展和均衡增长、稳定国际汇兑并提供临时性融资，帮助成员方调整国际收支的暂时失调。它不向成员方提供一般性的项目贷款，只是在成员方国际收支暂时不平衡时提供贷款，帮助它们克服国际收支逆差。国际货币基金组织的贷款条件比较严格。该组织按照成员方在基金中所占的份额、面临的国际收支困难程度以及解决这些困难的政策能否奏效等条件来确定贷款额。

②世界银行贷款包括国际开发协会（MA）贷款（软贷款）和国际复兴开发银行（IBRD）贷款（硬贷款）。软贷款主要贷给人均国民收入低于一定数额的发展中国家，贷款偿还期为35年，不收利息，每年只对贷款未偿还部分征收0.75%的手续费，同时对借款人未支取的贷款征收0.5%的承诺费，因此软贷款条件十分优惠。世界银行贷款的主要对象为农业和农村发展、环境保护、交通、能源、基础工业及社会事业。

③亚洲开发银行旨在促进亚洲及太平洋地区经济的增长与合作，其贷款可分为普通资金贷款（硬贷款）、亚洲开发基金贷款（软贷款）和技术援助基金三种。除了技术援助基金属于技术援助性质的赠款外，硬贷款和软贷款的使用及条件均与世界银行贷款类似，只是偿还期和利率稍有差别。亚洲开发银行贷款也以项目贷款为主。农业和农产品加工业是贷款的主要领域，此外还有水利、林业和渔业，在能源方面主要是水电项目。

（3）出口信贷，是指出口国政府对银行贴补利息并提供担保，由银行向外贸企业发放利率较低的贷款，支持和扩大本国的商品出口，增强本国产品在国际市场上的竞争能力。特别是对于工业成套设备，许多国家都提供出口信贷。出口信贷可分为买方信贷和卖方信贷。

①买方信贷是出口方银行向进口商或进口方银行提供的商业信贷。有了此种贷款，进口方就可以用现汇购买商品和设备，而出口方可及时收回货款。买方信贷的金额一般不超过合同金额的85%。贷款通常是在卖方交货完毕或工厂建成投产后分期偿还，每半年还本付息一次，期限不超过10年。使用买方信贷，进口方除支付利息外，还须支付管理费、保险费和承诺费。

②卖方信贷是出口方银行向本国出口商提供的商业信贷，出口商以此贷款为垫付资金，允许买方赊购自己的产品，分期支付货款。使用卖方信贷，进口商一般先支付合同金额的15%作为定金，其余货款可在项目投产后陆续支付，出口商收到货款后向银行归还贷款。出口商除支付利息外，也要承担保险费、管理费和承诺费，他们一般将这些费用计入出口货款，把贷款成本转移给进口方。出口信贷由于有出口国政府的政策性补贴，因而利率比国际金融市场相同期限的利率略低，这对于需要购置我国经济建设急需的成套设备和大型专用设备的项目来说，是获得巨额资金的重要渠道。

（4）国际商业贷款，是指一国在国际金融市场上以借款方式筹集的资金，主要指国外商业银行和除国际金融组织以外的其他国外金融机构贷款。这类贷款方式灵活，手续简便，使用不受限制。贷款利率有固定利率和浮动利率两种。中长期贷款一般采用浮动利率，通常是在伦敦同业银行拆放利率（LIBOR）的基础上，结合国际金融市场上资金供求、期限长短、贷款金额大小、货币币种风险和客户资信高低，再加上一定的利差（一般为0.25%～1.25%）。国际商业贷款包括单个银行贷款和国际银团贷款两种形式。其中，国际银团贷款（亦称辛迪加贷款）是由一家银行牵头，多家银行和金融机构组成银团，联合向某借款人提供金额较大的长期贷款。贷款多用于购买需要巨额资金的成套设备、飞机和船舶等。辛迪加贷款的借款人通常是各国中央或地方政府、开发银行、进出口银行或国有金融机构及大型跨国公司。国际商业贷款利率完全由国际金融市场资金供求关系决定，不能享受前述各种非商业贷款的优惠条件。由于利率高、还款期短（中长期贷款还款期一般为5～10年），故风险比较大。若项目经济效益不高、偿债能力不强，就会发生债务危机。

3）发行债券

（1）企业债券。企业债券是债务人为筹集资金而发行的，承诺按期向债权人支付利息和偿还本金的一种有价证券。除国家发行的国库券外，企业或项目实体为项目建设和经营发展而向公众发行的债券称为企业债券。虽然目前发行企业债券的数额受到控制，总量也不大，但很可能逐步成为企业或项目实体筹集中长期资金的重要方式。企业债券有固定利率债券和浮动利率债券之分，在我国通常为固定利率债券。企业债券期限也有长短之分，其中1年以下的称为企业短期融资券。企业债券按有无担保又可分为有担保债券和无担保债券。有担保债券，是指有指定财产作担保的债券。按担保品的不同，有担保债券可细分为不动产抵押债券、动产抵押债券和信托抵押债券等。抵押债券因为有企业财产作为还款保证，债权人的到账风险相对较小，故债券利率比无担保债券低。无担保债券，又称信用债券，它无任何担保，是只凭企业信誉发行的债券，通常只有信誉强的大企业才能发行这种债券。企业债券在发行时一般由投资银行等金融中介机构承购包销，它们帮助企业或项目实体确定发行规模、发行价格、发行方式及发行费用，并把债券推销给投资者。

（2）发行境外债券。我国政府、金融机构和企业在国外向外国投资者发行的外币债券称为境外国际债券。在发行境外债券前，发行人首先要经过国外评级机构的评级，然后委托承销团确定发行条件，包括金额、偿还期、利率、发行价格、发行费用等。发行后的债券可在二级市场上流通。目前世界上主要的国际债券市场有美国美元债券市场（纽约）、亚洲美元债券市场（新加坡、中国香港）、欧洲美元债券市场（伦敦、卢森堡）、德国马克债券市场（法兰克福）、日本日元债券市场（东京）、英国英镑债券市场（伦敦）、瑞士法郎债券市场（苏黎世）等。境外债券在国际金融市场上的价格随着该种债券在市场上的需求情况而变动。如果债券在二级市场上的表现不佳，则会影响发行人的信誉和今后债券的发行。

无论是境内债券还是境外债券，相对于股票筹资，主要优点都是资金成本低。因为债券利息在税前支付，所以企业或项目实体可以得到利息免税的好处。对投资者而言，债券风险比股票小，因此债券的发行比股票容易，发行成本也低。企业或项目实体通过债务筹资还可以发挥财务杠杆的作用，进一步提高资金收益率。但是，债券筹资需签订严格的债券合同，这是一个具有法律效力的文件，规定了债权人和发行者双方的权利和义务。债券合同上保护债权人的条款中对发行人资产流动性、证券销售、红利支付、投资及兼并等的限制，降低了企业经营的灵活性，这是债券筹资不利的一面。

4）租赁筹资

租赁筹资是指企业或项目实体在需要设备时不是筹资自行购买，而是以支付租金的方式向租赁公司借入设备。在租赁筹资方式下，租赁公司（出租人）拥有设备的所有权，企业（承租人）只有设备的使用权。为了筹资而进行的租赁称为金融租赁，其租赁期较长，一般为设备的经济寿命期，在租赁期末，承租人可以低于市场的价格购入设备从而成为设备的所有者。金融租赁是“融物”和“融资”相结合的一种筹资方式。

7.4 融资方案研究

项目融资方案研究是在投资估算的基础上，充分调查项目的运行和投融资环境，征询政府和各种可能的投资方、融资方意见，系统研究拟建项目的资金渠道、融资形式、融资结构、融资成本、融资风险，拟定出一套或几套可行的融资方案，不断进行完善和优化，经过比选，推荐资金来源可靠、资金结构合理、融资成本低、融资风险小的方案。

7.4.1 项目融资方案的编制

通过对项目融资方案的系统研究，对项目资金来源、资金筹措方式、融资结构和数量等做出整体安排，编制出一套完整的项目资金筹措方案。项目资金筹措方案主要由项目资金来源计划、投资使用与资金筹措计划两部分内容构成。

1）项目资金来源计划

项目资金来源计划主要反映项目资本金及债务融资资金来源的构成，一般通过编制“项目资金来源计划表”加以反映。对于每项资金来源的融资条件和融资可信程度，在该表中要加以说明，或放在该表的附注当中。表7-4为某建设项目法人投资项目资金来源计划表，该表简要地说明了项目各项资金的来源及融资条件和融资可信程度。

表7-4　　某建设项目法人投资项目资金来源计划表　　金额单位：万元

序号	资金来源	金额	融资条件	融资可信程度
1	资本金	3 600		
1.1	股东A股本投资	2 000		公司书面承诺
1.2	股东B股本投资	800		董事会书面承诺
1.3	股东C股本投资	600		公司预计
2	债务资金	8 500		
2.1	某国买方信贷	8 000	贷款期为8年，其中宽限期为3年，宽限期内只付息，不还本；还本期内等额分期偿还本金；年利率为6%，按季付息；国内商业银行转贷手续费费率为0.4%；无其他银行附加费用；以进口设备抵押，抵押率为70%	公司意向
2.2	某银行长期贷款	500	贷款期为6年，其中宽限期为2年；还款期内等额还本付息；年利率为8%，按季付息；由公司股东按股权比例担保，担保费率为1%；无其他财务费用	银行书面承诺、公司股东书面承诺担保

2）投资使用与资金筹措计划

投资使用与资金筹措计划是根据项目资金来源计划反映的各项资金来源和条件，按照项目投资的使用要求所进行的规划与安排，一般通过编制“项目总投资使用计划与资金筹措表”加以反映。

编制投资使用与资金筹措计划时应注意以下两个问题：一是各年度的资金平衡，即在项目实施的各年度中，资金来源必须满足投资使用的要求，投资使用与资金筹措在时序、数量两方面都要平衡；二是建设期利息需要按照制订的筹资方案来计算。

7.4.2 融资方案分析

1）资金结构

项目的资金结构（capital structure）是指项目筹集资金中资本金、债务资金等各种资金的占比关系，包括资本金与债务融资比例、资本金结构、债务资金结构。资金结构分析的作用是评价资金结构的合理性，并对资金结构进行优化。

(1) 资本金与债务融资比例。在项目总投资和投资风险一定的条件下，项目的资本金比例越高，权益投资人投入项目的资金越多，承担的风险越高，而提供贷款融资的债权人承担的风险越低。当资本金比例降低到银行不能接受的水平时，银行将会拒绝贷款。合理的资金结构需要由各个参与方的利益平衡来决定。

(2) 资本金结构。资本金结构包含投资产权结构和资本金比例结构两个方面。参与投资的各方投资人占有多大的出资比例对于项目的成败有着重要影响。公司的控股形式可以是绝对控股，也可以是相对控股。各方投资比例需要考虑各方的利益需要、资金及技术能力、市场开发能力、已经拥有的权益等。不同的权益比例决定着各投资人在项目及公司中的作用、承担的责任与义务、收益分配。不同的投资人，由于其背景和特长不同，对于项目的成功有着不同的贡献。各个投资人之间的优势互补可以使项目的成功得到更好的保障。但如果出资比例处理不当，某些方面的利益没有得到合理分配，就可能造成项目实施中的困难。

(3) 债务资金结构。债务资金结构是指各种债务资金的占比，包括负债方式及债务期限的配比。合理的债务资金结构需要考虑融资成本、融资风险，合理设计融资方式、币种、期限、偿还顺序及保证方式。

对于借贷公司来说，项目无论是使用境外贷款还是使用国内银行外汇贷款，只要贷款条件一样，就没有什么区别。但是，对于国家来说，项目如果使用境外贷款，则会对国家的外汇收支产生影响。由于各个币种的外汇汇率总是在不断变化之中，因而，在条件允许的情况下，项目使用外汇贷款时需要仔细挑选外汇币种。

在项目负债结构中，长短期借款需要合理搭配。通常来说，短期借款利率低于长期借款利率，适当安排一些短期融资可以降低总的融资成本，但如果过多采用短期融资，则会使项目公司的财务流动性不足，产生过高的财务风险。在负债融资安排中，除了负债种类、期限、币种以外，还需要妥善安排偿债顺序。偿债顺序包括偿债的时间顺序及不同债务的受偿优先顺序。在多种债务中，对于借款人来说，在时间上应当先偿还利率较高的债务，后偿还利率较低的债务。由于存在汇率风险，通常应当先偿还硬货币的债务，后偿还软货币的债务。

2）融资风险分析

融资风险分析是项目风险分析中非常重要的一个组成部分，涉及因融资活动而产生的投资风险和实施融资方案所遇到的风险。融资风险分析的目的是识别融资风险因素，估计融资风险程度并提出融资风险对策。项目的融资风险分析包括资金运用风险、项目控制风险、资金供应风险、资金追加风险、利率及汇率风险。

（1）资金运用风险，是指项目运用所筹集资金投资失当带来的风险。项目投资活动的很多方面一旦失当就可能导致投资失败。项目投资失当与融资活动有关，投资失当产生的损失往往可以利用融资活动全部或部分转移给资金提供者（出资人）。在特定的融资方式下，筹资人承担这种失败的程度越大，融资风险越大；反之，融资风险越小。因此，在制订融资方案时，需要详细分析项目的整体风险情况，评估项目投资失当的可能性，进而考虑融资过程中应对风险的对策。如果风险较大，就可以通过股权融资等方式让更多的出资人来共同承担风险，或利用项目融资模式限定筹资人或项目发起人的风险承受程度。

（2）项目控制风险，主要表现在经过融资活动，筹资人会失去对项目的某些控制权，如项目的收益权、管理权、经营权等。特别是通过股权等涉及项目控制权的资本金融资方式，在项目获得资金的同时，筹资人会相应地失去一定的项目控制权。不同的融资风险和应对风险的对策之间存在着关联性。筹资人需要综合权衡以定取舍。如果未来投资风险很大，筹资人就可以较多地运用股权融资等方式，在筹措资金的同时转移风险；如果未来投资风险较小，筹资人就应尽量使用不涉及项目控制权的融资方式，如银行借款等债务融资方式。

（3）资金供应风险，是指融资方案在项目实施过程中可能出现由于资金不落实导致建设工期拖长、工程成本超支、原定投资效益目标难以实现的风险。比如，已承诺出资的投资者中途变故，不能兑现承诺；原定发行股票、债券计划不能落实；既有法人融资项目由于经营状况恶化，无力按原定计划出资等。发生资金供应风险的重要原因之一是预定的投资人或贷款人没有按预定方案出资导致融资计划失败。在项目融资方案的设计中应当对预定出资人的出资能力进行调查分析，在选择项目的股本投资人及贷款人时，应当选择资金实力强、既往信用好、风险承受能力强、所在国政治及经济稳定的出资人。

（4）资金追加风险。项目实施过程中会出现设计变更、技术变更、市场变化、某些预定出资人变更、投资超支等原因引起的追加融资额，从而导致项目的融资方案变更。如果不能满足追加资金的需求，就可能导致项目失败。因此，一方面，需要加强项目前期的分析论证及科学合理的规划，加强项目实施过程中的管理和监控；另一方面，项目需要具备足够的再融资能力，即在项目出现融资缺口时应当有及时取得补充融资的计划及能力。在项目的融资方案设计中需要考虑备用融资方案，主要包括项目公司股东的追加投资承诺、贷款银团的追加投资承诺、银行的备用贷款承诺（即贷款承诺高于项目计划使用资金数额）。融资方案设计中还需要考虑在项目实施过程中追加取得新融资的渠道和融资方式。另外，项目的投资支出计划与融资计划应当平衡，必要时应当留有一定的富余量。

（5）利率及汇率风险。

①利率风险。在采取浮动利率贷款的情况下，贷款利率会随着市场利率的变动而变动，未来市场利率的变动会带来项目资金成本的不确定性。如果未来市场利率升高，项目

的资金成本将随之上升；如果未来市场利率下降，项目的资金成本将随之下降。在采取固定利率贷款的情况下，贷款利率不随着市场利率的变动而变动，未来市场利率的变动不会影响项目的资金成本。即使未来市场利率下降，项目的资金成本也不会相应下降，但相对于市场利率下降而言，项目的资金成本是上升的。固定利率通常高于签订贷款合同当时的浮动利率。为了规避利率风险，在某些情况下可以通过利率掉期将固定利率转换为浮动利率，或者反过来将浮动利率转换为固定利率，从而转换利率风险。

②汇率风险。如果项目使用某种外汇融资，未来市场汇率的变动将会使项目的资金成本发生变动，从而产生汇率风险。为了防范汇率风险，对于未来有外汇收入的项目，可以根据项目未来的收入币种选择借款外汇币种和还款外汇币种。此外，还可以通过外汇掉期来转换汇率风险。

3）资金成本分析

资金成本（financing cost）是指项目使用资金所付出的代价，由资金占用费和资金筹集费两部分组成。资金占用费是指资金使用过程中发生的向资金提供者支付的代价，包括借款利息、债券利息、优先股股息、普通股红利及权益收益等；资金筹集费是指资金筹集过程中发生的各种费用，包括律师费、资信评估费、公证费、证券印刷费、发行手续费、担保费、承诺费、银团贷款管理费等。资金成本通常以资金成本率来反映。资金成本率是指使用资金所负担的费用与资金筹集净额之比。资金成本分析主要包括债务融资资金成本分析和权益资金成本分析两类。

（1）债务融资资金成本分析。债务融资资金包括借贷资金和债券资金。

①借贷资金，是指向银行及其他各类金融机构以借贷方式筹措的资金。借贷资金成本分析，应分析各种融资方案的利率水平、利率计算公式（固定利率或浮动利率）、计息（单利或复利）和付息方式，以及偿还期和宽限期，并进行不同方案的比选。因为借款筹资的筹资费用比较低，可以忽略不计，所以借款成本主要表现在借款利息上。借贷资金成本率的计算公式为：

$$k=I\cdot(1-T) \tag{7.30}$$

式中：k为借贷资金成本率；I为借款年利率；T为所得税税率。

【例7-11】已知某企业为了更新设备和扩大再生产，准备向银行贷款1 000万元。若银行贷款年利率为8%，所得税税率为25%，求该企业的借贷资金成本率。

解：$k=I\cdot(1-T)=8\%\times(1-25\%)=6\%$

②债券资金。债券资金成本是发行债券过程中的筹资成本。因为债券发行时的筹资费用较高，所以必须考虑筹资费用。此外，债券发行价格与债券面值可能存在差异，计算债券资金成本时要按预计的发行价格确定筹资总额。债券资金成本率的计算公式为：

$$k=\frac{L(1-T)}{Q(1-F)} \tag{7.31}$$

式中：k为债券资金成本率；L为债券各年利息额；T为所得税税率；Q为债券发行总额；F为债券筹资费率。

【例7-12】某企业计划年初发行债券800万元，年利率为6%，筹资费率为2%；现在拟追加发行债券400万元，年利率为5%，筹资费率为1.5%。该企业适用的所得税税率为25%。试求该企业的债券资金成本率。

解：$k=\frac{L(1-T)}{Q(1-F)}=\frac{(800\times6\%+400\times5\%)\times(1-25\%)}{800\times(1-2\%)+400\times(1-1.5\%)}=4.33\%$

（3）权益资金成本分析。

权益资金主要有优先股、普通股和留存收益三种形式。权益资金成本是指企业的所有者投入企业资金的成本，即企业的优先股、普通股和留存收益等的资金成本。权益资金成本包括投资者的预期报酬率和筹资费用两部分。由于投资报酬不是事先规定的（优先股除外），它完全由企业的经济效益所决定，因此权益资金成本的计算具有较大的不确定性。另外，与债务利息不同，权益资金报酬（即股利）是以税后利润支付的，不会减少企业上缴的所得税。通常来说，在各种资金来源中，权益资金成本高于债务资金成本。

①优先股（preferred stocks）是相对于普通股而言的，主要是指在利润分红及剩余财产分配的权利方面优先于普通股。但是，优先股股利在税后支付，不减少企业所得税。在企业破产时，优先股的求偿权位于债券持有人之后，优先股股东的风险比债券持有人的风险要大，因此优先股资金成本明显高于债券成本。优先股资金成本率的计算公式为：

$$k_p=\frac{D_p}{P_p\cdot(1-f_p)} \tag{7.32}$$

式中：k_p为优先股资金成本率；D_p为优先股每年的股利支出；P_p为优先股股金总额；f_p为筹资费用率。

【例 7-13】某企业发行优先股，总面额为1 000万元，发行股金总额为2 000万元。筹资费用率为4%，预定年股利支付率为12%。求优先股资金成本率。

$$k_p=\frac{D_p}{P_p\cdot(1-f_p)}=\frac{1\,000\times12\%}{2\,000\times(1-4\%)}=6.25\%$$

②普通股（common stocks），是指在项目的经营管理、盈利和财产分配上享有普通权利的股份，代表在满足所有债权偿付及优先股股东的收益权与求偿权后对企业盈利和剩余财产的索取权。它是构成项目资本的基础，是股票的一种基本形式，也是发行量最大、最为重要的股票。普通股资金成本率的计算公式为：

$$k_c=\frac{D_c}{P_c\cdot(1-f_c)}+G \tag{7.33}$$

式中：k_c为普通股资金成本率；D_c为普通股每年的股利支出；P_c为普通股股金总额；f_c为筹资费用率；G为股利增长率。

【例 7-14】某项目以普通股形式发行股票，票面价值总额为2 000万元，发行总金额为3 000万元，筹资费用率为5%，预计第一年股利支付率为12%，以后每年按5%递增。求普通股资金成本率。

$$k_c=\frac{D_c}{P_c\cdot(1-f_c)}+G=\frac{2\,000\times12\%}{3\,000\times(1-5\%)}+5\%=13.42\%$$

③留存收益（retained earnings），是指企业从历年实现的利润中提取或留存于企业内部的积累。它来源于企业生产经营活动所获得的净利润，包括提取的盈余公积和未分配利润。盈余公积是有特定用途的累积盈余；未分配利润是没有指定用途的累积盈余。从表面上看，企业使用留存收益好像不需要付出任何代价，但实际上，股东之所以愿意将其留存

在企业而不作为股利取出投资于别处，是因为他们会要求与普通股等价的报酬，因此，留存收益的使用也有成本，只不过是一种机会成本。留存收益资金成本率的确定方法与普通股相同，只是不考虑筹资费用，其计算公式为：

$$k_r=\frac{D_c}{P_c}+G \tag{7.34}$$

式中：k_r为留存收益资金成本率；D_c为普通股每年的股利支出；P_c为普通股股金总额；G为股利增长率。

【例7-15】某企业的留存收益为200万元，第一年股利支付率为12%，以后每年递增3%，则留存收益资金成本率为：

$$k_r=\frac{200\times 12\%}{200}+3\%=15\%$$

本章小结

•投资估算是拟建项目编制项目建议书和可行性研究报告的重要组成部分，也是项目决策的重要依据之一。投资估算的内容包括该项目从筹建、设计、施工直至竣工投产所需的全部费用，分为建设投资和流动资金两部分。相应地，建设项目投资估算包括固定资产投资估算和流动资金估算。在生产性工程项目中，总投资包括固定资产投资和流动资产投资；在非生产性工程项目中，总投资只有固定资产投资，不含流动资产投资。

•投资估算的要求包括内容要求和深度要求。估算人或机构在开展投资估算时，必须严格满足项目投资估算书的撰写规范与内容要求；项目投资可行性研究报告中的投资估算部分应具备足够的深度。项目投资估算的依据一般存在严格的行业界定。

•投资估算的编制应按照一定的原则和程序进行。投资估算方法包括简单估算法和分类估算法两种。其中，简单估算法又包括单位生产能力估算法、生产能力指数法、比例估算法、系数估算法和投资估算指标法。分类估算法就是对构成建设投资的各类投资（包括工程费用、工程建设其他费用和预备费）分类进行估算的方法。

•流动资金估算的基础主要是营业收入和经营成本，通常有扩大指标估算法和分项详细估算法。扩大指标估算法是一种简化的流动资金估算方法，一般可参照同类企业流动资金占销售收入、经营成本的比例，或者单位产量占用流动资金的数额估算。分项详细估算法是对流动资金构成的各项流动资产和流动负债（包括存货、现金、应收账款、应付账款、预收账款等）分别进行估算，最后得出项目所需的流动资金数额。

•资金来源分析包括项目资本金和债务资金两大类。项目资本金，又称权益资本，来源有国家财政拨款、企业利润留存、发行股票和外商直接投资；债务资金则主要包括通过国内外金融机构贷款、发行债券、租赁筹资等形式获得的资金。

•融资方案研究主要包括项目融资方案的编制、资金结构、融资风险分析及资金成本分析。项目融资方案的编制对项目资金来源、资金筹措方式、融资结构和数量等做出整体安排，编制一套完整的项目资金筹措方案。资金结构分析的作用是评价资金结构的合理性，并对资金结构进行优化。项目融资风险分析包括资金运用风险、项目控制风险、资金供应风险、资金追加风险、利率及汇率风险。资金成本分析主要包括债务融资资金成本分析和权益资金成本分析两类。

关键概念

投资估算　简单估算法　分类估算法　单位生产能力估算法　流动资金　扩大指标估算法　权益资本　融资方案　资金成本

章后练习

一、填空题

1.固定资产投资估算的内容按照费用的性质划分，包括（　　）、（　　）、（　　）、（　　）、（　　）、（　　）等。

2.（　　）是指企业从历年实现的利润中提取或留存于企业内部的积累。它来源于企业生产经营活动所获得的净利润，属于普通股股东，包括提取的盈余公积和未分配利润。

二、选择题

1.详细可行性研究阶段的精度要求为（　　）。

A.允许超过±30%　　B.控制在±30%以内

C.控制在±20%以内　　D.控制在±10%以内

2.下列投资估算方法中，属于简单估算法的有（　　）。

A.单位生产能力估算法　　B.生产能力指数法

C.比例估算法　　D.系数估算法

E.投资估算指标法

3.不向成员方提供一般性的项目贷款，只是在成员方国际收支暂时不平衡时提供贷款，帮助它们克服国际收支逆差的国际机构是（　　）。

A.亚洲开发银行　　B.世界银行

C.国际货币基金组织　　D.欧盟

4.项目资金又称权益资本，它的来源主要有（　　）。

A.国家财政拨款　　B.企业利润留存

C.发行股票　　D.外商直接投资

三、判断题

1.流动资金估算的基础主要是营业收入和非营业收入。（　　）

2.在项目总投资和投资风险一定的条件下，项目资本金比例越高，权益投资人承担的风险就越低。（　　）

3.在偿还多种债务的过程中，借款人应当先偿还利率较高的债务。（　　）

4.在考虑债务资金结构时，应分析各种债务资金的占比。（　　）

5.资金成本是指使用项目资金所付出的代价，由资金占用费和资金处置费构成。（　　）

四、计算分析题

1.某公司普通股每股发行价为100元，筹资费率为5%，第一年年末发放的股利为每股12元，以后每年增长4%，计算普通股资金成本率。

2.某拟建项目达到设计生产能力后，全厂定员为1 100人，工资和福利费按照每人每年3万元估算。每年其他费用为860万元，其中其他制造费用为660万元。年外购原材料、燃料、动力费估算为19 200万元。年经营成本为21 000万元，年销售费用为3 700万元，年修理费占年经营成本的10%，预付账款为560万元。各项流动资金最低周转天数分别为：应收账款30天；现金40天；应付账款30天；存货40天。请运用分项详细估算法估算拟建项目的流动资金需求量。

部分练习参考答案

杭州湾跨海大桥
项目融资方案

第 8 章　项目财务基础数据测算

主要知识点

财务基础数据测算的概念、原则、范围和内容、程序；财务基础数据测算表及其相互联系；成本费用、销售收入和税金、利润总额及分配、投资借款还本付息等各项财务基础数据的估算。

8.1　项目财务基础数据测算概述

8.1.1　财务基础数据测算的概念

财务基础数据（financial basic data）是指与项目财务效益评估和国民经济效益评估有关的各种数据（如总投资、成本、利润、销售收入、税金及附加等）、参数（如利率、行业平均利润率、折现率）与资料（如可行性研究报告、项目建议书、有关部门的规章制度、管理办法、准则等）。

财务基础数据测算是指项目分析人员在项目市场、资源、技术条件分析评价的基础上，根据现行的法律法规、价格政策、税收政策和其他有关规定，对一系列有关的财务基础数据进行调查、收集、分析，测算项目总投资、投产后项目的生产成本、销售收入及税金、利润及利润分配等各项财务基础数据，并编制有关财务基础数据测算表的一系列工作。

财务基础数据测算是项目财务效益评估、国民经济效益评估和项目不确定性分析的重要依据，不仅为上述分析提供必要的数据，而且对上述分析的结果、所采用的分析方法以及最后的决策意见都会产生决定性的影响。因此，财务基础数据测算是项目评估的重要组成部分。

8.1.2　财务基础数据测算的原则

财务基础数据测算是项目财务评估的前提和基础。作为一项重要且严肃的工作，必须以严谨的态度认真对待财务基础数据测算，并遵循以下原则：

1）以现行经济法律法规为原则

进行项目财务基础数据的测算，必须以国家有关部门制定的经济法律法规为依据，不能以项目评估人员的主观想象来选取财务基础数据。这一要求的目的在于保证测算得出的项目财务基础数据合法、可靠、有效。随着国家各项法律法规的不断完善，项目评估人员还需要随时关注和搜集掌握相关法律法规的变化情况。

2）以数据的真实性、可靠性为原则

财务基础数据测算的真实性和可靠性直接决定或影响着项目投资决策的正确性。评估人员应从不同方面调查与核实数据的准确性和真实性，在选取数据时注意客观性；在预测和分析时注意防止主观性和片面性；对于重要的基础数据、参数和指标等，还要关注项目计算期内的变动趋势，以保证财务基础数据测算和经济分析结果的准确性。

3）以财务数据的可比性为原则

可比性是经济评价对财务基础数据测算提出的要求。可比性要求各类计算方法口径、基础数据与行业现行的财务实务保持一致，以保证测算结果与行业的实际水平具有可比性，从而得出项目投资的价值。比如，在计算效益与费用时，计算范围、时期、所依据的参数（如折旧率、利率、税率和价格等）应保持一致，以保证投入与产出在同一标准的基础上进行测算；财务报表中所要测算的各项数据，在逻辑和时间上应有其内在的联系和规律性，以确保报表编制的合理性和数据测算的科学性。

8.1.3 财务基础数据测算的范围和内容

1）财务基础数据测算的范围

财务分析涉及的基础数据很多，按其作用可以分为两类：一类是计算用数据和参数；另一类是判别用参数，或称基准参数。

（1）计算用数据和参数，可分为初级数据和派生数据两类。财务分析需要大量的初级数据，它们大多是通过调查研究、分析、预测确定的或是由相关专业人员提供的，如产出物数量和商品量、销售价格，原材料和燃料动力消耗量及价格，人员数量和工资，折旧与摊销年限，以及成本计算中使用的各种费率、税率、汇率、利率、计算期和运营负荷等计算用数据和参数。成本费用、营业收入、税金及附加、增值税等，作为财务分析所用的数据，是通过初级数据计算出来的，可以称为派生数据。初级数据是最为关键的数据，它们的确定是否合理，将直接影响成本费用、营业收入等的估算，进而影响财务分析结果的可信度。在进行财务分析之前，必须做好这些基础性工作。

（2）判别用参数，是用于判别项目效益是否满足要求的基准参数。如基准收益率或最低可接受收益率、基准投资回收期、基准投资利润率以及偿债备付率等指标，其判别基准需要通过专门分析和测算得到，或者直接采用有关部门或行业的发布值，或者由投资者自行确定。这类基准参数决定着对项目效益的判断，是项目取舍的依据。

2）财务基础数据测算的内容

项目财务基础数据测算的目的是为项目财务评价提供基本财务数据和有关资料，因此测算的内容应该包括投资项目寿命期内各年的经济活动情况及全部财务收支。项目的财务效益测算与项目目标有直接关系。项目目标不同，财务基础数据测算包含的内容也不同。

（1）市场化运作的经营性项目。这类项目的目标是通过销售产品或提供劳务实现盈利，其财务效益主要是所获取的营业收入。某些国家鼓励发展的经营性项目可以获得增值税优惠。按照有关会计及税收制度，先征后返的增值税应记作补贴收入，作为财务效益进行核算。市场化运作的经营性项目占市场投资项目的绝大部分，一般以经济效益为中心。财务分析中应根据国家规定的税收优惠范围来确定项目是否可采用这些优惠政策。对先征后返的增值税，财务分析中可作有别于实际的处理，不考虑“征”“返”的时间差。

（2）以提供公共产品服务于社会或保护环境等为目标的非经营性项目。这类项目往往没有直接的营业收入，也就没有直接的财务效益。这类项目需要政府提供补贴才能维持正常运转，因此应将补贴作为项目的财务收益，通过预算平衡，计算所需补贴的数额。

（3）为社会提供准公共产品或服务、运营维护采用经营方式的项目。这类项目如市政公用设施项目、交通、电力项目等，其产出价格往往受到政府管制，营业收入可能基本满足也可能无法满足成本补偿的要求，有些项目需要在政府提供补贴的情况下才具有财务生存能力。因此，这类项目的财务效益包括营业收入和补贴收入。

对于非经营性项目，无论有没有营业收入，都要估算费用。对于没有营业收入的项目，其费用估算更显重要，既可以用于计算单位功能费用指标，进行方案比选，也可以用来进行财务生存能力分析等。

8.1.4 财务基础数据测算的程序

财务基础数据测算是一项繁杂的工作。为保证工作效率和测算数据的准确性及可靠性，一般应按以下程序进行：

1）熟悉项目情况，制订财务基础数据测算工作计划

由于各个建设项目的背景、条件、项目内部因素、外部配套条件等各不相同，项目评估人员必须对项目的基本情况作全面了解，根据项目的特点制订财务基础数据测算计划，以明确审查分析的重点、时间安排、力量投放等。

2）收集有关资料

财务基础数据测算工作所涉及的范围很广，需要收集大量资料，主要有：①批准的项目建议书和项目可行性研究报告；②国家有关部门制定的政策、法令、规章制度、条例、办法、标准等；③同类项目的有关基础资料。

3）分析检查所收集的资料

项目评估人员要对所收集的资料进行全面的比较、综合、鉴别，审查可行性研究报告里财务基础数据测算中填列的项目是否完整、内容是否齐全、方法是否正确、结果是否真实可靠，还要对财务基础数据测算工作中确定的审查重点进行更细致的审查。

4）进行财务基础数据测算

项目评估人员在收集、整理资料的基础上，测算各项财务基础数据，并编制相应的财务基础数据测算表。只要坚持科学的操作程序，按照上述要求开展工作，所测算出的财务基础数据一般就能满足项目经济分析的要求。

【自测题】下列选项中，属于财务基础数据测算收集的资料的是（　　）。①

A.项目建议书　　B.可行性研究报告　　C.产业政策

D.行业标准　　E.相关法律法规

① 【答案】ABCDE。

8.1.5 财务基础数据测算表及其内在联系

1）财务基础数据测算表

财务基础数据测算表主要有建设投资估算表、项目总投资使用计划与资金筹措表、流动资金估算表、总成本费用估算表、原材料能源成本估算表、固定资产折旧费估算表、无形资产及其他资产摊销估算表、销售收入和税金及附加估算表、利润与利润分配估算表、借款还本付息计划表。上述测算表可归纳为三大类：

第一类测算表分析项目建设期的建设投资、生产期的流动资金以及资金筹措和使用计划，包括建设投资估算表、项目总投资使用计划与资金筹措表、流动资金估算表等。

第二类测算表分析项目投产后的总成本费用、营业收入、税金和利润。为完成总成本费用估算表，附设了原材料能源成本估算表、固定资产折旧费估算表、无形资产及其他资产摊销估算表。此外，还包括销售收入和税金及附加估算表、利润与利润分配估算表等。

第三类测算表分析项目投产后偿还建设投资借款本息的情况，即借款还本付息计划表。

1）财务基础数据测算表的内在联系

财务效益与费用估算的各项内容是连贯的，旨在将投资成本、产品成本与营业收入的预测数据进行对比，求出项目的利润总额，在此基础上估算贷款的还本付息情况。因此，上述三类测算表应按一定程序和内在联系使其相互衔接。

第一类测算表是项目评估人员根据调查收集到的资料，经过项目概况分析、市场和生产规模分析、建设条件和工艺技术分析加以判别和调查后计算编制的。顺序是先编制投资估算表（建设投资、流动资金），然后编制项目总投资使用计划与资金筹措表。

第二类测算表中的总成本费用估算表所需的三张附表，只要能够满足财务分析对基本数据的需要即可，有的附表也可合并列入总成本费用估算表之中，或作文字说明；然后根据总成本费用估算表、销售收入和税金及附加估算表的数据综合估算出项目利润总额，列入利润与利润分配估算表。

第三类测算表是项目评估人员对前两类测算表中的主要数据进行综合分析和计算，按照国家现行规定编制借款还本付息计划表。

8.2 成本费用的估算

成本费用是指在运营期内为生产产品或提供服务而发生的全部费用，等于经营成本与折旧费、摊销费和财务费用之和。总成本费用（total cost）是进行项目财务评价最主要的基础数据，主要用于计算项目利润，确定营运资金需求量。以下所述的总成本费用估算方法与注意事项适用于工业项目，在折旧、摊销、利息和某些费用的计算方面也基本适用于其他行业。

8.2.1 总成本费用的估算

1）总成本费用的估算方法

（1）生产成本加期间费用估算法

采用生产成本加期间费用估算法，一般需要先分别估算各种产品的生产成本，再与估算的销售费用、管理费用和财务费用相加。采用这种方法表示总成本费用示意图如图8-1所示。

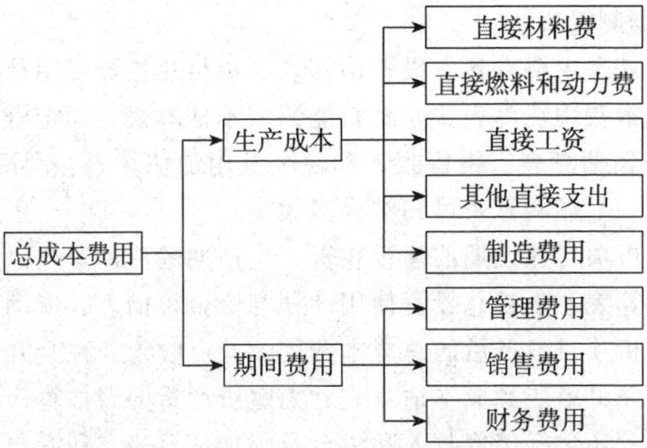

图8-1　采用生产成本加期间费用估算法表示总成本费用示意图

生产成本（cost of production）加期间费用估算法的计算公式为：

总成本费用=生产成本+期间费用　　(8.1)

式中：

生产成本=直接材料费+直接燃料和动力费+直接工资+其他直接支出+制造费用

期间费用=管理费用+销售费用+财务费用

①生产成本的构成

生产成本是指企业生产经营过程中实际消耗的直接材料费、直接燃料和动力费、直接工资、其他直接支出和制造费用。

A.直接材料，包括企业生产经营过程中实际消耗的原材料、辅助材料、设备配件、外购半成品包装物、低值易耗品以及其他直接材料。直接材料应按不同来源、不同规格、不同到厂价分别填列。各车间和设施的年耗量（各车间、设施产品年产量×单位产品消耗量）加总后乘以到厂价即为直接材料费。

B.直接燃料和动力费，包括企业生产经营过程中实际消耗的燃料和动力。

C.直接工资，包括企业直接从事产品生产人员的工资、奖金、津贴和补贴。

D.其他直接支出，包括直接从事产品生产人员的职工福利费等。

E.制造费用，是指企业各生产单位（各分厂、车间）为组织和管理生产而发生的各项费用，包括各生产单位（各分厂、车间）管理人员工资、职工福利费、折旧费、维简费、修理费、物料消耗、低值易耗品摊销、劳动保护费、水电费、办公费、差旅费、运输费、保险费、租赁费（不包括融资租赁费）、设计制图费、试验检验费、环境保护费以及其他制造费用。

②期间费用的构成

期间费用是指在一定会计期间内发生的与生产经营没有直接关系或关系不密切的管理费用、销售费用和财务费用。期间费用不计入产品的生产成本，直接体现为当期损益。

A.管理费用，是指企业行政管理部门为管理和组织经营活动而发生的各项费用，包括公司经费（工厂总部管理人员工资、职工福利费、差旅费、办公费、折旧费、修理费、物料消耗、低值易耗品摊销以及其他公司经费）、工会经费、职工教育经费、劳动保险费、

2）总成本费用各分项的估算

下面以生产要素估算法为例，分步说明总成本费用各分项的估算。

（1）外购原材料、燃料和动力费的估算

外购原材料、燃料和动力费的计算公式为：

外购原材料成本=全年产量×单位产品原材料成本（8.3）

燃料和动力费=全年产量×单位产品燃料和动力费（8.4）

采用生产要素估算法估算总成本费用时，原材料、燃料和动力费是指外购的部分。外购原材料、燃料和动力费的估算需要相关专业人员提出的外购原材料、燃料和动力的年耗用量，以及在选定价格体系下的预测价格，该价格应按入库价格计算，即到厂价，并考虑途中损耗。采用的价格时点和价格体系应与销售收入的估算一致。外购原材料、燃料和动力费的估算要充分体现行业特点和项目的具体情况。

（2）工资及福利费的估算

财务分析中的工资及福利费，又称职工薪酬，是指企业为获得职工提供的服务而给予的各种形式的报酬以及其他相关支出，通常包括职工工资、奖金、津贴和补贴，职工福利费，以及医疗保险费、养老保险费、失业保险费、工伤保险费、生育保险费等社会保险费和住房公积金中由职工个人缴付的部分。

采用生产要素估算法估算总成本费用时，工资及福利费应按项目全部人员数量估算。确定工资及福利费需要考虑项目性质、项目地点、行业特点等因素。依托老企业的项目，还要考虑原企业的工资水平。

①工资的估算

工资的估算可以采取以下两种方法：

一是按全厂职工定员数和人均年工资额计算年工资总额。其计算公式为：

年工资成本=全厂职工定员数×人均年工资额（8.5）

二是按照不同的工资级别对职工进行划分，分别估算同一级别职工的工资，然后加以汇总。职工一般可分为五个级别，即高级管理人员、中级管理人员、一般管理人员、技术工人和一般工人等。若有国外的技术和管理人员，要单独列出。采用这种方式一般可通过编制工资及福利费估算表完成。

②福利费的估算

福利费可按照职工工资总额的一定百分比计算，一般按计提职工福利费的工资总额乘以14%计算（按工资总额的14%计入成本，超过14%的部分则从税后利润中列支）。

（3）固定资产（fixed assets）折旧费的估算

①固定资产原值

计算折旧费需要先计算固定资产原值。固定资产原值是指项目投产时（达到预定可使用状态）按规定由投资形成的固定资产价值，主要有工程费用、待摊投资（工程建设其他费用中应计入固定资产原值的部分）、预备费和建设期利息。

计提折旧的固定资产范围包括：企业的房屋、建筑物；在用的机器设备、仪器仪表、运输车辆、工具器具；季节性停用和在修理停用的设备；以经营租赁方式租出的固定资产；以融资租赁方式租入的固定资产。

就融资租赁的固定资产而言，承租人应将租赁开始日租赁资产的公允价值与最低租赁付款额的现值两者中的较低者作为租入资产的入账价值。

对于计算最低租赁付款额的现值所用的折现率，应首先选择出租人的租赁内含利率，其次使用租赁合同中规定的利率，如二者都无法知悉，应使用同期银行贷款利率。项目评估中条件不清楚的，也可直接按资产的公允价值计算。

②固定资产折旧（depreciation）

固定资产在使用过程中会遭到磨损，其价值损失通常是通过提取折旧的方式得以补偿的。计提折旧是企业回收其固定资产投资的一种手段。按照国家规定的折旧制度，企业先是把已发生的资本性支出转移到产品成本费用中去，然后通过产品的销售，逐步回收初始的投资费用。

我国现行财税制度允许企业逐年提取固定资产折旧，符合税法规定的折旧费允许在所得税前列支。固定资产折旧方法可在税法允许的范围内由企业自行确定，一般采用直线折旧法，包括年限平均法和工作量法。税法也允许采用某些加速折旧法，如双倍余额递减法和年数总和法。固定资产折旧年限和净残值率可在税法允许的范围内由企业自行确定，但与所采用的折旧方法无关。项目评估中一般应按税法明确规定的分类折旧年限计提折旧，也可按行业规定的综合折旧年限计提。

对于融资租赁的固定资产，如果能够合理确定租赁期届满时承租人会取得租赁资产所有权，即可认为承租人拥有该项资产的全部尚可使用年限，因此应以其作为折旧年限；否则，应以租赁期与租赁资产尚可使用年限两者中较短者作为折旧年限。

我国允许采用的固定资产折旧方法有年限平均法、工作量法和加速折旧法。在项目评估中，一般采用年限平均法计算折旧费。

A.年限平均法

年限平均法亦称直线法，即根据固定资产原值、预计净残值率和折旧年限计算折旧。年折旧额的计算公式为：

$$\text{年折旧额}=\frac{\text{固定资产原值}\times(1-\text{预计净残值率})}{\text{折旧年限}} \tag{8.6}$$

预计净残值率是指预计的企业固定资产净残值与固定资产原值的比率。一般来说，企业净残值率按照固定资产原值的3%～5%确定。特殊情况下，净残值率低于3%或高于5%的，由企业自主确定，并报主管财政机关备案。在项目评估中，由于折旧年限是根据项目的固定资产经济寿命期确定的，因此，如果固定资产的残余价值较大，则净残值率可选择10%，个别行业（如港口等）可选择高于10%的净残值率。

国家有关部门在考虑到现代生产技术发展快、世界各国实行加速折旧的情况下，为满足资产更新和资本回收的需要，对各类固定资产折旧的最短年限做出规定：房屋、建筑物为20年；火车、轮船、机器、机械和其他生产设备为10年；电子设备和火车、轮船以外的运输工具以及与生产、经营业务有关的器具、工具、家具等为5年。

若采用综合折旧，项目的生产期即为折旧年限。在项目评估中，轻工、机械、电子等行业的折旧年限，一般可确定为8～15年；有些项目的折旧年限可确定为20年；港口、铁路、矿山等项目的折旧年限可超过20年。

B.工作量法

交通运输企业和其他企业专用车队的客、货运汽车，按照行驶里程计算折旧。其计算公式为：

$$单位里程折旧额=\frac{固定资产原值\times(1-预计净残值率)}{总行驶里程} \tag{8.7}$$

$$年折旧额=单位里程折旧额\times年行驶里程 \tag{8.8}$$

大型专用设备可根据工作小时计算折旧。其计算公式为：

$$每工作小时折旧额=\frac{固定资产原值\times(1-预计净残值率)}{总工作小时} \tag{8.9}$$

$$年折旧额=每工作小时折旧额\times年工作小时 \tag{8.10}$$

C.加速折旧法

加速折旧法，又称递减折旧费用法，是指在固定资产使用前期提取折旧较多，在后期提取折旧较少，使固定资产价值在使用年限内尽早得到补偿的折旧计算方法。

这是一种鼓励投资的措施，即国家先让利给企业，以便企业加速回收投资，增强还贷能力，促进技术进步，因此只对某些确有特殊原因的企业，才准许采用加速折旧法。

加速折旧法多种多样，下面介绍双倍余额递减法和年数总和法。

a.双倍余额递减法

双倍余额递减法是以年限平均法确定的折旧率的双倍乘以固定资产在每一会计期间的期初账面净值，从而确定当期应计提折旧的方法。其计算公式为：

$$年折旧率=\frac{2}{折旧年限}\times100\% \tag{8.11}$$

$$年折旧额=固定资产净值\times年折旧率 \tag{8.12}$$

需要注意的是，对于采用双倍余额递减法计提折旧的固定资产，应当在固定资产折旧年限到期前两年内将固定资产净值扣除预计净残值后的净额平均摊销。

b.年数总和法

年数总和法是以固定资产原值扣除预计净残值后的余额作为计提折旧的基础，按照逐年递减的折旧率计提折旧的一种方法。

采用年数总和法的关键是每年都要确定一个不同的折旧率。其计算公式为：

$$年折旧率=\frac{折旧年限-已使用年限}{折旧年限\times(折旧年限+1)\div2}\times100\% \tag{8.13}$$

$$年折旧额=(固定资产原值-预计净残值)\times年折旧率 \tag{8.14}$$

在计算折旧时，如果采用综合计算折旧的方式，可根据固定资产原值和折旧年限计算出各年的折旧费。一般来讲，生产期各年的折旧费是相等的；如果采用分类计算折旧的方式，要根据固定资产折旧费估算表（见表8-1）计算各类固定资产的折旧，然后将其相加，即可得出生产期各年的固定资产折旧费。

（4）固定资产修理费的估算

修理费是指为保持固定资产的正常运转和使用，充分发挥使用效能，对其进行必要的修理所发生的费用。按修理范围的大小和修理时间间隔的长短，修理可以分为大修理和中小修理。与折旧费相同，修理费也包括在制造费用、管理费用、销售费用之中。在估算总成本费用时，可以单独计算修理费。

表8-1　　固定资产折旧费估算表　　金额单位：万元

序号	项目 \ 年序	折旧年限	投产期		达到设计生产能力期				
			3	4	5	6	7	…	n
	固定资产合计								
	原值								
	折旧费								
	净值								
1	房屋及建筑物								
1.1	原值								
1.2	折旧费								
1.3	净值								
2	××设备								
2.1	原值								
2.2	折旧费								
2.3	净值								
3	⋮								

注：（1）本表自生产年份起计算，各类固定资产按相关财务规定的期限分列；（2）生产期内发生的更新改造投资列入其投入年份。

在项目评估中，修理费可直接按固定资产原值（扣除所含的建设期利息）的一定百分比估算，百分比的选取应考虑行业和项目特点。在生产运营的各年，修理费率的取值一般采用固定值。根据项目特点也可以间断性地调整修理费率，开始时选取较低值，以后选取较高值。

某些项目在运营期需要一定的固定资产投资才能维持正常运营，如设备更新费用、油田的开发费用、矿山的井巷开拓延伸费用等。不同类型和不同行业的项目投资的内容可能不同。发生维持运营投资时应将其列入现金流量表作为现金流出，参与内部收益率等指标的计算，同时也应反映在财务计划现金流量表中，参与财务生存能力的分析。

按照《企业会计准则第4号——固定资产》的规定，固定资产投资是否能够予以资本化，取决于其是否能为企业带来经济利益且该固定资产的成本是否能够可靠计量。在项目评估中，如果该投资投入后延长了固定资产的使用寿命、实质性提高了产品质量或降低了成本等，使可能流入企业的经济利益增加，那么，该固定资产投资应予以资本化，即应计入固定资产原值并计提折旧；否则，该投资只能费用化，不形成新的固定资产原值。

修理费按固定资产原值的一定比率（一般为3%～5%）或固定资产折旧费的一定比率（一般为50%）提取，具体比率的选取应考虑项目自身的特点并参照同类项目的经验数据。

（5）摊销费的估算

摊销费是指无形资产及其他资产在一定期限内分期摊销的费用。无形资产及其他资产的原始价值也要在规定的年限内按年度或产量转移到产品成本之中，这部分被转移的无形资产和其他资产的原始价值称为摊销费。企业通过计提摊销费收回无形资产及其他资产的资本支出。这里的其他资产主要是指递延资产，包括开办费、租入固定资产改良支出以及摊销期在1年以上的长期待摊费用等的摊销。

摊销方法为：不留残值，采用直线法计算。

无形资产的摊销关键是确定摊销期限。无形资产应按规定期限分期摊销，即法律和合同或者企业申请书分别规定有法定有效期和受益年限的，按法定有效期与合同或者企业申请书规定的受益年限孰短的原则确定；没有规定期限的，按不少于10年的期限分期摊销。其他资产一般按财务制度的规定在投产当年一次摊销。

无形资产及其他资产发生在项目建设期或筹建期间，而应在生产期分期平均摊入管理费用中，在估算总成本费用时可单独列支。

若各项无形资产摊销年限相同，则可根据全部无形资产的原值和摊销年限计算各年的摊销费；若各项无形资产的摊销年限不同，则要根据“无形资产及其他资产摊销估算表”（见表8-2）计算各项无形资产的摊销费，然后将其相加，即可得到生产期各年的无形资产摊销费。其他资产的摊销同样可以通过编制辅助报表“无形资产及其他资产摊销估算表”来详细反映。

表8-2　**无形资产及其他资产摊销估算表**　金额单位：万元

序号	项目 \ 年序	折旧年限	投产期		达到设计生产能力期				
			3	4	5	6	7	…	n
1	无形资产小计								
1.1	土地使用权								
	摊销								
	净值								
1.2	专有技术和专利权								
	摊销								
	净值								
1.3	其他无形资产								
	摊销								
	净值								
2	其他资产（开办费）								
	摊销								
	净值								
3	无形资产及其他资产合计（1+2）								
	摊销								
	净值								

（6）其他费用的估算

其他费用，是指在制造费用、管理费用和销售费用中扣除工资及福利费、折旧费、修理费、摊销费后的其余部分，即其他制造费用、其他管理费用和其他销售费用，产品出口退税和减免税项目按规定不能抵扣的进项税额也可以包括在内。

其他费用具体包括办公费、取暖费、租赁费、保险费、研究试验检验费、设计制图费、差旅费、招待费、会议费、广告宣传费、培训费、劳保费、租金支出、应在成本中列支的税金以及其他不属于以上项目的支出等。

①其他制造费用，是指从制造费用中扣除生产单位管理人员工资及福利费、折旧费、修理费后的其余部分。项目评估中常见的估算方法是按固定资产原值（扣除所含的建设期利息）的百分比估算和按人员定额估算，具体估算方法可遵循行业规定。

②其他管理费用，是指从管理费用中扣除工资及福利费、折旧费、摊销费、修理费后的其余部分。项目评估中常见的估算方法是按人员定额获取工资及福利费总额的倍数估算。如果管理费用中的技术转让费、研究与开发费等数额较大，应单独核算后并入其他管理费用或单独列项。

③其他销售费用，是指从销售费用中扣除工资及福利费、折旧费、修理费后的其余部分。项目评估中常见的估算方法是按销售收入的百分比估算。

④不能抵扣的进项税额。对于产品出口项目和产品国内销售的增值税减免税项目，应将不能抵扣的进项税额计入总成本费用的其他费用或单独列项。

其他费用的估算可按外购原材料、燃料和动力费、工资及福利费、折旧费、摊销费、修理费、利息支出（财务费用）之和的一定比例（一般为1%～3%）计算，也可按单位产品的其他费用金额或者销售收入的一定比例计算。

（7）利息支出的估算

按照会计法规，企业为筹集所需的资金而发生的费用称为借款费用，又称财务费用，包括利息支出（减利息收入）、汇兑损失（减汇兑收益）以及相关的手续费等。在大多数项目的财务分析中，通常只考虑利息支出。利息支出的估算包括长期借款利息、流动资金借款利息和短期借款利息三部分。

①长期借款利息

长期借款利息是指建设期间借款余额（含未支付的建设期利息）应在生产期支付的利息。项目评估中可以选择在规定的期限内等额还本付息或者在规定的期限内等额还本利息照付方式来计算长期借款利息。

A.在规定的期限内等额还本付息方式

等额还本付息是指在还款期内每年偿付的本金与利息之和相等，但每年偿还的本金额和支付的利息均各不相等，可按下列步骤计算：

第一步，计算建设期末的累计借款本金与资本化利息之和I_c。

第二步，根据等值计算原理，采用资金回收系数计算每年等值的还本付息额A。

$$A=I_c\cdot(A/P,\ i,\ n)=I_c\cdot\frac{i(1+i)^n}{(1+i)^n-1} \tag{8.15}$$

式中：i为借款利率；$\frac{i(1+i)^n}{(1+i)^n-1}$为资金回收系数（A/P，i，n）；n为规定的还款期。

第三步，计算每年支付利息，其计算公式为：

每年支付利息=年初借款余额×年利率 (8.16)

式中：

年初借款余额=I_c-本年以前各年偿还的本金累计

第四步，计算每年偿还本金，其计算公式为：

每年偿还本金=A-每年支付利息 (8.17)

由于该方法要求各年还本付息的总额相等，但每年偿还本金额及支付的利息不相等，利息将随着偿还本金后欠款余额的减少而逐年减少，相反，偿还本金的部分却由于利息的减少而逐年增加，因此，该方法适用于投产初期效益较差而后期效益较好的项目。

B.在规定的期限内等额还本利息照付方式

等额还本利息照付是指在还款期内每年偿还的本金相等，但利息不相等，而且每年还本付息的总和也不相等，可按下列步骤计算：

第一步，计算建设期末的累计借款本金与未付资本化利息之和I_c。

第二步，计算在规定的偿还年限内每年应偿还的本金A′（含建设期未付的利息）。

$$A'=\frac{I_c}{n}\text{（等额）}$$

第三步，计算每年支付利息。

每年支付利息=年初借款余额×年利率

第四步，计算各年的还本付息额A'_t。

$$A'_t=\frac{I_c}{n}+I_c\cdot\left(1-\frac{t-1}{n}\right)\cdot i$$

当然，在实际项目的利息支付中，往往受到资金借出方的还款要求限制，未必会按照等额还本付息或者等额还本利息照付方式来计算利息，多数情况下以双方合同约定的还款方式、还款金额和期限为准。

②流动资金借款利息

项目评估中估算的流动资金（working capital）借款从本质上说应归类为长期借款，但目前企业往往有可能与银行达成共识，按期末偿还、期初再借的方式处理，并按一年期利率计息。年流动资金借款利息可以按下式计算：

年流动资金借款利息=年初流动资金借款余额×流动资金借款年利率

流动资金借款可以在计算期最后一年偿还，也可以在还完长期借款后安排偿还。

③短期借款利息

项目评估中的短期借款是指运营期间由于资金的临时需要而发生的短期借款。短期借款的数额应在财务计划流量表中反映，其利息应计入总成本费用表的利息支出。短期借款利息的计算同流动资金借款利息。短期借款的偿还按照随借随还的原则处理，即当年借款尽可能在下年偿还。

（8）总成本费用的估算

将以上各项费用汇总，即得出各年的总成本费用。

8.2.2 经营成本的估算

经营成本不同于会计中的成本概念，而是财务分析中现金流量分析使用的特定概念。

它涉及产品生产与销售，以及企业管理过程中的物料、人力和能源的投入，反映企业的生产和管理水平。同类企业的经营成本具有可比性。在项目评估的财务分析中，经营成本被用于分析现金流量表、计算净现值及内部收益率等。

经营成本，又称营运成本或运行成本，是指项目总成本费用扣除折旧费、摊销费和利息支出以后的成本费用。通常来说，经营成本是项目在一定时期内（通常为一年）为生产和销售产品而发生的经常性现金支出，是构成总成本费用的主要组成部分，可以通过总成本费用计算得到。其计算公式为：

经营成本=总成本费用-折旧费-摊销费-利息支出

或 经营成本=外购原材料、燃料和动力费+工资及福利费+修理费+其他费用 (8.18)

计算经营成本时，之所以要从总成本费用中剔除折旧费、摊销费和利息支出，主要是基于如下理由：

第一，现金流量表反映项目在计算期内逐年发生的现金流入量和流出量。与常规会计方法不同，现金收支何时发生，就在何时计算，不作分摊。因为投资已按其发生的时间作为一次性支出被计入现金流出，所以不能再以折旧和摊销的方式计入现金流出，否则会重复计算。因此，作为经常性支出的经营成本中不包括折旧费和摊销费。

第二，各项目的融资方案不同，利率也不同，所以，借款利息虽然是付现成本费用，但项目投资现金流量表不考虑投资资金来源，利息支出也不计入现金流出，也就是说，从全部投资的角度看，利息支出应当扣除。项目资本金现金流量表中已将利息支出单列，因此，经营成本中不应包括利息支出。

8.2.3 可变成本与固定成本的估算

根据成本费用与产量的关系可以将总成本费用分解为可变成本、固定成本和半可变（或半固定）成本。这种分类主要用于项目的风险分析，以鉴别项目抵御风险能力的大小。

固定成本是指在一定的产量范围内不随产量的变化而变化的成本费用，如按直线法计提的固定资产折旧费、计时工资及修理费等。可变成本是指随着产量的增减而成正比例变化的各项费用，如原材料费用、燃料和动力费等。半可变（或半固定）成本是指介于固定成本和可变成本之间，随产量变化但不成正比例变化的成本费用。混合成本又被称为半固定半可变成本，是指同时具有固定成本和可变成本特征的成本费用，如不能熄灭的工业炉的燃料费用等。在进行线性盈亏平衡分析时，要求对混合成本进行分解，以区分出其中的固定成本和可变成本，并分别计入固定成本和可变成本总额。

工资、销售费用和流动资金借款利息等也可能既有可变因素又有固定因素。必要时需要将半可变（或半固定）成本进一步分解为可变成本和固定成本，使产品成本费用最终划分为可变成本和固定成本。长期借款利息应视为固定成本，流动资金借款利息和短期借款利息可能部分与产品产量相关，其利息可视为半可变（或半固定）成本，为简化计算，一般也将其作为固定成本。

经营成本、固定成本和可变成本的估算可以通过辅助报表“外购原料、燃料和动力费估算表”“固定资产折旧费估算表”“无形资产摊销费估算表”“总成本费用估算表”来完成。

【例8-1】某化工工业项目是新建项目，生产国内市场紧缺的某种化工产品，年生产规模为2 300吨。项目建设期为3年，投产期为1年（产量为达产期的80%），达产期按照13年计算。已知该项目与成本估算的相关资料如下。

(1) 根据技术评估及市场调查取得的某化工项目外购原材料、燃料、动力消耗定额表见表8-3。

表8-3　**某化工项目外购原材料、燃料、动力消耗定额表**　金额单位：元

项目	单位	消耗定额	单价
原材料A	吨	1.150	4 550.00
原材料B	吨	0.620	1 538.00
辅助材料C	吨	0.700	260.00
包装物	吨	0.021	715.00
低值易耗品	吨	0.120	2 800.00
其他材料	吨	0.750	177.00
水	吨	170.000	2.60
电	千瓦时	1 264.000	0.37
煤	吨	1.780	180.00

(2) 企业生产定员为29人，其中生产人员24人，管理人员5人。根据预测数据，生产人员年人均工资为9 120元，管理人员年人均工资为9 600元，福利费按工资总额的14%提取。

(3) 项目固定资产原值为4 646.9万元，固定资产综合折旧率为6.3%。

(4) 修理费按折旧费的50%提取。

(5) 项目无形资产总值为170万元，其他资产总值为75万元，无形资产按10年平均摊销，其他资产按5年平均摊销。

(6) 建设期内向银行借款共计3 264.4万元，年利率为9.72%。其中，项目第1年借款500万元，第2年借款1 562.1万元，第3年借款1 202.3万元，假定资金在借款当年均匀投入。

(7) 项目建成投产后运行需要流动资金704万元，其中企业利用自有资金提供所需资金的30%，其余部分向银行借款，年利率为8.64%。

(8) 每年需要支付其他费用82万元。

(9) 银行要求建设单位自投产期开始的5年内还清投产期年初借款本息，各年偿还金额分别为635万元、911万元、970万元、1033万元、140万元，同时偿还当年发生的利息。

根据上述资料，进行项目总成本费用的估算（计算结果四舍五入取整处理）。

(1) 外购原材料、燃料和动力费估算。根据表8-3的数据分项估算原材料、燃料和动力的消耗费用，并将结果编制成外购原材料、燃料和动力费估算表（见表8-4）。

表8-4 **外购原材料、燃料和动力费估算表** 金额单位：万元

序号	项目	单位	定额	单价（元）	投产期（年）	达产期（年）	
					4	5	6～17
	生产负荷				80%	100%	100%
1	外购原材料				1 260	1 575	1 575
	原材料A	吨	1.150	4 550.00	963	1 203	1 203
	原材料B	吨	0.620	1 538.00	175	219	219
	辅助材料C	吨	0.700	260.00	33	42	42
	包装物	吨	0.021	715.00	3	3	3
	低值易耗品	吨	0.120	2 800.00	62	77	77
	其他材料	吨	0.750	177.00	24	31	31
2	外购燃料和动力				226	284	284
	水	吨	170.000	2.60	81	102	102
	电	千瓦时	1 264.000	0.37	86	108	108
	煤	吨	1.780	180.00	59	74	74
3	合计（1+2）				1 486	1 859	1 859

（2）工资及福利费估算。

生产人员年工资总额=24×0.912=21.9（万元）

管理人员年工资总额=5×0.96=4.8（万元）

年工资及福利费总额=（21.9+4.8）×1.14=30（万元）

（3）折旧费估算。

年固定资产折旧费=4 646.9×6.3%=293（万元）

（4）无形资产及其他资产摊销估算。

无形资产年摊销费=170÷10=17（万元）

其他资产年摊销费=75÷5=15（万元）

（5）修理费估算。

修理费=4 646.9×6.3%×50%=146（万元）

（6）借款利息估算。

①长期借款利息估算。

建设期借款利息=（年初借款本息累计+本年度借款额度÷2）×年利率

投产期、达产期借款利息=年初借款本息累计×年利率

长期借款利息估算详见借款还本付息计划表（见表8-5）。

表8-5　　**借款还本付息计划表**　　金额单位：万元

序号	项目 \ 年序	建设期			投产期	达产期				
		1	2	3	4	5	6	7	8	9
1	借款及还本付息									
1.1	年初借款本息累计		524	2 213	3 689	3 054	2 143	1 173	140	0
1.1.1	本金		500	2 062						
1.1.2	建设期利息		24	151						
1.2	本年借款	500	1 562	1 202						
1.3	本年应计利息	24	127	274	359	297	208	114	14	
1.4	本年还本				635	911	970	1 033	140	
1.5	本年付息				359	297	208	114	14	
2	偿还本金的资金来源									
2.1	利润				310	586	645	708	775	795
2.2	折旧				293	293	293	293	293	293
2.3	摊销				32	32	32	32	32	17
	合计（2.1+2.2+2.3）				635	911	970	1 033	1 100	1 105
	借款偿还期	（7-3）+140÷1 100=4.13（年）								

②流动资金利息估算。

流动资金利息=704×70%×8.64%=43（万元）

（7）年其他费用为82万元。

（8）总成本费用估算。

综合以上各部分费用即可得出项目总成本费用。以第6年为例：

第6年总成本费用=1 575+284+30+146+293+32+208+43+82=2 693（万元）

（9）经营成本估算。

第6年经营成本=2 693-293-32-208-43=2 117（万元）

（10）固定成本与可变成本估算。

第6年固定成本=30+146+293+32+208+43+82=834（万元）

第6年可变成本=1 575+284=1 859（万元）

将以上估算结果编制成总成本费用估算表，见表8-6。

【自测题】下列选项中，属于生产成本的选项有（　　）。①

A.直接材料费　　B.直接燃料费　　C.直接工资

D.制造费用　　E.动力费

① 【答案】ABCDE。

董事会费、咨询费、顾问费、交际应酬费、税金、土地使用费（海域使用费）、技术转让费、无形资产摊销、开办费摊销、研究发展费以及其他管理费用。

B.销售费用，是指企业在销售产品、自制半成品和提供劳务等过程中发生的各项费用以及专设销售机构的各项经费，包括应由企业负担的运输费、装卸费、包装费、保险费、委托代销费、广告费、展览费、租赁费（不包括融资租赁费）和销售服务费，以及销售部门人员工资、职工福利费、差旅费、办公费、折旧费、修理费、物料消耗、低值易耗品摊销和其他经费。

C.财务费用，是指企业为筹集资金而发生的各项费用，包括企业生产经营期间的利息净支出（减利息收入）、汇兑净损失、调剂外汇手续费、金融机构手续费以及筹资发生的其他财务费用等。

（2）生产要素估算法

生产要素估算法从估算各种生产要素的费用入手，汇总得到项目总成本费用，而不管其具体应归集到哪个产品上，也就是将生产和销售过程中消耗的全部外购原材料、燃料和动力、工资及福利、修理等费用要素，加上当年应计提的折旧、摊销、财务费用和其他费用，由此构成项目的总成本费用。采用这种估算方法，不必计算项目内部各生产环节成本的结转，也较容易计算经营成本、可变成本、固定成本和进项税额。采用生产要素估算法表示总成本费用示意图如图8-2所示。

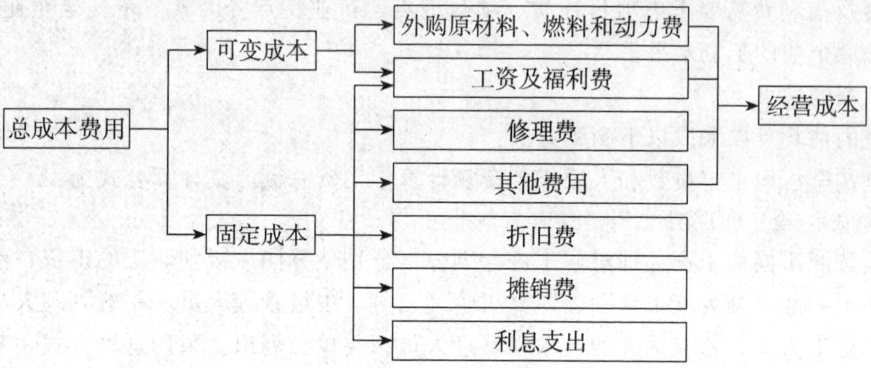

图8-2 采用生产要素估算法表示总成本费用示意图

生产要素估算法的计算公式为：

总成本费用=外购原材料、燃料和动力费+工资及福利费+修理费+折旧费+摊销费+利息支出（财务费用）+其他费用 (8.2)

按现行会计制度，制造费用、管理费用和销售费用中均包括多项费用，且行业间不尽相同。为了估算简便，在财务分析中可将其归类估算，式（8.2）中的其他费用是指从这三项费用中分别扣除折旧费、摊销费、工资及福利费、修理费后的其余部分。如果管理费用中含有技术转让费、技术开发费和土地使用费等数额较大的费用，应放在其他费用之外单独估算。

需要注意的是，这里的工资及福利费如果是计件工资，应计入可变成本；如果是计时工资，应计入固定成本。修理费是指日常生产经营过程中进行修理所花费的费用。如果是固定资产大修理所产生的费用，应计入固定资产，而不应计入经营成本。

表8-6 **总成本费用估算表** 金额单位：万元

序号	项目＼年序	投产期	达到设计能力生产期（达产期）													合计
		4	5	6	7	8	9	10	11	12	13	14	15	16	17	
1	外购原材料费	1 260	1 575	1 575	1 575	1 575	1 575	1 575	1 575	1 575	1 575	1 575	1 575	1 575	1 575	21 735
2	外购燃料及动力费	226	284	284	284	284	284	284	284	284	284	284	284	284	284	3 918
3	工资及福利费	30	30	30	30	30	30	30	30	30	30	30	30	30	30	420
4	修理费	146	146	146	146	146	146	146	146	146	146	146	146	146	146	2 044
5	折旧费	293	293	293	293	293	293	293	293	293	293	293	293	293	293	4 102
6	摊销费	32	32	32	32	32	17	17	17	17	17					245
7	财务费用（利息支出）	402	340	251	157	57	43	43	43	43	43	43	43	43	43	1 594
8	其他费用	82	82	82	82	82	82	82	82	82	82	82	82	82	82	1 148
9	总成本费用（1+2+…+8）	2 471	2 782	2 693	2 599	2 499	2 470	2 470	2 470	2 470	2 470	2 453	2 453	2 453	2 453	35 206
9.1	其中：1.固定成本	985	923	834	740	640	611	611	611	611	611	594	594	594	594	9 553
9.2	2.可变成本	1 486	1 859	1 859	1 859	1 859	1 859	1 859	1 859	1 859	1 859	1 859	1 859	1 859	1 859	25 653
10	经营成本（9-5-6-7）	1 744	2 117	2 117	2 117	2 117	2 117	2 117	2 117	2 117	2 117	2 117	2 117	2 117	2 117	29 265

8.3 销售收入和税金的估算

8.3.1 销售收入的估算

除了销售收入（sales revenue）外，项目还可能有各类补贴收入。在估算销售收入之前，需要先确认生产期。

1）生产期的估算

项目生产期是指项目从建成投产年份起至项目报废为止所经历的时间。拟建项目所包括的固定资产种类繁多，使用年限也有很大的差异。一般来讲，项目的生产期主要取决于项目主要固定资产（如主要设备）的寿命期。

（1）固定资产寿命期的类型

固定资产的寿命期（亦称使用年限）有自然寿命期和经济寿命期之分。

①自然寿命期，是指固定资产从投入使用到不能修理、修复而报废为止所经历的时间。随着科学技术的不断发展，特别是维修水平的提高，固定资产的自然寿命期日趋延长。但是，随着固定资产自然寿命期的延长，固定资产将不断老化，因此用于维修方面的费用也将逐渐增加，这样就会进入恶性使用阶段，即经济上不合理的使用阶段。在项目评估时，一般不能只依据固定资产的自然寿命期来确定项目的生产期。

②经济寿命期，是指固定资产从投入使用到因继续使用不经济而需要提前更新所历经的时间。固定资产在使用过程中要经受两类磨损，即有形磨损和无形磨损。前者是由生产因素或自然因素引起的；后者是由非使用因素或非自然因素引起的固定资产价值的损失，如技术进步使生产同种设备的成本降低，从而使原设备价值降低，或者由于科学技术进步出现新技术、新设备，从而引起原来低效率、技术落后的旧设备贬值或报废等。固定资产的经济寿命期充分考虑了上述因素导致的磨损，是固定资产在经济上最合理的使用年限。从理论上讲，在进行项目评估时根据主要固定资产的经济寿命期来确定项目生产期是较为合理的。

（2）项目生产期的估算

在很长一段时间内，我国的项目生产期（也就是企业的折旧年限）一直是依据主要固定资产的自然寿命期确定的。由于自然寿命期没有包含技术进步的因素，因而依据自然寿命期确定的固定资产折旧年限和项目生产期都偏长。基于此，在进行财务基础数据估算时，应该充分考虑技术进步对固定资产寿命的影响，采用投资项目主要固定资产的经济寿命期作为确定项目生产期的主要依据。

对于一些折旧年限很长甚至是“永久性”的投资项目，如水坝等，计算期中的生产（使用）期可低于折旧年限。此时，在现金流量表及资金来源与资金运用表中最末一年的“回收固定资产余值”一栏内填写该年的固定资产净值。

需要注意的是，计算期不宜定得太长。除建设期应根据实际需要确定外，一般来说，生产期不宜超过20年，这是因为按折现法计算，把20年后的收益金额折算为现值，为数甚微，对评价结论不会产生关键性的影响。对于某些水利、交通运输等服务年限很长的特殊项目，经营期的年限可适当延长，比如25年，甚至30年以上。具体计算期可由部门或行业根据本部门或行业项目的特点自行确定。

2）销售收入的估算

（1）销售收入的定义和估算公式

销售收入，通常也称营业收入，是指销售产品或者提供服务所获得的收入，是现金流量表中现金流入的主体，也是利润表的主体。销售收入是财务分析的重要数据，其估算的准确性极大地影响项目财务效益的估计。

销售收入估算的基础数据包括产品或服务的数量和价格，它们都与市场预测密切相关。在估算销售收入时，应对市场预测的相关结果以及建设规模、产品或服务方案进行概括性的描述或确认，尤其应对所采用价格的合理性进行说明。销售收入是项目建成投产后补偿总成本费用、上缴税金、偿还债务、保证企业再生产正常进行的前提，是进行利润总额和税金估算的基础数据。工业项目销售收入的估算公式为：

$$销售收入=\sum(各产品销售单价\times该产品年销售量) \tag{8.19}$$

由此可见，要对销售收入进行估算，就必须先对产品销售价格和年销售量进行估算。式（8.18）中，产品销售单价一般采用出厂价格，也可根据实际需要采用送达用户的价格或离岸价格；产品年销售量等于年产量。需要注意的是，在现实经济生活中，产值不一定等于销售收入，原因在于因市场波动而存在库存量变化，从而导致产量与销售量之间存在差别。但在项目评估阶段，项目评估人员难以准确地估算出由市场波动引起的库存量变化，因此假设不考虑项目的库存情况，也就是假设当年生产出来的产品当年全部售出，从而使项目的销售量等于产量，项目的销售收入也就等于产值。这样就可以根据投产后各年的生产负荷确定销售量。如果项目的产品比较单一，用产品单价乘以产量即可得到每年的销售收入；如果项目的产品种类比较多，就要根据销售收入、税金及附加和增值税估算表（见表8-7）进行估算，即应首先计算每一种产品的年销售收入，然后汇总在一起，求出项目生产期内各年的销售收入。如果产品部分销往国外，应计算外汇收入，并按外汇牌价折算成人民币，再计入项目的年销售收入总额。

（2）销售价格的选择

在项目评估中，产品销售价格是一项很重要的因素。因为它对项目的经济效益变化是最敏感的，所以要审慎选择销售价格。销售价格一般有以下三个选择：

①选择口岸价格。直接出口产品和间接出口产品可选择离岸价格，而替代进口产品可选择到岸价格。既可直接以口岸价格确定产品销售价格，也可以口岸价格为基础，参考其他有关因素确定产品销售价格。

②选择国内市场价格。如果同类产品或类似产品已在市场上销售，并且这种产品既与外贸无关，也不在计划控制的范围内，那么，此时可选择现行市场价格作为项目产品的销售价格。当然，也可以现行市场价格为基础，根据市场供求关系及未来变化趋势确定项目产品的销售价格。

③根据预计成本、利润和税金确定销售价格。如果拟建项目的产品属于新产品，可按产品的计划成本、计划利润和税金测得出厂价格，以此作为产品的销售价格。产品出厂价格的计算公式如下：

$$产品出厂价格=产品成本费用\times(1+成本利润率) \tag{8.20}$$

当难以确定采用以上哪一种方法确定销售价格时，可考虑选择多个可供选择方案中的最低价格作为项目产品的销售价格。

表8-7　　销售收入、税金及附加和增值税估算表　　金额单位：万元

序号	年序 项目	合计	计算期					
			1	2	3	4	…	n
1	销售收入							
1.1	产品A销售收入							
	单价							
	数量							
	销项税额							
1.2	产品B销售收入							
	单价							
	数量							
	销项税额							
	⋮							
2	税金及附加							
2.1	消费税							
2.2	城市维护建设税							
2.3	教育费附加							
2.4	房产税							
2.5	城镇土地使用税							
2.6	车船税							
2.7	印花税							
3	增值税							
3.1	销项税额							
3.2	进项税额							

注：(1) 本表适用于新设法人项目与既有法人项目的“有项目”、“无项目”以及增量的销售收入、税金及附加、增值税的估算。(2) 根据行业或者产品的不同可增减相应的税费项目。

3）补贴收入的估算

某些项目还应按有关规定估算企业可能得到的补贴收入（仅包括与收益相关的政府补助，与资产相关的政府补助①不在此处核算），包括先征后返的增值税、按销量或工作量等依据国家规定的补助定额计算并按期给予的定额补贴，以及属于财政扶持而给予的其他

① 与资产相关的政府补助是指企业取得的、用于购建或以其他方式形成长期资产的政府补助。

形式的补贴等。补贴收入同销售收入一样，应列入利润与利润分配估算表、财务计划现金流量表、项目投资现金流量表与项目资本金现金流量表。以上几类补贴收入应根据财政、税务部门的规定，分别计入或不计入应税收入。

8.3.2 税金的估算

项目评估涉及的税金（taxes）主要包括关税、增值税、消费税、企业所得税、资源税、城市维护建设税和教育费附加等，有些行业还包括土地增值税。

1）税金及附加的估算

（1）消费税

消费税是对工业企业生产、委托加工和进口的部分应税消费品按差别税率或税额征收的一种税。消费税是在普遍征收增值税的基础上，根据消费政策、产业政策的要求，有选择地对部分消费品征收的一种税。

目前，我国的消费税共设15个税目。消费税应纳税额的计算方法有三种，分别是从价定率、从量定额、复合计税办法（从价定率和从量定额相结合的征收办法）。黄酒、啤酒、成品油采用从量定额办法计税；卷烟、白酒采用复合计税办法计税；其他消费品均采用从价定率办法计税，税率在3%～56%的范围内不等。

①从价定率

当采用从价定率办法计税时，消费税应纳税额的计算公式为：

$$\begin{aligned}\text{消费税应纳税额}&=\text{应税消费品销售额}\times\text{适用税率}\\&=\text{组成计税价格}\times\text{消费税税率}\\&=\frac{\text{销售收入(含增值税)}}{1+\text{增值税税率}}\times\text{消费税税率}\end{aligned}\tag{8.21}$$

②从量定额

应税消费品销售额是指纳税人销售应税消费品向买方收取的全部价款和价外费用，不包括向买方收取的增值税税款。应税消费品销售数量是指销售应税消费品的数量。当采用从量定额办法计税时，消费税应纳税额的计算公式为：

$$\text{消费税应纳税额}=\text{应税消费品销售数量}\times\text{单位税额}\tag{8.22}$$

③复合计税办法

当采用复合计税办法计税时，消费税应纳税额的计算公式为：

$$\text{消费税应纳税额}=\text{应税消费品销售数量}\times\text{单位税额}+\text{应税消费品销售额}\times\text{适用税率}\tag{8.23}$$

（2）土地增值税

土地增值税是按转让房地产取得的增值额征收的税种。房地产开发项目应按规定计算土地增值税。

①征税范围

土地增值税的征税范围是有偿转让的房地产，包括国有土地使用权、地上建筑物及其附着物。

②税率

土地增值税实行四级超率累进税率。增值额未超过扣除项目金额50%的部分，税率为30%；超过50%但未超过100%的部分，税率为40%；超过100%但未超过200%的部分，税率为50%；超过200%的部分，税率为60%。

③计税依据和税额计算

土地增值税的计税依据为转让房地产所取得的增值额。

增值额=转让房地产收入-扣除项目金额

扣除项目金额包括：取得土地使用权所支付的金额；开发土地的成本费用；新建房及配套设施的成本费用，或者旧房及建筑物的评估价格；与转让房地产有关的税金；取得土地使用权所支付的金额与开发土地成本金额之和的20%为加计扣除项。

在计算土地增值税税额时，可采用增值额乘以适用的税率再减去扣除项目金额乘以速算扣除系数（5%、15%或35%）的简便方法，具体公式如下：

增值额未超过扣除项目金额50%的土地增值税税额=增值额×30%

增值额超过扣除项目金额50%但未超过100%的土地增值税税额=增值额×40%-扣除项目金额×5%

增值额超过扣除项目金额100%但未超过200%的土地增值税税额=增值额×50%-扣除项目金额×15%

增值额超过扣除项目金额200%的土地增值税税额=增值额×60%-扣除项目金额×35%

（3）资源税

资源税是国家对在我国境内开采应税矿产品或者生产盐的单位和个人征收的一种税，是对因资源生成和开发条件的差异而客观形成的级差收入征收的税种。

①征收范围

资源税的征收范围包括：矿产品，包括原油、天然气、煤炭、金属矿产品和其他非金属矿产品；盐，包括固体盐、液体盐。

②税额计算

资源税的应纳税额按照应税产品的课税数量和规定的单位税额计算。资源税应纳税额的计算公式为：

资源税应纳税额=应税产品课税数量×单位税额

应税产品课税数量的确定依据如下：纳税人开采或者生产应税产品用于销售的，以销售数量为课税数量；纳税人开采或者生产应税产品自用的，以自用数量为课税数量。

（4）城市维护建设税

城市维护建设税是以纳税人实际缴纳的流转税税额为计税依据征收的一种税。

城市维护建设税按纳税人所在地区实行差别税率：项目所在地为市区的，税率为7%；项目所在地为县城、镇的，税率为5%；项目所在地为乡村或矿区的，税率为1%。

城市维护建设税以纳税人实际缴纳的增值税、消费税税额为计税依据，与上述两种税同时缴纳。城市维护建设税应纳税额的计算公式为：

城市维护建设税应纳税额=实际缴纳的增值税、消费税税额×适用税率 （8.24）

（5）教育费附加

教育费附加是为了加快地方教育事业的发展，扩大地方教育经费的资金来源而开征的。教育费附加收入纳入预算管理，作为教育专项基金，主要用于各地改善教学设施和办学条件。

教育费附加自1986年起在全国开征，1990年经修改而进一步完善，凡缴纳增值税、消费税、营业税的单位和个人，都是教育费附加的缴纳人。教育费附加随增值税、消费税、营业税同时缴纳，由税务机关负责征收。2005年再次进行修订，规定企业缴纳的教育费附加一律在销售收入中支付。2016年“营改增”后，取消营业税的征收。

教育费附加以实际缴纳的增值税、消费税税额为计费依据，征收率为3%。应纳教育费附加的计算公式为：

应纳教育费附加=实际缴纳的增值税、消费税税额×3% (8.25)

（6）房产税

房产税是以房屋为征税对象，按房屋的计税余值或租金收入为计税依据，向产权所有人征收的一种财产税。房产税应纳税额的计算方法有两种，即从价计征和从租计征。

①从价计征房产税，以房产余值为计税依据

房产税按房产原值一次减除10%～30%后的余值计算缴纳。房产税采用比例税率，依照房产余值从价计征的，税率为1.2%。

②从租计征房产税，以房屋出租取得的租金收入为计税依据

房产税采用比例税率，依照房产租金收入计征的，税率为12%。

（7）车船税

我国车船税相关法律、法规将乘用车船按排气量划分为七档。车船税的征收规程按照这七个档位进行征收，年基准税额从1.0升以下最低的60元到4.0升以上最高的5 400元，二者差距可达90倍。机动车辆依照排气量的不同，适用税额如下：1.0升（含）以下的，60元至360元不等；1.0升以上至1.6升（含）的，300元至540元不等；1.6升以上至2.0升（含）的，360元至660元不等；2.0升以上至2.5升（含）的，660元至1 200元不等；2.5升以上至3.0升（含）的，1 200元至2 400元不等；4.0升以上的，3 600元至5 400元不等。

货车（包括半挂牵引车、三轮汽车和低速载货汽车等）按照整备质量计算，每吨16～120元。挂车按照货车税额的50%计算。

机动船舶按照吨位数来计算，适用税额如下：净吨位不超过200吨的，按每吨3元计算；净吨位超过200吨但不超过2 000吨的，按每吨4元计算；净吨位超过2 000吨但不超过10 000吨的，按每吨5元计算；净吨位超过10 000吨的，按每吨6元计算。

（8）城镇土地使用税

城镇土地使用税是以土地为征税对象，以实际占用的土地面积为计税依据，按规定税额对使用土地的单位和个人征收的一种税。

城镇土地使用税实行分级幅度税额。每平方米土地年税额规定如下：大城市，1.5元至30元；中等城市，1.2元至24元；小城市，0.9元至18元；县城、建制镇、工矿区，0.6元至12元。省、自治区、直辖市人民政府，应当在税法规定的税额幅度内，根据市政建设状况、经济繁荣程度等条件，确定所辖地区的适用税额幅度。城镇土地使用税应纳税额的计算公式为：

城镇土地使用税应纳税额=计税土地面积（平方米）×适用税额 (8.26)

（9）印花税

印花税是对我国境内经济活动和经济交往中书立、领受、使用的应税经济凭证所征收的一种税。印花税纳税人为在我国境内书立应税凭证、进行证券交易的单位和个人。印花税税目、税率见表8-8。

表8-8 印花税税目税率表

税目		税率	备注
合同（指书面合同）	借款合同	借款金额的 0.05‰	指银行业金融机构、经国务院银行业监督管理机构批准设立的其他金融机构与借款人（不包括同业拆借）的借款合同
	融资租赁合同	租金的 0.05‰	
	买卖合同	价款的 0.3‰	指动产买卖合同（不包括个人书立的动产买卖合同）
	承揽合同	报酬的 0.3‰	
	建筑工程合同	价款的 0.3‰	
	运输合同	运输费用的 0.3‰	指货运合同和多式联运合同（不包括管道运输合同）
	技术合同	价款、报酬或使用费的 0.3‰	不包括专利权、专有技术使用权转让书据
	租赁合同	租金的 1‰	
	保管合同	保管费的 1‰	
	仓储合同	仓储费的 1‰	
	财产保险合同	保险费的 1‰	不包括再保险合同
产权转移书据	土地使用权出让书据	价款的 0.5‰	转让包括买卖（出售）、继承、赠与、互换、分割
	土地使用权、房屋等建筑物和构筑物所有权转让书据（不包括土地承包经营权和土地经营权转移）	价款的 0.5‰	
	股权转让书据（不包括应缴纳证券交易印花税的）	价款的 0.5‰	
	商标专用权、著作权、专利权、专有技术使用权转让书据	价款的 0.3‰	
营业账簿		实收资本（股本）、资本公积合计金额的 0.25‰	
证券交易		成交金额的 1‰	

2）其他税费的估算

（1）增值税

增值税是对中华人民共和国境内销售货物或提供加工、修理修配劳务以及进出口货物的单位和个人，就其商品流转的增值额为课税依据征收的一种流转税。增值额是指纳税人从事应税货物生产经营或提供劳务而新增加的价值额，大体上相当于购销价差。

2016年5月1日，我国全面实行“营改增”，在我国境内销售服务、无形资产或者不动产的单位和个人缴纳增值税，不再缴纳营业税。另外，增值税是城市维护建设税和教育费附加的计算依据。

按照现行税法的规定，增值税作为价外税不包括在税金及附加中，产出物的价格中不含增值税销项税额，投入物的价格中也不含增值税进项税额。在财务分析中要单独计算增值税，因为营业收入和成本中包含增值税，所以为使计算口径一致，在计算利润总额时，要从营业收入中扣除增值税。增值税是按增值额计税的，其应纳税额的计算公式为：

$$增值税应纳税额=销项税额-进项税额 \quad (8.27)$$

式中：

$$销项税额=\frac{销售收入(含税)}{1+增值税税率}\times 增值税税率$$

$$进项税额=\frac{外购原材料、燃料和动力费(含税)}{1+增值税税率}\times 增值税税率$$

（2）关税

关税是以进出口的应税货物为纳税对象的税种。

如果项目评估中涉及引进设备、技术和进口原材料，应按有关税法和国家的税收优惠政策，正确估算进口关税。

我国仅对少数货物征收出口关税，对大部分货物免征出口关税。如果项目的出口产品属于征税货物，应按规定估算出口关税。

（3）企业所得税

企业所得税是针对企业应纳税所得额征收的税种。

项目评估中应按照税法对有关所得税税前扣除项目的要求正确计算应纳税所得额，并采用适宜的税率计算企业所得税。企业所得税应纳税额的计算公式为：

$$企业所得税应纳税额=应纳税所得额\times 所得税税率 \quad (8.28)$$

【例8-2】以【例8-1】中化工项目为例，说明项目销售收入和税金的估算以及销售收入和税金及附加估算表的编制。

已知有关销售资料如下：

（1）项目达到设计生产能力后年产甲产品2 300吨，并能全部售出。

（2）经预测，甲产品在生产初期的出厂价格为17 380元/吨（含税）。

（3）甲产品适用的增值税税率为13%，外购原材料的适用增值税税率为13%；城市维护建设税的适用税率为1%，教育费附加的征收率为3%。

请估算项目的销售收入和税金，并编制销售收入和税金及附加估算表。

项目正常年份的销售收入和税金测算如下：

销售收入=2 300×1.7380=3 997（万元）

$$增值税应纳税额=\frac{销售收入-外购原材料、燃料和动力费}{1+增值税税率}\times增值税税率$$

$$=\frac{3\,997-1\,859}{1+13\%}\times13\%$$

=246（万元）

城市维护建设税应纳税额=实际缴纳的增值税税额×适用税率=246×1%=2.46（万元）

应纳教育费附加=实际缴纳的增值税税额×3%=246×3%=7.38（万元）

根据以上估算结果编制销售收入和税金及附加估算表（见表8-9）。

表8-9 **销售收入和税金及附加估算表**

序号	产品名称	单位	单价（元）	4	5	6	…	16	17
1	产品销售收入	万元		3 198	3 997	3 997	3 997	3 997	3 997
1.1	甲产品	吨	17 380	3 198	3 997	3 997	3 997	3 997	3 997
2	增值税	万元		197	246	246	246	246	246
3	税金及附加	万元		8	10	10	10	10	10
3.1	城市维护建设税	万元		1.97	2.46	2.46	2.46	2.46	2.46
3.2	教育费附加	万元		5.90	7.38	7.38	7.38	7.38	7.38

8.4 利润总额及分配的估算

8.4.1 利润总额的估算

利润（profit）总额是企业在一定时期内生产经营活动的最终财务成果。它集中反映了企业生产经营各方面的效益，是项目最终的财务成果，也是衡量企业生产经营管理水平的重要综合指标，构成了财务基础数据测算的重要组成部分。利润总额的估算公式为：

利润总额=营业收入-税金及附加-总成本费用+补贴收入 (8.29)

根据利润总额可计算所得税及税后利润的分配。在财务分析中，利润总额还是计算投资利润率、投资利税率等静态投资收益率指标的基础数据。

8.4.2 所得税及利润分配的估算

根据税法的规定，企业取得利润后先向国家缴纳所得税，剩余部分在企业、投资者、职工之间进行分配。

1）所得税估算

凡在我国境内实行独立经营核算的各类企业或者组织，来源于我国境内、境外的生产、经营所得和其他所得，均应依法缴纳企业所得税。

纳税人每一纳税年度的收入总额减去准予扣除项目后的余额，为应纳税所得额。

纳税人发生年度亏损的，可以用下一纳税年度的所得弥补；下一纳税年度的所得不足以弥补的，可以逐年延续弥补，但是延续弥补期最长不得超过5年。

企业所得税应纳税额按照应纳税所得额和所得税税率计算，计算公式为：

企业所得税应纳税额=应纳税所得额×所得税税率 (8.30)

在项目评估中，一般按照利润总额和25%的税率计算企业所得税。如法律、法规和国务院有关规定给予减免税的，依照法律或规定执行。

利润来源及其分配示意图如图8-3所示。

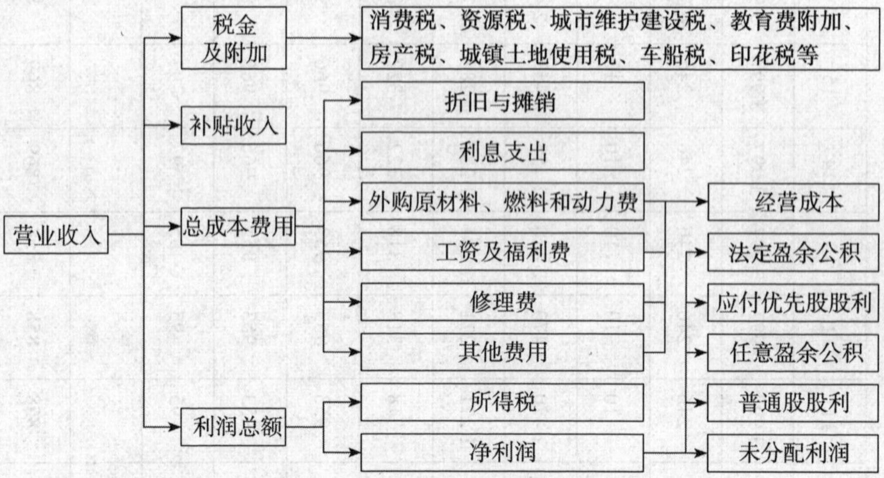

图8-3 利润来源及其分配示意图

2）税后利润的分配

在项目评估中，利润分配的内容和顺序如下：

(1) 当期实现的净利润加上期初未分配利润（或减去期初未弥补亏损），为可供分配的利润。

(2) 内资项目以当年净利润为基数提取法定盈余公积；外商投资项目按有关法律规定提取储备基金、企业发展基金、职工奖励和福利基金。

(3) 可供分配的利润减去提取的法定盈余公积等之后，为可供投资者分配的利润。中外合作经营企业按规定在合作期内以利润归还投资者的投资，也从可供分配的利润中扣除。

(4) 可供投资者分配的利润，按下列顺序分配：

①应付优先股股利（如有优先股），是指按照利润分配方案分配给优先股股东的现金股利。

②提取任意盈余公积，任意盈余公积的提取比例由董事会决定。

③应付普通股股利，是指企业按照利润分配方案分配给普通股股东的现金股利。企业以分配股票股利的形式转增的资本（或股本），即以利润转增的资本，也在此核算。

④经过上述分配后的剩余部分为未分配利润。

【例8-3】仍以【例8-1】中的化工项目为例，说明项目利润的估算以及利润与利润分配估算表的编制。已知项目适用的所得税税率为25%，盈余公积按税后利润的10%提取。

结合前面各项估算结果编制利润与利润分配估算表（见表8-10）。

表8-10 **利润与利润分配估算表** 金额单位：万元

序号	项目＼年序	投产期	达到设计能力生产期（达产期）													合计
		4	5	6	7	8	9	10	11	12	13	14	15	16	17	
1	产品销售收入（含增值税）	3 198	3 997	3 997	3 997	3 997	3 997	3 997	3 997	3 997	3 997	3 997	3 997	3 997	3 997	55 159
2	增值税	197	246	246	246	246	246	246	246	246	246	246	246	246	246	3 395
3	税金及附加	8	10	10	10	10	10	10	10	10	10	10	10	10	10	138
4	总成本费用	2 471	2 782	2 693	2 599	2 499	2 470	2 470	2 470	2 470	2 470	2 453	2 453	2 453	2 453	35 206
5	利润总额（1–2–3–4）	522	959	1 048	1 142	1 242	1 271	1 271	1 271	1 271	1 271	1 288	1 288	1 288	1 288	16 420
6	所得税费用	131	240	262	286	311	318	318	318	318	318	322	322	322	322	4 105
7	税后利润（5–6）	391	719	786	856	931	953	953	953	953	953	966	966	966	966	12 312
8	可供分配利润	391	719	786	856	931	953	953	953	953	953	966	966	966	966	12 312
8.1	盈余公积	39	72	79	86	93	95	95	95	95	95	97	97	97	97	1 231
8.2	应付利润															
8.3	未分配利润	352	647	707	770	838	858	858	858	858	858	869	869	869	869	11 081
9	累计未分配利润	352	999	1 706	2 477	3 315	4 172	5 030	5 888	6 746	7 603	8 473	9 342	10 211	11 081	

2）国内借款的还款方式

虽然借贷双方在有关的贷款合同或协议中规定了还款期限，但是在实际操作过程中，主要还是根据项目还款资金来源的情况进行测算，即按实际偿还能力测算。

归还国内借款的一般做法是先偿付当年所需的外汇借款本金，再用剩余的资金来源按“先贷款先还、后贷款后还”“利息高的先还、利息低的后还”的顺序或按双方的贷款协议归还。人民币还款额的计算公式为：

人民币还本额=当年还本资金来源-外汇当年还本额 (8.31)

3）借款利息的计算

（1）国内借款利息的计算

①借款的建设期利息。因无法事先确定每笔贷款的实际发生时间，所以近似地假定当年贷款均发生在年中，按半年时间计息，转入以后年度则按全年计息。

②借款的生产期利息。还款期间，假定都在当年年末偿还借款，因此还款当年按全年计息，其近似计算公式为：

借款的生产期年应计利息=年初借款累计额×年利率 (8.32)

国内借款往往根据借贷双方约定的还款金额、时间和利率确定具体项目的还款方式和进度。

（2）国外借款利息的计算

国外建设投资借款利息，可以根据不同的还款方式采用不同的计算方法。由于国外借款特别是世界银行、亚洲开发银行等国际金融机构借款的利息普遍较低，因此多数情况下可以选择期限较长的中长期贷款，即可以选择在规定的期限内等额还本付息和在规定的期限内每年等额还本利息照付方式两种方式。

相对于等额还本付息方式而言，等额还本利息照付方式由于每年偿还的本金是确定的，计算较为简便，但是投产初期还本付息额相对较大，因此，这种方式适用于投产初期效益好的项目。如果项目效益不好，则须另用其他协议还款方式来偿还。

与国内借款利息的计算类似，国外借款利息的计算也是以具体项目中约定的资金借款合同为准，在项目评价中一般按照行业普遍认可的方式和水平进行测算。

本章小结

•财务基础数据是指与项目财务效益评估和国民经济效益评估有关的各种数据、参数与资料。财务基础数据测算是对项目总投资、投产后项目的生产成本、销售收入和税金、利润及利润分配等各项财务基础数据进行估算，并编制有关估算表。

•财务基础数据测算依据现行经济法律、法规，以数据的真实性、可靠性和可比性为原则。基础数据通过调查研究、分析、预测确定，包括初级数据和派生数据两类。财务基础数据测算的程序包括：熟悉项目情况，制订财务基础数据测算工作计划；收集有关资料；分析检查所收集的资料；进行财务基础数据测算。

•财务基础数据测算表之间存在关联性，估算表应按照一定的程序及其内在联系使其相互衔接。财务基础数据测算的表格主要有：建设投资估算表；项目总投资使用计划与资金筹措表；流动资金估算表；总成本费用估算表；原材料能源成本估算表；固定资产折旧费估算表；无形资产及其他资产摊销估算表；销售收入和税金及附加估算表；利润与利润分配估算表；借款还本付息计划表等。

•成本费用是指在运营期内为生产产品或提供服务所发生的全部费用，等于经营成本与折旧费、摊销费和财务费用之和。总成本费用可以采用生产成本加期间费用估算法和生产要素估算法估算。经营成本是指项目总成本费用扣除折旧费、摊销费和利息支出以后的成本费用，其估算包括外购原材料、燃料和动力费，工资及福利费，修理费和其他费用。成本分为可变成本、固定成本、半可变（或半固定）成本，主要用于项目的风险分析。

•销售收入，通常也称营业收入，是指销售产品或者提供服务所获得的收入，是现金流量表中现金流入的主体，也是利润表的主体，一般采用产量和单价的乘积表示。某些项目还应按有关规定估算企业可能得到的补贴收入，也应计入收入。项目评估涉及的税费主要包括关税、增值税、消费税、所得税、资源税、城市维护建设税和教育费附加等，甚至包括土地增值税。

•利润总额是收入减去费用和税金之后的余额，利润分配按照一定的顺序进行。借款还本付息的估算主要是测算借款还款期的利息和偿还建设投资借款的时间，从而考察项目的偿还能力和收益，为财务分析和项目决策提供依据。资金来源主要是项目的利润、摊入成本费用中的折旧费和摊销费以及其他资金来源。

关键概念

财务基础数据　成本费用　固定资产　折旧　利润　税金　无形资产　生产成本　流动资金　销售收入

章后练习

一、选择题

1.财务基础数据测算要求以财务数据的可比性为原则，可比主要是指（　　）的可比。

A.方法　B.口径　C.时期

D.计算范围　E.参数

2.下列选项中，属于财务基础数据测算表的有（　　）。

A.固定资产折旧费估算表

B.总成本费用估算表

C.原材料能源成本估算表

D.利润与利润分配估算表

E.大修理计划表

3.下列选项中，属于财务费用的有（　　）。

A.利息净支出　B.汇兑净损失　C.外汇手续费

D.贷款手续费　E.筹资其他费用

4.在工资及福利费估算中，工资及福利费主要包括（　　）等。

A. 职工工资　　B. 奖金　　C. 津贴

D. 补贴　　E. 医疗保险费

5. 固定资产折旧的方法主要有（　　）。

A. 年限平均法　　B. 工作量法　　C. 加速折旧法　　D. 累计折旧法

6. 教育费附加一般按照（　　）的 3% 征收。

A. 销售量　　B. 消费税　　C. 增值税　　D. 净利润

7. 计算利润总额时需要确定的参数有（　　）。

A. 营业收入　　B. 税金及附加　　C. 总成本费用　　D. 折旧

8. 还本付息的资金来源主要有（　　）。

A. 利润　　B. 固定资产折旧费

C. 无形资产及其他资产摊销费　　D. 减值准备

二、判断题

1. 所有企业都可以使用加速折旧法。（　　）

2. 期间费用不计入生产成本，直接体现为当期损益。（　　）

3. 无形资产的摊销均应按照不少于十年的期限进行摊销。（　　）

4. 资金来源归还贷款的缺口较大时，可暂不提取盈余公积。（　　）

三、简答题

1. 在项目评估实践中，财务基础数据测算的内容主要包括哪些？

2. 财务基础数据测算应遵循哪些原则？

3. 财务基础数据测算中用到的基本财务报表和辅助报表有哪些？各报表之间的钩稽关系如何？

4. 简要说明项目总投资的主要构成要素及其估算方法。

5. 我国目前项目筹资的主要渠道有哪些？假定你是项目融资经理，你将会在项目融资中坚持哪些原则？

6. 简述固定资产折旧中所采用的几种折旧方法。

7. 试述成本费用的构成内容及其估算方法。

部分练习参考答案

第⑨章　项目财务效益分析

主要知识点

项目财务效益分析的概念与意义、目标、原则与方法、工作程序；财务效益分析基本报表的编制，包括现金流量表、利润表、资金来源与运用表、资产负债表、财务外汇平衡表；财务效益分析指标体系；财务盈利能力分析指标；财务偿债能力分析指标；财务外汇效果分析。

9.1　项目财务效益分析概述

9.1.1　项目财务效益分析的概念与意义

1）项目财务效益分析的概念

项目财务效益分析是根据国家现行财税制度、价格体系和有关法律法规，计算分析项目发生的直接财务效益和费用，通过编制基本报表、计算财务效益分析指标来考察项目的盈利能力、偿债能力和财务外汇效果等财务状况，据以判断项目在财务上是否可行的一种经济评价方法。

财务效益分析是建设项目经济评价中的微观层次，主要从微观投资主体的角度来分析项目给投资主体带来的效益以及投资风险。实施财务效益分析，可以明确项目对财务主体的价值及对投资者的贡献，为投资决策、融资决策和银行审贷提供依据。一般来说，企业在进行投资决策时都要进行财务效益分析。

在进行财务效益分析时，通常应该首先进行融资前分析，在融资前分析结论满足要求的情况下初步制订融资方案，然后进行融资后分析。

融资前分析是指在考虑融资方案前就可以开始进行的财务效益分析，即在不考虑债务融资条件下进行的财务效益分析。融资前分析只进行盈利能力分析，以动态分析（折现现金流量分析）为主，结合营业收入、建设投资、经营成本和流动资金的估算，考察整个计算期内的现金流入和现金流出，编制项目投资现金流量表，计算项目投资内部收益率和净现值等指标；以静态分析（非折现现金流量分析）为辅，计算投资回收期指标（静态）。融资前分析可以排除融资方案变化的影响，从项目投资总获利能力的角度考察项目方案设计的合理性。在融资前分析中计算的相关指标，应作为初步投资决策与融资方案研究的依据。

融资后分析是以融资前分析和初步制订的融资方案为基础进行的财务效益分析。融资后分析主要针对项目资本金折现现金流量和投资各方折现现金流量进行分析，考察项目在拟融资条件下的盈利能力、偿债能力和财务生存能力，判断项目方案在拟融资条件下的可行性。融资后分析用于比选融资方案，帮助投资者做出融资决策。融资后分析包括静态分析和动态分析两种。

2）项目财务效益分析的意义

项目财务效益分析是判断项目是否可行的重要决策过程，无论对于项目投资主体，还是对于为项目建设和生产经营提供资金的其他机构或个人，都具有十分重要的意义。其意义主要表现在以下方面：

（1）项目财务效益分析是企业进行投资决策的重要依据。作为项目评估的重要组成部分，项目财务效益分析可以通过科学测算，从微观投资主体的角度分析拟建项目可以给企业带来的效益与投资风险，能够为企业经营者筛选投资项目并进行投资决策提供信息支持。

（2）项目财务效益分析是银行及金融机构发放贷款的重要依据。银行及金融机构以货币为经营对象，其经营活动的主要目标是增值、盈利。投资项目（尤其是固定资产投资项目）一般具有投资数额大、周期长、风险高等特点，这决定了银行及金融机构在发放项目贷款前必须首先分析申请贷款的投资项目是否具有较好的偿债能力。通过项目财务效益分析，银行可以科学地预测拟建项目是否能够及时偿还贷款本息，从而达到规避风险的目的。

（3）项目财务效益分析是有关部门审批拟建项目的重要依据。任何一个投资项目都有其生存的地域环境和社会环境，项目的财务效益如何不仅与企业自身的生存和发展息息相关，而且对所在地区的经济发展、所在地区乃至国家的财政收支状况也会产生影响。因此，各级政府主管部门在审批投资项目时也应将投资项目财务效益的好坏作为决策的重要依据。

9.1.2 项目财务效益分析的目标

项目财务效益分析的目标是对项目的盈利能力、偿债能力和财务生存能力进行准确的分析。对于经营性项目，应通过编制财务效益分析基本报表、计算财务效益分析指标，分析项目的盈利能力、偿债能力和财务生存能力，判断项目的财务可接受性，为项目决策提供依据；对于非经营性项目，应重点分析项目的财务生存能力。

1）盈利能力

盈利能力主要考察拟建项目的盈利水平，即项目建成投产后是否有盈利、盈利多少，是反映项目在财务上可行程度的基本标志。项目的盈利能力分析重点是项目各年度的投资盈利能力，以及项目在整个寿命期内的盈利水平。

2）偿债能力

项目的偿债能力是指项目按期偿还债务的能力。项目清偿能力的大小通常表现为建设投资借款偿还期的长短、利息备付率和偿债备付率的高低。这些指标也是银行进行贷款决策的重要依据。

3）财务生存能力

在项目运营期间，确保从各项经济活动中得到足够的净现金流量是项目能够持续生存的条件，应根据财务计划现金流量表综合考察项目计算期内各年的投资活动、融资活动和经营活动产生的各项现金流入和流出，计算净现金流量和累积盈余资金，分析项目是否有足够的净现金流量维持正常运营，因此财务生存能力分析亦可称为资金平衡分析。

9.1.3 项目财务效益分析的原则与方法

为保证项目财务效益分析的客观性和有效性，确保财务效益分析结果准确、可靠地反映项目建成后的实际效果，项目财务效益分析应遵循一定的原则并采用科学的方法。

1）项目财务效益分析的原则

（1）必须符合国民经济发展规划及产业政策，符合经济建设的方针、政策，遵循相关法律法规及指导意见。这将确保项目财务效益分析建立在合法、科学的基础上，实现投资主体微观利益与国家经济和社会发展宏观利益的协调统一。

（2）确保效益与费用的计算范围和价值尺度一致。财务效益分析应建立在正确识别项目效益与费用的基础上。在财务效益分析中，只计算项目本身的内部直接效益和直接费用，即项目的内部效果，不考虑外部的间接效益和间接费用。为此，在财务效益分析中计算效益与费用时，应注意计算范围和价值尺度的一致性，避免人为扩大效益和费用的计算范围，导致效益和费用因被高估或低估而缺乏可比性，进而造成财务效益分析结果失真。

（3）坚持以动态分析为主、静态分析为辅的原则。动态分析与静态分析的区别在于是否考虑资金的时间价值。静态分析在计算项目的费用和效益时，一般以典型年份值或年平均值作为计算依据，具有计算简便、指标直观、容易理解等优点，但没有考虑资金的时间价值，不能真实地反映项目的财务效益；动态分析则采用现金流量分析的方法，考虑了整个计算期内各年的效益和费用，尽管计算较为复杂，但能够准确地反映项目的财务效益。因此，在财务效益分析中要坚持以动态分析为主、静态分析为辅的原则。

（4）采用预测价格。在项目的整个生命周期内，由于物价上涨、供求关系变化等因素的影响，投入物和产出物的价格肯定会发生变化。因而，在财务效益分析中，应采用以现行价格体系为基础的预测价格，充分考虑价格在项目计算期内的波动，正确估算项目的效益和费用。

2）项目财务效益分析的方法

（1）现金流量分析方法。现金流量分析是把项目视为一个系统，投入的资金、花费的成本、获取的收益均可看成以资金形式体现的资金流入或资金流出，反映项目在建设期与生产经营期内各时点实际发生的现金流入或现金流出。在进行财务效益分析之前，要尽可能准确地估算项目在寿命期内各年的实际现金流量，为财务效益分析提供可靠的基础数据。

（2）静态分析方法。静态分析方法是一种简便易行的分析方法，它不考虑资金的时间价值，所采用的年度现金流量只是当年的绝对数值而非折现值，不考虑项目整个计算期各年的现金流量。在计算年度现金流量时，不考虑项目的经济寿命期，只选择某一个达到100%设计生产能力的正常生产年份（即典型生产年份）的净现金流量或生产期净现金流量年平均值，因而具有计算简单、容易理解但不够准确等特点。在财务效益分析中，运用静态分析方法计算的主要指标有投资利润率、投资利税率、资本金净利润率、投资回收期、贷款偿还期、资产负债率、流动比率、速动比率等。

（3）动态分析方法。动态分析方法是以现金流量现值分析为基础的方法，比静态分析方法复杂但相对准确。其主要特点是根据资金占用时间的长短，按指定的折现率计算资金的时间价值，着眼于项目整个计算期内的现金流量变化情况和经济效益，能如实反映资金的实际运行情况，全面体现项目整个寿命期内的财务经济活动和经济效益，从而准确地对项目的财务效益进行符合资金实际运行情况的分析。在财务效益分析中，运用动态分析方法计算的主要指标有净现值、净现值率、动态投资回收期、内部收益率等。

9.1.4 项目财务效益分析的工作程序

项目财务效益分析是在项目市场研究、生产条件及技术条件研究的基础上进行的，主要利用项目计算期内的一系列财务基础数据来编制财务报表、计算分析相关经济评价指标，从而进行财务效益分析，做出评价结论。财务效益分析的具体程序如图9-1所示。

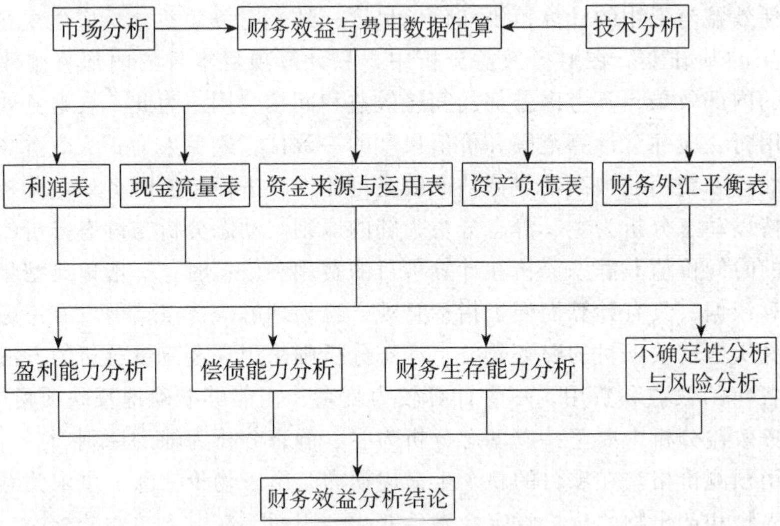

图9-1 财务效益分析的具体程序

其工作程序大致包括如下几个步骤：

（1）分析和估算项目的财务基础数据，通常简称为财务预测。在整理财务基础数据时已经测算了拟建项目的投资总额、投产后各年的成本费用、销售收入、税金及附加、利润等方面的财务数据，项目评估的任务是对这些数据进行分析审查，并与掌握的信息资料对比分析，必要时重新估算。

（2）编制财务效益分析基本报表。在估算投资项目各方面的财务基础数据之后，紧接着就是要根据这些财务数据编制财务效益分析基本报表，为计算各种财务效益分析指标作准备。按照现行的《建设项目经济评价方法与参数》（第三版）的指导意见，为分析项目的盈利能力，需要编制现金流量表、利润表及相应的辅助报表；为分析项目的偿债能力，需要编制资产负债表、资金来源与运用表及相应的辅助报表；对于涉及外贸、外资及影响外汇流量的项目，为考察项目的外汇平衡情况，还要编制项目的财务外汇平衡表。

（3）计算财务效益分析指标。一般而言，评估人员主要考察以下三类指标：①财务盈利能力分析指标。盈利能力分析是项目财务效益分析最主要的部分，也是项目能否成立的先决条件，是反映项目财务效益的主要指标。用于评判项目盈利能力的指标主要包括静态指标和动态指标，其中静态指标包括投资利润率、投资利税率、资本金净利润率等，动态指标包括财务净现值、财务内部收益率等。②财务偿债能力分析指标。评估人员主要通过计算借款偿还期来考察项目清偿投资借款的能力。③财务外汇效果分析指标。对于涉及外贸、外资及影响外汇流量的项目，除了以上两类指标外，还需要单独考虑项目外汇使用的财务效益，计算财务外汇净现值、换汇成本及节汇成本等指标，进行财务外汇效果评估，以保证有限的外汇资金被配置到最优的项目中去。

（4）进行不确定性分析与风险分析。通过盈亏平衡分析和敏感性分析等不确定性分析与风险分析方法，评价项目可能面临的风险及在不确定条件下适应市场变化的能力和抗风险能力，从而得出项目在不确定条件下的财务分析结论或建议。

（5）提出财务效益分析结论。在计算出各项财务效益评价指标后，将计算结果与国家或行业的评价标准或基准指标值进行对比，从财务角度做出项目是否可行的结论。

【自测题】在进行项目财务效益分析时，下列项目中通常不予以考虑的是（ ）。[①]

A.盈利能力　　B.偿债能力

C.外汇收支情况　　D.劳动生产效率

9.2 财务效益分析基本报表的编制

为了客观、科学地对项目进行财务效益分析，通常需要编制一套基本报表，并在此基础上计算一系列评价指标，对互相联系、互相补充的财务报表和财务指标进行综合分析与评价，从而得出项目在财务上是否可行的结论。财务效益分析基本报表是在辅助报表的基础上分析填列的，是集中反映项目盈利能力、偿债能力和财务外汇平衡情况的主要报表的统称，主要包括现金流量表、利润表、资金来源与运用表、资产负债表、财务外汇平衡表。为编制基本报表，还需要编制一系列辅助报表，如建设投资估算表、建设期利息估算表、流动资金估算表、项目总投资使用计划与资金筹措表、总成本费用估算表、固定资产折旧费估算表、无形资产及其他资产摊销估算表、借款还本付息计划表、销售收入和税金及附加估算表等。这些辅助报表已经在前面章节作过介绍，本章节重点介绍现金流量表、利润表、资金来源与运用表、资产负债表、财务外汇平衡表的构成及其编制方法。

9.2.1 现金流量表

1）现金流量和现金流量表的概念

现金流量是现金流入量与现金流出量的统称。它把项目作为一个独立系统，反映投资项目在其寿命期（包括项目的建设期和生产期）内实际发生的流入系统与流出系统的现金活动及现金流动数量。

项目在某一时期内支出的费用称为现金流出量，记为CO；取得的收入称为现金流入量，记为CI；同一时点上的现金流入量与现金流出量之差（CI-CO）称为净现金流量。

现金流量的核算遵循收付实现制原则，仅包括计算期内的现金收支（包括狭义的现金与银行存款），不包括各种非现金收支（比如折旧费、摊销费、应收款、应付款等），并且要明确现金收支实际发生的时间。一般来说，现金流入包括产品的销售收入（营业收入）、回收固定资产余值和回收流动资金；现金流出包括静态投资、流动资金、经营成本、税金及附加、所得税费用等。

① 【答案】D。

现金流量表是在财务基础数据预测的基础上填列的，反映项目在计算期内各年现金流入量、现金流出量和净现金流量水平的一种报表。它是以现金流入量和现金流出量来汇总说明项目在一定期间内由营业活动、投资活动及理财活动引起的资产、负债及所有者权益变动的报表。现金流量表是计算财务净现值、财务内部收益率、投资回收期等财务效益分析指标的主要信息来源。根据投资计算基础的不同，现金流量表可以分为现金流量表（全部投资）和现金流量表（自有资金）。

2）现金流量表的编制

（1）现金流量表（全部投资）（见表9-1）

表9-1　**现金流量表（全部投资）**　金额单位：万元

序号	项目＼年序	合计	建设期		投产期		达到设计能力生产期		
			1	2	3	4	5	…	n
1	现金流入								
1.1	主营业务（销售）收入								
1.2	回收固定资产余值								
1.3	回收流动资金								
1.4	其他现金流入								
2	现金流出								
2.1	建设投资								
2.2	流动资金								
2.3	经营成本								
2.4	税金及附加								
2.5	所得税费用								
2.6	其他现金流出								
3	净现金流量（1-2）								
4	累计净现金流量								
5	所得税前净现金流量（3+2.5）								
6	所得税前累计净现金流量								

计算指标：
财务内部收益率（%）
财务净现值
投资回收期（年）

注：（1）根据需要可以在现金流入和现金流出栏内增减项目；（2）达到设计能力生产期内发生的更新投资作为现金流出可单独列项或列入建设投资项目。

现金流量表（全部投资）以全部投资作为计算基础，不分投资资金来源，假定全部投资均为自有资金，因而不考虑借款利息，即经营成本中不包括流动资金借款利息。编制该表的目的是考察项目全部投资的盈利能力，为各个投资方案之间的比较建立共同基础，也就是不论其资金来源构成情况如何以及利息多少。由于现金流量表只计算现金收支，不计算非现金收支，因此该表中不包括折旧费和摊销费。

编制现金流量表（全部投资）所需要的基本数据均来自第8章项目财务基础数据测算

中的有关资料。现金流量表（全部投资）的编制大体应遵循如下几个步骤：

① 确定项目的计算期。项目的计算期通常由建设期、投产期和达到设计能力生产期（达产期）组成。项目的计算期由其寿命期决定，表中数据根据项目的实际情况填列。

② 填列现金流入栏。现金流入栏包括主营业务（销售）收入、回收固定资产余值和回收流动资金等。产品销售收入数据可从第8章中的“销售收入和税金及附加估算表”中取得；回收固定资产余值是指在项目计算期末进行项目清算时固定资产的余值，该数据可从第8章中的“固定资产折旧费估算表”中取得，并填列在计算期的最后一年；回收流动资金是指在项目计算期末回收的期初投入的流动资金，达产后需要的流动资金在计算期末全部回收，该数据可从“流动资金估算表”中取得，并填列在计算期的最后一年。

③ 填列现金流出栏。现金流出栏包括建设投资、流动资金、经营成本、税金及附加、所得税费用等。建设投资、流动资金数据可从“建设投资估算表”、“流动资金估算表”或“项目总投资使用计划与资金筹措表”中取得；经营成本数据可从“总成本费用估算表”中取得；税金及附加、所得税费用数据可从“销售收入和税金及附加估算表”中取得。

④ 计算净现金流量。各年的现金流入量与现金流出量之差即为各年的净现金流量。

⑤ 计算累计净现金流量。累计净现金流量为本年度净现金流量与以前年度净现金流量之和。按照上述步骤进行数据填列和相关计算后，即可完成现金流量表（全部投资）的编制。根据该表，可进一步计算财务净现值、财务内部收益率、投资回收期等指标。

（2）现金流量表（自有资金）（见表9-2）

表9-2　**现金流量表（自有资金）**　金额单位：万元

序号	项目＼年序	合计	建设期		投产期		达到设计能力生产期		
			1	2	3	4	5	…	n
1	现金流入								
1.1	主营业务（销售）收入								
1.2	回收固定资产余值								
1.3	回收流动资金								
1.4	其他现金流入								
2	现金流出								
2.1	自有资金								
2.2	借款本金偿还								
2.3	借款利息支付								
2.4	经营成本								
2.5	税金及附加								
2.6	所得税费用								
2.7	其他现金流出								
3	净现金流量（1-2）								

计算指标：
财务内部收益率（%）
财务净现值

注：（1）根据需要可以在现金流入和现金流出栏内增减项目；（2）自有资金是指项目投资者的出资额。

现金流量表（自有资金）是指以投资主体的出资额作为计算基础，从投资主体的角度考察项目现金流入和现金流出的状况，用于考察项目自有资金的盈利能力。与现金流量表（全部投资）相比，表中只计算自有资金，偿还的借款本息应计入现金流出栏。

编制现金流量表（自有资金）所需要的基本数据的来源大致与现金流量表（全部投资）相同。就现金流入项目而言，现金流量表（自有资金）与现金流量表（全部投资）相同。不同之处在于项目投资借款本应是现金流入，但因为同时将借款作为项目投资，故而构成同一时点相同数额的现金流出，两者相抵对净现金流量并无影响，所以在现金流出栏中只考虑了自有资金（包括建设投资与流动资金里的自有资金部分）。另外，投资者的收入是由自有资金和借入资金共同取得的，所以投资者取得的收入扣除借款本息后就是投资者自有资金的收入。因此，借款本金偿付和借款利息支付就构成了现金流出的组成部分，这两项数据可以从“借款还本付息计划表”中取得。

9.2.2 利润表

1）利润表的概念

利润表反映了项目计算期内各年的营业收入、总成本费用、利润总额等情况，用于计算投资利润率、投资利税率、资本金净利润率等指标。

2）利润表的结构

（1）利润总额的估算。利润总额是项目在一定时期内生产经营活动的最终财务成果，集中反映了项目生产经营各方面的效益。根据现行的会计制度，利润总额等于营业利润加上补贴收入、营业外收支净额的代数和；而在项目评估中，为简化计算，在进行利润总额的估算时，假定不发生其他业务收入，也不考虑补贴收入和营业外收支净额。因此，利润总额的计算公式为：

$$\text{利润总额}=\text{营业收入}-\text{税金及附加}-\text{总成本费用} \tag{9.1}$$

营业收入和税金及附加数据依据“销售收入和税金及附加估算表”填列，总成本费用数据依据“总成本费用估算表”填列。

（2）项目亏损及亏损弥补的处理。项目在上一个年度发生亏损，可用当年获得的所得税前利润弥补；当年所得税前利润不足以弥补的，可在5年内用所得税前利润延续弥补；延续5年未弥补的亏损，用缴纳所得税后的利润弥补。

（3）所得税的计算。企业所得税以应纳税所得额为计税依据。纳税人每一纳税年度的收入总额减去准予扣除项目后的余额为应纳税所得额。所得税税率按照国家规定执行。国家对特殊项目有减免所得税规定的，按国家主管部门的有关规定执行。应纳所得税用公式表示为：

$$\text{应纳所得税}=\text{应纳税所得额}\times\text{所得税税率} \tag{9.2}$$

（4）所得税后利润的分配。缴纳所得税后的利润，应按照下列顺序进行分配：

①提取法定盈余公积。法定盈余公积按当年净利润的10%提取，其累计额达到项目法人注册资本的50%以上可不再提取。法定盈余公积可用于弥补亏损或按国家的有关规定转增资本金等。

②向投资者分配优先股股利，即按照利润分配方案向优先股股东分配现金股利。

③提取任意盈余公积。除按法律法规的规定提取法定盈余公积之外，企业按照公司

8.5 投资借款还本付息的估算

借款还本付息的估算主要是测算借款还款期的利息和偿还建设投资借款的时间，从而考察项目的偿还能力和收益，为财务分析和项目决策提供依据。

8.5.1 还本付息的资金来源

根据国家现行财税制度的规定，偿还建设投资借款的资金来源主要是项目投产后取得的利润，摊入成本费用的折旧费、摊销费，以及其他资金来源。

1）利润

用于归还借款的利润，一般应是从可供分配利润中提取盈余公积后的未分配利润。项目投产初期，如果用规定的资金来源归还贷款的缺口较大，也可暂不提取盈余公积，但这段时间不宜过长，否则将影响企业的发展能力。

2）固定资产折旧

项目投产初期无须更新固定资产，作为固定资产重置准备金性质的折旧基金，在被提取以后暂时处于闲置状态。为了有效利用一切可能的资金来源以缩短还款期限、加强项目的偿债能力，可以使用部分新增折旧基金作为偿还借款的来源之一。

一般来说，投产初期可以利用的折旧基金占全部折旧基金的比例较大；随着生产期的延伸，可利用的折旧基金比例逐渐减小，最终所有被用于归还贷款的折旧基金应由未分配利润归还贷款后的余额垫回，以保证折旧基金从总体上不被挪作他用，在还清贷款后恢复其原有的经济属性。

3）无形资产及其他资产摊销

摊销费是按现行的财务制度计入项目总成本费用的，但是在提取摊销费后，这笔资金没有具体的用途规定，具有“沉淀”性质，因此可以用来归还贷款。

4）其他还款资金

其他还款资金是指按有关规定可以用减免的税金及附加作为偿还贷款的资金来源。在进行估算时，如果没有明确的依据，可以暂不考虑。

项目在建设期借入的全部建设投资贷款本金及其在建设期发生的借款利息（即资本化利息）构成项目总投资的贷款总额，在项目投产后可由上述资金偿还。

在生产期内，建设投资和流动资金的贷款利息，按现行的财务制度均应计入项目总成本费用中的财务费用。

8.5.2 还款方式及还款顺序

项目借款的还款方式应根据借款资金的不同来源所要求的还款条件确定。

1）国外借款的还款方式

按照国际惯例，债权人通常对贷款本息的偿还期限有明确的规定，要求借款方在规定的期限内按规定的数量还清全部贷款的本金和利息，按协议的要求采用等额还本付息或等额本金偿还两种方法。

章程的规定或投资者会议决议，还可以提取任意盈余公积，提取比例由企业自行决定。

④向各投资方分配利润，即应付普通股股利。应付普通股股利包括对国家投资分配利润、对其他单位投资分配利润、对个人投资分配利润等。分配比例往往依据投资者签订的协议或公司章程等有关资料来确定。项目当年无盈利，不得向投资者分配利润。企业上年度未分配的利润可以并入当年利润中向投资者分配。

⑤未分配利润，即为可供分配利润减去以上各项应付利润后的余额。未分配利润主要用于偿还长期借款。按照国家现行财务制度的规定，可供分配利润应首先用于偿还长期借款，只有借款偿还完毕，才可向投资者进行利润分配。税后利润及其分配顺序可用公式表示为：

税后利润=利润总额-所得税费用 (9.3)

可供投资者分配的利润=可供分配利润-提取法定盈余公积 (9.4)

未分配利润=可供投资者分配的利润-应付优先股股利-提取任意盈余公积-各投资方利润分配 (9.5)

3）利润表的编制

利润表的基本格式见表9-3。其中，营业（销售）收入、税金及附加项目根据“销售收入和税金及附加估算表”的有关数据填列；总成本费用项目根据“总成本费用估算表”的有关数据填列；所得税费用项目按照利润总额的一定比率（所得税税率）计算填列，但要考虑减免所得税和弥补上年度亏损等因素；利润总额减去所得税费用后的余额即为税后利润；税后利润按照法定盈余公积、任意盈余公积、应付利润及未分配利润等项目进行分配。

表9-3　**利润表**　金额单位：万元

序号	年序 项目	合计	投产期		达到设计能力生产期		
			3	4	5	…	n
1	营业（销售）收入						
2	税金及附加						
3	总成本费用						
4	利润总额（1-2-3）						
5	所得税费用						
6	税后利润（4-5）						
7	可供分配利润						
7.1	盈余公积						
7.2	应付利润						
7.3	未分配利润						
8	累计未分配利润						

9.2.3　资金来源与运用表

1）资金来源与运用表的概念

资金来源与运用表是指专门反映项目计算期内各年的资金来源、资金运用以及资金盈余或短缺情况的一种报表。它可以用于资金筹措方案的选择，制订适宜的借款及偿还计划，并为编制资产负债表提供依据。

2）资金来源与运用表的编制

资金来源与运用表能全面反映项目资金活动的全貌。在编制该表时，首先要计算项目计算期内各年的资金来源与资金运用，然后通过资金来源与资金运用的差额反映项目各年的资金盈余或短缺情况。资金来源与运用表的格式见表9-4。

表9-4 **资金来源与运用表** 金额单位：万元

序号	项目＼年序	合计	建设期		投产期		达到设计能力生产期		
			1	2	3	4	5	…	n
1	资金来源								
1.1	利润总额								
1.2	折旧费								
1.3	摊销费								
1.4	长期借款								
1.5	流动资金借款								
1.6	其他短期借款								
1.7	自有资金								
1.8	其他资金								
1.9	回收固定资产余值								
1.10	回收流动资金								
2	资金运用								
2.1	建设投资								
2.2	建设期利息								
2.3	流动资金								
2.4	所得税费用								
2.5	特种基金								
2.6	应付利润								
2.7	长期借款本金偿还								
2.8	流动资金借款本金偿还								
2.9	其他短期借款本金偿还								
3	盈余资金（1-2）								
4	累计盈余资金								

表9-4中的利润总额、所得税费用、特种基金、应付利润数据取自“利润表”；折旧费、摊销费数据取自“总成本费用估算表”；建设投资、建设期利息、流动资金、长期借款、流动资金借款、其他短期借款、自有资金、其他资金数据取自“项目总投资使用计划与资金筹措表”；回收固定资产余值、回收流动资金数据取自“现金流量表（全部投资）”；各种借款本金偿还项目的数据取自“借款还本付息计划表”。

9.2.4 资产负债表

1）资产负债表的概念

资产负债表是指综合反映项目计算期内各年年末的资产、负债和所有者权益的增减变化及其对应关系的一种报表。资产负债表用于考察项目资产、负债、所有者权益的结构是否合理，能够据以计算资产负债率、流动比率、速动比率等指标，进而分析项目的偿债能力。

2）资产负债表的编制

资产负债表的主体结构包括三大部分，即资产、负债、所有者权益。资产负债表的编制依据是会计恒等式“资产=负债+所有者权益”。资产负债表的基本格式见表9-5。

表9-5　　资产负债表　　金额单位：万元

序号	项目 \ 年序	合计	建设期		投产期		达到设计能力生产期		
			1	2	3	4	5	…	n
1	资产								
1.1	流动资产总额								
1.1.1	应收账款								
1.1.2	存货								
1.1.3	现金								
1.1.4	累计盈余资金								
1.2	在建工程								
1.3	固定资产净值								
1.4	无形资产及其他资产净值								
2	负债及所有者权益								
2.1	流动负债总额								
2.1.1	应付账款								
2.1.2	流动资金借款								
2.1.3	其他短期借款								
2.2	长期借款								
2.3	负债小计								
2.4	所有者权益								
2.4.1	资本金								
2.4.2	资本公积								
2.4.3	累计盈余公积								
2.4.4	累计未分配利润								

计算指标：
资产负债率（%）
流动比率
速动比率

（1）资产由流动资产总额、在建工程、固定资产净值、无形资产及其他资产净值组成。

① 流动资产总额为应收账款、存货、现金、累计盈余资金之和。前三项数据取自“流动资金估算表”；累计盈余资金数据取自“资金来源与运用表”，但应扣除其中包含的

回收固定资产余值及自有资金。

② 在建工程是指“项目总投资使用计划与资金筹措表”中的年固定资产投资额，包括建设期利息。

③ 固定资产净值和无形资产及其他资产净值分别从“固定资产折旧费估算表”和“无形资产及其他资产摊销估算表”中取得。

(2) 负债包括流动负债和长期负债。流动负债中应付账款的数据可从“流动资金估算表”中直接取得；流动资金借款和其他短期借款均指借款余额，可根据“资金来源与运用表”中的对应项及相应的本金偿还项目计算而得。

(3) 所有者权益包括资本金、资本公积、累计盈余公积和累计未分配利润。其中，累计未分配利润数据取自“利润表”；累计盈余公积可根据“利润表”中各年份的盈余公积项目计算而得，但应考虑运用盈余公积弥补亏损或转增资本金的情况并进行相应的调整；资本金为项目投资中的累计自有资金（扣除资本溢价），资本公积为累计资本溢价及赠款，当存在运用资本公积或盈余公积转增资本金的情况时应进行相应的调整，使其满足会计恒等式“资产=负债+所有者权益”。

9.2.5 财务外汇平衡表

1）财务外汇平衡表的概念

财务外汇平衡表反映项目计算期内各年的外汇流入、外汇流出等外汇收支情况，考察项目在计算期内各年的外汇余缺状况，是计算各年财务外汇净现值与财务换汇成本的基础。对于使用外汇的项目，需要编制财务外汇平衡表。

2）财务外汇平衡表的编制

财务外汇平衡表的结构包括外汇来源、外汇运用与外汇余缺。财务外汇平衡表的基本格式见表9-6。

表9-6　**财务外汇平衡表**　金额单位：万元

序号	年序 项目	合计	建设期		投产期		达到设计能力生产期		
			1	2	3	4	5	…	n
1	外汇来源								
1.1	产品销售外汇收入								
1.2	外汇借款								
1.3	其他外汇收入								
2	外汇运用								
2.1	建设投资中的外汇支出								
2.2	进口原材料								
2.3	进口零部件								
2.4	技术转让费								
2.5	偿付外汇借款本息								
2.6	其他外汇支出								
3	外汇余缺								

注：(1) 其他外汇收入包括自筹外汇等；(2) 技术转让费是指生产期内支付的技术转让费。

9.3 财务效益分析指标

9.3.1 财务效益分析指标体系

投资项目财务效益分析结果的好坏，一方面取决于财务基础数据的可靠性，另一方面取决于所选取的指标体系的合理性。只有使用正确的指标体系，项目的财务效益分析结果才能与客观实际情况相吻合，才具有实际意义。

一般来讲，投资者的投资目标不止一个，因此项目财务效益分析指标体系也不是唯一的。根据不同的评价深度要求、可获得资料的多少，以及项目本身所处条件与性质的不同，可选用不同的指标。这些指标也有主次之分，可从不同的侧面反映项目的经济效益状况。财务效益分析指标体系根据不同的标准可进行不同的分类。

1）按是否考虑资金时间价值因素进行分类

按是否考虑资金时间价值因素，财务效益分析指标可分为静态指标和动态指标（如图9-2所示）。

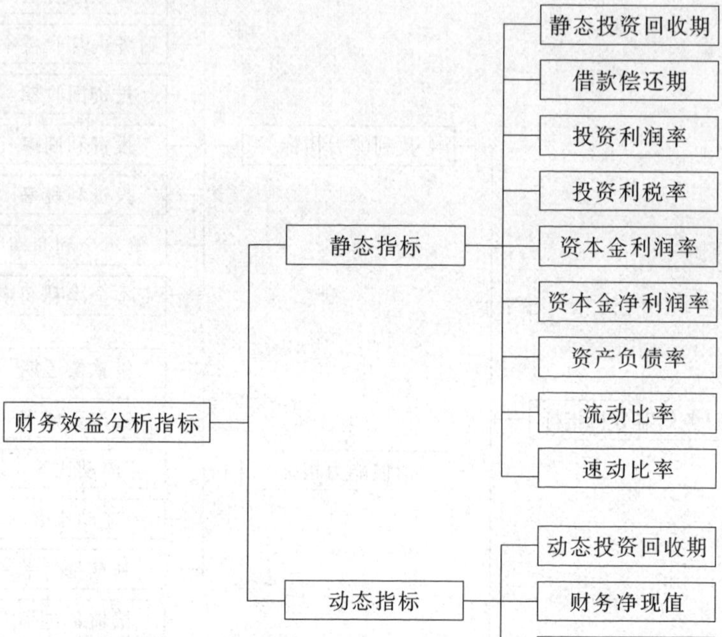

图9-2 财务效益分析指标分类之一

2）按指标的性质进行分类

按指标的性质不同，财务效益分析指标可分为时间性指标、价值性指标和比率性指标（如图9-3所示）。

3）按财务分析的目标进行分类

按财务分析的目标不同，财务效益分析指标可分为盈利能力指标、偿债能力指标和财务生存能力指标（如图9-4所示）。

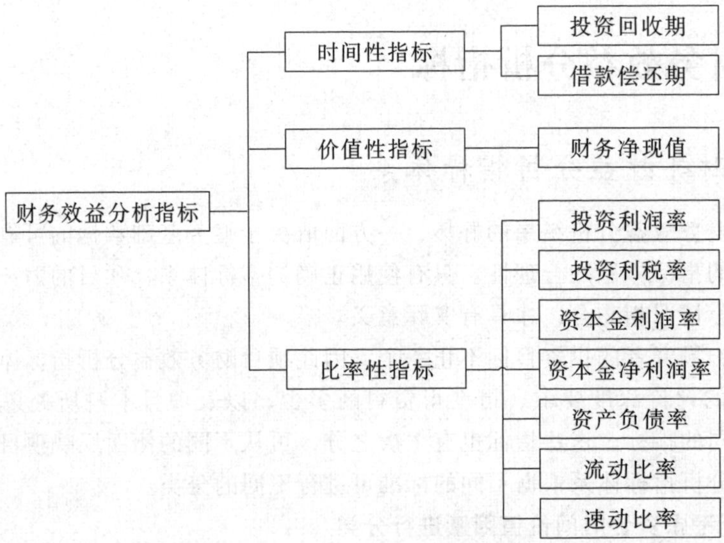

图9-3　财务效益分析指标分类之二

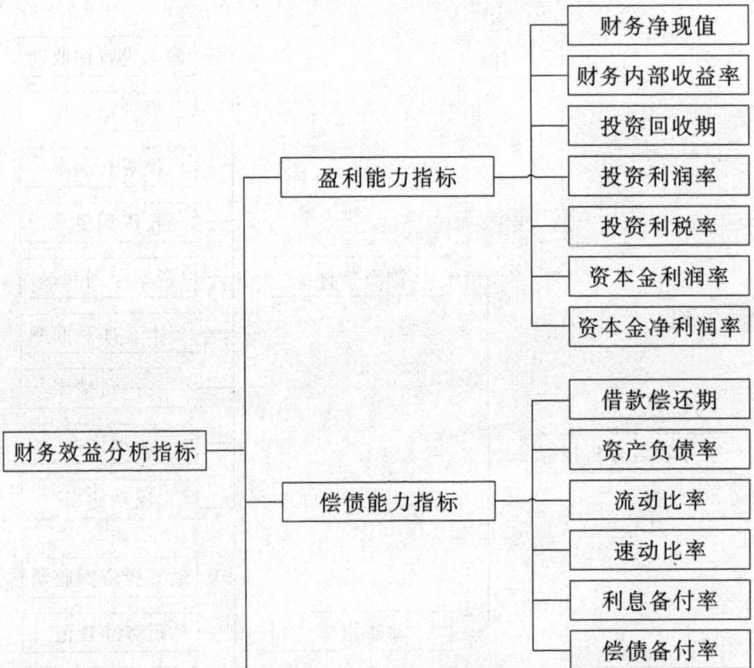

图9-4　财务效益分析指标分类之三

财务生存能力是指项目各年的现金流入足以应付现金流出，以保证项目可以持续运营。财务生存能力分析以财务计划现金流量表为基础。财务可持续性首先体现在有足够多的经营活动净现金流量，其次体现在各年累计盈余资金不应出现负值，若出现负值，应进行短期贷款。因此，财务生存能力的评价指标是累计盈余资金，判别准则是累计盈余资金不少于0，项目具有财务生存能力。

上述指标可以通过相应的财务效益分析基本报表直接或间接求得，二者之间的关系见表9–7。

表9–7 项目财务效益分析指标与财务效益分析基本报表之间的关系

评估内容	财务效益分析基本报表	财务效益分析指标	
		静态指标	动态指标
盈利能力	现金流量表（全部投资）	静态投资回收期（所得税前后）	动态投资回收期 财务内部收益率（所得税前后） 财务净现值（所得税前后）
	现金流量表（自有资金）		财务内部收益率
	利润表	投资利润率 投资利税率 资本金利润率 资本金净利润率	—
偿债能力	资金来源与运用表	借款偿还期 利息备付率 偿债备付率	—
	资产负债表	资产负债率 流动比率 速动比率	—
外汇效果	财务外汇平衡表	—	换（节）汇成本

9.3.2 财务盈利能力分析指标

项目的财务盈利能力分析指标，按照是否考虑资金的时间价值因素，可分为静态指标和动态指标。

1）静态指标

静态指标是指在不考虑资金时间价值的情况下反映投资项目盈利能力的一系列指标，主要有投资利润率、投资利税率、资本金利润率、资本金净利润率和静态投资回收期。

（1）投资利润率

投资利润率是指项目的年利润总额与项目总投资的比率。该指标是考察项目单位投资盈利能力的静态指标。

$$投资利润率=\frac{年利润总额}{项目总投资}\times 100\% \tag{9.6}$$

式中的年利润总额，可以选择正常生产年份的年利润总额，也可以选择生产期内各年平均利润总额。究竟选择正常生产年份的年利润总额还是生产期内各年平均利润总额，应视项目生产期的长短和年利润总额的波动大小而定。对于生产期内各年利润总额变化幅度较大的项目，应选择生产期内各年平均利润总额。项目的投资利润率要与行业或部门的标准投资利润率或平均投资利润率进行比较，只有当前者大于或等于后者时，项目才是可行的。

（2）投资利税率

投资利税率是指项目年利润总额与年税金及附加之和（年利税总额）与项目总投资的比率。

$$投资利税率=\frac{年利税总额}{项目总投资}\times 100\% \tag{9.7}$$

式中：

年利税总额=年利润总额+年税金及附加

式中的年利税总额，可以选择正常生产年份的年利税总额，也可以选择生产期内各年平均利税总额，选择方法与计算投资利润率中对年利润总额的选择相似。当使用投资利税率反映项目的盈利能力时，应将政府也作为项目的净受益者来考虑。项目的投资利税率要与规定的行业标准投资利税率或平均投资利税率进行比较，只有当前者大于或等于后者时，项目才是可行的。

（3）资本金利润率

资本金利润率是指项目年利润总额与资本金的比率。该指标反映了投入项目的资本金的盈利能力。

$$资本金利润率=\frac{年利润总额}{资本金}\times 100\% \tag{9.8}$$

式中的年利润总额的选择方法同前；资本金是指项目的全部注册资本金。项目的资本金利润率要与行业的平均资本金利润率或投资者的目标资本金利润率进行比较，只有当前者大于或等于后者时，项目才是可行的。

（4）资本金净利润率

资本金净利润率是指项目的年税后利润总额与资本金的比率。

$$资本金净利润率=\frac{年税后利润总额}{资本金}\times 100\% \tag{9.9}$$

式中的年税后利润总额的选择方法与计算投资利润率中对年利润总额的选择相似；资本金是指项目的全部注册资本金。资本金净利润率是投资者最关心的指标，它反映了投资者自己的出资所带来的净利润。

【例 9-1】某项目的总投资为 2 400 万元，其中资本金为 1 900 万元。项目正常生产年份的销售收入为 1 800 万元，总成本费用为 924 万元（含利息支出 60 万元），税金及附加为 192 万元，所得税税率为 25%。试计算该项目的投资利润率、投资利税率、资本金利润率和资本金净利润率。

解：年利润总额=1 800−924−192=684（万元）

应纳所得税=684×25%=171（万元）

年税后利润总额=684−171=513（万元）

根据以上数据，可以计算以下静态指标：

投资利润率=684÷2 400×100%=28.5%

投资利税率=（684+192）÷2 400×100%=36.5%

资本金利润率=684÷1 900×100%=36%

资本金净利润率=513÷1 900×100%=27%

（5）静态投资回收期

①静态投资回收期的概念

项目投资回收期是指以项目的净收益回收项目投资所需要的时间，一般以年为单位。投资回收期是反映项目投资回收能力的重要指标。项目投资回收期宜从项目建设开始年算起；若从项目投产开始年计算，应予以特别注明。投资回收期按照是否考虑资金的时间价值因素分为静态投资回收期和动态投资回收期。

静态投资回收期是指在不考虑资金的时间价值的条件下，用项目的净收益抵偿全部投资所需要的时间。其表达式如下：

$$\sum_{t=0}^{P_t}(CI - CO)_t = 0 \tag{9.10}$$

式中：P_t为静态投资回收期；CI为第t年的现金流入量；CO为第t年的现金流出量；$(CI - CO)_t$为第t年的净现金流量。

②静态投资回收期的计算

如果某项目初始投资均集中发生在建设期，投产后若干年（假设为M年）内每年的净现金流量相等，项目这些年累计的净现金流量大于或等于初始投资，则可用如下公式直接计算出不包括建设期的投资回收期。

$$\text{不包括建设期的投资回收期}=\frac{\text{原始总投资}}{\text{M年内每年相等的净现金流量}} \tag{9.11}$$

若生产期内的净现金流量不满足应用简化公式的条件，就必须利用现金流量表，通过计算累计净现金流量来计算包括建设期在内的投资回收期P_t，其计算公式为：

$$P_t=（\text{累计净现金流量开始出现正值的年份数}-1）+\frac{\text{上一年累计净现金流量的绝对值}}{\text{出现正值年份的净现金流量}} \tag{9.12}$$

③静态投资回收期的判别准则

投资回收期反映了投资回收的速度。投资回收期越短，表明项目投资回收的速度越快。项目的投资回收期要与行业或部门规定的基准投资回收期P_c进行比较，只有当计算出的静态投资回收期P_t小于或等于基准投资回收期P_c时，项目才是可行的。

【例9-2】某房地产投资项目各年现金流量表见表9-8。求该项目的静态投资回收期。

表9-8 **某房地产投资项目各年现金流量表** 金额单位：万元

项目＼年序	土地开发阶段		房屋建设阶段		销售阶段	
	0	1	2	3	4	5
现金流出	500	60	1 400	1 500	100	100
现金流入	0	0	0	50	3 500	4 000
净现金流量						
累计净现金流量						

解：根据表9-8中已知的现金流出和现金流入的数据，把净现金流量和累计净现金流量的数据填写完整。该房地产投资项目各年现金流量表见表9-9。

表9-9 **该房地产投资项目各年现金流量表** 金额单位：万元

项目 \ 年序	土地开发阶段		房屋建设阶段		销售阶段	
	0	1	2	3	4	5
现金流出	500	60	1 400	1 500	100	100
现金流入	0	0	0	50	3 500	4 000
净现金流量	-500	-60	-1 400	-1 450	3 400	3 900
累计净现金流量	-500	-560	-1 960	-3 410	-10	3 890

静态投资回收期$P_t=(5-1)+\frac{|-10|}{3\,900}=4.003$（年）

2）动态指标

动态指标是指在计算时考虑了资金的时间价值因素影响的指标，主要包括动态投资回收期、财务净现值、财务净现值率和财务内部收益率。

（1）动态投资回收期

①动态投资回收期的概念

动态投资回收期（P_t'）是指在考虑资金时间价值的影响下，按照设定的基准折现率，用项目的净收益回收项目投资所需要的时间。其表达式如下：

$$\sum_{t=0}^{P_t'}(CI-CO)_t(1+i_c)^{-t}=0 \tag{9.13}$$

式中：P_t'为动态投资回收期；CI为现金流入量；CO为现金流出量；$(CI-CO)_t$为第t年的净现金流量；i_c为基准折现率。

②动态投资回收期的计算

对于动态投资回收期，可以从现金流量表中选取相关数据进行计算，其计算公式为：

$$P_t'=(\text{累计折现净现金流量开始出现正值的年份数}-1)+\frac{\text{上一年累计折现净现金流量的绝对值}}{\text{出现正值年份的折现净现金流量}} \tag{9.14}$$

③动态投资回收期的判别准则

项目计算出的动态投资回收期要与行业或部门规定的基准投资回收期P_c'进行比较，只有当项目的动态投资回收期小于或等于基准投资回收期P_c'时，项目才是可行的。

（2）财务净现值

①财务净现值的概念

财务净现值（FNPV）是指用设定的基准折现率将项目计算期内各年的净现金流量折现到建设期初的现值之和。其计算公式为：

$$FNPV=\sum_{t=1}^{n}(CI-CO)_t(1+i_c)^{-t} \tag{9.15}$$

式中：CI为现金流入量；CO为现金流出量；$(CI-CO)_t$为第t年的净现金流量；i_c为基准折现率；n为计算期。

②财务净现值的判别准则

财务净现值应根据项目的现金流量表进行计算。计算出的财务净现值可能有三种结果，即FNPV>0，FNPV=0，FNPV<0。

当FNPV>0时，说明项目的盈利能力超过按设定的基准折现率计算的盈利能力，从财务角度考虑，项目是可行的；

当FNPV=0时，说明项目的盈利能力刚好达到按设定的基准折现率计算的盈利能力，可以考虑接受项目方案；

当FNPV<0时，说明项目的盈利能力达不到按设定的基准折现率计算的盈利能力，一般来说，从财务角度判断，项目是不可行的。

③财务净现值的优缺点

财务净现值在实际应用过程中体现出很多优点。比如，考虑了资金时间价值和方案在整个寿命期内的费用和收益情况；直接以金额来表示方案投资收益的大小，比较直观。因此，财务净现值指标在理论上比投资回收期更完善，在实践中被广泛采用。

财务净现值虽然考虑了项目整个寿命期的经济数据，全面反映了项目的盈利能力，但该指标也存在不足之处，主要体现在两个方面：第一，财务净现值指标是一个绝对数指标，只能反映项目是否盈利，并不能反映拟建项目的实际盈利水平。在方案的比较方面，当不同方案的投资额不同时，由于比较的基数不同，单纯看财务净现值的绝对大小，不能直接反映资金利用率，难以进行比选，必须使用财务净现值衍生出的另一种评价指标——财务净现值率。第二，需要事先确定i_c。i_c是部门或行业的基准收益率或事先设定的基准收益率，并以此作为计算财务净现值的折现率，但由于项目的资金来源渠道很多，资金来源渠道不同，其资金成本也不同，而资金成本又影响着项目的折现率，因此很难准确确定项目的折现率，这使得财务净现值指标在实际应用上受到很大的限制。

在项目所有经济数据不变的情况下，若使i_c从小到大逐渐变化，就会发现同一现金流量的财务净现值作为i_c的函数会随着i_c的增大而发生由大到小的变化。财务净现值函数如图9-5所示，在$i_c=i^*$处，财务净现值=0；当$i_c<i^*$时，财务净现值>0；当$i_c>i^*$时，财务净现值<0。由此可见，当项目选择的折现率过高时，原本可行的项目可能被否定；当项目选择的折现率过低时，原本不可行的项目就可能被选中，特别是那些投资收益水平居中的项目。所以，在运用财务净现值指标时，要选择一个比较客观的折现率，否则，评价的结果往往“失真”，可能导致决策失误。

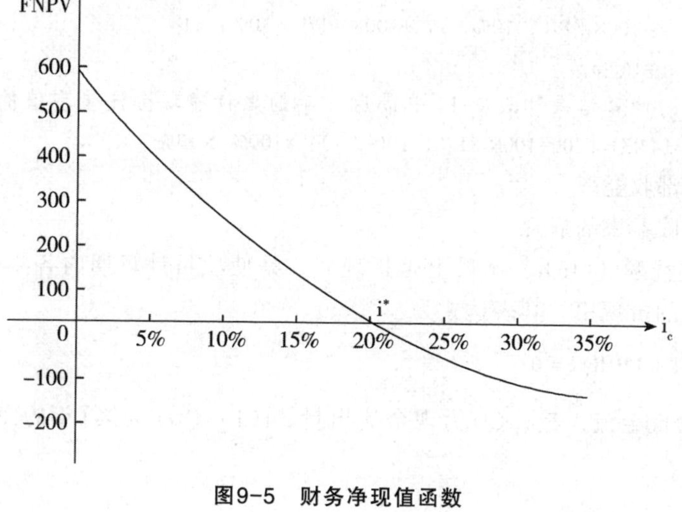

图9-5 财务净现值函数

（3）财务净现值率

财务净现值率（FNPVR）是项目财务净现值与全部投资现值I_p的比率。其经济含义是单位投资现值所能带来的财务净现值，是考察项目单位投资盈利能力的指标。财务净现值率可以根据财务现金流量表中的有关数据计算求得。作为财务净现值的辅助评价指标，财务净现值率正好弥补了财务净现值指标的缺陷。这是因为，财务净现值指标只能衡量投资项目未来净收益的大小，没有与产生这些净收益所需要的总投资联系起来。在进行多方案比选时，因为各方案的投资额不尽相同，仅依据财务净现值指标的大小来进行投资决策，可能做出错误的选择，所以还需要计算财务净现值率指标，将其作为比选依据。

【例9-3】某项目各年净现金流量见表9-10，设基准折现率为10%，求该项目的动态投资回收期、财务净现值、财务净现值率。

表9-10 **某项目各年净现金流量** 金额单位：万元

项目＼年序	0	1	2	3	4	5	6	7	8
净现金流量	-200	-100	50	50	50	80	80	100	100

解：用列表的形式计算项目的动态投资回收期。动态投资回收期计算表见表9-11。

表9-11 **动态投资回收期计算表** 金额单位：万元

项目＼年序	0	1	2	3	4	5	6	7	8
净现金流量	-200	-100	50	50	50	80	80	100	100
（P/F，10%，t）	1	0.9091	0.8264	0.7513	0.6830	0.6209	0.5645	0.5132	0.4665
净现金流量现值	-200.00	-90.91	41.32	37.57	34.15	49.67	45.16	51.32	46.65
累计净现金流量现值	-200.00	-290.91	-249.59	-212.02	-177.87	-128.20	-83.04	-31.72	14.93

动态投资回收期$P_t'=(8-1)+\frac{|-31.72|}{46.65}=7.68$（年）

财务净现值FNPV=-200-100×（P/F，10%，1）+50×（P/F，10%，2）+50×（P/F，10%，3）+50×（P/F，10%，4）+80×（P/F，10%，5）+80×（P/F，10%，6）+100×（P/F，10%，7）+100×（P/F，10%，8）

=14.93（万元）

财务净现值的计算结果和表9-11中最后一年的累计净现金流量现值的结果一致。

财务净现值率=14.93÷［200+100×（P/F，10%，1）］×100%=5.13%

（4）财务内部收益率

①财务内部收益率的概念

财务内部收益率（FIRR）本质上是折现率，是使项目计算期内各年的累计净现金流量现值等于零时的折现率。其表达式为：

$$\sum_{t=1}^{n}(CI-CO)_t(1+FIRR)^{-t}=0 \tag{9.16}$$

式中：CI为现金流入量；CO为现金流出量；$(CI-CO)_t$为第t年的净现金流量；n为项目计算期。

在图9-5中，随着折现率的不断增大，财务净现值逐渐减小。当折现率增大到i^*时，项目的财务净现值为0，此时，i^*就是该项目的财务内部收益率。换句话说，财务内部收益率（FIRR）就是财务净现值（FNPV）曲线与横坐标的交点处所对应的折现率。

②财务内部收益率的计算

财务内部收益率与财务净现值的表达式基本相同，但计算程序却截然不同。在计算财务净现值时，需要预先设定折现率，并以此折现率将各年的净现金流量折算成现值，然后累加得出财务净现值。在计算财务内部收益率时，要经过多次试算，使得计算期内各年的累计净现金流量现值等于零。财务内部收益率的计算比较繁杂，一般可借助于专用软件的财务函数或有特定功能的计算器来完成；如果采用手工计算，则应先采用试算法，后采用内插法。

采用内插法求解FIRR的基本思路为：如果给出i_1和i_2两个折现率，就可以计算出它们对应的财务净现值FNPV（i_1）和FNPV（i_2），且FNPV（i_1）>0，FNPV（i_2）<0，然后用内插法即可计算出FIRR的近似值（如图9-6所示）。

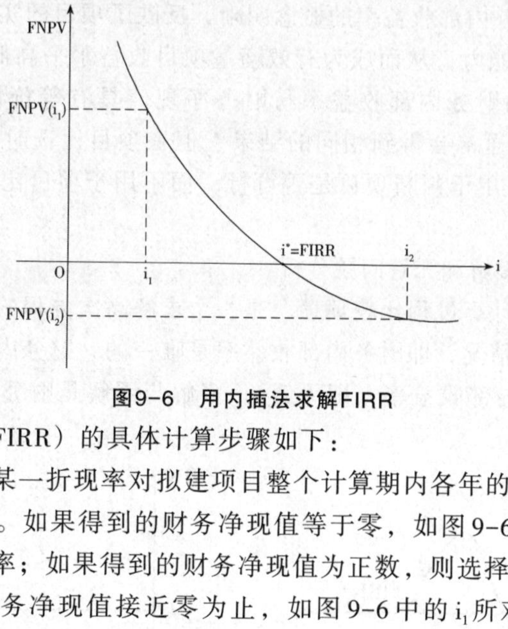

图9-6　用内插法求解FIRR

财务内部收益率（FIRR）的具体计算步骤如下：

第一步，用估计的某一折现率对拟建项目整个计算期内各年的财务净现金流量进行折现，并得出财务净现值。如果得到的财务净现值等于零，如图9-6中的i^*，则所选定的折现率即为财务内部收益率；如果得到的财务净现值为正数，则选择一个更大的折现率再次进行试算，直至正的财务净现值接近零为止，如图9-6中的i_1所对应的正的财务净现值FNPV（i_1）。

第二步，在第一步的基础上继续提高折现率，直至计算出接近零的负的财务净现值，如图9-6中的i_2所对应的负的财务净现值FNPV（i_2）。

第三步，根据第一步和第二步计算得到的正、负财务净现值及其对应的折现率，运用内插法计算财务内部收益率。由于财务内部收益率与财务净现值之间不是线性关系，如果两个折现率之间的差额太大，那么计算结果会产生较大的误差，因此，为保证计算的准确性，一般规定两个折现率之差在2%～5%的范围内。

图9-6中存在如下近似关系：

$$\frac{i^* - i_1}{i_2 - i^*} = \frac{FNPV(i_1)}{\left| FNPV(i_2) \right|} \tag{9.17}$$

对上式进行数学变换可得：

$$FIRR=i^*=i_1+(i_2-i_1)\frac{FNPV(i_1)}{FNPV(i_1)+\left|FNPV(i_2)\right|} \tag{9.18}$$

式中：i_1为偏低的折现率；i_2为偏高的折现率；FNPV（i_1）为正的财务净现值；FNPV（i_2）为负的财务净现值。

③财务内部收益率的判别准则

当财务内部收益率大于或等于行业的基准收益率或设定的折现率i_c（通常称为基准收益率）时，项目在财务上是可行的。基准收益率，也称基准折现率，是企业、行业或投资者以动态观点所确定的可接受的投资项目最低标准的收益水平。它表明投资决策者对项目资金时间价值的估计，是投资资金应当获得的最低盈利水平，是评价和判断投资方案在经济上是否可行的依据，是一项重要的经济参数。基准收益率的确定一般以行业的平均收益率为基础，综合考虑资金成本、投资风险、通货膨胀、资金限制等影响因素。

财务内部收益率的意义在于能够把项目的收益与投资总额联系起来，据以判断项目财务盈利能力的大小。财务内部收益率的概念明晰，反映了项目的实际盈利水平，揭示了投资项目拥有的最大获利能力，从而成为有效衡量项目收益水平高低的财务效益评价指标。一般来说，一个项目的财务内部收益率与财务净现值具有等价性，即用FIRR和FNPV指标评估财务盈利能力通常会得到相同的结果；但在项目比选时，则可能出现相反的结果。因此，FIRR指标只用于判断项目是否可行，而不用于项目比选，项目比选时通常使用差额内部收益率指标。

④财务内部收益率多解和无解问题分析

财务内部收益率的计算过程比较烦琐，是一个求解高次方程的过程，因此财务内部收益率可能出现如下几种情况，即财务内部收益率是唯一的、财务内部收益率有多个（即有多个根）、无实数财务内部收益率（即无解）。多解与无解是财务内部收益率的重要特性（如图9-7所示）。

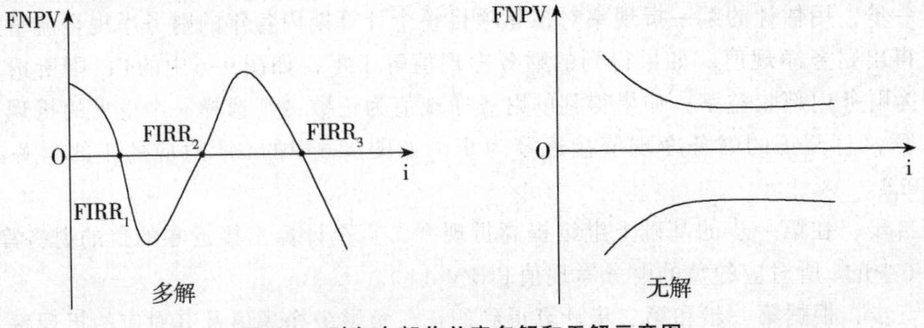

图9-7　财务内部收益率多解和无解示意图

为了说明财务内部收益率的多解或无解，有必要了解常规项目与非常规项目的区别。常规项目是指项目在计算期内各年的净现金流量的正负符号只变化一次的项目，即计算期内各年的净现金流量在开始一年或数年为负值，而以后各年均为正值；非常规项目是指项目在计算期内各年的净现金流量的正负符号的变化超过一次的项目。对于非常规项目，在项目寿命期的各个时刻都可能有现金流出和现金流入，各个时刻的净现金流量既可能为正，也可能为负。一般来讲，常规项目有唯一实数财务内部收益率，非常规项目则可能出现多个财务内部收益率或无实数财务内部收益率。实际中碰到的多为常规项目，而非常规项目的多解往往在技术改造和扩建再追加投资时容易出现，这时需要对财务内部收益率进行真值检验，看看这些根是否符合财务内部收益率的经济含义。从经济上说，财务内部收益率就是使得项目在寿命期结束时投资刚好被全部收回的折现率。换句话说，在项目的整个寿命期内，按照利率i=FIRR来计算，在项目寿命期内的各个时刻，始终存在未能收回的投资，即项目始终处于“偿付”的状态。只有在寿命期结束时，投资才刚好被全部收回。也就是说，当非常规项目出现多个财务内部收益率时，应以这些根作为折现率，去计算项目寿命期内各个时刻末的资金，看是否存在未“偿付”的资金。因此，在使用财务内部收益率指标时应持慎重的态度。如果项目有多个财务内部收益率或无实数财务内部收益率，那么，运用财务内部收益率指标将会使投资决策误入歧途，在此情况下应当运用其他财务分析指标进行分析。

【例9-4】某拟建项目各年净现金流量见表9-12。求得FIRR的值有20%、50%、70%。

表9-12 **某拟建项目各年净现金流量** 金额单位：万元

项目＼年序	0	1	2	3
净现金流量	-100	420	-585	270

首先删除FIRR过高的值50%和70%，然后取20%进行经济含义的验证。刚好到项目寿命期结束的第三年年末，投资全部被收回，所以，20%为真值。

总之，由于动态指标考虑了资金的时间价值因素，因此在项目财务效益分析过程中，应将其作为主要的盈利能力评价指标，辅以静态指标进行分析。

【自测题】计算项目的财务净现值所采用的折现率为（ ）。[①]

A.财务内部收益率　　B.基准收益率

C.财务净现值率　　D.资本金利润率

9.3.3 财务偿债能力分析指标

1）借款偿还期

借款偿还期是指在国家规定及项目具体财务条件下，以项目投产后获得的可用于还款的资金来源（如利润、折旧、摊销及其他还款资金）偿还项目借款本息所需要的时间。

项目借款还本付息额的表达式如下：

$$I_d = \sum_{t=1}^{P_d} R_t \tag{9.19}$$

式中：I_d为项目借款还本付息额；P_d为借款偿还期；R_t为第t年可用于还款的资金，包括利润、折旧、摊销及其他还款资金。

借款偿还期可利用“资金来源与运用表”或“借款还本付息计划表”计算求得。其计算公式为：

$$P_d = （借款偿还开始出现盈余的年份数-1）+ \frac{盈余当年应偿还借款额}{盈余当年可用于还款的余额} \tag{9.20}$$

当借款偿还期满足贷款机构的要求时，即认为项目具有偿债能力。

① 【答案】B。

2）利息备付率

利息备付率（ICR）是指在借款偿还期内息税前利润（EBIT）与应付利息（PI）的比值。它从付息资金来源充裕性的角度反映了项目偿付债务利息的保障程度。其表达式为：

$$ICR=\frac{EBIT}{PI} \tag{9.21}$$

式中：EBIT为息税前利润；PI为计入总成本费用的应付利息。

利息备付率应分年计算。利息备付率高，表明债务利息偿付的保障程度高。利息备付率应当大于1，并结合贷款机构的要求确定。

3）偿债备付率

偿债备付率（DSCR）是指在借款偿还期内用于还本付息的资金（EBITDA-TAX）与应还本付息金额（PD）的比值。它表示可用于还本付息的资金偿还借款本息的保障程度。其表达式为：

$$DSCR=\frac{EBITDA-TAX}{PD} \tag{9.22}$$

式中：EBITDA为息税前利润加折旧和摊销；TAX为企业所得税；PD为应还本付息金额，包括还本金额和计入总成本费用的全部利息。

偿债备付率应分年计算。偿债备付率高，表明可用于还本付息的资金偿还借款本息的保障程度高。偿债备付率应当大于1，并结合贷款机构的要求确定。

4）资产负债率

资产负债率（LOAR）是指各期末负债总额（TL）与资产总额（TA）的比率，其表达式为：

$$LOAR=\frac{TL}{TA}\times 100\% \tag{9.23}$$

式中：TL为期末负债总额；TA为期末资产总额。

适度的资产负债率表明企业经营安全、稳健，具有较强的筹资能力，也表明企业和债权人的风险较小。对该指标的分析，应结合国家宏观经济状况、行业发展趋势、企业所处竞争环境等具体条件判定。

5）流动比率

流动比率是流动资产与流动负债之比，反映项目流动资产在短期债务到期前可以变为现金用于偿还流动负债的能力。流动比率的计算公式为：

$$流动比率=\frac{流动资产总额}{流动负债总额} \tag{9.24}$$

流动资产是偿还流动负债的基础，流动比率反映了项目的短期偿债能力，也反映了项目的变现能力。流动比率一般应接近2，即1元的流动负债应有2元左右的流动资产作为保障，以保证项目能够按期偿还短期债务，这是提供贷款的机构可以接受的。

6）速动比率

速动比率是速动资产（流动资产与存货之差）与流动负债之比，反映项目流动资产在短时间内偿付流动负债的能力。速动比率的计算公式为：

$$速动比率=\frac{速动资产}{流动负债}=\frac{流动资产总额-存货}{流动负债总额} \tag{9.25}$$

在流动资产中，存货只有经过销售才能变现，故其流动性相对较差。如果流动资产中存货占有较大比重，那么，即使流动比率高，其流动性也较差。因此，为了真实反映流动资产的流动性及偿债能力，可以用速动比率作为辅助分析指标，反映流动资产立即偿还流动负债的能力。速动比率一般应接近1，即1元的流动负债应有1元左右的速动资产作为保障，这是提供贷款的机构可以接受的。

【自测题】速动比率是着重反映项目（ ）的指标。①

A.盈利能力　　B.长期偿债能力

C.短期偿债能力　　D.运营能力

9.3.4 财务外汇效果分析指标

涉及外汇收支的项目，应在编制“财务外汇平衡表”的基础上进行外汇平衡分析，用于考察项目各年的外汇余缺程度，主要指标有财务外汇净现值和财务换汇成本。

1）财务外汇净现值

财务外汇净现值（FNPVF）是指把项目计算期内各年的净外汇流量用设定的基准折现率（一般取外汇借款综合利率）折算到第0年的现值之和。它是分析、评估项目实施对国家外汇状况影响的重要指标，用于衡量项目对国家外汇的净贡献。财务外汇净现值可通过财务外汇平衡表直接求得，其表达式为：

$$FNPVF = \sum_{t=1}^{n}(FI - FO)_t(1 + i_s)^{-t} \tag{9.26}$$

式中：FI为外汇流入量；FO为外汇流出量；$(FI - FO)_t$为第t年的净外汇流量；i_s为基准折现率（外汇借款综合利率）；n为计算期。

财务外汇净现值指标能够直观、明确地反映项目对国家外汇的影响状况。如果项目的财务外汇净现值大于或等于零，则说明项目对国家外汇有净贡献，因而项目是可行的。

2）财务换汇成本

财务换汇成本（FC）是指换取1美元外汇净收入需要投入的人民币金额。它等于项目计算期内生产出口产品所投入的国内资源现值与出口产品的外汇净现值之比。该指标仅适用于产品出口创汇的项目，用于分析和评估拟建项目产品是否适合出口。其计算公式为：

$$FC = \frac{\sum_{t=1}^{n} DR_t(1 + i_s)^{-t}(\text{人民币})}{\sum_{t=1}^{n}(FI - FO)_t(1 + i_s)^{-t}(\text{美元})} \tag{9.27}$$

式中：DR_t为项目在第t年生产出口产品投入的国内资源价值（包括工资、原材料和投资等）。将计算出的财务换汇成本与官方汇率加以比较，如果财务换汇成本小于或等于官方汇率，则项目产品出口是可行的。

【自测题】下列说法中错误的是（ ）。②

A.当FNPV>0时，项目可行　　B.当FIRR≥i_c时，项目不可行

C.当P_t>P_c时，项目不可行　　D.当FC>官方汇率时，项目不可行

---

① 【答案】C。

② 【答案】B。

本章小结

•项目评估的核心内容即分析拟建项目的必要性和可行性，本章内容主要围绕拟建项目在财务上的可行性进行展开。要分析拟建项目在财务上是否可行，必须对拟建项目的内部效果有客观、科学和明确的认识，为此需要分析项目自身的直接效益和直接费用，也就是必须对拟建项目进行财务效益分析。

•项目财务效益分析是根据国家现行财税制度、价格体系和有关法律法规，分析、计算项目直接发生的财务效益和费用，通过编制财务效益分析基本报表、计算财务效益分析指标考察项目的盈利能力、偿债能力和财务外汇效果等财务状况，据以判断项目在财务上是否可行的一种经济评价方法。项目财务效益分析的主要目标是对项目的盈利能力、偿债能力和财务生存能力进行准确的分析。

•项目财务效益分析的具体工作程序如下：(1) 分析和估算项目的财务基础数据，具体包括项目总投资、产品总成本费用、销售收入、税金及附加、利润等。(2) 编制财务效益分析基本报表。(3) 计算财务效益分析指标，包括财务盈利能力分析指标、财务偿债能力分析指标，对于涉及外贸、外资及影响外汇流量的项目，还要计算财务外汇效果分析指标。(4) 进行不确定性分析与风险分析。(5) 得出财务效益分析结论。计算出各项财务效益评价指标后，应将计算结果与国家或行业的评价标准或基准指标值进行对比，从财务角度做出项目是否可行的结论。

•财务效益分析基本报表包括现金流量表、利润表、资金来源与运用表、资产负债表、财务外汇平衡表。这些基本报表的编制是在相关辅助报表的基础上分析填列的。因而，第8章中对项目财务基础数据的预测、相关辅助报表的编制是学习本章的基础。

•财务效益分析结果的好坏，一方面取决于财务基础数据是否可靠，另一方面取决于所选取的指标体系是否合理。本章按照财务分析目标的不同将财务效益分析指标分为反映项目盈利能力的指标、反映项目偿债能力的指标、反映项目财务外汇平衡能力的指标，并分别进行介绍。

关键概念

财务效益分析　现金流量表　利润表　资金来源与运用表　资产负债表　财务外汇平衡表　投资回收期　财务净现值　财务内部收益率

章后练习

一、选择题

1.在投资项目经济评价中，项目财务净现值是反映项目投资盈利能力的重要指标，影响项目财务净现值大小的因素包括净现金流量和（　　）等。

A.内部收益率　　　　B.静态投资回收期

C.折现率　　　　D.动态投资回收期

2.若某企业的速动比率为2，流动负债为160万元，存货为200万元，则相应的流动比率为（　　）。

A.1.25　　B.1.60　　C.2.50　　D.3.25

3.下列财务效益分析指标中属于动态指标的有（　　）。

A.财务内部收益率　　B.财务换汇成本　　C.投资利润率

D.流动比率　　E.财务外汇净现值

4.下列财务效益分析指标中属于静态指标的有（　　）。

A.资产负债率　　B.财务内部收益率　　C.投资利润率

D.流动比率　　E.动态投资回收期

二、判断题

1.财务效益动态分析指标包括动态投资回收期、财务净现值。（　　）

2.财务效益静态分析不考虑资金的时间价值。（　　）

3.财务效益分析基本报表包含现金流量表、利润表、资金来源与运用表、资产负债表。（　　）

4.流动比率和速动比率属于财务分析指标中的偿债能力指标。（　　）

5.财务净现值体现了资金的时间价值。（　　）

三、简答题

1.什么是项目财务效益分析基本报表？

2.按照现行规定，项目财务效益分析基本报表主要由哪几张报表组成？

四、计算分析题

某投资项目各年现金流量表见表9-13。

表9-13　**某投资项目各年现金流量表**　金额单位：万元

项目 \ 年序	0	1	2	3	4~10
1.投资支出	300	1 200	400		
2.除投资以外的其他支出				500	800
3.收入				1 000	1 500
4.净现金流量	−300	−1 200	−400	500	700

试用财务净现值指标判断该项目在财务上是否可行（基准收益率为12%）。

部分练习参考答案

第10章 国民经济效益评估

主要知识点

国民经济效益评估的基本概念、基本原理与方法；费用–效益分析的概念、目的、原理与方法；项目经济效益和费用的识别、计算与数值调整；项目投入物与产出物影子价格的测算原理与计算方法；国家参数的测算；国民经济效益评估报表的编制；国民经济效益评估指标的计算；项目经济合理性的判断。

10.1 国民经济效益评估概述

10.1.1 国民经济效益评估的概念

国民经济效益（national economic benefit）评估，又称国民经济评价，是在合理配置社会资源的前提下，从国民经济整体利益的角度出发，用一套国家参数（包括货物影子价格、影子工资、影子汇率和社会折现率等）计算、分析项目对国民经济的贡献，分析项目的经济效率、效果及对社会的影响，评价项目在宏观经济上的合理性。国民经济效益评估是项目评估的重要组成部分，是投资决策的重要依据。

国民经济效益评估较财务效益分析更为复杂。财务效益分析所使用的数据都是根据现行财税、会计等制度和规定估算出来的，而国民经济效益评估遵循社会资源合理配置的原则，用一系列参数对估算的财务数据进行调整。国民经济效益评估从国民经济整体利益的角度考察项目的效益和费用，既要考虑项目自身的费用和效益，又要考虑整个国民经济因项目存在而付出的代价和取得的利益。国民经济效益评估的方法与财务效益分析基本相同，也是用一系列技术经济指标来评价项目的经济合理性。

10.1.2 国民经济效益评估的作用

实施国民经济效益评估可以考察国家在一定时期内投入一定量的人力、物力和财力资源进行项目建设的合理性，可以促进投资资源的有效配置和充分利用。

1）国民经济效益评估是宏观上合理配置国家有限资源的需要

国家的资源（包括资金、外汇、土地、劳动力以及其他自然资源）是有限的，必须在各项目之间做出选择。这就要求运用国民经济效益评估，从国民经济整体利益的角度来考虑，分析项目需要从国民经济这个大系统中吸取多少投入，又能为国民经济这个大系统提供多少产出，这些投入与产出对国民经济整体运行目标有何影响，据此选择对国民经济系统运行目标最有利的项目。

2）国民经济效益评估是真实反映项目对国民经济净贡献的需要

任何一个国家都会对本国的经济活动进行或多或少的管制，一些商品的财务价格并不能真实反映价值和供求关系，按照商品的财务价格计算的投入与产出不能真实反映项目建设给国民经济带来的效益与费用，因此应当运用能够反映资源真实价值的影子价格来计算项目的效益与费用，进而得出项目对国民经济是否有利的评价结论。

3）国民经济效益评估是提高投资决策科学化水平的需要

（1）有利于引导投资方向。运用经济净现值、经济内部收益率等指标及体现宏观意图的影子价格、影子汇率等参数，可以鼓励或抑制某些行业或项目的发展，使国家经济资源得到合理配置。

（2）有利于控制投资规模。利用社会折现率指标可以调节社会总投资水平，当投资规模膨胀时，可以适当提高社会折现率，控制一些项目的审批通过率。

（3）有利于提高投资管理的质量。通过国民经济效益评估，各级管理部门可以从宏观经济的角度对项目进行排序与取舍，把有限的资源投入对国民经济发展更有益的项目，从而提高项目管理的质量和效益。

由此可见，国民经济效益评估是把国民经济作为一个整体来考察项目的，分析、评价项目给整个国民经济带来的效益以及为此付出的代价，这样做不仅考察了项目的内部效益和内部费用，而且考察了项目的外部效益和外部费用。只有进行国民经济效益评估，才能全面、客观地反映项目的经济效果。拟建项目在经济上是否可行，国家是否需要投入一定的资源，首先要看该项目能否满足国民经济平衡发展的需要，能否为整个国民经济带来尽可能多的净效益，然后看它能否给企业带来一定的净效益。

在我国的价格、税收体制和利益协调机制还不完善的情况下，建设一个项目可能会给企业带来一定的净效益，但不一定会给整个国民经济带来净效益，反之亦然。所以，进行经济评价，不但要进行财务评价，而且要进行国民经济效益评估，换句话说，要从微观和宏观两个角度来考察项目，既要考察项目给企业带来的净效益，又要考察项目给整个国民经济带来的净效益。

10.1.3 国民经济效益评估与财务效益评估的关系

国民经济效益评估与财务效益评估是相互联系的，二者既有共同点又有区别。

1）国民经济效益评估与财务效益评估的共同点

（1）评价目的相同。国民经济效益评估与财务效益评估都是从费用和效益的角度进行分析的，都是寻求以最小的投入获得最大的产出。

（2）评价基础相同。国民经济效益评估与财务效益评估都是在完成产品需求预测、厂址选择、工艺技术路线和工程技术方案论证、投资估算与资金筹措等方面的基础上进行的。

（3）基本分析方法和主要指标的计算方法相同。国民经济效益评估与财务效益评估都采用现金流量分析方法，通过基本报表计算财务净现值、财务内部收益率等指标。

2）国民经济效益评估与财务效益评估的区别

（1）评估角度不同。财务效益评估从财务角度对项目进行分析，主要考察项目的盈利能力；国民经济效益评估从国民经济角度对项目进行分析，主要考察项目的经济合理性。

（2）评估目标不同。财务效益评估以企业的净利润为目标；国民经济效益评估以项目对社会福利和国家基本发展目标的贡献及资源有效利用与合理分配为目标。

（3）费用与效益的含义和范围划分不同。财务效益评估是根据企业直接发生的财务收支来考察项目的费用和效益；国民经济效益评估是根据项目所消耗的有用资源和提供的有用产品（包括服务）来考察项目的费用和效益。有些在财务效益评估中列为实际收支的，如税金、国内借款利息和补贴费，在国民经济效益评估中不作为费用或效益。财务效益评估只考察项目的直接费用和直接效益；国民经济效益评估除考察其直接费用和直接效益外，还要考察项目所引起的间接费用和间接效益。

（4）计算的价格和参数不同。财务效益评估采用国内现行市场价格，将行业基准收益率或国家长期贷款利率作为折现率，采用国家规定的官方汇率；国民经济效益评估采用近似社会价值的经济合理价格（影子价格）、社会折现率或国家基准收益率作为折现率，并且使用国家调整汇率（影子汇率）。

（5）评估内容和方法不同。财务效益评估的内容和方法比较简单，涉及面较窄，采用企业成本效益分析方法；国民经济效益评估的内容较多，方法比较复杂，涉及面较广，采用费用效益分析、成本效益分析和多目标综合分析等方法。

（6）评价结论的效力不同。由于财务效益评估以企业利益为出发点，而国民经济效益评估以国家利益为出发点，因而国民经济效益评估的结论对项目的最终决策具有更大的作用。

财务效益评估与国民经济效益评估的结论可能相同，也可能存在差异，具体来讲存在以下几种情况：

① 财务效益评估与国民经济效益评估的结论都表明项目可行，项目应予以通过。

② 财务效益评估与国民经济效益评估的结论都表明项目不可行，项目应予以否定。

③ 财务效益评估的结论表明项目可行，而国民经济效益评估的结论表明项目不可行，则项目一般应予以否定。当然，也可以通过修改项目总体建设方案，使其从国民经济效益角度考察变为可行。

④ 财务效益评估的结论表明项目不可行，而国民经济效益评估的结论表明项目可行，则项目一般应予以推荐。但是，一个财务上没有生命力的项目是难以生存的。因此，必要时应重新考虑方案，对其进行“再设计”，使其具有财务生存能力。对于某些国计民生急需、国民经济效益好而财务效益欠佳的项目，可建议采取某些优惠措施，如通过改变项目的税率或利率、提供政策性补贴等措施，使其具有财务生存能力。

【自测题】国民经济效益评估与财务效益评估的区别有（　　）。[①]

A.评估角度不同　　　　B.评估目标不同

C.费用与效益的含义不同　　　　D.评估方法不同

E.评价结论的效力不同

---

① 【答案】ABCDE。

10.1.4 国民经济效益评估的步骤

1）经调整完成的国民经济效益评估的步骤

一般情况下，国民经济效益评估是在财务效益评估的基础上经调整完成的，主要包括以下步骤：

（1）效益和费用范围的调整，具体包括：剔除已经计入财务效益和费用中的转移支付；识别和计算项目的间接效益和间接费用，能够量化的应进行定量计算，不能量化的应进行定性描述。

（2）效益和费用数值的调整，具体包括对固定资产投资、流动资金、经营成本和销售收入的调整，这些调整可通过计算影子价格来完成。另外，在涉及外汇借款时，还应用影子汇率来计算外汇借款本金与利息的偿付额。

①对固定资产投资的调整。剔除属于国民经济内部转移支付的引进设备、材料的关税和增值税，并用影子汇率、影子运费和贸易费用对引进设备的价值进行调整，对于国内设备的价值，则用其影子价格、影子运费和贸易费用进行调整；根据建筑工程消耗的人工、建材、其他大宗材料、电力等，用影子工资、货物和电力的影子价格来调整建筑费用，或通过建筑工程影子价格换算系数直接调整建筑费用；若安装费中的材料费所占比重很大，或存在进口安装材料，也应按照材料的影子价格调整安装费用；用土地的影子价格代替占用土地的实际费用；剔除涨价预备费；调整其他费用等。

②对流动资金的调整。调整由流动资金估算基础的变动引起的流动资金占用量的变动。

③对经营成本的调整。可以先用货物的影子价格、影子工资等参数调整费用，然后加总求得经营成本。

④销售收入的调整。首先确定项目产出物的影子价格，然后重新计算销售收入。

（3）编制国民经济效益评估基本报表，具体包括编制国民经济效益费用流量表（全部投资），并据此计算全部投资经济内部收益率和经济净现值指标。对于使用国外贷款的项目，还应编制国民经济效益费用流量表（国内投资），并据此计算国内投资经济内部收益率和经济净现值指标。对于产出物（含部分出口）或替代进口（含部分替代进口）的项目，编制经济外汇流量表和国内资源流量表，并据此计算经济外汇净现值、经济换汇成本或经济节汇成本。

2）直接进行国民经济效益评估的步骤

有些较难进行财务效益评估的公益性项目，可以直接进行国民经济效益评估，步骤如下：

（1）识别和计算项目的内部效益。

①对于能够为国民经济提供产出物的项目，首先根据产出物的性质确定其是否属于外贸货物，然后根据定价原则确定产出物的影子价格，最后根据项目的产出物种类、数量及逐年增减情况、影子价格来计算项目的内部效益。

②对于能够为国民经济提供服务的项目，根据提供服务的数量和用户的受益情况来计算项目的内部效益。

（2）用货物的影子价格、土地的影子费用、影子工资、影子汇率、社会折现率等参数直接进行项目的投资估算。

（3）流动资金估算。

（4）根据生产经营的实物消耗，用货物的影子价格、影子工资、影子汇率等参数计算经营费用。

（5）识别项目的外部效益和外部费用，能够量化的应进行定量计算，难以量化的应进行定性描述。

（6）编制有关报表，计算相应的评价指标。

10.2 国民经济效益评估的基本原理

10.2.1 费用–效益分析理论

费用–效益分析（cost-benefit analysis）理论是国民经济效益评估的基本理论。费用–效益分析方法是从国家和整个社会的角度出发，全面、综合地分析与评价工程项目的一种科学方法。费用–效益分析理论是20世纪四五十年代在资本主义国家发展起来的，主要用于公共工程项目的评价和决策，现在已经在发展中国家得到应用和推广。我国在进行项目的国民经济效益评估时也采用费用–效益分析理论和方法。

费用–效益分析的基本问题是计算影子价格、影子汇率及项目未来的经济效益和费用，估算对未来经济效益和费用进行折现的社会折现率，即对每年的经济效益与费用之差进行折现，最后对计算出的一系列技术经济指标进行分析和判断。基本要求是以最小的费用取得最大的效益。

基本指标是经济净现值和经济内部收益率。用社会折现率对各年净效益进行折现，得出经济净现值。当经济净现值为正值或零时，该项目是值得实施的；当经济内部收益率大于或等于社会折现率时，方能接受该项目。在费用–效益分析中占有重要地位的是影子价格和社会折现率。价格合理性直接影响费用和效益计算的准确性以及分析评价的客观性。

10.2.2 外部效果

外部效果也叫外部效应，就是项目带来的外部费用和效益。这部分效果并不反映在项目本身，而是反映在国民经济的其他部门。在国民经济效益评估中，要充分考虑项目的外部效果。项目的外部效果可以是有形的，也可以是无形的。有的可计量，有的则不易计量。

项目的外部费用是由于项目的存在而对项目以外的主体造成的全部损失。工业生产过程中排出的废水、废气、废渣对空气或水的污染就是一个比较典型的例子，它们会给社会生产和生活带来损失，特别是给周围的农业生产和居民造成净损失。

项目的外部效益是由于项目的存在而使项目以外的主体享有的利益。例如，在建设一家钢铁厂时修建了一条厂外铁路运输线。这条线路除了为钢铁厂服务外，还可以为当地的生产和生活服务，降低了该地区的运输费用，使当地工业、农业和居民获益；又如，一部分企业由于原材料供不应求而不能充分发挥生产能力，恰好有一个拟建项目所生产的产品属于这种原材料，该项目投产后可以缓解市场的紧张局面，促使供需基本平衡，从而可以充分发挥这部分企业的生产能力，那么，这些企业所增加的效益中的一部分应算作该项目的外部效益。

10.3　费用和效益的划分与估算

10.3.1　费用和效益的划分

费用和效益的划分就是要从国民经济的角度计算项目的费用与效益，并将费用与效益进行比较，计算项目对国民经济的净贡献。因此，正确地识别费用与效益就成为保证经济评价正确性的重要条件。

划分建设项目的费用与效益，是相对于项目的目标而言的。国民经济效益评估从整个国民经济增长的目标出发，以项目对国民经济的净贡献的大小来考察项目。据此，识别费用和效益的基本原则是：凡项目对国民经济所作的贡献，均计为项目的效益；凡国民经济为项目所付出的代价，均计为项目的费用。

在考察项目的费用与效益时，应遵循费用与效益计算范围的一致性和可比性原则。

10.3.2　直接效益与间接效益

项目的国民经济效益是指项目对国民经济所作的贡献，即项目的投资建设和投产为国民经济提供的所有经济效益，一般包括直接效益与间接效益。

1）直接效益

直接效益（direct benefit）是指由项目本身产生，由其产出物提供，并用影子价格计算的产出物的经济价值。项目直接效益的确定分为两种情况：

第一，如果拟建项目的产出物用于增加国内市场的供应量，其效益就是满足国内需求，也就等于市场上所增加的消费者支付意愿。

第二，如果国内市场的供应量不变，项目产出物增加了出口量，其效益为所获得的外汇；项目产出物减少了总进口量，即替代了进口货物，其效益为节约的外汇；项目产出物替代了原有项目的产品，致使其减产或停产的，其效益为原有项目因减产或停产而向社会释放的资源，其价值也就等于对这些资源的支付意愿。

2）间接效益

间接效益（indirect benefit）是指项目对社会所作的贡献中未体现为直接效益的那部分效益。它是由于项目的投资兴建和经营使得配套项目与相关部门因增加产量和劳务量而获得的效益。例如水利工程，除了发电外，还可以给当地的农田灌溉、防洪、农产品生产等带来好处。又如，某水泵厂研制出一种新型节能水泵，用户可享受较低的运行费用所带来的好处，但由于种种原因，这部分节能效益未能在水泵的财务价格中全部反映出来，因而未能完全反映到水泵厂的直接效益中，由此成为水泵厂的间接效益。

在国民经济效益评估中，只有同时符合以下两个条件的效益（或费用）才能称作间接效益（或间接费用）：第一，项目将对与其并无直接关联的其他项目或消费者产生影响，即产生效益（或费用）；第二，这种效益（或费用）在财务报表（如现金流量表）中并没有得到反映，或者说没有对其价值进行量化。

10.3.3 直接费用与间接费用

项目的费用是指国民经济为项目所付出的代价，分为直接费用和间接费用。

1）直接费用

直接费用主要是指国家为满足项目投入（包括固定资产投资、流动资金及经常性投入）的需要而付出的代价。这些投入物用影子价格计算的经济价值即为项目的直接费用。直接费用的确定也分为两种情况：

第一，如果拟建项目的投入物来自国内供应量的增加，即通过增加国内生产来满足拟建项目的需求，其费用就是增加国内生产所消耗的资源价值。

第二，如果国内总供应量不变，项目投入物来自国外，即通过增加进口来满足拟建项目的需求，其费用就是所花费的外汇；项目的投入物本来可以出口，但为了满足拟建项目的需求而减少了出口量，其费用就是减少的外汇收入；项目的投入物本来用于其他项目，由于改用于拟建项目而减少了对其他项目的供应，其费用就是其他项目因此减少的效益，也就是其他项目对该项投入物的支付意愿。

2）间接费用

间接费用是指国民经济为项目付出的代价中未体现为直接费用的那部分费用，例如项目产生的废水、废气、废渣引起的环境污染及造成的生态平衡破坏所需的治理费用，新建投资项目的服务配套、附属工程所需的投资支出和其他费用，新建项目配套的邮政、水、电、气、道路、港口码头等公用基础设施所需的投资支出和费用。

如果上述设施是专门和全部为本项目服务的，则应作为项目的组成部分，其所有费用都应包括在项目的总费用之中；如果上述设施不是全部为本项目服务的，即同时为多个项目提供服务，则应根据本项目所享受的服务量的大小、程度进行分摊，并把这部分费用计入项目的总费用。

10.3.4 项目外部效果的计算

项目的费用和效益不仅体现在它的直接投入物和产出物上，而且会在国民经济相关部门及社会中反映出来。项目的间接费用（外部费用）和间接效益（外部效益）统称为外部效果。

外部效果通常难以计算和测算，为减少计量上的困难，首先应力求明确项目范围的边界。一般情况下，可以扩大项目的范围，把一些相互关联的项目合在一起作为“联合体”进行评价。另外，采用影子价格来计算项目的费用和效益，已经在很大程度上使项目的外部效果在项目内部得到体现。因此，通过扩大计算范围和调整价格两项工作，实际上已将很多外部效果内部化了。这样处理之后，在考虑某些外部效果时还应注意以下问题：

第一，项目造成的环境污染对生态的破坏是间接费用，较难计量，除规定的环保税外，可参照同类企业所造成的损失计算，如果确实难以计算，至少也应进行定性描述。

第二，计算对上下游项目产生的效果时，为防止外部效果扩大化，应按照有无对比的原则计算增量效果，并需要注意其他拟建项目是否也有类似的效果，如果有，就不应都归功于该项目，以免引起重复计算。对上下游项目产生的效果，是指拟建项目的投资使其上下游项目原来闲置的生产能力得以发挥或达到经济规模的效果。

第三，一个技术先进项目的建设，由于技术人员的流动、技术的扩散和推广，整个社会都将受益，这类效果通常情况下未通过影子价格的调整计算得到反映，但是因计量困难而应作定性说明。

第四，计算外部效果时，应注意区别是否已经在项目投入物和产出物的影子价格中得到充分的反映。项目使用投入物、提供产出物，引起上下游企业效益或费用产生变化，一般多在投入物、产出物的影子价格中得到反映，此时不必再计算间接效益或间接费用。

第五，项目的外部效果一般只计算一次相关效果，不应连续扩展。

10.3.5 转移支付

在财务效益评估的基础上进行项目的国民经济效益评估时，要从财务效益和费用中剔除转移支付。转移支付（transfer payment）是指在国民经济内部各部门之间发生的、没有造成国内资源的真正增加或耗费的支付行为。

税金、国内借款利息和补贴等项目只是国民经济内部各部门之间的转移支付，未造成资源的实际耗费或增加，因此不能计为项目的费用或效益；而国外借款利息的支付产生了国内资源向国外的转移，因此必须计为项目的费用。

在财务效益评估的基础上进行国民经济效益评估时，应注意从原效益和费用中剔除其中的转移支付部分。

10.4 价格调整

10.4.1 影子价格

影子价格（shadow price）是指当社会经济处于某种最优状态时，能够反映出社会劳动的消耗、资源稀缺程度和最终产品需求情况的价格。影子价格是人为确定的、比交换价格更为合理的价格。

从定价原则来看，它不仅能更合理地反映产品的价值，而且能反映社会劳动消耗、市场供求关系和资源的稀缺程度。从其产生的效果来看，它有利于资源的优化配置。因为国民经济效益评估的目的是考察项目给国民经济做出多大贡献（效益）和国民经济付出多少代价（费用），所以价格是否真实决定了国民经济效益评估的可信度，也决定了资源配置是否能够趋向优化。

在完全竞争状态的均衡经济中，市场价格等于产品的边际产值和边际成本，反映了商品的价值。在这种情况下，经济评价可采用财务分析中使用的市场价格。然而，市场往往是非完全竞争的，这体现在以下两个方面：

（1）在外贸品和非外贸品之间存在非完全竞争。例如，对进口货物征收关税以控制进口，而对出口品给予补贴以鼓励出口。在这种情况下，为项目所使用的进出口货物，如果按财务价格计价，就会低估或高估进出口货物的价值。

（2）在国内产品之间，产业政策、地区管理、垄断等因素可能使得价格和价值发生背离或扭曲。例如，长期以来，农产品价格偏低，农业生产资料价格则较高；有些工业产品税率较大，而有些产品实行低税率。显然，这样的比价关系难以用来计算项目的真正效益和费用。为了消除现行市场中价格背离价值的失真现象，就要寻找并使用隐藏在市场价格背后的那个理想的、在完全竞争或均衡经济状态中的真实价格，这就是影子价格。

10.4.2 影子价格的类型

影子价格在本质上应该是运用线性规划对偶解计算的最优计划价格。从数学上看，影子价格即线性对偶规划的最优解，是物品的边际效用价值。但是，求解线性对偶规划需要大量参数，其中有些参数很难获取，为了避免这一问题，将不同货物按一定标准进行分类，然后近似地求解货物的影子价格，是十分可取的方法。

项目的投入物和产出物按其类型可分为外贸货物、非外贸货物、特殊投入物、资金、外汇等。如果主要影响国家的进出口水平，则应划为外贸货物；如果主要影响国内供求关系，则应划为非外贸货物。在划分外贸货物和非外贸货物时，要防止过宽、过严，宜采用以下原则：

(1) 直接进口的投入物和直接出口的产出物，应视为外贸货物。

(2) 符合下列情况的、间接影响出口的项目投入物，按外贸货物处理：①国内生产的货物，原来确有出口机会，但由于拟建项目的使用，丧失了出口机会；②国内生产不足的货物，以前进口过，现在也大量进口，但由于拟建项目的使用，导致其进口量增加。

(3) 以下间接影响进出口的项目产出物，按外贸货物处理：①虽然供国内使用，但确实可以替代进口，项目投产后，可以减少其进口数量；②虽然不直接出口，但确实能顶替其他产品，使这些产品出口数量增加。

(4) 符合下列情况的货物，应视为非外贸货物：①天然非外贸货物，如国内运输项目、大部分电力项目、国内电信项目等基础设施所提供的产品或服务；②由于地理位置所限，国内运费过高，不能进行外贸的货物；③受国内国际贸易政策的限制，不能进行外贸的货物。必须依据具体情况进行分析，做出有根据的判断。

此外，特殊投入物一般是指投入的劳务和土地。资金的影子价格，即社会折现率；外汇的影子价格，即影子汇率。

【自测题】在影子价格中，项目的投入物和产出物按其类型可分为（　）等。①

A.外贸货物　　B.非外贸货物

C.特殊投入物　　D.资金

10.4.3 外贸货物的影子价格

在国民经济效益评估中要以口岸价格为基础来确定外贸货物的影子价格（假定市场在口岸，进口货物为到岸价格，出口货物为离岸价格）。

1）项目投入物影子价格（到厂价格、到项目价格）的确定

(1) 直接进口项目（如图10-1所示）。此类项目的投入物依靠进口解决。

$$影子价格=CIF+T \tag{10.1}$$

式中：CIF为到岸价格，是通过影子汇率将以外币计算的到岸价格换算为以人民币计算的到岸价格；T为从口岸到项目的国内运费和贸易费。

---

① 【答案】ABCD。

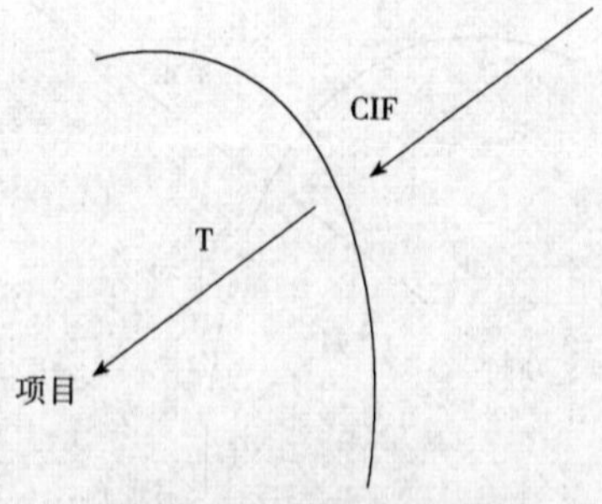

图10-1 直接进口项目

（2）减少出口项目（如图10-2所示）。此类项目需要投入某种货物，使出口量减少。

影子价格=FOB$-T_1+T_2$ （10.2）

式中：FOB为离岸价格；T_1为原供货单位由出口转为供应项目前出口货物的国内运费和贸易费；T_2为供货单位到项目的国内运费和贸易费。

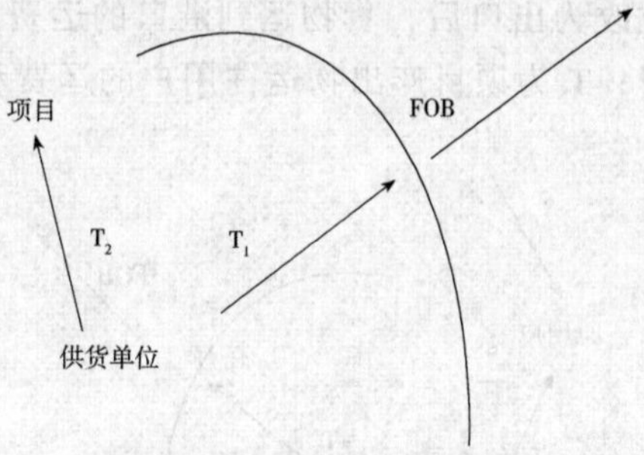

图10-2 减少出口项目

（3）间接进口项目（如图10-3所示）。国内厂家向原用户提供货物，由于此类项目需要由国内厂家提供这种投入物，迫使原用户依靠进口满足需求。

影子价格=CIF$+T_1-T_2+T_3$ （10.3）

式中：T_1为港口到原用户的运费和贸易费；T_2为供货单位到原用户的运费和贸易费；T_3为供货单位到项目的运费和贸易费，可按直接进口加以考察。

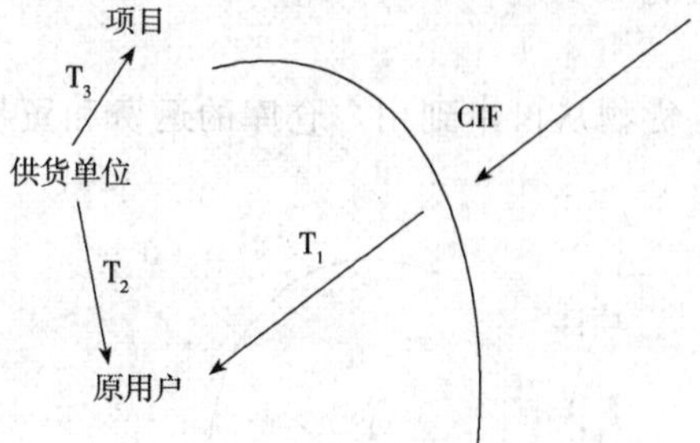

图10-3 间接进口项目

2）项目产出物影子价格（出厂价格）的确定

（1）直接出口项目（如图10-4所示）。此类项目的产出物有把握参加国际竞争或已有确定的向国外用户供货的合同。

影子价格=FOB$-T_4$ （10.4）

式中：T_4为项目到最近口岸的国内运费和贸易费。

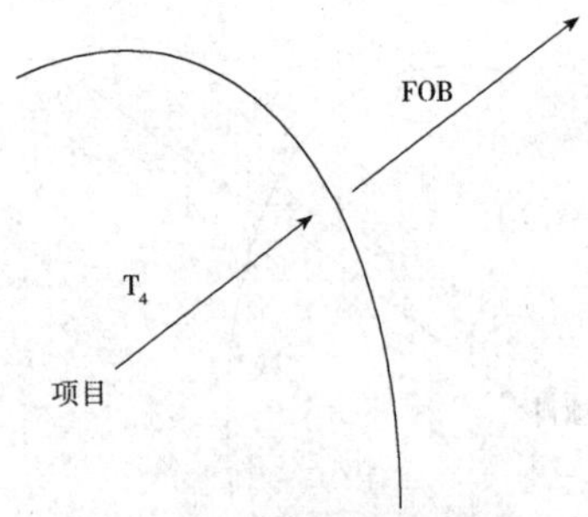

图10-4　直接出口项目

（2）间接出口项目（如图10-5所示）。此类项目的产出物确定为内销，用于满足国内需求，使得其他同类产品或可替代产品得以出口，从而影响国家的进出口水平。基础资料不足时可按直接出口项目考虑。

影子价格=FOB$-T'_4+T_5-T_6$　　(10.5)

式中：T'_4为原供货单位改为出口后，货物运到港口的运费和贸易费；T_5为原供货单位运往原用户的运费和贸易费；T_6为项目产出物运往用户的运费和贸易费。

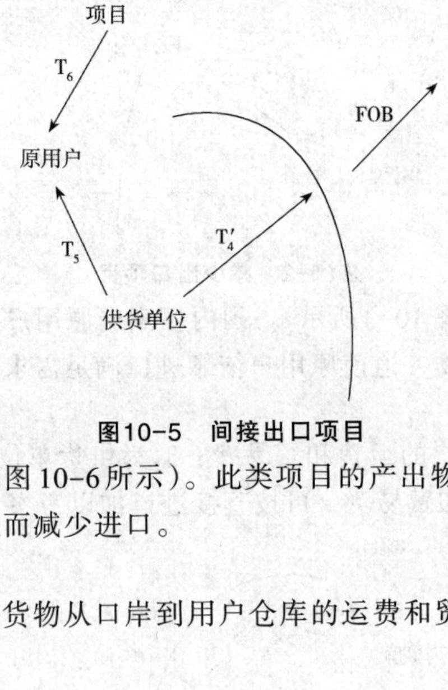

图10-5　间接出口项目

（3）替代进口项目（如图10-6所示）。此类项目的产出物为内销，由于质量过关，可以替代原来的进口货物，从而减少进口。

影子价格=CIF$+T'_1-T'_6$　　(10.6)

式中：T'_1为用户原进口货物从口岸到用户仓库的运费和贸易费；T'_6为项目到用户的运费和贸易费。

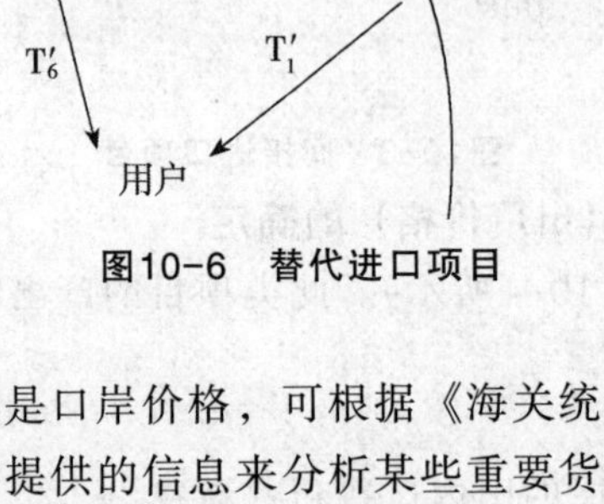

图10-6　替代进口项目

3）口岸价格的选取

外贸货物影子价格的基础是口岸价格，可根据《海关统计》对历年口岸价格进行的回归和预测或一些国际组织机构提供的信息来分析某些重要货物的国际市场价格趋势。在确定口岸价格时，要注意剔除倾销、暂时紧缺、短期波动等因素的影响，同时要考虑质量价差。

10.4.4 非外贸货物的影子价格

1）项目投入物影子价格的确定

（1）通过原有企业挖潜来增加供应。只需要发挥原有生产能力，不必新增投资即可满足对项目的供应。可对产品的可变成本进行分解，得到货物出厂的影子价格，再加上运费和贸易费，即可得到项目投入物的影子价格。

（2）通过新增生产能力来增加供应。项目所需的投入物必须通过投资扩大生产规模才能得到满足。可对产品的全部成本进行分解，得到货物出厂的影子价格，再加上运费和贸易费，即可得到项目投入物的影子价格。

（3）无法通过扩大生产能力来增加供应。当这种货物是紧缺的短线物资，原有生产能力无法满足，又不可能新增生产能力时，只能通过挤占其他用户的用量来满足项目需求。此时，项目投入物的影子价格就是市场价格加上运费和贸易费。

2）项目产出物影子价格的确定

（1）通过增加国内供应数量来满足国内需求。项目产出物的影子价格可从以下价格中选取：计划价格加补贴；市场价格；协议价格；同类企业产品的平均分解成本。选取的依据是供求关系：当供求基本平衡时，从上述价格中取其低者；当供不应求时，取其高者；当无法判断供求关系时，取其低者。

（2）替代其他企业的产出物。国内市场已饱和，不能有效增加供给，只能挤占市场份额，使其他企业减产甚至停产。这说明这类产出物是长线产品，项目可能是重复建设、盲目投资。如果产出物在质量、花色、品种等方面并无特色，应该分解被替代企业相似产品的可变成本，作为项目产出物的影子价格；如果产出物质量确有提高，可取国内市场价格作为项目产出物的影子价格，也可参照国际市场价格来确定，但这时该产出物可能已经转变成可实现进口替代的外贸货物了。

3）分解成本和成本分解法

分解成本是价格性态，不是成本性态，包含了利润。这是因为，在进行成本分解时，剔除了原生产费用要素中的利息和折旧两项，代之以流动资金的资金回收费用和固定资产投资的资金回收费用。在计算回收费用时，已将社会折现率包含在内。

假设要测算A货物的分解成本，步骤如下：

（1）数据准备。列出A货物按生产费用要素计算的单位财务成本表，主要项目有原材料、燃料和动力、工资、职工福利费、折旧、大修理基金、流动资金利息支出及其他支出；对其中重要的原材料、燃料和动力，要详细列出价格、用量、金额；列出固定资产原值、固定资产投资额及流动资金数额，以及A货物生产厂的建设期限、各年的投资比例、经济寿命期限、终了时的固定资产余值、固定资产形成率。

（2）计算重要的原材料、燃料和动力、工资等投入物的影子价格及单位费用。首先要确定它们属于外贸货物还是非外贸货物，然后根据相应的定价原则计算它们的影子价格，计算时可直接使用国家发展和改革委员会发布的影子价格或价格换算系数。重要的原材料、燃料和动力中有些可能属于非外贸货物，但找不到现成的影子价格，这时可根据成本分解法，对其进行第二次分解。对于财务成本中单列的运费，可用运费价格换算系数进行调整。对于财务成本中的工资及福利费，可用工资价格换算系数将其调整为影子工资。值得注意的是，要剔除上述数据中所包含的税金。

（3）对固定资产投资进行调整和等值计算。由于假定固定资产投资发生在期初，因此可用下面的公式把固定资产投资等值计算到生产期期末（即建设期末）：

$$I_F = \sum_{t=1}^{n_1} I_t (1 + i_s)^{n_1 - t + 1} \tag{10.7}$$

式中：I_t为建设期各年调整后的单位固定资产投资；n_1为建设期；i_s为社会折现率；I_F为等值计算到生产期期末的单位固定资产投资。

$$P_c=P_v \cdot (P/F,\ i_s,\ t) \tag{10.8}$$

式中：P_c为固定资产残值计算到生产期期初的现值；P_v为固定资产残值；t为项目的生产期。

（4）用固定资产回收费用取代财务成本中的折旧。用资金回收系数（A/P，i，n）计算固定资金回收费用，用以取代财务成本中的折旧。

$$M_F= (I_F-P_c) \cdot (A/P,\ i_s,\ n) \tag{10.9}$$

式中：M_F为固定资产回收费用。

（5）用流动资金回收费用取代财务成本中的流动资金利息。设每单位A货物的流动资金回收费用为M_W，则有：

$$M_W=W \cdot i_s \tag{10.10}$$

式中：W为单位A货物所占有的流动资金。

（6）财务成本中的其他项目可不予调整。

（7）完成上述调整后，各项重新计算的费用的总额即为A货物的分解成本，可作为A货物的出厂影子价格。

需要说明以下几点：

第一，在用成本分解法求非外贸货物的影子价格时，应该使用它的边际成本而非平均成本。在实践中可以忽略这种区别。

第二，在第一轮分解时，往往会发现货物的费用要素里有些重要的非外贸货物难以确定其影子价格，因此需要进行第二轮分解。第二轮分解仅对少数重要的费用要素进行。

第三，对于那些现有生产能力富余，不必新增投资即可增加供应量的非外贸货物，应按可变成本进行分解，即剔除财务成本中的折旧费用，不再计算固定资金回收费用。

第四，在使用成本分解法求影子价格时，也可以按财务总成本进行分解，用固定成本除以年产量，得出单位货物的分解成本。

4）成本分解法示例

【例10-1】假设货物X为非外贸货物，下面使用成本分解法求其影子价格。由于货物X的供应量有限，需要新增投资来扩大生产能力以满足拟建项目的需求，故应按全部成本（包括固定成本和可变成本）进行分解。因为缺少有关边际成本的资料，所以近似地采用平均成本进行分解。

（1）数据准备。每吨货物X占用的固定资产原值为1 164元，占用的流动资金为180元。货物X的单位财务成本见表10-1。

表10-1 **货物X的单位财务成本** 金额单位：元

序号	项目	单位	耗用量	耗用额	调整后的耗用额
1	外购原材料、燃料及动力			704.53	1 385.44
1.1	原料A	立方米	4.42	412.37	937.04
1.2	原料B	吨	0.25	21.64	6.64
1.3	原料C	吨	1.40	65.82	109.82
1.4	原料D	吨	0.07	13.04	35.62
1.5	电力	千度	0.33	28.74	49.50
1.6	铁路货运			59.24	142.77
1.7	汽车货运			9.37	9.74
1.8	其他			94.31	94.31
2	工资			39.62	39.62
3	职工福利费			4.19	4.19
4	折旧费			58.20	208.36
5	大修理基金			23.24	23.24
6	利息支出			7.24	21.60
7	其他支出			26.48	26.48
8	单位成本			863.50	1 708.93

根据经验设定生产货物X的项目，其建设期为2年，各年的投资比例为1∶1，投资发生在年初，项目生产期为20年，固定资产形成率为95%。固定资产投资中建筑工程费用占20%，根据估算的“三材”（木材、钢材、水泥）用量、“三材”影子价格与财务价格的差价，测算出调整后的建筑费用与调整前的建筑费用价格换算系数为1.35，社会折现率为12%。

（2）计算重要原材料的影子价格及费用。

①外购原料A为外贸货物，直接进口，到岸价为50美元/立方米，影子汇率为4元/美元，贸易费用率为6%。用影子价格重新计算该项费用为：

50×4×1.06×4.42=937.04（元）

②外购原料C为非外贸货物，影子价格为74元/吨，另加6%的贸易费，用影子价格重新计算该项费用为：

74×1.06×1.40=109.82（元）

③外购原料D可以出口，为外贸货物，出口离岸价扣减运费和贸易费后为120美元/吨（产地出厂价），考虑国内贸易费，用影子价格重新计算该项费用为：

120×4×1.06×0.07=35.62（元）

④已知该地区电力的分解成本为0.15元/度，用其作为影子价格，用影子价格重新计算该项费用为：

0.15×0.33×103=49.50（元）

⑤铁路货运价格换算系数为2.41，用影子价格重新计算该项费用为：

59.24×2.41=142.77（元）

⑥汽车货运价格换算系数为1.04，用影子价格重新计算该项费用为：

9.37×1.04=9.74（元）

⑦ 工资价格换算系数为1，工资及职工福利费不作调整。

⑧ 外购原料B为非外贸货物，可通过原有企业挖潜来增加供应，按可变成本进行分解来确定其影子价格。原料B的单位财务可变成本见表10-2。

表10-2 **原料B的单位财务可变成本** 金额单位：元

项目	单位	耗用量	耗用额	调整后的耗用额
a	立方米	0.010	0.62	2.12
b	吨	0.002	1.59	2.78
c	吨	0.010	0.44	0.78
d	吨	0.120	0.78	1.33
电力	千度	0.060	3.79	9.00
铁路货运			0.16	0.39
汽车货运			0.08	0.08
其他			8.57	8.57
可变成本合计			16.03	25.05

对原料B的第二轮分解步骤如下：

a为外贸货物，到岸价为50美元/立方米，用影子价格重新计算该项费用为：

50×4×1.06×0.010=2.12（元）

b为外贸货物，到岸价为328美元/吨，用影子价格重新计算该项费用为：

328×4×1.06×0.002=2.78（元）

c为非外贸货物，影子价格为74元/吨，用影子价格重新计算该项费用为：

74×1.06×0.010=0.78（元）

d为非外贸货物，价格换算系数为1.61，用影子价格重新计算该项费用为：

0.78×1.61×1.06=1.33（元）

电力为非外贸货物，影子价格为0.15元/度，用影子价格重新计算该项费用为：

0.15×0.06×103=9.00（元）

铁路货运费用价格换算系数为2.41，用影子价格重新计算该项费用为：

0.16×2.41=0.39（元）

汽车货运和其他这两项不予调整。

加总各项调整后的费用得出原料B的出厂影子价格为25.05元。

用影子价格重新计算货物X中原料B的费用：

25.05×1.06×0.25=6.64（元）

由于货物X的财务成本中已将运费单列，所以所有原料单价中都不含运费。

(3) 单位固定资产投资的调整和等值计算。

每吨货物X占用的固定资产投资=每吨货物X占用的固定资产原值÷固定资产形成率

=1 164÷95%

=1 225(元)

本例中只考虑对建筑费用的调整,建筑费用价格换算系数为1.35。

因此,单位固定资产投资调整为:

1 225×20%×1.35+1 225×80%=1 310.75(元)

按社会折现率12%,将单位固定资产投资换算为生产期末的数值为:

IF=1 310.75×(F/P,12%,2)×50%+1 310.75×(F/P,12%,1)×50%

=1 310.75×1.2544×0.5+1 310.75×1.1200×0.5

=1 556.12(元)

年固定资金回收费用为:

MF=IF·(A/P,i_s,n)=1 556.12×(A/P,12%,20)=1 556.12×0.1339=208.36(元)

(4) 计算流动资金回收费用。

MW=W·i_s=180×0.12=21.60(元)

(5) 其他财务成本不予调整。

(6) 计算得出货物X每吨的分解成本为1 708.93元,即为货物X的出厂影子价格。

当用于拟建项目的国民经济效益评估时,还要在这一影子价格的基础上加运费和贸易费,最终得出该货物的到厂价格。

10.4.5 特殊投入物的影子价格

1) 劳务的影子价格

建设项目占用了劳动力,国民经济就要付出代价,这一代价表现为劳动力的劳务费用,即影子工资,也可以说是劳务的影子价格,主要以劳动力的机会成本来度量,即由于劳动力投入被评价项目而放弃的在原来所在部门中的净贡献。

影子工资可用名义工资乘以工资换算系数计算得出,即:

影子工资=名义工资×工资换算系数

在劳动力充足的发展中国家,影子工资不是敏感因素,因此,我国把一般情况下的工资换算系数定为1。在中外合资企业中,职工的机会成本相对较高,因而影子工资取国内同行业职工名义工资的1.5倍;在建设期内大量使用进城务工人员的项目,如水利、公路项目,进城务工人员的影子工资换算系数取值为0.5。随着我国劳动力短缺的现象逐步出现,工资换算系数会逐步提高。

2) 土地的影子价格——土地费用

土地的影子价格是指土地用于建设项目而使社会放弃的原有效益,包括两个部分:一是土地的机会成本;二是土地用于建设项目而使社会增加的资源消耗,如拆迁费用、剩余劳动力安置费等。

(1) 项目所占用的土地类型

①荒地或不毛之地。在这种情况下,土地的影子价格为零,也就是说,项目占用了这样的土地,国家不受任何损失。

②经济用地。不管原来是用于农业、工业还是商业，项目占用之后都会引起经济损失，在这种情况下应该运用机会成本计算土地费用，计算社会被迫放弃的效益。对于农田，应计算项目占用土地导致的农业净收益的损失。我国已成为农作物的进口国，因此从边际的观点来看，农作物应该以口岸价格而非国内收购价格来计价。但是，某些情况下仅仅考虑机会成本还不够。例如项目占用了一处商业网点用地，该商店每年都为国民经济提供一笔净营业额，同时也为附近居民提供了便利。净营业额可以计量，但便利性很难量化，这时可以参考居住用地或其他非生产性建筑、非营利性单位用地的土地费用计算方法。

③居住用地或其他非生产性建筑、非营利性单位用地。项目占用这类土地后会引起社会效益的损失，但又很难用价值来计量。在这种情况下应该注意的主要问题是：如果土地被项目占用，而原有的社会效益又必须保持，那么国民经济要增加多少资源消耗？例如项目占用的土地上原来有住户，那么，首先要为住户购置新的居住用地，费用是新居住用地的机会成本；其次要保证原住户获得不低于以前的居住条件，代价是实际花费的搬迁费用。两项费用之和就是项目所占用居住用地的影子价格。

对于项目占用土地的机会成本，可以采取以下两种方法进行处理：一是一次性支付，在项目计算期内将项目占用土地的各年机会成本用社会折现率折算为建设期的现值，作为项目建设投资的一部分；二是分年支付，将各年机会成本逐年算出，列入经常性支出。

（2）土地机会成本的计算方法

在计算土地的机会成本时，项目评估人员应根据投资项目占用土地的种类，分析项目计算期内技术、环境、政策、适宜性等多方面的约束条件，选择2～3种该土地最可行的替代用途（包括现行用途）进行比较，选择年净效益最大者。

土地机会成本的计算公式为：

$$OC = \sum_{t=1}^{n} NB_0(1+g)^t(1+i_s)^{-t} \tag{10.11}$$

式中：OC为土地的机会成本；n为项目占用土地的期限，一般为项目的计算期；t为年份；NB_0为基年土地单位面积年净效益（取该土地被占用前3年的平均值）；g为年平均净效益增长率；i_s为社会折现率。

项目占用土地之后，有时直接导致耕地减少，有时通过原来用户的搬迁间接导致耕地减少，此时需要计算土地的机会成本。这里侧重介绍农田机会成本的计算方法。

①基本数据的准备。需要准备的基本数据主要包括单位面积年产量、农作物的影子价格、农作物的生产成本等。其中，单位面积年产量可以从某个基数开始，每年增长一定的比例，以确定各年的农作物产量。就农作物的影子价格而言，应从边际的观点来考虑该农作物属于外贸货物还是非外贸货物，然后按照货物定价原则加以确定。至于农作物的生产成本，要根据调查研究结果确定，还要视情况对生产成本作适当调整。

②农田机会成本的计算方法。首先，用农作物的年产值扣减生产成本后得到年净效益，即为各年的土地机会成本。然后，采用折现法折算到建设期，求期初值。

【例10-2】某项目建设期为2年，生产期为18年，占用水田500平方千米。项目占用以前，该土地3年内平均每平方千米水稻产量为1吨。预计该地区水稻单产以3%的速度逐年递增。每吨水稻的生产成本为600元（已调整）。水稻为外贸货物，按直接出口处理，出口离岸价为300美元/吨。项目所在地离口岸300千米，稻谷运费为0.10元/（吨·千米），贸易费用为货价的6%，影子汇率换算系数为1.08，官方汇率为8.30，社会折现率为12%，货物的影子运费换算系数为2。计算该项目占用土地的机会成本。

换算为人民币后每吨水稻的口岸价=300×8.30×1.08=2 689.20（元）

运输费用=300×0.1×2=60.00（元）

贸易费用=300×8.30×1.08×6%=161.35（元）

每吨水稻的产地影子价格=2 689.20−60.00−161.35=2 467.85（元）

该地区生产每吨水稻的净效益=2 467.85−600=1 867.85（元）

项目计算期内每平方千米土地的净效益现值=$\sum_{t=1}^{20}\left[1\,867.85\times1\times\left(\frac{1+0.03}{1+0.12}\right)^t\right]$=17 374.11（元）

项目占用土地的净效益现值=17 374.11×500=8 687 055（元）

将以上计算出的土地机会成本再加上新增的资源消耗费用，即可得出该项目在国民经济效益评估时的无形资产投资支出。

10.4.6 国家参数

投资项目国民经济效益评估中的国家参数是由国家发展和改革委员会、住房和城乡建设部等部委在国家层次上统一测定，并根据实际情况与需要定时修订、调整和发布，供各类投资建设项目统一使用的参数，评估人员不得自行测定，包括社会折现率、影子汇率。

1）资金的影子价格——社会折现率

（1）社会折现率在国民经济效益评估中的作用

社会折现率存在的基础是不断增长的社会扩大再生产，可以认为社会折现率是资金的影子价格。它反映资金占用的费用，在国民经济效益评估中有以下作用：

①作为统一的时间价格标准。

②作为经济内部收益率（国民经济效益评估中的主要指标之一）的计算依据。

（2）社会折现率的确定方法

①将银行利率作为项目的社会折现率。

②将资本的边际生产率作为项目的社会折现率，在所有投资都用于项目建设后剩下的第一个被淘汰的内部收益率就是社会折现率。

③将各部门投资收益率的加权平均值作为项目的社会折现率，其计算公式为：

$$i_s=\sum d_iR_i \tag{10.12}$$

式中：i_s为社会折现率；d_i为i部门的权益；R_i为i部门的投资收益率。

2）外汇的影子价格——影子汇率

在项目评估中，进出口商品或服务的跨国交易常常伴随着外汇和本国货币之间的换算。在许多发展中国家，由于采取贸易保护政策（如高额进口关税和大量出口补贴），消费者对外贸货物付出了额外的溢价（或称贴水）。如果用官方汇率将外汇换算为本国货币，那么这种溢价就没有得到反映。从整个国家的平均角度来看，这种溢价代表了外贸货物的购买者为了多获得一个单位的外贸货物所愿意支付的额外价格。大多数发展中国家外汇短缺，而对本国货币往往定值过高，这就使得官方汇率小于进出口贸易中的实际换汇成本。

官方汇率的这种失实会导致项目评价中的严重偏差，特别是使用进口投入物以及产品出口或替代进口的项目，因此需要计算某一年份的平均影子汇率，其计算公式为：

$$SER=OER\left[\frac{(M+T_i)+(X-S_x)}{M+X}\right] \tag{10.13}$$

式中：SER为影子汇率（shadow exchange rate）；OER为官方汇率（official exchange rate）；M为全部进口货物的到岸价格；T_i为全部进口关税收入；X为全部进口货物的离岸价格；S_x为出口补贴。

在项目评估中，常用国家外汇牌价乘以影子汇率换算系数得出外汇的影子价格。我国根据现阶段的外汇供求情况、进口结构、换汇成本等因素确定影子汇率的换算系数为1.080。

10.5 国民经济效益评估报表

10.5.1 基本报表

1）经济现金流量表（全部投资）（见表10-3）

表10-3 经济现金流量表（全部投资） 金额单位：万元

序号	项目 \ 年序	建设期		投产期		达到设计能力生产期				合计
		1	2	3	4	5	6	…	n	
	生产负荷（%）									
1	效益流量									
1.1	产品销售（营业）收入									
1.2	回收固定资产余值									
1.3	回收流动资金									
1.4	项目间接效益									
2	费用流量									
2.1	固定资产投资									
2.2	流动资金									
2.3	经营费用									
2.4	项目间接费用									
3	净效益流量（1-2）									

计算指标：
经济内部收益率（%）
经济净现值

经济现金流量表（全部投资）的项目与财务现金流量表（全部投资）的项目基本相同，不同之处体现在以下几个方面：

（1）现金流入和现金流出原则上均应按影子价格计算，外汇换算采用影子汇率。

（2）税金、特种基金作为转移支付，既不作费用，也不作效益。

（3）由于从国民经济的角度来考察项目的效益和费用，因此在现金流入和现金流出中分别增加了项目间接效益和项目间接费用两个项目。

2）经济现金流量表（国内投资）（见表10-4）

表10-4 经济现金流量表（国内投资） 金额单位：万元

序号	项目 \ 年序	建设期		投产期		达到设计能力生产期				合计
		1	2	3	4	5	6	…	n	
	生产负荷（%）									
1	效益流量									
1.1	产品销售（营业）收入									
1.2	回收固定资产余值									
1.3	回收流动资金									
1.4	项目间接效益									
2	费用流量									
2.1	固定资产投资中国内资金									
2.2	流动资金中国内资金									
2.3	经营费用									
2.4	流至国外的资金									
2.4.1	国外借款本金偿还									
2.4.2	国外借款利息支付									
2.4.3	其他									
2.5	项目间接费用									
3	净效益流量（1-2）									

计算指标：
经济内部收益率（%）
经济净现值

经济现金流量表（国内投资）与经济现金流量表（全部投资）有以下关系：

（1）无论是现金流入还是现金流出，二者都是按影子价格计算的。

（2）现金流入的项目与内容完全相同。

（3）经济现金流量表（国内投资）的资金流出中包括流至国外的资金，即国外借款还本付息，但将国外借款的使用从资金流出中剔除了。

3）经济外汇流量表

涉及外汇收支的项目，需要编制经济外汇流量表（见表10-5）。

表10-5　**经济外汇流量表**　金额单位：万元

序号	项目 \ 年序	建设期		投产期		达到设计能力生产期				合计
		1	2	3	4	5	6	…	n	
	生产负荷（%）									
1	外汇流入									
1.1	产品销售（营业）收入									
1.2	外汇借款									
1.3	其他外汇收入									
2	外汇流出									
2.1	固定资产投资中外汇支出									
2.2	进口原材料									
2.3	进口零部件									
2.4	技术转让费									
2.5	偿付外汇借款本息									
2.6	其他外汇支出									
3	净外汇流量（1-2）									
4	产品替代进口收入									
5	净外汇效果（1÷2）									

计算指标：
经济外汇净现值
经济换汇成本或经济节汇成本

为了计算经济换汇成本或经济节汇成本，还需要编制出口（替代进口）产品国内资源流量表（见表10-6）。该表中“固定资产投资中国内资金”“流动资金中国内资金”“经营费用中国内费用（扣除其中可能存在的外汇部分）”等各项的数值，可直接取自经济现金流量表（国内投资）中相应年份的数值，加总后即可得到各年的国内资源流量。

表10-6 出口（替代进口）产品国内资源流量表 金额单位：万元

序号	项目＼年序	建设期		投产期		达到设计能力生产期				合计
		1	2	3	4	5	6	…	n	
	生产负荷（%）									
1	固定资产投资中国内资金									
2	流动资金中国内资金									
3	经营费用中国内费用									
4	其他国内投入									
5	国内资源流量合计（1+2+3+4）									

计算指标：
国内资源流量现值
出口产品中国内投入现值

10.5.2 编制国民经济效益评估基本报表

国民经济效益评估可以在调整财务效益评估的基础上进行，主要调整费用与效益的范围和数值。

1）费用与效益范围的调整

（1）剔除已计入财务效益和费用中的转移支付，包括支付给国内银行的贷款利息、缴纳的各种税金（税金及附加和所得税）以及对项目的补贴等。

（2）识别和计算项目的间接费用和间接效益。凡是能定量计算的，应进行定量计算。

2）费用与效益数值的调整

（1）固定资产投资的调整。首先应剔除属于国民经济内部转移支付的引进设备、材料的关税、增值税等税金，再用影子汇率、影子运费和贸易费用对引进设备、材料的价值进行调整。对国内设备的价值采用影子价格、影子运费和贸易费用进行调整。根据建筑工程消耗的人工、“三材”、其他大宗材料、电力等，可采用影子工资、货物和电力的影子价格调整建筑费用，或通过建筑工程影子价格换算系数来直接调整。若安装费中的材料费用所占比重较大或存在进口安装材料，也应按材料的影子价格调整安装费。此外，还应剔除涨价预备费，并调整其他有关费用。例如，土地费用应按项目占用土地的机会成本重新计算。

（2）流动资金的调整。对于流动资金，应按流动资金结构或经营成本逐项调整。可以按影子价格对流动资金进行详细的分项调整，也可以按调整后的销售收入、经营成本或固定资产价值乘以相应的流动资金占有率进行调整，但应注意剔除未造成社会资源实际消耗的流动资金部分。

全部投资内容调整后，将数据填入国民经济效益评估投资调整计算表（见表10-7）。

表10-7 **国民经济效益评估投资调整计算表** 单位：万元

序号	项目	财务效益评估				国民经济效益评估				国民经济效益评估比财务效益评估增减（±）
		合计	其中			合计	其中			
			外币（万美元）	折合人民币	人民币		外币（万美元）	折合人民币	人民币	
1	固定资产投资									
1.1	建筑工程									
1.2	设备									
1.2.1	进口设备									
1.2.2	国内设备									
1.3	安装工程									
1.3.1	进口材料									
1.3.2	国内部分材料及费用									
1.4	其他费用									
1.4.1	其中：土地费用									
2	流动资金									
3	合计									

（3）经营费用的调整。对于财务效益评估中的经营费用，可以首先将其划分为变动费用和固定费用。对于变动费用，应按原材料、燃料及动力的影子价格重新计算；对于固定费用，应在剔除固定资产折旧费、无形资产摊销及流动资金利息后，对其中的维修费和工资进行调整。其他费用则不用调整。根据调整后的固定资产投资计算出调整后的固定资产原值，注意国内借款的建设期利息不应计入固定资产原值。然后，以与财务效益评估相同的方式和比率重新计算年修理费，工资则按影子工资换算系数进行调整。将调整后的数据填入国民经济效益评估经营费用调整计算表（见表10-8）。

表10-8 **国民经济效益评估经营费用调整计算表** 金额单位：万元

序号	项目	单位	年耗量	财务效益评估		国民经济效益评估	
				单价	年经营费用	单价（或调整系数）	年经营费用
1	外购原材料						
2	外购燃料及动力						
3	工资及福利费						
4	修理费						
5	其他费用						
6	合计						

（4）销售收入的调整。主要根据产出物的类型和影子价格进行调整，重新计算项目的销售收入。

（5）在涉及外汇借款时，应采用影子汇率计算调整外汇借款本金与利息的偿付额。

10.6 国民经济效益评估指标

10.6.1 经济内部收益率

经济内部收益率是使项目经济净现值等于零时的折现率。它反映了项目所占用的投资对国民经济的净贡献，是一个相对指标。当经济内部收益率大于或等于社会折现率时，说明项目所占用的投资对国民经济的净贡献达到要求的水平，一般来说，此时项目是可以接受的。其表达式为：

$$\sum_{t=1}^{n}(CI - CO)_t(1 + EIRR)^{-t} = 0 \quad (10.14)$$

式中：CI为经济现金流入量；CO为经济现金流出量；$(CI - CO)_t$为第t年的净经济现金流量；n为计算期；EIRR为经济内部收益率。

【自测题】经济内部收益率的计算所包含的参数有（　　）。[1]

A.经济现金流入量　　B.经济现金流出量

C.计算期　　D.销售收入

10.6.2 经济净现值

经济净现值（ENPV）是指用社会折现率将项目计算期内各年的净收益折算到建设期期初的现值之和。当ENPV>0时，表明国家为项目付出代价后，除了得到符合社会折现率的社会效益外，还可以得到以现值表示的超额社会效益；当ENPV=0时，表明项目所占用的投资对国民经济的净贡献刚好满足社会折现率的要求；当ENPV<0时，表明项目投资的净贡献达不到社会折现率的要求。一般来说，ENPV≥0表明项目是可以接受的。其表达式为：

$$ENPV = \sum_{t=1}^{n}(CI - CO)_t(1 + i_s)^{-t} \quad (10.15)$$

式中：ENPV为经济净现值；i_s为社会折现率。

10.6.3 经济外汇净现值

经济外汇净现值是按国民经济效益评估中效益、费用的划分原则，采用影子价格、影子工资和社会折现率计算的。它是分析评价项目实施后对国家外汇收支影响情况的重要指标。通过经济外汇流量表可以直接求得经济外汇净现值，用以衡量项目对国家外汇收支的真正净贡献。其表达式为：

$$ENPVF = \sum_{t=1}^{n}(FI - FO)_t(1 + i_s)^{-t} \quad (10.16)$$

式中：ENPVF为经济外汇净现值；FI为外汇流入量；FO为外汇流出量；$(FI - FO)_t$为第t年的净外汇流量。

当项目的产品可以替代进口时，可按净外汇结果计算经济外汇净现值。当经济外汇净现值大于或等于零时，表明从获得或节约外汇的角度来考虑，项目是可行的。

---

① 【答案】ABC。

10.6.4 经济换汇成本或经济节汇成本

经济换汇成本是分析评价项目实施后在国际上的竞争力，从而判断其产品是否应该出口的指标，是用影子价格、影子工资和社会折现率计算的为生产出口产品而投入的国内资源现值与生产出口产品的经济外汇净现值之比，亦即换取1美元的外汇所需要投入的人民币金额。其表达式为：

$$经济换汇成本 = \frac{\sum_{t=1}^{n} DR_t(1+i_s)^{-t}}{\sum_{t=1}^{n}(FI-FO)_t(1+i_s)^{-t}} \tag{10.17}$$

式中：DRt为项目在第t年为生产出口产品而投入的国内资源（包括投资及经营成本等）。

当项目的产品按替代进口对待时，应计算经济节汇成本，即节约1美元外汇所需要投入的人民币金额（元），它等于项目为生产替代进口产品而投入的国内资源现值与生产替代进口产品的经济外汇净现值之比。当经济换汇成本或经济节汇成本（元/美元）小于或等于影子汇率时，表明项目产品出口是有竞争力的，从获得或节约外汇的角度来考虑，项目是可行的。

本章小结

•国民经济效益评估从资源合理配置和国民经济整体利益的角度出发判断项目的经济合理性，是进行科学投资决策的决定性环节。实施国民经济效益评估，可以从宏观上合理配置国家的有限资源，可以真实反映项目对国民经济的净贡献，可以提高投资决策的科学化水平。

•国民经济效益评估与项目财务效益评估的共同点如下：评价目的相同；评价基础相同；基本分析方法和主要指标的计算方法相同。区别如下：评价角度不同；评估目标不同；费用与效益的含义和范围划分不同；计算的价格和参数不同；评估的内容和方法不同；评价结论的效力不同。

•国民经济效益评估的基本原理是费用–效益分析理论，其基本问题是计算影子价格、影子汇率及项目未来的经济效益和费用，估算对未来经济效益和费用进行折现的社会折现率，并对计算出的一系列技术经济指标进行分析和判断。

•要从国民经济的角度计算项目的费用与效益，并将费用与效益进行比较，计算其对国民经济的净贡献。费用可分为直接费用和间接费用；效益可分为直接效益和间接效益。

•影子价格是指当社会经济处于某种最优状态时能够反映社会劳动的消耗、资源稀缺程度和最终产品需求情况的价格。项目的投入和产出按其类型可分为外贸货物、非外贸货物、特殊投入物、资金、外汇等。

•外贸货物的影子价格要以口岸价格为基础来确定。对于非外贸货物的影子价格，则要区分以下三种情况分析确定：通过原有企业挖潜来增加供应；通过新增生产能力来增加供应；无法通过扩大生产能力来增加供应。

•特殊投入物的影子价格包括劳务的影子价格和土地的影子价格。劳务的影子价格主要以劳动力的机会成本度量；土地的影子价格包括土地的机会成本和土地用于建设项目而使社会增加的资源消耗。

•资金的影子价格用社会折现率表示，确定方法包括：将银行利率作为项目的社会折现率；将资本的边际生产力作为项目的社会折现率；将各部门投资收益率的加权平均值作为项目的社会折现率。外汇的影子价格常用国家外汇牌价乘以影子汇率换算系数计算得出。

•国民经济效益评估的基本报表有经济现金流量表（全部投资）、经济现金流量表（国内投资）和经济外汇流量表。国民经济效益评估指标有经济内部收益率、经济净现值和经济外汇净现值。

关键概念

费用–效益分析　转移支付　影子价格　官方汇率　影子汇率　直接效益　间接效益　经济净现值　经济内部收益率　经济外汇净现值　经济换汇成本

章后练习

一、选择题

1.在国民经济效益评估中，效益与费用的数值调整包括（　　）。

A.固定资产投资　　B.流动资金

C.经营费用　　D.销售收入

2.编制国民经济效益评估的基本报表所包括的主要指标有（　　）等。

A.经济内部收益率　　B.经济净现值

C.经济外汇净现值　　D.经济换汇成本

3.特殊投入物的影子价格包括（　　）等。

A.劳务的影子价格　　B.荒地的影子价格

C.外汇的影子价格　　D.经济用地的影子价格

4.在计算耕地的机会成本时需要准备的基本数据主要有（　　）。

A.单位面积年产量　　B.农作物的影子价格

C.农作物的生产成本　　D.农作物价格

5.国民经济效益评估基本报表包括（　　）。

A.经济现金流量表（全部投资）　　B.经济现金流量表（国内投资）

C.经济外汇流量表　　D.经济利润表

6.经济现金流量表（国内投资）与经济现金流量表（全部投资）的关系是（　　）。

A.无论是现金流入还是现金流出，二者都是按影子价格计算的

B.现金流入的项目与内容完全相同

C.经济现金流量表（国内投资）的资金流出中包括流至国外的资金，但将国外借款的使用从资金流出中剔除了

D.以上说法都不对

二、判断题

1.考察费用与效益应遵循一致性和可比性原则。（　）

2.项目造成的环境污染所需要的修复费用是一种直接费用。（　）

3.国民经济效益评估真实反映的是项目对国民经济的净贡献。（　）

4.银行利率可作为项目的社会折现率。（　）

5.在进行国民经济效益评估时，经济现金流量表中的税金既不作费用也不作效益处理。（　）

三、简答题

1.国民经济效益评估的含义与主要特点是什么？

2.国民经济效益评估的步骤及主要内容有哪些？

3.什么是社会折现率？它对项目的国民经济效益评估有什么作用？

4.影子价格的含义是什么？外贸货物、非外贸货物的影子价格是如何确定的？

5.国民经济效益评估中间接效益主要有哪些？如何确定项目的间接效益？

6.国民经济效益评估基本报表有哪些？它们是如何编制的？

7.国民经济效益评估指标有哪些？它们的主要作用分别是什么？

8.土地的影子价格主要包括哪些内容？土地的机会成本是如何计算的？

四、计算分析题

1.某厂所需的原材料原为进口货物，现在某地新建项目生产此种原材料并向该厂供应。原材料的进口到岸价格为200美元/单位，影子运费为0.5元/（单位·千米），该厂到口岸的距离为200千米，到新建项目的距离为100千米，贸易费为货价的6%。外汇的官方汇率为8.27，影子汇率换算系数为1.08。求新建项目生产的该原材料的影子价格。

2.A地拟建项目将耗用可供出口的B地生产的原材料，离岸价格为50美元/吨。B地距离口岸100千米，距离A地300千米，原材料影子运费为0.20元/（吨·千米），贸易费为货价的6%。外汇的官方汇率为8.27，影子汇率换算系数为1.08。求该拟建项目耗用的该原材料的影子价格。

3.某项目的建设期为2年，生产期为15年，占用小麦田1 200平方千米。项目占地以前，该土地3年的平均每平方千米产量为0.3吨。预计该地区的小麦单产将以3%的速度逐年递增。每吨小麦的生产成本为350元（已调整）。小麦为外贸货物，按替代进口处理，进口到岸价为120美元/吨，该地区小麦主要在当地消费。由口岸至该地区的实际铁路运费为20元/吨，铁路运输价格换算系数为2.41。贸易费为货价的6%，影子汇率换算系数为1.08，官方汇率为8.30，社会折现率为12%。请计算项目占用该土地的机会成本。

部分练习参考答案

第11章 不确定性分析

主要知识点

不确定性评估的概念与基本方法；盈亏平衡分析的作用及计算方法；敏感性分析的内涵与步骤；单因素敏感性分析；多因素敏感性分析；三项预测值敏感性分析；概率分析；不确定性评估与风险分析的关系；风险分析的目的和意义；风险分析的过程。

11.1 不确定性评估概述

作为投资决策依据的技术经济分析建立在分析人员对未来事件所作的预测与判断的基础之上。由于影响各种方案经济效果的政治、经济形势、资源条件、技术发展状况等因素的未来变化带有不确定性，加上预测方法和工作条件的局限性，对方案经济效果评价中使用的投资、成本、产量、价格等基础数据的估算与预测结果不可避免地存在误差，这使得方案经济效果的实际值可能偏离预期值，从而给投资者和经营者带来风险。例如，投资超支、建设工期延长、生产能力达不到设计要求、原材料价格上涨、财务费用增加、产品售价波动、市场需求量变化、贷款利率及外币汇率变动等，都可能使工程项目达不到预期的经济效果，甚至发生亏损。

为了尽量避免决策失误，需要了解各种外部条件的变化对投资方案经济效果的影响程度，需要了解投资方案对各种外部条件变化的承受能力，需要了解外部条件发生变化时投资方案经济效果的概率分布，需要掌握风险条件下正确的决策原则与方法。

11.1.1 不确定性评估的概念

投资项目财务分析和经济分析所采用的数据大部分是通过预测和估算得到的，是假设在一系列条件均不发生变化的前提下测算拟建项目的效益。比如，投入物和产品的价格是不变的，贷款利率是不变的，市场需求量也是既定的。一般来说，这些影响项目效益的因素不可能不发生变化，一旦发生变化，项目效益就相应地发生变化，甚至项目本身变得不可行。为了分析这些因素对项目财务效益和经济效益的影响，必须在投资效益分析的基础上进行不确定性评估，以估计项目可能承担的风险，从而进一步确定项目在经济上的可靠性。投资项目的不确定性评估就是研究当影响项目投资效益的各个主要因素发生变化时，拟建项目的投资效益会发生什么样的变化，以便为正确地进行投资决策提供服务的一项工作。一般而言，拟建项目在做出最终投资决策之前均应进行不确定性评估。

11.1.2 影响项目投资效益的不确定性因素

1）价格的变化

原材料或产品的价格通过投资费用、生产成本和产品售价反映到投资效益指标上，而投资项目的寿命期一般为一二十年甚至更长，在这一时期里，各种原材料或产品的价格难免发生变动，因此价格的变化是影响项目投资效益的重要不确定性因素。

2）生产能力利用率的变化

生产能力达不到设计能力，会对项目的收入和经营成本产生影响，进而对项目效益产生影响。生产能力达不到设计能力是由种种原因造成的，如原材料、能源、动力的供应保证程度低，运输条件差，工人对技术、工艺掌握程度差，管理水平低等，其中最重要的原因是市场销路不畅。

3）工艺技术的变化

项目在分析时所利用的投入物、产出物的数量和价格是根据现有的工艺技术状况估计的，在引进新工艺、新技术、新设备后，原先使用的基础参数也将发生变化。

4）投资费用的变化

如果在投资估算时对项目的总投资额没有考虑充分，或者由于其他原因延长了建设期和投产期，或者因为建设工程材料的价格变动引起了投资费用的变化，就会导致总成本费用和利润总额等发生变化。

5）项目寿命期的变化

在项目分析中许多指标的计算是以项目整个寿命期为基础的，随着科技的发展，项目所采用的一些工艺、技术、设备等很可能提前老化，项目的技术寿命期随之缩短，许多指标也将相应地发生变化。

6）经济形势的发展

投资项目的财务预测是受国家现行法律法规制度约束和影响的，其中税收制度、财政制度、金融制度、价格制度以及整个经济管理体制对投资项目的效益起到决定性作用。随着经济形势的发展，现行经济法规也会有所变动，这就必然使得预测所用的基本经济数据发生变化，从而使得项目效益发生变化。

11.1.3 不确定性评估的基本方法

项目不确定性评估可利用的方法主要有盈亏平衡分析、敏感性分析、概率分析和决策分析。其中，盈亏平衡分析只用于财务分析，其他方法均可用于财务分析和经济分析。本章主要介绍盈亏平衡分析、敏感性分析和概率分析。

11.2 盈亏平衡分析

11.2.1 盈亏平衡分析概述

1）盈亏平衡分析的概念

盈亏平衡分析，又称保本点分析或本量利分析法，是通过盈亏平衡点分析项目成本与收益的平衡关系，进而预测利润、控制成本、判断经营状况的一种数学分析方法。盈亏平衡分析的关键在于确定盈亏平衡点（break even point，BEP）。

盈亏平衡是企业经营的一种临界状态。在实践中，企业的各种不确定性因素（如投资、成本、销售量、产品价格、项目寿命期等）的变化都会对企业投资方案的经济效果产生影响。当这些因素的变化达到某一临界值时，就会影响项目投资方案的取舍。

盈亏平衡点可用于判断投资方案对不确定性因素变化的承受能力，从而为决策提供依据。盈亏平衡点越低，说明项目盈利的可能性越大、亏损的可能性越小，项目具有较大的抗经营风险能力。

2）盈亏平衡分析的作用

（1）确定企业经营的盈亏平衡点。盈亏平衡分析主要通过分析产量（销量）、成本与利润的关系寻找盈亏平衡点，所以又称为本量利分析法。对于企业而言，找到自身的盈亏平衡点，有助于其以超过临界值的经营指标来改善经营现状。盈亏平衡点的表达形式多种多样。它可以用实物产量、单位产品售价、单位产品可变成本、年固定成本总量表示，也可以用生产能力利用率等相对量表示。其中，产量与生产能力利用率在项目不确定性分析中应用较广。

（2）有利于发现企业经营中的不足。在找到盈亏平衡点之后，可以通过盈亏平衡模型中的变量关系为企业每个可控经济变量和不可控经济变量的变动范围做出设定。结合变量数值变动的理论范围和企业实践中可以实现的变量波动范围，可以找到企业经营中亟待改善但难以改变的关键问题，然后围绕这个问题寻找替代变量或方案来规避因为企业自身的经营弱点而导致的风险。

（3）改善企业内部的资源配置和利用水平。盈亏平衡点一方面是成本、产量和利润之间的平衡，另一方面是企业内部资源配置有效程度的反映。企业经营成本受资源占用程度的影响，固定资产占用量、流动资产的机会成本、员工工作效率产生的机会成本等都是可以通过管理行为控制的。因而，在确定盈亏平衡点之后，应当对计算公式的变量进行细化分解，直至分解为企业经营的细节单位，在此基础上进行资源占用需求量的判断和改变。

3）盈亏平衡分析的应用条件

在实际应用中，盈亏平衡分析要满足以下四个假设条件：

（1）假设产品的产量等于销量。在计算销售收入和税金及附加时用的是销量，而在计算成本时用的是产量，如果产销量不相等，即二者不在一个水平上，那么在计算企业利润时势必要进行调整，这就使得盈亏平衡分析变得十分复杂。

（2）假设固定成本总额与产销量的变化无关，基本维持在一个稳定的水平上。但在实际生产中，固定成本显然不是绝对固定的。

（3）假设单位产品的销售单价、销售税率和单位可变成本不变。基于这一假设，全部销售收入、税金及附加、可变成本总额都将随着产销量的增减成等比例变动，它们之间就会保持正的线性函数关系。当然，实际情况要复杂得多，成本、收入和产销量之间可能存在不完全的线性关系或完全的非线性关系。

（4）假设生产的产品可以换算为单一产品进行计算。

4）盈亏平衡分析的基本关系

在进行盈亏平衡分析时，需要明确下列基本关系：

（1）在销售总成本已定的情况下，盈亏平衡点的高低取决于单位售价的高低。单位售价越高，盈亏平衡点越低；单位售价越低，盈亏平衡点越高。

（2）在销售收入已定的情况下，盈亏平衡点的高低取决于固定成本和单位可变成本的高低。固定成本越高或单位可变成本越高，盈亏平衡点越高；反之，盈亏平衡点越低。

（3）在盈亏平衡点不变的情况下，销售量越大，企业实现的利润越多（或亏损越少）；销售量越小，企业实现的利润越少（或亏损越多）。

（4）在销售量不变的情况下，盈亏平衡点越低，企业实现的利润越多（或亏损越少）；盈亏平衡点越高，企业实现的利润越少（或亏损越多）。

11.2.2 盈亏平衡分析的计算方法

设R为年销售收入，P为单位产品销售价格，Q为项目设计生产能力或年产量，C为年总成本费用，C_F为年总成本费用中的固定成本，C_V为单位产品可变成本，T为单位产品缴纳的税金，B为年利润，则盈亏平衡分析的基本公式如下：

年销售收入：$R=P\cdot Q$ (11.1)

年总成本费用：$C=C_F+C_V\cdot Q+T\cdot Q$ (11.2)

年利润：$B=R-C=(P-C_V-T)\cdot Q-C_F$ (11.3)

当达到盈亏平衡时，年销售收入=年总成本费用，则：

盈亏平衡点的年产量：$BEP_Q=\dfrac{C_F}{P-C_V-T}$ (11.4)

盈亏平衡点的年销售收入：$BEP_R=P\cdot\dfrac{C_F}{P-C_V-T}$ (11.5)

盈亏平衡点的生产能力利用率：$BEP_Y=\dfrac{BEP_Q}{Q}=\dfrac{C_F}{(P-C_V-T)\cdot Q}$ (11.6)

盈亏平衡点的经营安全率：$BEP_S=1-BEP_Y$ (11.7)

盈亏平衡点的生产能力利用率一般不应大于75%，即经营安全率一般不应小于25%。

盈亏平衡点的产品销售价格：$BEP_P=\dfrac{C_F}{Q}+C_V+T$ (11.8)

盈亏平衡点的单位产品可变成本：$BEP_V=P-T-\dfrac{C_F}{Q}$ (11.9)

盈亏平衡分析如图11-1所示。

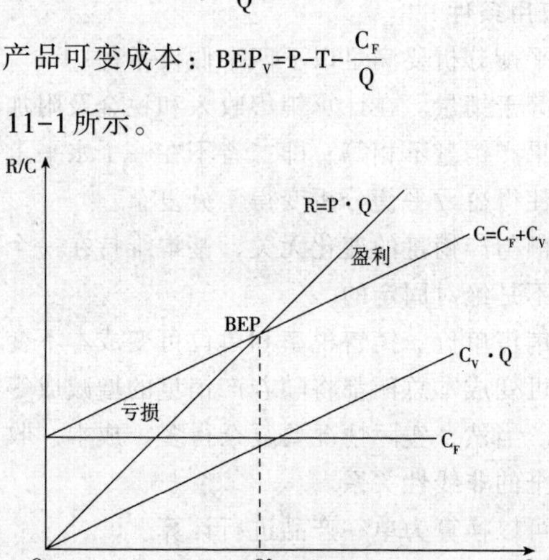

图11-1 盈亏平衡分析

【例 11-1】某设计方案年产量为12万吨，已知每吨产品的销售价格为675元，每吨产品缴付的税金为165元，单位产品可变成本为250元，年固定成本为1 500万元。试求用产量表示的盈亏平衡点、盈亏平衡点的生产能力利用率、盈亏平衡点的产品售价。

解：$R=675\times Q$

$C=1\ 500+(250+165)\times Q$

$$BEP_Q=\frac{1\ 500}{675-250-165}=5.77\text{（万吨）}$$

$BEP_Y=5.77\div 12\times 100\%=48.08\%$

$BEP_P=15\ 000\ 000\div 120\ 000+250+165=540$（元/吨）

11.3 敏感性分析

11.3.1 敏感性分析与敏感因素

敏感性分析，又称敏感度分析，是项目经济决策中一种常用的不确定性分析方法。敏感性分析是通过测定一个或多个不确定性因素的变化所引起的项目经济效果评价指标的变化幅度，计算项目预期目标受各个不确定性因素变化的影响程度，从而分析不确定性因素对项目预期目标的敏感程度，并根据不确定性因素的敏感程度制定相应的对策，使项目达到预期目标。

可能对方案经济效果产生影响的不确定性因素很多，一般有产品销售量、产品售价、主要原材料和动力的价格、固定资产投资、经营成本、建设工期和生产期等，其中有些不确定性因素的微小变化会引起方案经济效果发生很大的变化，对项目经济评价的可靠性产生很大的影响，这些不确定性因素称为敏感因素，反之，称为不敏感因素。与不敏感因素相比，敏感因素的变化给项目带来的风险更大一些，所以，敏感性分析的核心问题是从众多的不确定性因素中找出影响投资项目经济效果的敏感因素，并提出有针对性的控制措施，为项目决策服务。

11.3.2 敏感性分析的步骤

1）确定分析指标

评价一个项目经济效果的指标有多个，如净现值、净年值、净现值率、内部收益率、投资回收期等，都可以作为敏感性分析指标。但是，对于某个具体的项目而言，没有必要对所有的指标都作敏感性分析。因为不同的项目有不同的特点和要求，而各经济效果指标各有其特定的含义，用于分析评价的问题也有所不同，所以，应根据经济评价的深度和具体情况来选择敏感性分析指标。

选择敏感性分析指标的原则如下：一是敏感性分析指标应与确定性分析指标一致，不应超出确定性分析所用指标的范围而另立指标；二是当确定性分析中所用的指标比较多时，应选择最能反映该项目经济效益和经济合理性的一个或几个重要指标作为敏感性分析指标。一般来说，在项目的投资机会研究阶段，各种经济数据较为粗略，常使用简单的投资收益率和投资回收期指标；在详细可行性研究阶段，则主要采用内部收益率和净现值等动态指标，并通常辅以投资回收期指标。

2）选择不确定性因素，并设定其变化幅度

影响方案经济效果的不确定性因素有很多，这些因素中的任何一个发生变化，都会引起方案经济效果的变动。但是，在实际工作中，应该根据经济评价的要求和项目的特点，将发生变化的可能性比较大、对项目方案经济效果影响比较大的几个主要因素设定为不确定性因素。

对于一般的项目而言，常用的不确定性因素有投资额、建设期、产量或销售量、价格、经营成本、折现率等；对于具体的项目来说，还要作具体的选择和考虑。

在选定需要分析的不确定性因素后，还要结合实际情况，根据各个不确定性因素的可能波动范围设定不确定性因素的变化幅度，如±5%、±10%、±15%等。

3）计算设定的不确定性因素的变化幅度对经济指标的影响数值

对于各个不确定性因素各种可能的变化幅度，分别计算其对分析指标影响的具体数值，即固定其他不确定性因素，变动某一个或某几个因素，计算经济效果指标值。

4）寻找敏感因素

敏感因素是指数值变化能显著影响分析指标的不确定性因素。判别敏感因素的方法有相对测定法和绝对测定法两种。

（1）相对测定法

该方法假设各个不确定性因素有着相同的变化幅度，比较在同一变化幅度下各因素变动对分析指标的影响程度，影响程度大者为敏感因素。这种影响程度可以用敏感度系数来表示。敏感度系数的计算公式如下：

$$\beta=\frac{\Delta A}{\Delta F} \tag{11.10}$$

式中：β为评价指标A对不确定性因素F的敏感度系数；ΔF为不确定性因素F的变化率（%）；ΔA为不确定性因素F发生ΔF的变化时分析指标A相应的变化率（%）。

相对测定法仅仅从分析指标对不确定性因素变化的敏感程度来鉴别敏感因素，而没有考虑各个不确定性因素本身可能发生的变化。事实上，鉴别某个因素是否为敏感因素，不仅要考虑分析指标对该因素变化的敏感程度，而且要考虑该因素可能出现的最大变化幅度。

（2）绝对测定法

该方法假设各个不确定性因素都朝着对方案不利的方向变化，并取其可能出现的对方案最不利的数值，据此计算方案的经济效果指标，看其是否会达到使方案无法被接受的程度，如FNPV<0或FIRR<i_c。如果某个因素可能出现的最不利数值使方案变得不可接受，则表明该因素为方案的敏感因素。

绝对测定法的一个变通方法是首先设定分析指标将方案从可行变为不可行，即FNPV=0或FIRR=i_c等，然后分别求解各个不确定性因素所对应的变化幅度，即临界点，并与其可能出现的最大变化幅度比较。如果某个因素可能出现的最大变化幅度超过临界点，则表明该因素为方案的敏感因素。临界点可用临界点百分比或者临界值来表示。临界点百分比表示不确定性因素变化幅度的相对值，而临界值表示不确定性因素变化达到的绝对数值。

5）结合确定性分析进行综合评价，并对项目的风险情况做出判断

根据敏感因素对方案分析指标的影响程度及敏感因素的多少判断项目风险的大小，结合确定性分析的结果作进一步的综合判断，寻求对主要不确定性因素变化不敏感的项目，为项目决策提供可靠的依据。

11.3.3　单因素敏感性分析

敏感性分析有多种分类方法：根据项目经济目标的不同，分为经济敏感性分析和财务敏感性分析；根据每次计算时考虑的不确定性因素数目的不同，分为单因素敏感性分析和多因素敏感性分析。

假定其他因素不变，每次只考虑一个不确定性因素的变化对项目经济效果的影响的敏感性分析，称为单因素敏感性分析。在进行单因素敏感性分析时，还应求出导致项目由可行变为不可行的不确定性因素变化的临界值。

临界值可以通过敏感性分析图求得，具体做法如下：将不确定性因素变化率作为横坐标，以某个分析指标（如内部收益率）作为纵坐标，由各种不确定性因素的变化可得到内部收益率随之变化的线。每条线与基准收益率线的交点称为该不确定性因素的临界点，该点对应的横坐标即为不确定性因素变化的临界值。

【例 11-2】某项目基本方案的基本数据估算表见表11-1。试以年销售收入、年经营成本和建设投资作为拟分析的不确定性因素，对内部收益率进行单因素敏感性分析（基准收益率 i_c=8%）。

表11-1　　**某项目基本方案的基本数据估算表**　　金额单位：万元

	建设投资（I）	年销售收入（R）	年经营成本（C）	期末残值（L）	寿命期（n）（年）
估算值	1 500	600	250	200	6

解：(1) 以年销售收入、年经营成本和建设投资作为拟分析的不确定性因素。

(2) 选择项目的内部收益率为分析指标。

(3) 做出方案的现金流量图，如图11-2所示，并计算基本方案的内部收益率FIRR。

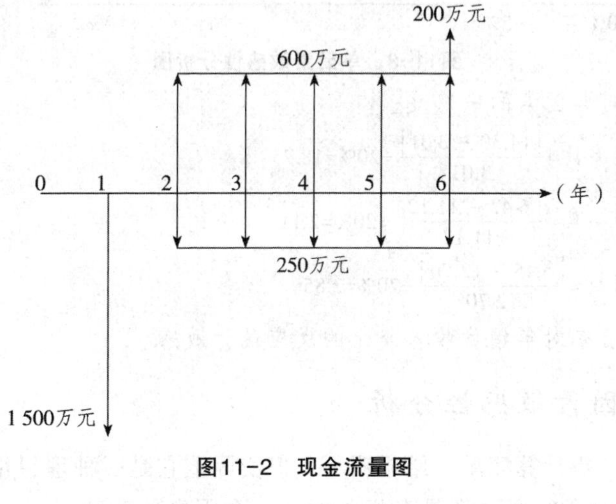

图11-2　现金流量图

$$-I\times(1+FIRR)^{-1}+(R-C)\times\sum_{i=2}^{5}(1+FIRR)^{-i}+(R+L-C)\times(1+FIRR)^{-6}=0$$

$$-1\,500\times(1+FIRR)^{-1}+(600-250)\times\sum_{i=2}^{5}(1+FIRR)^{-i}+(600+200-250)\times(1+FIRR)^{-6}=0$$

采用试算法得：

FNPV（i=8%）=31.10万元＞0

FNPV（i=9%）=-7.89万元＜0

采用内插法可求得：

FIRR=8%+31.10÷（31.10+7.89）×（9%-8%）=8.80%

（4）计算年销售收入、年经营成本和建设投资变化对内部收益率的影响（见表11-2）。

表11-2　**各因素变化对内部收益率的影响（%）**

不确定性因素	-10%	-5%	基本方案	+5%	+10%
年销售收入	3.01	5.94	8.80	11.58	14.30
年经营成本	11.12	9.96	8.80	7.61	6.42
建设投资	12.70	10.67	8.80	7.06	5.45

内部收益率的单因素敏感性分析图如图11-3所示。

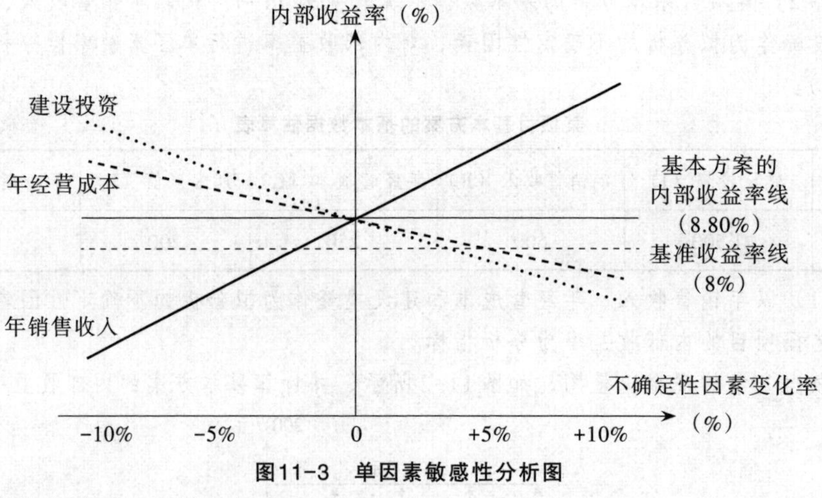

图11-3　单因素敏感性分析图

（5）计算方案对各因素的敏感度。

年销售收入敏感度系数= $\dfrac{|14.30-3.01|}{3.01}$ ÷20%=18.75

年经营成本敏感度系数= $\dfrac{|6.42-11.12|}{11.12}$ ÷20%=2.11

建设投资敏感度系数= $\dfrac{|5.45-12.70|}{12.70}$ ÷20%=2.85

显然，内部收益率对年销售收入变化的反应最为敏感。

11.3.4　多因素敏感性分析

单因素敏感性分析计算简单，结果明了，但实际上它是一种理想化了的敏感性分析方法。现实中，许多因素的变动都具有相关性，一个因素的变动往往伴随着其他因素的变动，单纯考虑单个不确定性因素的变化对经济效果的影响不能真实反映实际情况，因而具有一定的局限性。多因素敏感性分析考虑了这种相关性，即考察多个因素同时变化对项目经济效果的影响程度，因而弥补了单因素敏感性分析的局限性，更全面地揭示了事物变化的本质。因此，在对一些有特殊要求的项目进行敏感性分析时，除了进行单因素敏感性分析外，还应进行多因素敏感性分析。但是，多因素敏感性分析需要考虑多种不确定性因素可能发生的不同变动幅度的多种组合，计算起来比单因素敏感性分析要复杂得多，可编制相应的程序，用计算机进行计算。

【例11-3】假设某项目初始投资额为1 000万元，当年建成并投产，预计可使用10年，每年销售收入为700万元，年经营成本为400万元，假设基准折现率为10%。如果可变因素为初始投资额与年销售收入，并考虑它们同时发生变化。试通过净现值指标对该项目进行敏感性分析。

解：设初始投资额为K，年销售收入为R，年经营成本为C，初始投资额的变动比例为x，年销售收入的变动比例为y，则财务净现值为：

$$FNPV=-K(1+x)+[R(1+y)-C]\times(P/A, 10\%, 10)$$

将题目中的相关数据代入上式计算得：

$$FNPV=843.38-1\,000x+4\,301.22y$$

取FNPV的临界值，即令FNPV=0，则有：

$$y=0.232x-0.196$$

这是一个直线方程，可将其在坐标图上表示出来，双因素敏感性分析图如图11-4所示。

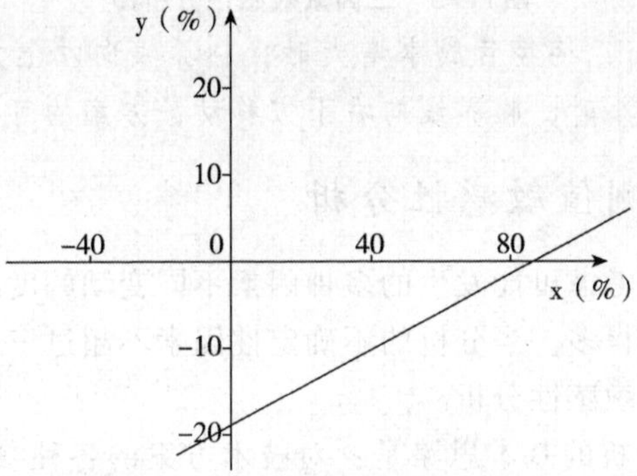

图11-4　双因素敏感性分析图

此直线为当FNPV=0时的临界线，即在临界线上，FNPV=0；在临界线左上方区域，FNPV>0；在临界线右下方区域，FNPV<0。也就是说，如果初始投资额与年销售收入同时变动，只要不超过左上方区域（包括临界线上的点），则项目方案都可接受。

沿用这个例子，如果分析初始投资额、年销售收入、年经营成本三个因素同时变动对净现值的影响，那么，设初始投资额的变动比例为x，年销售收入的变动比例为y，年经营成本的变动比例为z，则有：

$$FNPV=-K(1+x)+[R(1+y)-C(1+z)]\cdot(P/A, 10\%, 10)$$

将题目中的相关数据代入上式得：

$$FNPV=843.38-1\,000x+4\,301.22y-2\,457.84z$$

由于很难处理三维以上敏感性分析的表达式，为简化起见，可以按年经营成本变动的不同比例研究三个参数同时发生变化时净现值的相应变化。

令FNPV（z）表示年经营成本变动比例为z时的净现值，则：

当z=+20%时，y=0.232x−0.082；

当z=+10%时，y=0.232x−0.139；

当z=−10%时，y=0.232x−0.253；

当z=−20%时，y=0.232x−0.310。

根据上面的等式，可以描绘出一组平行线，三因素敏感性分析图如图11-5所示。这一组平行线描述了初始投资额、年销售收入和年经营成本三个因素同时变动对净现值的影响程度。

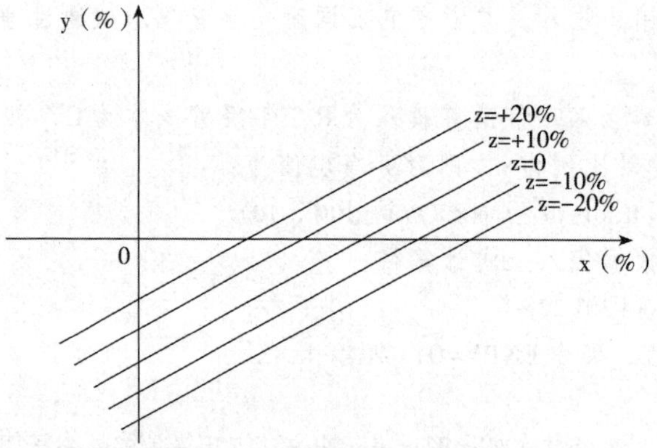

图11-5　三因素敏感性分析图

从图11-5中可以看出，年经营成本增大时，临界线向左上方移动，方案的可接受区域变小；而年经营成本减小时，临界线向右下方移动，方案的可接受区域变大。

11.3.5　三项预测值敏感性分析

多因素敏感性分析要考虑可能发生的多种因素不同变动幅度的各种组合，计算起来要比单因素敏感性分析复杂得多。当分析的不确定性因素不超过三个，且指标计算比较简单时，可以采用三项预测值敏感性分析。

三项预测值敏感性分析的基本思路是：对技术方案的各种参数分别给出三个预测值，即悲观的预测值P、最可能的预测值M、乐观的预测值O，根据这三个预测值即可对技术方案进行敏感性分析并做出评价。

【例11-4】某企业准备购买新设备，总投资、使用寿命等数据见表11-3。试就使用寿命、年销售收入、年支出三项因素按最有利、最可能和最不利的三种情况，进行净现值敏感性分析（基准收益率为8%）。

表11-3　　总投资、使用寿命等数据　　金额单位：万元

因素变化状态	总投资	使用寿命（年）	年销售收入	年支出
最有利（O）	15	18	11	2.0
最可能（M）	15	10	7	4.3
最不利（P）	15	8	5	5.7

解：净现值的三项预测值敏感性分析结果见表11-4。

表11-4　**净现值的三项预测值敏感性分析结果**　单位：万元

年销售收入 \ 使用寿命 \ 年支出	O			M			P		
	O	M	P	O	M	P	O	M	P
O	69.35	45.39	36.72	47.79	29.96	23.50	34.67	20.56	15.46
M	31.86	18.55	13.73	10.30	3.12	0.52	−2.82	−6.28	−7.53
P	13.12	5.13	2.24	−8.44	−10.30	−10.98	−21.56	−19.70	−19.02

表11-4中，FNPV的最大值是69.35万元，即使用寿命、年销售收入、年支出均处于最有利状态O时：

FNPV=（11-2.0）×（P/A，8%，18）-15=9×9.3719-15=69.35（万元）

表11-4中，FNPV的最小值是-21.56万元，即使用寿命处于最有利状态O、年销售收入和年支出均处于最不利状态P时：

FNPV=（5-5.7）×（P/A，8%，18）-15=-0.7×9.3719-15=-21.56（万元）

11.3.6　敏感性分析的局限性

敏感性分析在一定程度上就各种不确定性因素的变动对方案经济效果的影响作了定量描述，有助于决策者了解方案的不确定程度，有助于确定在决策及方案实施过程中需要重点研究与控制的因素，对提高方案经济评价的可靠性具有重要意义。但是，敏感性分析也有局限性，它只考虑了各个不确定性因素对方案经济效果的影响程度，而没有考虑各个不确定性因素在未来发生变动的概率，这可能会影响分析结论的准确性。实际上，各个不确定性因素在未来发生变动的概率一般是不同的，一些因素非常敏感，一旦发生变动，对方案的经济效果影响很大，但它发生变动的可能性很小，以至于可以忽略不计；另一些因素可能不是很敏感，但它发生变动的可能性很大，实际带来的不确定性比那些敏感因素还要大。这个问题是敏感性分析无法解决的，因此必须借助于概率分析。

11.4　概率分析

11.4.1　概率分析的概念

概率分析是使用概率研究预测各个不确定性因素和风险因素发生变化时对项目评估指标影响的一种定量分析方法。

概率分析的基本原理是假定各个因素是服从某种分布的相互独立的随机变量，因而作为变动因素函数的投资项目经济评估指标也是一个随机变量，在进行概率分析时首先对参数值做出概率估计，并以此为基础计算项目的经济效益，然后通过经济效益的期望值、累计概率、标准差及离散系数等来反映项目的风险与不确定程度。

11.4.2 概率分析的目的

概率分析的目的是找出对项目未来的费用和收益有重大影响的关键变量并确定其可能的变动范围，在此基础上求得项目关键变量在该范围内的各种可能性（即概率），并对项目所具有的潜在风险做出分析，从而判定项目的风险程度，为项目投资决策提供更为准确的依据。

11.4.3 概率分析的方法和步骤

1）确定风险变量的概率

一般来说，可以通过对大量已完成的类似项目的数据进行分析整理，采用专家调查的方法来确定各个风险变量可能发生的状态及相应的概率。

（1）根据需要调查的问题的性质组成专家组。专家组成员由熟悉该变量现状和发展趋势的专家、有经验的工作人员组成。

（2）调查某一变量可能出现的状态或状态范围及相应的概率，由每位专家独立以书面形式反映出来。

（3）整理专家组成员的意见，计算专家意见的期望值，分析意见分歧，反馈给专家组。

（4）专家组分析讨论出现意见分歧的原因，并重新填写变量可能出现的状态或状态范围及相应的概率，如此重复进行1～2次，直至专家意见分歧的程度低于要求值为止。

（5）通过计算确定每一个变量可能出现的状态或状态范围及相应的概率，求出净现值大于或等于零时的累计概率，并加以分析。

2）计算净现值的期望值和方差

（1）列出各变量不同的状态或状态范围及相应概率的组合，并计算每种组合下方案的净现值及相应的组合概率。将各组合发生的可能性与其净现值分别相乘，得出各组合的加权净现值，然后将各加权净现值相加，求得净现值的期望值，即：

$$E(FNPV)=\sum_{i=1}^{n}FNPV_i\times P_i=FNPV_1\times P_1+FNPV_2\times P_2+\cdots+FNPV_n\times P_n \tag{11.11}$$

（2）方差既表示随机变量的离散程度，也表示随机变量真值对期望值的偏离程度。净现值的方差可用下式计算：

$$D(FNPV)=\sum_{i=1}^{n}[E(FNPV)-FNPV_i]^2\times P_i \tag{11.12}$$

3）确定净现值FNPV≥0的概率

由概率论的中心极限定理可假定FNPV服从正态分布，即FNPV～N（μ，σ），则：

$$P(FNPV\geq 0)=1-P(FNPV<0)=1-P\left(\frac{FNPV-E(FNPV)}{\sqrt{D(FNPV)}}<\frac{0-E(FNPV)}{\sqrt{D(FNPV)}}\right) \tag{11.13}$$

4）投资项目经济风险评价

在上述分析的基础上考虑不同行业或项目的投资风险程度的差异，将投资的风险程度以风险投资系数表示并建立风险评价模型，具体模型如下：

$$Q_{RL}=Q_R-\lambda Q_L \tag{11.14}$$

式中：Q_{RL}为项目风险收益综合值；Q_R为FNPV≥0的部分，即风险收益；Q_L为FNPV<0

的部分，即风险损失；λ为风险投资系数，表示行业或项目的投资风险程度，具体取值可根据不同行业或项目的风险承受能力及行业平均风险收益水平等因素确定。Q_{RL}可以将项目的风险收益和风险损失有机结合起来，较好地反映两种性质的偏差对投资收益的影响。Q_{RL}的值越大，表明项目的投资价值越大。若$Q_{RL}<0$，则表明项目不具有投资价值。

11.4.4 概率分析实例应用

某项目有3个主要风险变量——建设投资、年净收益和年经营成本，其估算值分别为80 000万元、30 000万元和18 000万元。项目的寿命期为20年。假设建设投资发生在第一年年初，年净收益和年经营成本均发生在各年年末，折现率为10%。对于3个风险变量，专家调查后认为每个变量都有3种状态，风险变量概率分布见表11-5。试对该项目进行风险评价。

表11-5 **风险变量概率分布**

风险变量	+20%	估算值	-20%
建设投资	0.6	0.3	0.1
年净收益	0.5	0.4	0.1
年经营成本	0.5	0.4	0.1

因每个变量都有3种状态，共组成27个财务评价数据，表11-5中第一个分支表示建设投资、年净收益、年经营成本同时增加20%的情况，以下称为第一事件。

1）计算净现值及其期望值和方差

（1）分别计算各个可能事件发生的概率（以第一事件为例）。

$P_1=0.6\times0.5\times0.5=0.15$

以此类推，计算其他26个可能事件发生的概率。

（2）分别计算各个可能事件发生时的净现值（以第一事件为例）。

$$FNPV_1=-80000\times(1+20\%)-18000\times(1+20\%)\times(P/A,10\%,20)+30000\times(1+20\%)\times(P/A,10\%,20)$$
$$=26\,595.84\ (万元)$$

依此类推，计算其他26个可能事件发生时的净现值。

（3）求净现值的期望值。

$$E(FNPV)=\sum_{i=1}^{n}FNPV_i\times P_i=26\,595.84\times0.15+57\,244.8\times0.12+\cdots+17\,730.56\times0.001$$
$$=22\,335.70(万元)$$

（4）求净现值的方差。

$$D(FNPV)=\sum_{i=1}^{n}[E(FNPV)-FNPV_i]^2\times P_i=16\,766\,086.38$$

2）计算净现值FNPV≥0的概率

由于FNPV服从正态分布，则有：

$$P(FNPV\geq0)=1-P(FNPV<0)=1-P\left(\frac{FNPV-E(FNPV)}{\sqrt{D(FNPV)}}<\frac{0-E(FNPV)}{\sqrt{D(FNPV)}}\right)$$
$$=1-\phi(-0.55)=1-0.2912=0.7088$$

3）经济风险评价

假设某一投资者欲对该项目进行投资。该投资者根据项目情况并结合行业实际，选取的风险投资系数为1.1，则：

$Q_{RL}=0.7088-1.1\times0.2912=0.38848>0$

这说明该项目对该投资者来说是可接受的。

当运用概率分析方法对投资项目进行评价时，应特别注意在确定风险变量及其可能发生的状态和相应概率的过程中，一定要结合以往的类似项目做出准确的估计，否则就可能得出错误的结论。

11.5 风险分析

投资项目风险分析是在此前工作的基础上综合分析识别拟建项目在建设和运营中潜在的主要风险因素，揭示风险来源，判别风险程度，提出规避风险的对策，降低风险损失。在投资决策时应充分考虑风险分析的结果，在项目实施和经营中注意风险防范与控制。

11.5.1 风险分析概述

1）不确定性评估与风险分析的关系

风险是指未来发生不利事件的概率或可能性。投资项目风险是指由于不确定性的存在导致实际结果偏离预期结果造成损失的可能性。风险大小既与损失发生的可能性成正比，也与损失的严重性成正比。若某个风险出现的概率以及风险出现后带来的损失都很大，则风险量就很大；若某个风险出现的概率以及风险出现后带来的损失都很小，则风险量就很小；若某个风险出现的概率较小，但风险出现后带来的损失很大，或某个风险出现的概率很大，但风险出现后带来的损失较小，那么风险量依然较大。

1921年，美国经济学家弗兰克·奈特（Frank Knight）在《风险、不确定性和利润》中将风险与不确定性区分开来，认为风险是介于确定性和不确定性之间的一种状态，其出现的可能性是可以知道的，而不确定性的概率是未知的，由此出现了可知概率的风险分析和未知概率的不确定性分析。也就是说，风险是指事物的发展在未来可能有若干不同的结果，但可以确定每种结果发生的概率；不确定性是指事物的发展在未来可能有若干不同的结果，但每种结果发生的概率是不确定的。不确定性与风险的区别主要体现在以下三个方面：一是可否量化。风险是可以应用概率方法进行定量计算的，而不确定性是不能准确计量的。二是概率的可获得性。不确定性的发生概率是未知的，而风险的发生概率是可知的或可以测定的，可以用概率分布来描述。三是影响大小。不确定性代表不可知事件，因而有更大的影响，而事件的风险可以量化，其影响可以防范并降低。

不确定性评估与风险分析既有联系又有区别。人们对未来事物认识的局限性、可获得信息的有限性以及未来事物本身的不确定性，使得投资建设项目的实施结果可能偏离预期目标，因此形成了投资建设项目预期目标的不确定性，从而使项目可能得到高于或低于预期的效益甚至遭受一定的损失，导致投资项目“有风险”。通过不确定性评估，可以找出影响项目效益的敏感因素并确定其敏感程度，但不能找出这种不确定性因素发生的可能性及影响程度。借助于风险分析，则可以得知不确定性因素发生的可能性及对项目经济效益的影响程度。不确定性评估找出的敏感因素又可以作为风险因素识别和风险估计的依据。

值得注意的是，在投资决策实践中，往往不对风险和不确定性进行严格的区分，而将二者视为同义。这是因为，要对不确定性进行评估，就只能对其可能结果发生的概率给予主观的规定，在规定主观概率之后不确定性评估就接近于风险分析。因此，投资项目的不确定性评估实际上可以看作投资项目的风险分析。

2）风险分析的目的和意义

(1) 风险分析的目的

风险分析的目的有以下几个方面：

① 揭示项目潜在的风险因素。

② 针对影响项目的关键因素，制定风险应对策略，消除或降低风险的不利影响。

③ 通过信息反馈，进一步改进项目的前期工作。

④ 为决策者提供全面的信息，以便其做出客观、科学的决策。

(2) 风险分析的意义

随着社会主义市场经济体制的建立和发展，建设项目的市场环境发生了巨大变化，加之项目投资规模不断扩大，风险因素越来越多，建设项目的风险问题日益凸显。因此，开展投资建设项目风险分析研究，可以提高项目决策的科学化水平，避免出现重大的决策失误。

尽管风险是客观存在的，并且会对项目产生各种影响，但是只要能在决策前正确地认识到可能存在的相关风险，并在实施过程中加以控制，大部分风险又是可以降低和防范的。因此，风险分析是建设项目投资决策过程中的重要环节，其目的在于帮助决策者理性思考，从而实现科学决策。风险分析不能消除风险，但可以识别风险，估计风险发生的概率，评估风险可能带来的影响，并提出相应的风险防范对策。

风险分析超出了财务分析和经济分析的范畴，是一种系统分析。进行风险分析，一方面可以避免因在决策中忽视风险的存在而蒙受损失，另一方面可以为项目全过程的风险管理打下基础。此外，风险分析还有助于通过信息反馈来改善决策分析工作，提请项目各方增强风险意识。

11.5.2 风险分析的过程

风险分析是认识项目的潜在风险因素，估计这些因素发生的可能性及影响，提出为防止或减少不利影响应采取的对策的一系列活动。它包括风险识别、风险估计、风险评价和风险应对四个阶段，这四个阶段实质上是从定性分析到定量分析，再从定量分析到定性分析的过程。

1）风险识别

风险识别是风险分析的基础。风险识别应采用系统论的观点对项目进行全面考察和综合分析，找出潜在的各种风险因素并对其进行比较、分类，确定各因素间的相关性与独立性，判断其发生的可能性及对项目的影响程度，并按重要性进行排序或赋予权重。敏感性分析是初步识别风险因素的重要手段。

(1) 投资建设项目的主要风险

项目风险分析贯穿于项目建设和生产运营的全过程。在可行性研究阶段应着重识别以下风险：

① 政策风险。由于政策调整，项目可能会因原定目标难以实现而造成损失。比如，税收、金融、环保、产业政策调整变化以及税率、利率、汇率、通货膨胀率变化都会给项目的经济效益带来影响。

② 市场风险。市场风险一般来自三个方面：一是市场供需的实际情况与预测发生偏离；二是项目产品市场竞争力或者竞争对手情况发生重大变化；三是项目产品和主要原材料的实际价格与预测价格发生较大偏离。

③ 资源风险。对于资源开发与利用项目来说，矿产资源的储量、品位、可采储量、开采工程量及采选方式等与原预测结果发生较大偏离，会导致项目的开采成本增高、产量降低或经济寿命期缩短，进而造成巨大的经济损失。位于水资源短缺地区的投资建设项目，可能受到水资源勘察不明、气候不正常等因素的影响；对于农业灌溉项目，还可能存在水资源分配问题等。

④ 技术风险。项目所采用技术（包括引进技术）的先进性、可靠性、适用性、经济性、可得性与原方案相比发生重大变化，导致项目不能按期进入正常生产状态，或生产能力利用率降低，达不到设计要求，或生产成本增加，或产品质量达不到预期要求等。

⑤ 工程风险。工程地质和水文地质条件出现出乎意料的变化，工程设计发生重大变化，导致工程量增加、投资增加、工期延长；前期准备工作不足，导致项目实施阶段建设方案发生变化；工程设计方案不合理，可能给项目的生产经营带来影响，进而造成经济损失。

⑥ 融资风险。项目资金来源的可靠性、充足性和及时性不能得到保证；工程量预计不足或设备材料价格上升，导致投资增加；计划不周或外部条件变化等因素导致建设工期拖延；利率、汇率变化导致融资成本升高造成损失。

⑦ 组织管理风险。项目组织结构不当、管理机制不完善或主要管理者能力不足等，导致项目不能按计划建成投产，投资超出预算；项目在投产后未能制定有效的竞争战略，导致在市场竞争中失败。

⑧ 环境与社会风险。许多项目都会受到外部环境因素（包括自然环境因素和社会环境因素）的影响，如项目选址不当，对社区、生态环境的影响估计不足，或项目环保措施不当，在项目建成后可能给社区和生态环境带来严重的影响，导致社区居民和社会反对，最终造成直接经济损失。

⑨ 外部配套条件风险。建设项目需要的外部配套设施，如供水排水、供电供气、公路铁路、港口码头以及上下游配套设施等，虽然在可行性研究中作过考虑，但是实际上仍然可能存在外部配套设施没有如期落实的问题，致使建设项目不能发挥应有效益，从而带来风险。

⑩ 其他风险。对于某些项目，应考虑其特有的风险因素。例如，对于合资项目，要考虑合资对象的法人资格和资信问题；对于农业建设项目，要考虑气候、土壤、水利等条件变化对收成产生不利影响的风险因素等；对许多无形成本和效益的度量是专家个人的主观价值判断，对不能量化的外部或间接效果的定性判断完全是主观的。

（2）风险识别应注意的问题

风险分析的重要任务之一是通过对以上10个方面的分析找出项目的风险因素，这些方面经常是相互关联的，有时难以分清。

针对具体项目的风险识别，应注意以下问题：

① 建设项目的不同阶段存在的主要风险有所不同。

② 风险因素因项目的不同而具有特殊性。

③ 对于项目的有关各方（不同的风险管理主体）而言可能会有不同的风险。

④ 风险的构成具有明显的递阶层次，风险识别应层层剖析，尽可能深入到最基本的风险单元，以明确风险根源。

⑤ 正确判断风险因素间的相关性与独立性。

⑥ 识别风险时应注意借鉴历史经验，分析者应富有经验、创造性和系统观念。

为了寻找风险根源，有必要注意区分事件的原因和后果，如建设工期延误的原因及可能后果（见表11-6）。

表11-6 **建设工期延误的原因及可能后果**

原因	事件	可能后果
资金短缺 建筑材料供应延误 熟练劳动力不足 天气恶劣 设计变更，工程量增加 管理或协调不力	建设工期延误	投资超支 推迟建设 推迟投产 还款期延长 市场机会延误 项目破产

（3）风险识别方法

风险识别时应根据项目的特点选用适当的方法。常用的方法有问卷调查法、专家调查法和情景分析法等。在具体操作中，一般采用问卷调查法或专家调查法。

2）风险估计

风险估计，又称风险测定、风险测试、风险衡量和风险估算等，是在风险识别之后通过定量分析的方法测量风险发生的可能性及对项目的影响程度。风险估计应采用主观概率法和客观概率法确定风险事件的概率分布，并运用数理统计分析方法计算项目评价指标相应的概率分布或累计概率、期望值、标准差。

（1）风险与概率

风险估计即估算风险事件发生的概率及后果的严重程度，因此风险与概率密切相关。概率是度量某一事件发生的可能性大小的量，是随机事件的函数。

必然发生的事件，其概率为1；不可能事件，其概率为0；随机事件，其概率为0～1。风险事件发生概率的解释见表11-7。

表11-7 **风险事件发生概率的解释**

概率范围	解释或说明	概率范围	解释或说明
0	不可能发生	60%～90%（不含）	发生的可能性较大
0（不含）～10%（不含）	非常不可能发生	90%～100%（不含）	很有可能发生
10%～40%（不含）	不太可能发生	1	必然发生
40%～60%（不含）	可能发生		

风险估计分为主观概率（估计）和客观概率（估计）两种。主观概率（估计）是指人们对某一风险因素发生的可能性的主观判断，用介于0和1之间的数据来描述。主观估计是基于人们所掌握的大量信息或长期经验的积累，而不是随意“拍脑袋”。客观概率（估计）是根据大量的试验数据，用统计方法计算某一风险因素发生的可能性，是不以人的主观意志为转移的客观存在的概率。客观概率的计算需要足够多的试验数据作支持。

在项目评价中，要对项目的投入与产出进行从投资机会研究到投产运营全过程的预测。由于不可能获得足够的时间和资金对某一事件发生的可能性作大量试验，加之事件是将来发生的，很难准确计算该事件发生的客观概率，但决策又要求对事件发生概率做出估计，因此，项目前期的风险估计中最常用的方法是由专家或决策者对事件发生的可能性进行主观估计。

（2）风险估计与概率分布

风险估计的重要方面之一就是确定风险事件的概率分布。概率分布用来描述损失原因所致的各种损失发生的可能性的分布情况，是显示各种风险事件发生概率的函数。概率分布函数给出的分布形式、期望值、方差、标准差等信息，可直接或间接用来判断项目的风险。

常用的概率分布类型有离散概率分布和连续概率分布。若输入变量的可能值为有限个数，这种随机变量就称为离散随机变量，其概率称为离散概率，适用于变量取值个数不多的输入变量。当输入变量的取值充满一个区间，无法按一定次序一一列举出来时，这种随机变量就称为连续随机变量，其概率称为连续概率，常用的连续概率分布有正态分布、对数正态分布、泊松分布、三角分布、二项分布等，各种状态的概率取值之和等于1。

在风险估计中确定概率分布时，需要注意利用已获得的各种信息进行估测和计算。在获得的信息不够充分的情况下，需要根据主观判断和近似的方法确定概率分布，具体采用何种分布应根据项目的风险特点而定。确定风险事件的概率分布的常用方法有概率树、蒙特卡罗模拟及CIM模型等分析方法。

3）风险评价

风险评价是对项目风险的综合分析，是依据风险对项目目标的影响程度进行项目风险分级排序的过程。项目风险大小的评价标准应根据风险因素发生的可能性及造成的损失来确定。它是在项目风险识别和风险估计的基础上，通过建立项目风险的系统评价模型，列出各种风险因素发生的概率及概率分布，确定可能导致的损失大小，从而找到该项目的关键风险因素，确定项目的整体风险水平，为如何处置这些风险提供科学依据。

风险评价的判别标准可采用以下两种类型：

（1）以评价指标作为判别标准

财务（经济）内部收益率大于或等于基准收益率的累计概率值越大，风险越小；标准差越小，风险越小。

财务（经济）净现值大于或等于零的累计概率值越大，风险越小；标准差越小，风险越小。

（2）以综合风险等级作为判别标准

风险等级的划分既要考虑风险因素出现的可能性，又要考虑风险出现后对项目的影响程度。

①矩阵列表法

对于划分的风险等级，有多种表述方法，一般应选择矩阵列表法，该方法简单直观。首先，将风险因素出现的可能性及风险对投资项目的影响程度组成一个矩阵；然后，为适应现实生活中人们往往以单一指标描述事物的习惯，通常将风险因素出现的可能性及风险对投资项目的影响程度综合起来，用某种级别表示，形成综合风险等级分类表（见表11-8）。该表以风险应对的方式表示风险的综合等级，表中的每个单元格对应一种级别。风险等级也可采用数学推导与专家判断相结合的方式来确定。

表11-8　**综合风险等级分类表**

综合风险等级		风险对投资项目的影响程度			
		严重	较大	适度	低
风险因素出现的可能性	高	K	M	R	R
	较高	M	M	R	R
	适度	T	T	R	I
	低	T	T	R	I

综合风险等级分为K、M、T、R、I五个等级。

· K（kill）表示项目风险很大，一旦出现这类风险，就要放弃该项目。

· M（modify plan）表示项目风险大，需要修正拟议中的方案，改变设计或采取补偿措施等。

· T（trigger）表示风险较大，应设定某些指标的临界值，一旦这些指标达到临界值，就要变更设计或对负面影响采取补偿措施。

· R（review and reconsider）表示风险适度（较小），适当采取措施后不影响项目的可行性。

· I（ignore）表示风险小，可忽略不计。

落在综合风险等级分类表左上角的风险会产生严重后果；落在该表左下角的风险，其发生的可能性较低，必须注意临界指标的变化，提前防范与管理；落在该表右上角的风险，其影响虽然相对适度，但是发生的可能性较高，也会对项目产生影响，应注意防范；落在该表右下角的风险，损失不大，发生的概率小，可以忽略不计。

②文字表述法

风险等级的划分标准不是唯一的，可供选择的划分标准很多。比如，按风险对投资项目的影响程度和风险发生的可能性大小进行划分，风险可分为以下四个等级：

· 一般风险。风险发生的可能性不大，或者即使发生，造成的损失也较小，一般不影响项目的可行性。

· 较大风险。风险发生的可能性较大，或者发生后造成的损失较大，但造成的损失程度是项目可以接受的。

· 严重风险。严重风险包括如下两种情况：一是风险发生的可能性大，风险造成的损失大，使项目由可行变为不可行；二是风险发生后造成的损失严重，但是风险发生的概率很小，只要采取有效的防范措施，项目仍然可以正常实施。

·灾难性风险。风险发生的可能性很大，一旦发生将产生灾难性后果，项目无法承受。

4）风险应对

风险分析的目的是研究如何降低风险程度或者规避风险，以减少风险损失。在预测主要风险因素及其风险程度后，应根据不同风险因素提出相应的规避和防范对策，尽可能降低风险的不利影响，实现预期投资目标。

（1）选择风险应对措施的原则

① 贯穿于项目可行性研究的全过程。可行性研究是一项复杂的系统工程，风险来源于技术、市场、工程等各个方面，因此，应从规划设计上就采取风险规避与防范措施，防患于未然。

② 针对性。风险对策研究具有很强的针对性，应结合行业特点，针对特定项目的主要风险因素或关键风险因素提出必要的措施，将其影响降低到最小的程度。

③ 可行性。可行性研究阶段所进行的风险应对研究应立足于客观现实的基础之上，所提出的风险应对措施应在财务、技术等方面切实可行。

④ 经济性。规避、防范风险要付出代价。如果提出的风险应对措施所花费的费用远大于可能造成的风险损失，该应对措施将毫无意义。在风险应对研究中应将风险规避与防范措施所付出的代价与该风险可能造成的损失进行权衡，旨在寻求以最低的费用获取最大的风险效益。

（2）项目决策阶段的风险应对

项目决策阶段的风险应对主要是消除由于可行性研究工作自身的不足和缺陷给项目带来的风险。

① 提出多个备选方案，通过多方案的技术、经济比较，选择最优方案。

② 对有关重大工程技术难题的潜在风险因素提出必要的研究与试验课题，准确把握有关问题，消除模糊认识。

③ 对于影响投资、质量、工期和效益等的有关数据，如价格、汇率和利率等风险因素，在编制投资估算、制订建设计划和分析经济效益时，应留有充分的余地，谨慎决策，并在项目执行过程中实施有效监控。

（3）项目建设和运营期的风险应对

对于项目建设和运营期的风险，可采取的应对措施有风险回避、风险分担、风险转移和风险自担。

① 风险回避。这是彻底规避风险的一种做法，即断绝风险的来源。对于投资项目可行性研究而言，它意味着可能彻底改变方案，甚至否定项目建设。例如，风险分析显示产品市场存在严重风险，若采取风险回避对策，则应做出缓建或者放弃项目的建议。需要指出的是，风险回避对策在某种程度上意味着丧失项目可能获利的机会，因此，只有在风险因素可能造成的损失相当严重或者采取措施防范风险的代价过于昂贵而得不偿失的情况下，才应采取风险回避对策。

② 风险分担。这是针对风险较大，投资人无法独立承担，或为了控制项目的风险源

而采取与其他企业合资或者合作等形式共担风险、共享收益的方法。

③ 风险转移。这是将项目业主可能面临的风险转移给他人承担，以避免风险损失的一种方法。风险转移有两种方式：一是将风险源转移出去，如将已做完前期工作的项目转给他人投资，或将其中风险大的部分转给他人承包建设或经营。二是只把部分或全部风险损失转移出去，包括保险转移方式和非保险转移方式两种。保险转移是向保险公司投保，将项目的部分风险损失转移给保险公司承担；非保险转移是将项目的部分风险转移给项目承包方承担，如针对项目技术、设备、施工等方面可能存在的风险，可在签订的合同中将其转移给项目承包方承担。

④ 风险自担。这是将风险损失留给项目业主自己独立承担。投资者如果已知有风险存在但由于可能获利而需要冒险，同时又不愿意将获利机会分给别人，就必须保留和承担这种风险。这种方式适用于已知有风险存在但可能获得高额回报且投资者甘愿冒险的项目，或者风险损失较小且投资者可以自行承担风险损失的项目。在投资者自行承担的风险中，针对可控制的风险，应提出降低风险发生可能性和减少风险损失的措施，并从技术和经济相结合的角度论证拟采取的控制风险措施的可行性与合理性。

上述风险应对措施不是互斥的，在实践中常常组合使用。在可行性研究中，应结合项目的实际情况，研究并选用相应的风险对策。

11.5.3　风险分析的具体操作

1）在敏感性分析的基础上进行

在敏感性分析的基础上进行项目风险分析时，只需要分析敏感因素发生的可能性及其对经济评价指标的影响程度，没有必要再进行详细的风险识别，可选择适当的方法估计风险发生的概率，然后进行风险估计、风险评价与应对研究。

在进行风险分析时，风险因素主观概率的估计是在给定风险因素的变化区间后，由专家估计风险因素在不同区间变化的可能性，并填入概率分布统计表。财务现金流量分析风险因素变化区间的概率分布统计表见表11-9，各变化区间内填写的数值之和应等于1。

表11-9　　**财务现金流量分析风险因素变化区间的概率分布统计表**

序号	风险因素	-20% ~ -15%	-15% ~ -10%	-10% ~ -5%	-5% ~ 0	0	0 ~ 5%	5% ~ 10%	10% ~ 15%	15% ~ 20%
1	现金流入									
1.1	产出品价格			0.10	0.20	0.50	0.10	0.10		
1.2	产量	0.01	0.04	0.10	0.15	0.40	0.15	0.10	0.04	0.01
2	现金流出									
2.1	设备价格			0.05	0.10	0.20	0.30	0.20	0.10	0.05
2.2	土地价格					0.05	0.35	0.30	0.20	0.10
2.3	材料消耗量		0.10	0.20	0.40	0.20	0.10			
2.4	原材料价格			0.10	0.10	0.60	0.10	0.10		

由以上调查统计表得出各个风险因素的概率分布后，可以利用蒙特卡罗模拟法计算经济评价指标的概率分布以及相应的累计概率、期望值和标准差等指标。

2）进行系统的专题风险分析

当项目需要进行系统的专题风险分析时，应按前述的风险识别、风险估计、风险评价、风险应对四个阶段的要求进行。可以采用专家调查与层次分析相结合的方法识别风险因素，建立风险因素专家调查统计表（见表11-10），估计风险因素出现的可能性及对项目的影响程度，确定各个风险因素等级的概率分布。

表11-10 **风险因素专家调查统计表**

序号	风险因素	出现的可能性				对项目的影响程度			
		很大	大	适度	小	很强	强	适度	弱
1	市场方面								
1.1	市场需求量			√					√
1.2	竞争能力		√					√	
1.3	价格		√				√		
2	技术方面								
2.1	可靠性							√	
2.2	适用性								√
3	资源方面								
3.1	资源储量			√			√		
3.2	开采成本				√			√	
4	工程地质方面								
5	投融资方面								
5.1	汇率								
5.2	利率				√			√	
5.3	投资额				√		√		
5.4	工期								
6	配套条件								
6.1	水、电、气供应								
6.2	交通运输条件								
6.3	其他配套工程								

专家姓名：　　　　　　　　　　专业：

职称：　　　　　　　　　　　　所在单位：

专题风险分析的流程参见表11-11。

表11-11 专题风险分析的流程

风险识别	步骤1	1	设立适宜的风险分析内容和目标
		1.1	保证有足够的信息以开展风险分析
		1.2	明确分析目标、条件和要求
		1.3	确定假设条件
		1.4	确定项目成功的关键因素
	步骤2	2	收集有关风险信息
		2.1	风险细分
		2.2	分析每个子项（或称目标、子目标）包含的内容
		2.3	分析子项之间的关系：独立性及相关性
		2.4	列出可能的风险原因
		2.5	识别每个子项的基本风险因素
		2.6	准备子项风险清单
	步骤3	3	风险分类
		3.1	根据风险原因对风险进行分类
		3.2	定性分析影响的效果：风险发生的可能性及后果
		3.3	判断风险因素的权重
		3.4	填写子项风险清单
风险估计	步骤4	4	风险量化估计
		4.1	确定是否需要进行定量估计
		4.2	运用AHP、CIM、Monte-Carlo定量分析风险发生的可能性及后果，获得风险等级的概率分布，确定最可能发生的风险等级
		4.3	按照风险的影响程度对风险进行排序
		4.4	绘制风险等级概率分布图表
		4.5	确定项目综合风险等级
风险评价与应对	步骤5	5	风险综合评价
		5.1	确定每个风险或每组风险水平
		5.2	根据风险等级的判别标准，衡量其可接受性
	步骤6	6	制定风险对策
		6.1	为不能接受的风险设计替换方案
		6.2	制订项目全过程风险控制方案
		6.3	建立项目实施与运营过程的风险监控信息系统

本章小结

•投资项目财务分析和经济分析所采用的数据大部分是通过预测和估算得到的，为了分析这些因素对项目财务效益和经济效益的影响，必须进行不确定性评估，以估计项目可能承担的风险。

•影响项目投资效益的不确定性因素有价格的变化、生产能力利用率的变化、工艺技术的变化、投资费用的变化、项目寿命期的变化和经济形势的发展等方面。

•项目不确定性评估的基本方法有盈亏平衡分析、敏感性分析、概率分析等。其中，盈亏平衡分析只用于财务分析，其他方法均可用于财务分析和经济分析。投资项目的不确定性评估可以看作投资项目的风险分析。

•盈亏平衡分析是通过盈亏平衡点分析项目成本与收益的平衡关系，从而预测利润、控制成本、判断经营状况的一种数学分析方法。盈亏平衡分析实际上要求满足产品的产量等于销售量，单位产品的销售单价、销售税率和单位可变成本不变等假设条件。

•敏感性分析是项目经济决策中一种常用的不确定性分析方法，本章主要介绍了敏感性分析的步骤和局限性，以及单因素敏感性分析、多因素敏感性分析及三项预测值敏感性分析的过程；敏感性分析只考虑了各个不确定性因素对方案经济效果的影响程度，没有考虑各个不确定性因素在未来发生变动的概率，这可能会影响分析结论的准确性。

•概率分析是使用概率研究预测各种不确定性因素和风险因素发生变化对项目评估指标影响的一种定量分析方法。概率分析的目的是找出对项目未来的费用和收益有重大影响的关键变量并确定其可能的变动范围，在此基础上求得项目关键变量在此范围内的各种可能性，为项目投资决策提供更为准确的依据。

•投资项目风险分析是在此前工作的基础上综合分析识别拟建项目在建设和运营中潜在的主要风险因素，揭示风险来源，判别风险程度，提出规避风险的对策，降低风险损失。风险分析包括风险识别、风险估计、风险评价、风险应对四个阶段。

关键概念

不确定性分析　盈亏平衡分析　敏感性分析　敏感因素　单因素敏感性分析　多因素敏感性分析　三项预测值敏感性分析　概率分析　风险　风险分析　风险识别　风险估计　风险评价　风险应对

章后练习

一、填空题

1.敏感因素是指数值变化能显著影响分析指标的不确定性因素。判别敏感因素的方法有（　　）和（　　）两种。

2.根据每次计算时考虑的不确定性因素数目的不同，敏感性分析可以分为（ ）和（ ）。

二、选择题

1.下面关于随机事件概率的基本性质描述，不正确的是（ ）。

A.概率是负值，即P（X）< 0

B.任何随机事件的概率都在0与1之间，即0< P（X）<1

C.必然事件记为U，不可能事件记为μ，概率为1的事件称为必然事件，概率为0的事件称为不可能事件，即P（U）=1，P（μ）=0

D.所有的随机概率事件的概率总和等于1，即$\sum P(X_i)=1$，式中，i为随机事件发生的次序数

2.下列各项中，不属于不确定性与风险的区别的是（ ）。

A.可否量化　　B.概率的可获得性

C.影响大小　　D.都会带来损失

3.关于风险分析的过程，①风险应对，②风险识别，③风险估计，④风险评价，正确的顺序为（ ）。

A.①②③④　　B.②③④①

C.③②④①　　D.③②①④

4.（ ）是项目不确定性评估的基本分析。

A.盈亏平衡分析　　B.敏感性分析

C.概率分析　　D.折现分析

5.敏感因素是影响分析指标的不确定性因素，下列各项中，属于判别敏感因素的方法是（ ）。

A.相对测定法　　B.单因素敏感性分析法

C.绝对测定法　　D.多因素敏感性分析法

三、计算分析题

1.某投资方案年产量为7 000吨，产品售价为每吨1 560元，其固定成本为160万元，单位可变成本为每吨1 010元。假定产量、成本、利润之间的关系为线性关系，试进行盈亏平衡分析。

2.假设有甲、乙两个方案，经初步分析，三种销售情况发生的概率及其净现值见表11-12。试比较这两个方案风险的大小。

表11-12　甲、乙两个方案净现值及其发生的概率

销售情况	概率	净现值（万元）	
		方案甲	方案乙
好	0.6	20	15
一般	0.2	5	10
差	0.2	−5	5

3.某项目的初期投资额为20万元，建设期为1年。预测该项目投产后年收入有5万

元、10万元和12.5万元三种可能性，其概率分别为0.3、0.5和0.2。基准收益率 i_c 为10%。生产期有2年、3年、4年、5年四种可能性，其概率分别为0.2、0.2、0.5、0.1。试进行概率分析，并进行风险评价。

部分练习参考答案

第12章 项目总评估

主要知识点

项目总评估的概念；项目总评估在整个项目评估工作中的意义；项目总评估的内容与程序；评估报告的基本要求；项目总评估报告的格式。

12.1 项目总评估的概念和意义

12.1.1 项目总评估的概念

项目总评估是项目评估全过程的最后一个环节，是对拟建项目评估的总结，从总体上判断项目建设的必要性，以及技术、财务和经济方面的可行性，进而提出结论性意见和建议。项目总评估是在汇总项目各分项评估结论的基础上，运用系统分析方法对项目进行全面权衡，对拟建项目的可行性及预期效益进行综合分析，并提出方案选择和项目决策的结论性意见，不仅可以综合反映各分项评估工作的成果，而且可以为项目的投资决策提供依据。

12.1.2 项目总评估的意义

1）通过重新审视和全面核查各分项评估，对分项评估进行补充完善

项目评估的大量工作是在各分项评估中进行的，而分项评估的测算与分析是分散的，内容可能还不尽完善，结论甚至可能相互矛盾。在进行项目总评估时将各分项评估结论前后联系起来，可以及时发现并修正分项评估中的错误和遗漏，然后根据决策的需要进行补充分析研究，从而使整个评估更加完善。

2）通过对分项评估的综合协调，对项目提出综合性评估结论

项目评估是多环节的系统工程，但目的只有一个，即为投资决策服务。项目评估的各分项评估纷繁复杂，包括对产品市场预测、厂址优选、工艺技术、建设方案、财务效益与社会经济效益等各个方面的评估，而且评估结论也各有侧重。如果不加以系统整理，就无法保证评估内容的完整性和系统性，也就无法对项目的可行性做出全面、准确的判断。

由于各分项评估均有其专业性和相对独立性，因此各分项评估结论有可能存在差异，甚至可能是相互矛盾、截然不同的。如果不通过项目总评估进行综合协调和全盘考虑，决策者将无所适从。比如，一些项目的微观效益评价结论与宏观效益评价结论不一致，项目给企业带来的财务效益较明显，但国民经济却要为此付出较大的代价，这时就需要从大局出发，统筹考虑，以宏观是否有效益为准绳来加以判断。所以，只有对各分项评估结论加以整理汇总、综合分析，从项目整体的角度出发得出简明直观的结论，才能使决策者对拟建项目一目了然，及时、正确地做出判断与决策。

3）通过对不同方案的比较，进行方案优选

项目评估是项目决策的重要依据。当只有一个项目、一种方案时，要在可行与不可行中做出抉择；如果有多种方案，则必须通过比较选择挑选出最优方案。在实际评估工作中，常常出现甲方案的某些分项评估结果优于乙方案，而乙方案中的另一些分项评估结果优于甲方案的情形。方案比选不只要在分项评估中进行，到了项目总评估阶段，尤其要坚持系统观念站在整体的高度上，根据更大范围、更加长远的需要进行综合比较分析，选择真正最优且最可行的方案。

总之，进行项目总评估是十分必要的，是协调各分项评估结论并提出综合评估结论的客观需要。

【自测题】下列选项中，属于项目总评估作用的有（　　）。①

A.对各分项评估的结论加以汇总

B.对不一致的分项评估报告结论进行综合协调

C.对各分项评估进行补充完善

D.对各分项评估中存在的错误进行修正

E.对多种项目方案进行比较，进行方案优选

12.2 项目总评估的内容与程序

12.2.1 项目总评估的内容

项目评估过程是对可行性研究报告的再审查、再研究，在进行项目总评估时应针对可行性研究报告客观且公正地阐明评估见解，并提出建设性意见和建议。项目总评估的具体内容应根据项目的特性和项目总评估的要求来确定，但所有项目的总评估都要对拟建项目的内容、技术、财务、经济等方面进行全面评价，这就决定了项目总评估一般应包括以下内容：

1）项目建设的必要性和规模的合理性

项目是否有必要建设是项目能否立项的前提条件。判断项目建设是否必要，应着重从以下几个方面进行分析论证：

（1）从宏观经济发展来看，项目建设是否符合国家产业政策和投资的优先方向，是否有利于调整经济结构，发挥区域经济特色与优势。

（2）从项目产品的市场前景来看，项目的产品是否短缺，其质量、成本与价格等方面在国内外市场中有无竞争优势，其生命力如何。

（3）从社会效益来看，项目建设是否有利于推进企业的技术创新、提高国民经济的技

① 【答案】ABCDE。

术装备水平，是否有利于促进生产力的合理布局，是否有利于改善社会劳动力就业状况。

(4) 从国家安全和社会稳定来看，项目建设是否有利于推动生产力的纵深配置、巩固国防，是否有利于加快老少边穷地区的发展、增强民族团结。

(5) 项目的拟建规模是否符合规模经济的要求。

如果符合上述要求，项目建设就是必要的。

2）项目所具备的建设与生产条件

具备必要的建设与生产条件是项目顺利建成并在投产后正常发挥功能的基本保证。该项评估主要分析：厂址选择与生产布局是否合理；水文地质、工程地质状况是否符合建设施工要求；施工力量、施工技术与施工物资的供应有无保证；设备能否配套落实；实施工程设计方案和建设规模是否切实可行；“三废”治理方案是否符合要求；项目所需资源、原材料供应、燃料及动力供应能否满足要求。

3）项目工艺的适用性和相关配套项目的建设方案

该项评估主要考察项目是否具有先进、适用、经济、安全的工艺技术和设备，相关配套项目是否拥有同步建设方案。先进、适用且经济合理的工艺技术是项目取得预期效益的关键。在进行项目总评估时应着重分析项目采用的工艺技术和设备是否符合国家产业政策，是否有利于资源综合利用，是否有利于提高劳动生产率、改进产品质量、降低能耗与生产成本。此外，生产项目的建成投产还依赖于相关协作项目同步配套的建设与发展，因此，在项目总评估阶段，必须考察关系重大的配套项目是否已进行相应的安排，能否同步建成投产。

4）项目的财务效益和国民经济效益

能否给企业带来较高的财务效益、给国家带来较高的国民经济效益是项目是否值得投资的关键。在进行项目总评估时，要着重检查项目投资和经营财务基础数据的测算是否准确，评估指标是否完备。通过财务净现值、财务内部收益率、投资回收期、贷款偿还期等指标分析项目的盈利水平；通过经济净现值、经济内部收益率和投资净效益率等指标分析国家的有限资源是否得到合理配置和充分有效的利用，项目的耗费是否低于社会平均水平。当财务效益评估结论与国民经济效益评估结论不一致时，要以国民经济效益评估结论为准。

5）筹资方案是否合理，资金来源有无保证

资金是一切项目启动和持续的源泉。缺少资金，项目的建设将无法实施，更不用说顺利投产、实现投资效益了。在进行项目总评估时，一方面应认真分析投资估算，包括固定资产投资和流动资金是否落实，另一方面应考察项目投资来源的合理性与可靠性，其中需向银行借款的部分，应已取得拟贷款银行的意向性认可。

6）项目抗风险能力的大小

由于影响项目实施的不确定性因素很多，项目所面临的风险往往比较大，因此，风险是项目投资决策的重要影响因素，必须运用盈亏平衡分析、敏感性分析和概率分析等不确定性评估方法判断项目经济效果的客观性、真实性，采取积极措施确保项目投资的可靠性，降低投资的风险程度。

7）方案选择和项目决策的意见

在可行性研究中，往往对项目的厂址选择、工艺技术、生产规模、筹资方案、建设工期等方面研讨过多种方案，方案间对比各有利弊。在进行项目总评估时，应认真、细致、切实地对这些方案进行分析比较，从中选定最优方案。需要注意的是，项目可行并不意味着毫无问题，评估人员应当根据项目存在的问题提出建设性意见，供投资者和有关决策部门参考。项目评估的目的就是为项目决策提供依据，因此，在项目总评估时应明确提出项目应否批准及应否贷款的意见。

8）综合评估结论

在项目总评估时，应根据各分项评估的成果和结论性意见，得出综合评估结论，按评估报告要求编写项目总评估报告。

12.2.2 项目总评估的程序

项目总评估要以可行性研究和各分项评估为基础，对所获取的数据资料加以检查和整理，进行对比分析、归纳判断并提出决策建议，编写最终的评估报告。项目总评估一般应遵循如下程序：

1）检查和整理评估资料

在项目总评估时，应对分项评估的内容进行分类整理，对评估所得资料进行检查核实。数据要准确，内容要完整，结论要可靠，为编写评估报告打好基础。对各类评估内容按可行、基本可行、不可行逐项做出结论，对项目存在的问题提出意见，并列出主要依据。

2）确定分项内容

确定项目总评估的分项内容是一项重要工作。在开展这项工作时，应根据整理的分类评估资料和项目行业特点，确定各分项评估的侧重面，以此作为项目总评估的分项内容。对于大型投资项目，可额外增加一些分项内容；对于小型项目，可根据具体情况合并或者取消有关分项内容。

3）进行对比分析

在完成上述两项工作的基础上，评估人员应进行综合分析论证。项目总评估阶段的对比分析主要有以下两个方面：

（1）将项目评估和可行性研究进行对比分析。由于项目评估和可行性研究的主体及立足点不同，二者的结论可能存在差异，应通过编制评估前后经济基础数据与效益指标对比表（见表12-1）、评估前后主要经济参数与投入产出物价格对比表（见表12-2）进行对比分析，找出差异所在，以便分析差异产生的原因并及时纠正，达到结论统一。

表12-1 **评估前后经济基础数据与效益指标对比表**

序号	名称	单位	可行性研究报告	评估报告	增减	备注
1	基础数据					
1.1	年产量（设计规模）	吨、台、箱等				
1.2	建筑面积	平方米				
1.3	职工人数	人				
1.4	项目总投资	万元				
1.4.1	固定资产投资	万元				
1.4.1.1	其中：外汇	万美元				
1.4.2	流动资金	万元				

续表

序号	名称	单位	可行性研究报告	评估报告	增减	备注
1.4.2.1	其中：铺底流动资金	万元				
1.5	项目总资金	万元				
1.6	资金筹措	万元				
1.6.1	资本金	万元				
1.6.1.1	资本金占总投资比例	%				
1.6.2	中长期借款	万元				
1.6.2.1	长期借款	万元				
1.6.2.2	中期借款（用于流动资金）	万元				
1.6.3	短期借款	万元				
1.7	年销售收入	万元				
1.8	年税金及附加	万元				
1.9	年总成本费用	万元				
1.9.1	年经营成本	万元				
1.10	年利润总额	万元				
1.11	年所得税	万元				
1.12	年税后利润	万元				
2	经济指标					
2.1	财务内部收益率（FIRR）	%				
2.1.1	全部投资	%				
2.1.2	自有资金	%				
2.2	财务净现值（FNPV）	万元				
2.2.1	全部投资	万元				
2.2.2	自有资金	万元				
2.3	投资回收期	年				
2.4	投资利润率	%				
2.5	投资利税率	%				
2.6	资本金利润率	%				
2.7	国内投资借款偿还期	年				
2.8	资产负债率	%				
2.9	流动比率					
2.10	速动比率					
2.11	经济内部收益率（EIRR）	%				
2.12	经济净现值（ENPV）	万元				
2.13	经济外汇净现值	万元				
2.14	经济换汇成本	万元				
2.15	经济节汇成本	万元				
2.16	盈亏平衡点产量	吨、台、箱等				
2.17	盈亏平衡点生产能力利用率	%				
2.18	盈亏平衡点价格	元/吨、台、箱等				

表12-2 **评估前后主要经济参数与投入产出物价格对比表**

序号	名称	单位	可行性研究报告	评估报告	增减	备注
1	项目计算期					
1.1	建设期	年				
1.2	生产运营期	年				
2	财务基准收益率	%				
2.1	全部投资	%				
2.2	自有资金	%				
3	贷款条件					
3.1	长期借款	万元				
3.1.1	有效年利率	%				
3.1.2	名义年利率	%				
3.1.3	宽限期	年				
3.1.4	还款期	年				
3.2	中期借款（用于流动资金）	万元				
3.2.1	有效年利率	%				
3.2.2	名义年利率	%				
3.2.3	短期借款利率	%				
4	建设期价格上涨率（人民币）	%				
5	汇率	人民币/美元				
6	折旧年限	年				
6.1	房屋	年				
6.2	机器设备	年				
6.3	⋮					
7	税率	%				
7.1	增值税税率	%				
7.2	所得税税率	%				
7.3	⋮					
8	流动资金最低周转天数	天				
8.1	应收账款					
8.2	原材料储备					
8.3	在产品					
8.4	产成品					
8.5	应付账款					
9	主要投入物					
9.1	原材料					
9.2	燃料、动力					
9.3	职工工资					
10	主要产出物					
11	国民经济分析主要参数					
11.1	社会折现率					

续表

序号	名称	单位	可行性研究报告	评估报告	增减	备注
11.2	影子汇率					
11.3	影子工资换算系数					
11.4	土地的影子价格					
11.5	贸易费率					
12	主要投入物影子价格					
12.1	原材料					
12.2	外购部件					
12.3	燃料、动力					
13	主要产出物影子价格					
⋮	⋮					

（2）将各分项评估结论进行对比分析。各分项评估结论也可能相互矛盾，应当对各分项评估结论进行对比分析，重新加以验证，纠正某些结论的偏差，进行修正与补充，使结论从整体上达到统一。

4）进行归纳判断

在对比分析的基础上应进行归纳判断，将各分项评估的初步成果分别归纳为几个主题，以便判断项目建设的必要性以及技术、财务和经济等方面的可行性。

工程项目经济评估侧重于财务效益，公益类工程项目经济评估侧重于社会效益，应根据项目的具体特点，针对重点内容进行深入研究，做一些必要的补充和分析。

5）提出结论与建议

提出结论与建议是项目总评估最为重要的环节，也是项目评估的目的和任务。评估人员应根据分项评估的结论得出总体结论。当分项评估结论一致时，总评估结论就是分项评估结论；当分项评估结论不一致时，应进行综合分析，抓住主要方面，提出结论性意见。评估人员还应根据项目存在的问题，提出建设性建议，供投资者与有关决策部门参考。

6）编写评估报告

这是项目总评估的最后一个环节，也是项目评估所有工作成果的体现。评估报告应全面、系统地反映各分项评估的内容和成果，得出综合评估结论，写明最终结论和决策建议。

【自测题】下列选项中属于项目总评估的程序的有（　　）。①

A.检查评估资料　　B.整理评估资料　　C.确定分项内容

D.进行对比分析　　E.进行归纳判断　　F.编写评估报告

12.3 评估报告的编写

项目评估报告是根据评估的目的与要求，在评估工作完成后向决策部门提供项目主要情况和评估结果的综合性技术文件。它是项目评估全部工作的最终成果，是项目主管部门决定项目取舍的重要依据，也是贷款机构向项目提供资金保障的有力凭证，必须按照规定

① 【答案】ABCDEF。

的内容格式与要求撰写。

12.3.1 评估报告的基本要求

1）如实反映情况

评估报告应在保证评估所用资料、数据真实可靠的基础上，如实反映项目状况。只有尽可能用事实、数据说明问题，评估报告才会令人信服。评估人员应站在中立的角度，从宏观着眼客观阐述问题，全面论证项目建设的必要性与可行性。

2）结论科学可靠

项目评估为相关主管部门或贷款机构提供决策依据，项目评估结论关系到投资者、贷款机构的切身利益，甚至关系到地区乃至国家的经济发展。项目评估人员应坚持客观、公正的态度，实事求是地评估项目，并在此基础上进行总评估，得出科学的结论。

3）建议切实可行

项目评估人员应针对项目的具体情况提出建议。这些建议应当对项目的发展具有一定的参考价值，并且在实际中可操作、不流于形式，以确保项目的顺利实施和按期投入运营。

4）对关键问题予以重点分析

在项目评估中，评估人员会发现某些关键性内容对项目的正常实施与投产运营具有十分关键的作用。对于这些内容，评估人员要予以特别注意，重点分析其变化对项目的影响程度。

5）层次清晰、语言精练

评估报告在叙述情况时必须条理清楚、简明扼要，使决策者一目了然。同时，反映事实要客观公正，分析问题要深入透彻，尽量用数据和指标说明问题，所有测算均应附上必要的计算底表和依据。通篇文字表述都应准确、简练、朴实、通畅，不能拖沓冗长、词不达意。

12.3.2 项目总评估报告的格式

项目总评估报告的格式根据项目类型、规模和复杂程度的不同而有所不同。对于大型的复杂项目，评估报告的内容要详细一些；对于简单的小型项目，评估报告可相对简要。一般来说，项目总评估报告主要包括以下几个部分：

1）提要

项目总评估报告的提要置于正文之前，用于对评估报告的要点作简要说明，主要包括企业和项目概况、项目建设的必要性、市场前景、主要建设内容、生产规模、总投资额和贷款额、项目财务效益、国民经济效益、项目建议书批复时间和文号等。

2）正文

项目总评估报告的正文一般包括投资者概况，项目概况，项目建设必要性分析，项目产品市场供求，建设条件分析，生产条件分析，技术、工艺、设备分析，投资估算与资金筹措，财务基础数据估算，财务效益分析，国民经济效益分析，不确定性分析，以及总评估。

3）附表

项目总评估报告的附表是正文数据的来源，主要有投资估算、资金筹措、财务基础数据、财务效益分析和国民经济效益分析的各种基本报表和辅助报表。

4）附件

总评估报告的附件主要包括如下内容：

(1) 投资者证明文件，包括投资者近三年的资产负债表和财务状况变动表、营业执照、资信证明材料等。

(2) 有关项目资源、市场、工程技术等方面的图表、协议、合同等。

(3) 各种批复文件，如项目建议书、可行性研究报告、规划批复文件等。

本章小结

•项目总评估是项目评估全过程的最后一个环节，是对拟建项目评估的总结，从总体上判断项目建设的必要性，以及技术、财务和经济方面的可行性，进而提出结论性意见和建议。

•项目总评估能够对各分项评估进行系统梳理、补充完善，综合协调各分项评估的结论，通过方案比选最终得出评价结论，为项目决策提供依据，因而在整个项目评估工作中具有重要意义。

•项目总评估要以可行性研究和各分项评估为基础，将所获取的数据资料加以检查和整理，进行对比分析、归纳判断并提出决策建议，编写最终的评估报告。

•项目评估过程是对可行性研究报告的再审查、再研究，在进行项目总评估时应针对可行性研究报告客观且公正地阐明评估见解，并提出建设性意见和建议。

•项目总评估的内容包括必要性评估结论、项目产品市场评估结论、建设与生产条件评估结论、财务和经济可行性评估结论、不确定性分析结论等。

•在进行项目总评估时，一般应遵循的程序包括：检查和整理评估资料、确定分项内容、进行对比分析、进行归纳判断、提出结论与建议、编写评估报告。

•编写评估报告的基本要求有：如实反映情况，结论科学可靠，建议切实可行，对关键问题予以重点分析，层次清晰、语言精练。一般来说，项目总评估报告由提要、正文、附表及附件组成。

关键概念

总评估　分项评估　评估报告

章后练习

一、选择题

1.下列选项中，属于项目总评估正文内容的有（　　）。

A.项目概况　　B.生产条件分析

C.不确定性分析　　D.财务效益分析

E.建设条件分析　　F.财务基础数据估算

2.项目总评估的意义包括（　　）。

A.对分项评估进行补充完善　　B.对项目提出综合性评估结论

C.进行方案优选　　D.降低设备采购成本

3.正常情况下，在项目总评估的程序中，①检查和整理评估资料、②确定分项内容、③进行对比分析的顺序是（　　）。

A.①②③　　B.②③①　　C.②①③　　D.③①②

二、简答题

1.简述项目总评估的必要性。

2.项目总评估的内容有哪些？

3.项目总评估的步骤与方法是什么？

4.项目总评估报告的编写有哪些基本要求？项目总评估报告应包括哪些内容？

5.评估报告的一般格式是什么？

6.试编写一个规范的项目总评估报告。

部分练习参考答案

某灌区利用亚洲开发银行贷款建设项目总评估

第13章 项目后评估

主要知识点

项目后评估的概念、作用和特点；项目后评估与项目前评估的差异；项目后评估的程序和方法；项目后评估的基本内容和结果反馈；项目后评估报告。

13.1 项目后评估概述

项目后评估（post project evaluation）与项目前评估（before project evaluation）、项目跟踪评估不同，所以，项目后评估的定义、内容、程序和方法等与其他评估也存在一定的差异。

13.1.1 项目后评估的概念

项目后评估，也称事后评价，是在项目建成投产或投入使用一段时间以后，依据项目运营过程中实际发生的数据和资料分析测算项目技术经济指标，通过与项目前评估报告等的对比分析，确定项目是否达到原设计和期望的目标，重新估算项目在经济和财务等方面的效益并总结经验教训的一项综合性工作。

项目后评估是对项目立项、准备、决策、实施直到投产运营全过程的总评估，对投资项目取得的经济效益、社会效益和环境效益进行评价，从而判断项目投资目标实现程度的一种方法。项目后评估是相对于建设项目决策前的项目评估而言的，是项目前评估的延续和发展。

项目后评估产生于19世纪30年代的美国，直到20世纪70年代才被许多国家和世界银行、亚洲银行等双边或多边援助组织广泛地用于世界范围内各种项目的结果评估。如世界银行成立了专业的业务评价局；英国的石油公司下设后评估部，负责项目后评估工作。

13.1.2 项目后评估的作用

项目后评估在提高项目决策的科学化水平、改进项目管理水平、监督项目的正常生产经营、降低投资项目风险、提高投资效益等方面发挥着非常重要的作用。对项目进行后评估，对于提高项目投资决策的科学化、规范化和合理化具有重要意义。具体地说，项目后评估的作用主要表现在以下五个方面：

1）有利于总结项目建设和管理过程中的经验教训，提高未来项目的建设和管理水平

项目管理是一项十分复杂的综合性工作。它涉及主管部门、贷款银行、物资供应部门、勘察设计部门、施工单位、项目建设单位和有关地方行政管理部门等。项目能否顺利完成并取得预期的投资经济效果，不仅取决于项目自身因素，而且取决于这些部门能否相互协调、密切合作、保质保量地完成各项任务。投资项目后评估通过对已建成项目的分析研究和论证，较为全面地总结项目管理各个环节的经验教训，指导未来项目的管理活动。

2）有利于提高项目决策的科学化水平，降低项目投资的风险程度

建立完善的项目后评估制度和科学的方法体系，一方面可以增强项目前评估人员的责任感，促使评估人员努力做好项目前评估工作，提高项目评估的准确性，另一方面可以通过项目后评估的反馈信息，及时纠正项目决策中存在的问题，从而提高未来项目决策的准确程度和科学化水平，并对相似的投资项目决策起到参考和示范作用，降低项目投资的风险。

3）有利于完善国家项目建设的各类参数指标，提高项目的建设和管理水平

通过投资项目的后评估工作，国家可以及时修正某些不适应经济发展的技术经济政策，修订某些过时的指标参数，同时能够发现宏观投资管理中存在的某些问题。国家还可以根据项目后评估反馈的信息，合理确定投资规模和投资方向，协调各产业、各部门之间及其内部的各种比例关系。

4）有利于提高项目资金的利用水平，为贷款银行及时调整贷款政策提供依据

通过开展项目后评估，可以审查资金从决策阶段的筹集到资金运用，再到资金回收和积累的全过程，可以从中总结规律性的经验，以指导财务分析与核算工作。此外，还可以从中分析研究贷款项目成功或失败的原因，从而为贷款银行调整信贷政策提供依据，确保贷款的按期回收。

5）有利于对项目建设进行监督检查，确保项目运营状态正常化

项目后评估是在运营阶段进行的，因而可以分析研究项目投产初期和达产时期的实际情况，比较实际情况与预测状况的偏离程度，探索产生偏差的原因，提出切实可行的措施，提高项目的经济效益和社会效益。

建设项目竣工投产后，通过项目后评估，针对项目实际效果所反映出来的从项目设计、决策、实施到生产经营各阶段存在的问题，提出相应的改进措施和建议，使项目尽快实现预期目标，更好地发挥效益。对于决策失误或环境改变致使生产、技术或者经济等方面处于严重困境的项目，通过项目后评估有可能为其找到生存和发展的途径，并为主管部门重新制订或优选方案提供决策依据。

【自测题】下列各项关于项目后评估的作用中，说法错误的是（　　）。[①]

A.促进项目尽快审批

B.确保项目运营正常化

C.提高未来项目的建设和管理水平

D.为贷款银行及时调整贷款政策提供依据

① 【答案】A。

13.1.3 项目后评估的特点

1）现实性

项目后评估研究的是项目投产后的实际情况，搜集项目实际运营过程中的真实数据并加以分析，采取相应的对策，总结经验教训；而项目前评估研究的是项目的预测情况，所用的数据都是预测的数据。项目后评估的现实性决定了其评估结论的客观性、可靠性。

2）系统性

项目后评估是一项系统性工作，不仅要分析项目的投资过程，而且要分析项目的生产经营过程；不仅要分析项目的经济效益，而且要分析项目的社会效益和环境效益；不仅要综合考虑各方面因素，而且要分析项目的经营管理水平和项目的发展后劲及潜力。

3）反馈性

项目后评估的目的是对现有情况进行总结和回顾，作为新项目立项和评估的基础、调整投资规划和政策的依据，并将有关信息反馈给项目经营单位和政府有关部门，促使其提高投资项目决策和管理水平，为以后的宏观决策、微观决策和项目建设提供依据和借鉴。

4）修正性

项目后评估要在分析项目投产运营现状的基础上，查找与项目前评估之间的差异，研究造成差异的原因，提出有针对性的措施和建议，修正项目前评估出现的偏差，为指导以后的项目建设和项目的未来经营打下基础，所以，它可以重新评估和测算项目在未来剩余年限内的经济效益，探索项目的未来发展方向和发展趋势。

【自测题】项目后评估的特点包括（ ）。①

A.现实性　　B.系统性

C.反馈性　　D.修正性

13.1.4 项目后评估与项目前评估的差异

1）评估目的不同

项目前评估的目的是评估项目技术上的先进性和经济上的可行性，分析项目本身的条件对长远效益的影响，为项目投资决策提供依据，直接作用于投资决策。

项目后评估侧重于项目的影响和可持续性分析，目的是总结经验，改进投资质量，间接作用于投资决策。

2）评估所处的阶段不同

项目前评估是在项目决策前的前期工作阶段进行的，属于项目前期工作，决定项目是否可以实施。

项目后评估是项目投产后进行一段时间内的再评估，在项目周期中处于承前启后的位置。

3）评估内容不同

项目前评估主要是对项目建设的必要性、可行性、合理性及技术方案和生产建设条件等进行评估，包括市场评估、技术评估、财务评估、国民经济效益评估、风险评估、环境

---

① 【答案】ABCD。

评估等内容。

项目后评估除了对上述内容进行再评估外，还要对项目决策的准确程度和实施效率进行评估，对项目的实际运营状况进行深入细致的分析，包括对项目全过程（包括建设期和生产期）的效益、环境影响和项目的可持续性等内容进行评估。

4）评估依据不同

项目前评估主要以历史资料和经验性资料以及国家和有关部门颁发的政策、规定、方法、参数等文件为依据。

项目后评估主要依据建成投产后项目实施的现时资料，并将其与历史资料进行对比分析，其准确程度较高，说服力较强。

5）评估侧重点不同

项目前评估的目的是决定项目是否可行，主要采用预测技术和数据来分析项目未来的成本收益，以定量指标为主，侧重于项目的经济效益分析与评估。

项目后评估是对项目的生产和经营进行回顾与总结，以实际情况为依据，以提高经济效益为目的，一般结合行政、法律、经济、社会、生产、建设、决策、实施等方面的内容进行综合评估。

总之，项目后评估是依据国家政策、法律法规和制度规定，对项目的决策依据、管理水平和实施结果进行的严格检验和评估，通过与项目前评估的比较分析，总结项目建设和运营过程中的经验教训，发现问题并提出对策，促使项目更快更好地发挥效益。

13.2 项目后评估的程序和方法

13.2.1 项目后评估的程序

项目后评估是多层次、全方位的技术经济论证过程，具有严格的程序，应根据项目的具体情况采取科学的工作程序，做到有条理、分层次，这样才能达到评估的预期目的。项目后评估一般遵循如下程序：

1）制订项目后评估计划

项目后评估是一项非常重要的工作，既要注意规范性，又要注意项目自身的特点。在针对项目提出问题之后，要根据现有资源、条件去解决问题，这就需要专家的意见和指导，进而提出相应的计划。

项目后评估计划的内容主要包括项目后评估技术路线、项目后评估人员配备、组织机构、时间进度、方法等。

项目后评估计划的制订一般应遵循以下三个步骤：

第一步，提出项目后评估的工作计划；

第二步，组建项目后评估工作小组，评估小组成员一般应包括经济技术人员、工程技术人员、市场分析人员，还应包括直接参与项目实施的工作人员；

第三步，拟定项目后评估的工作大纲，安排时间进度和人员分工。

2）收集资料阶段

在正式评估开始之前，要对评估内容进行细致、严格的调查，同时要对评估对象所涉及的资料进行收集整理，获取第一手真实有效的资料，以便未来评估工作能够高效、有序地进行。资料涉及的范围主要是从筹建到施工、竣工再到生产经营的各类研究报告，以及设计、验收、管理、财务信息和国家政策等方面的数据与资料。

（1）项目建设期资料

① 项目决策期资料，包括项目背景资料、市场分析资料、项目建议书、可行性研究报告、项目前评估报告、设计任务书、批准文件、其他配套项目资料、资金筹措及来源机构资料等。

② 项目实施期资料，包括初步设计，施工图设计，工程概算、预算、决算报告，施工合同，设备采购招标、投标文件，工程监理文件，质量监督机关评审资料，原材料订货合同，以及与生产建设条件有关的协议和文件等。

（2）项目竣工及生产期资料

① 项目竣工资料，包括工程竣工验收报告、工程财务决算及审计资料、国家验收文件、材料或者产品检测证、工程遗留项目、续建工程清单等。

② 项目生产期资料，包括人员配置、机构设置，领导班子成员，生产期历年生产、财务计划及完成情况，财务报表、统计报表和分析资料，以及对项目进行的重大技术改造资料等。

（3）其他资料

① 本行业生产同样产品的主要企业或同类企业的信息资料。

② 国内、省内该项目产品的长期发展规划、发展方向、发展重点和限制对象等资料。

③ 优惠政策及国家有关经济政策资料。

④ 贷款项目档案资料。

⑤ 与涉外项目有关的询价和报价资料、招投标文件，谈判协议、合同附件，以及设备存储、运输、开箱检验、商检及索赔方面的资料。

3）评估阶段

项目后评估中最重要的工作就是对评估内容的分析和研究。通过前期的准备和资料收集，评估人员已经基本了解评估对象，这时就需要根据现有资料对评估内容进行研究。在评估阶段，评估人员主要分析以下内容：

（1）项目最终的总体结果

① 项目总体上是否达到预期效果，包括项目的经济效益、社会效益及影响力并分析具体原因。

② 项目的投入与产出是否成正比，是否与项目前评估的预测保持一致，出现差距的原因是什么。

③ 项目是否按时建设施工并竣工投产，项目预算是否超支及其原因。

④ 项目的运营状况如何，有哪些主要的经验教训。

（2）项目的可持续性

① 项目在建设过程中是否存在重大问题。如果存在，那么这些问题产生的原因是什么，有哪些解决措施。

② 项目在维持长期运营方面是否存在重大问题。如果存在，那么造成这些问题的原因是什么，以后如何采取措施加以解决。

（3）项目方案的比较

这项工作主要是针对项目进行多方案比较，判断是否有更好的方案来达到预期效果。

（4）项目的经验教训总结

这项工作主要是细致总结项目的经验教训，合理规划未来，形成对未来决策的参考建议。

4）撰写项目后评估报告及反馈阶段（feedback phase）

在完成上述过程之后，评估人员可以根据分析结果撰写评估报告。

项目后评估报告的内容包括摘要、项目概况、评估内容、主要变化和问题、原因分析、经验教训、结论和建议、评估方法说明等。报告的结论要与问题及其分析相对应，在经验教训和建议部分要把评估结果与未来规划和政策的制定、修改联系起来。

反馈是后评估体系中的一个决定性环节。反馈过程有两个要素：一是评估信息的报告与扩散，项目后评估的成果和问题应该反馈到决策、规划、立项管理、评估、监督和项目实施等部门；二是反馈项目后评估的成果及经验教训，以改进政策的分析与制定。

13.2.2 项目后评估的方法

1）对比分析法

对比分析法（comparative analysis approach）是项目后评估的主要分析方法之一，是根据项目后评估调查得到的项目实际情况，对照项目立项时所确定的直接目标和宏观目标进行分析研究。它分为有无对比分析法和前后对比分析法，这里主要介绍前后对比分析法。

经济效益评估是项目后评估的重点内容，当采用对比分析法对经济效益进行评估时，可以将可行性研究阶段所预测的效益指标和项目竣工投产运营后的实际指标进行比较，找出差异并分析原因。下面将项目前评估和项目后评估的经济效益主要指标进行列示对比。

（1）对比指标设置要求

① 指标应能反映项目后评估的主要经济变量。评估指标中既要有反映经济效益的指标（如建设期、达产年限、投资回收期、净现值和内部收益率等），也要有反映国民经济效益的指标。

② 指标应能反映项目阶段性评估和全过程评估相结合的要求。评估指标中既要有反映项目建设阶段的投资经济效益指标，也要有反映项目投资活动全过程的经济效益指标。

③ 指标应能直接反映项目前后之间的差异性。评估指标中既要有反映实际效益与预测效益偏离的绝对值指标（如成本降低额、收入增加额等），也要有反映两者之间变化程度的相对值指标（如投资回收期变化率等）。

（2）对比指标分析

项目前后评估经济效益指标的对比内容较多，这里选取具有代表性的实际投资回收期、实际达产年限、实际建设工期、净现值和内部收益率加以说明。

①实际投资回收期

实际投资回收期是用项目实际产生的年度净收益或根据实际情况重新预测的项目年度净收益来抵偿实际投资总额所需要的时间，通常采用实际动态投资回收期来计算。

实际动态投资回收期（绝对值）是以项目各年的实际净收益回收实际投资额所需要的

时间，计算公式为：

$$\sum_{t=1}^{P_{Rt}}(RCI-RCO)_t(1+i_R)^{-t}=0 \qquad (13.1)$$

式中：P_{Rt} 为实际动态投资回收期；RCI 为实际现金流入量；RCO 为实际现金流出量；$(RCI-RCO)_t$ 为第 t 年的实际净现金流量；i_R 为项目实际折现率。

实际投资回收期变化率（相对值）的计算公式为：

$$\text{实际投资回收期变化率}=\frac{\text{实际投资回收期}-\text{预测投资回收期}}{\text{预测投资回收期}}\times 100\% \qquad (13.2)$$

式（13.1）、式（13.2）可以反映实际投资回收期与预测投资回收期的偏离程度，也可以反映实际投资回收期与行业（部门）基准投资回收期的偏离程度。实际投资回收期绝对值越小，说明效果越好；实际投资回收期变化率越小，说明与预测值偏离程度越小。

②实际达产年限

实际达产年限是指项目从投产开始直到达到设计生产能力所经历的时间。一般来说，项目投产后到形成生产能力有一个持续增加的过程。这个过程经历的时间越短，达到设计生产能力就越快，项目取得的经济效益也就越好。

如果在项目后评估时仍未达到设计生产能力，就要分三步来计算：

第一步，计算项目投产后隔年实际达到的生产能力水平；

第二步，计算项目投产后生产能力的年均增长率；

第三步，根据测定的生产能力年均增长率，计算投产项目可以达到设计生产能力的年限。

设计生产能力的计算公式为：

$$\text{设计生产能力}=\text{第一年实际生产能力}\times(1+\text{生产能力年均增长率}^{n-1}) \qquad (13.3)$$

式中：n 为实际达产年限。

实际达产年限变化率指标的计算公式为：

$$\text{实际达产年限变化率}=\frac{\text{实际达产年限}-\text{设计达产年限}}{\text{设计达产年限}}\times 100\% \qquad (13.4)$$

实际达产年限变化率是反映实际达产年限与设计达产年限之间偏离程度的指标。如果该指标大于0，说明实际达产年限大于设计达产年限，项目达产存在滞后期；如果该指标小于0，说明实际达产年限小于设计达产年限，项目提前达到设计生产能力，能够提高项目的经济效益。

③实际建设工期

实际建设工期是指项目从开始建设之日起到竣工验收并交付使用所持续经过的时间。该指标能够反映项目建设速度。其相对指标是实际建设工期变化率，计算公式为：

$$\text{实际建设工期变化率}=\frac{\text{实际建设工期}-\text{设计建设工期}}{\text{设计建设工期}}\times 100\% \qquad (13.5)$$

如果该指标大于0，说明实际建设工期长于设计建设工期，项目存在延期现象；如果该指标小于0，说明实际建设工期短于设计建设工期，项目提前竣工并交付使用。

④净现值和内部收益率

净现值和内部收益率是财务动态分析的两个指标，能够反映项目投资全过程的经济效益。这两个指标的计算公式与项目前评估所采用的计算公式一致，但净现金流量、折现率和计算期等有所不同。项目后评估所采用的净现金流量是评估时点前的实际净现金流量及重新预测的净现金流量；折现率和计算期则是经重新测定后确定的。

净现值变化率的计算公式为：

$$净现值变化率=\frac{实际净现值-预测净现值}{预测净现值}\times100\% \tag{13.6}$$

内部收益率变化率的计算公式为：

$$内部收益率变化率=\frac{实际内部收益率-预测内部收益率}{预测内部收益率}\times100\% \tag{13.7}$$

如果上述两个变化率均大于0，说明项目的实际净现值大于预测净现值，项目的内部收益率大于预测内部收益率，项目具有较好的投资经济效益；反之，则说明项目的经济效益低于预期。

实际工程合格优良率、实际投资总额变化率、主要产品价格变化率、实际销售利润率等其他各类指标可以采取类似的计算方法。

2）逻辑框架法

逻辑框架法（logical framework approach）是美国国际开发署在1970年开发并使用的一种设计、计划和评估的方法。它采用系统研究和分析问题的思维框架模式，有助于对关键因素和问题做出系统的、合乎逻辑的分析。逻辑框架法一般可用来进行项目实际目标实现程度的评估、项目成败原因的评估和项目可持续发展的评估。

运用逻辑框架法需要明确事物层次之间的因果关系，即项目“如果”提供了某种条件，“那么”会产生某种结果。在开展项目评估工作时，通过将几项内容相关且同步考虑的动态因素组合起来，分析它们之间的逻辑关系及目标与实际结果。运用逻辑框架法进行项目后评估，通常需要明确以下四个层次的内容：

一是项目宏观目标。项目宏观目标包含于项目投资决策的总体目标中，往往体现为项目的发展计划、规划等。项目宏观目标要求项目与国家发展规划、产业政策和行业规划等要求相联系，由多个具体目标组合而成。只有多个具体目标都实现，总体目标才能实现。

二是项目直接目标。项目直接目标是指实施这个项目的原因，是项目达到的直接效果和发挥的作用，也是项目后评估的重要依据，一般应考虑项目为企业和社会群体带来的效益。

三是项目产出或者建设内容。这里的项目产出或者建设内容是指项目“干了什么”，即项目的建设内容或者直接产出物，通常要提供可计量的直接结果，要简单指出项目所完成的实际工程。各项成果是项目具体目标的实现，应考察这些成果对于总体目标而言是否合适、必要和足够。

四是投入或者活动。投入或者活动是指项目实施过程中投入的各项具体内容，包括人、财、物和时间等方面的投入。项目投入一般要有具体的计划、实施步骤、工作安排等。

当采用逻辑框架法进行项目后评估时，可根据项目后评估的特点和项目的具体特征设计项目后评估的内容和指标，以适应具体项目不同的项目后评估要求。项目后评估逻辑框架表见表13-1。

表13-1 **项目后评估逻辑框架表**

项目描述	可客观检验的指标			原因分析		项目可持续能力
	原定指标	实际指标	差别或者变化	内部原因	外部事件	
项目宏观目标						
项目直接目标						
项目产出或者建设内容						
投入或者活动						

3）成功度分析法

成功度分析法（successful degree analysis approach），通常称为打分法，主要依靠评估专家或者专家组多年的工作经验和专业知识，在对项目的各项信息进行综合整理之后，客观地评价各项指标的评估结果，最终对项目的成功程度形成定性结论，为项目的相关各方提供参考。

（1）项目成功度分级

采用成功度分析法进行项目后评估时，可以根据项目各项指标的完成程度将成功度分为五个等级：

A级：表示项目完全成功，即项目的各项目标都已经全面实现或者超额完成，相对于成本而言，项目取得了巨大的效益和影响。

B级：表示项目成功，即项目的大部分目标已经实现，相对于成本而言，项目达到预期的效益和影响。

C级：表示项目部分成功，即项目实现了原定的部分目标，相对于成本而言，项目只取得了一定的效益和影响。

D级：表示项目不成功，即项目实现的目标非常有限，相对于成本而言，项目几乎没有产生正效益和影响。

E级：表示项目失败，即项目的目标没有实现，相对于成本而言，项目不得不终止。

（2）项目成功度的测定步骤和方法

第一步，测定相关重要性。根据项目的类型和特点，确定综合评价指标及其与项目的相关程度，一般情况下将它们的相关程度分为“重要”“次重要”“不重要”三类，并根据具体情况赋予不同类别以数值，测定的指标应该在10项左右。

第二步，确定各个项目指标的权重和分数。在测定各项指标时，采用权重值和打分制相结合的方法，首先根据经验或者专家评议确定每个指标的权重，然后根据项目的实际执行情况对指标逐项打分，即按照A、B、C、D、E五级分别给出具体分数。

第三步，综合各项指标的得分。综合考虑指标重要性权重分析和单项成功度结论，得到项目成功度指标，依据得分确定项目级别。

项目成功度评价表（见表13-2）是由项目后评估的目的和性质决定的，包括项目评估指标及其权重和评价结论。需要注意的是，不同的项目后评估所设计的表格不尽相同。当评价具体项目的成功度时，不一定要测定表中的所有指标。

表13-2　　项目成功度评价表

序号	项目评估指标	相关重要性	评定等级或分数
1	宏观目标和产业政策		
2	决策及其程序		
3	管理水平		
4	经济效益水平		
5	布局和规模		
6	设计及技术装备水平		
7	项目资源条件		
8	环境影响评价		
9	项目进度及控制		
10	项目质量及控制		
11	项目投资及控制		
12	财务回报率		
13	项目经营持续性		
14	社会影响评价		
15	项目可持续性		
16	经济回报率		
17	项目总成功度		

【自测题】项目后评估的主要方法有（　　）。①

A.对比分析法　　B.逻辑框架法

C.成功度分析法　　D.层次分析法

13.3　项目后评估的基本内容、报告和结果反馈

13.3.1　项目后评估的基本内容

项目后评估的基本内容是根据可比性原则，注重分析项目决策评估依据的变化，并从结果中揭示原因。依据国家产业政策和各项有关法律、法规和制度的规定，对投资项目的决策正误程度和项目实施过程中的是非功过进行评估，通过评估总结成功经验和失败教训，为国家政策的制定和未来企业的生产经营提供参考。具体来说，项目后评估的基本内容如下：

（1）项目立项决策的后评估。该项评估是指根据国家制定的产业政策以及区域经济优势，结合项目的投资方向、发展规划、自然环境、生产消耗、产品销售和项目的实际效益

① 【答案】ABC。

进行比较，检验可行性研究报告和项目评估报告的编制是否坚持实事求是的原则，是否采取科学的评估方法，是否具有准确的信息资料和可靠的立项依据，是否具备经济上的合理性、技术上的先进性，总结评估项目决策成果，即从国内外市场上产品实际供求状况来验证项目前评估时所作的市场需求预测是否正确，包括分析产品销量、产品价格和市场竞争能力等方面的变化情况，并做出新的趋势预测。如果项目的实施结果偏离预测目标较远，则要分析偏差产生的原因，并提出相应的补救措施。

（2）生产建设条件及相关配套项目的变化评估。该项评估着重分析项目实施过程中的建设条件、建成投产后的生产条件及其相关配套设施相比项目评估决策时主要条件的变动，进行定性和定量分析，剖析重要差别产生的原因，并提出诊断建议。

（3）项目技术方案的后评估。该项评估是指对工程设计方案、项目实施方案的再评估。工程设计方案再评估的内容包括项目构成范围的再评估，技术来源、主要技术工艺及设备选型和工艺流程的再评估，引进技术、设备或与外商合作制造方案的再评估。项目实施方案再评估的内容主要包括项目施工方式和技术方案的再评估，以及项目实施进度、质量的再评估等。

（4）项目效果后评估。该项评估包括项目财务效益后评估和项目国民经济效益后评估两个组成部分。项目财务效益后评估是从项目角度对项目投产后的实际财务效益的再评估，根据现行的财务规定及项目建成投产后投入物和产出物的实际价格水平，重点分析实际总投资、产品成本、企业收益、贷款偿还期与当初项目预测的企业效益的重大变化，做出新的预测。项目国民经济效益后评估是从宏观国民经济角度出发，对项目投产后的国民经济效益进行的再评估，重点分析项目的实际成本效益与预测成本效益的差别及其原因，包括投资的国民收入分析、直接外汇效益分析、社会效益分析和环境效益分析等。

13.3.2 项目后评估报告

项目后评估实施完成后，就会形成项目后评估报告，这里就项目后评估报告的具体内容和格式分述如下：

1）项目后评估报告的具体内容

（1）项目背景介绍

① 项目建设目标。简述项目立项的必要性，国家宏观目标、产业政策和产业规划布局与项目的相关性，建设项目的具体目标和产品的市场前景等。

② 项目建设内容。简述项目投入资源和产品或服务的规模、品种等，主要说明项目的投资总额、效益测算、风险分析等。

③ 项目工期。项目从可行性研究开始到立项、设计、开工、完工、投产、竣工验收、达到设计生产能力所经历的时间。

④ 资金来源和筹措情况。简述项目批复和投资者实际安排的主要资金来源、融资条件、股权资金比例、项目全投资加权平均资金成本等。

⑤ 项目评估。简述项目评估的任务来源和要求，说明项目评估报告完成的时间、程序、执行者，以及评估的依据、方法和评估时点等。

（2）项目实施评估

① 项目前期工作后评估。该项评估包括对前期筹备工作、决策工作、征地拆迁工作、委托设计以及物资、资金落实情况的后评估。其中，对项目前期筹备工作的后评估主要包括筹备单位名称、组织机构、筹备计划及筹备工作效率等内容。对项目决策工作的后评估主要包括项目可行性研究承担单位名称、资质等级，项目可行性研究的编制依据，可行性研究的起始和完成时间，项目决策单位、决策程序、决策效率等内容。对项目征地拆迁工作的后评估主要包括征地拆迁工作进度、安置补偿标准等是否符合国家有关规定等内容。对项目委托设计的后评估主要包括设计单位名称及资格审查，委托设计方式、设计费用、设计方案的技术可行性和经济合理性，设计标准与设计质量，委托施工方式，施工企业资格审查情况及施工合同等内容。

② 项目实施后评估。该项评估包括项目开工评估、项目变更评估、施工管理评估、项目建设资金供应情况评估、项目建设工期评估、项目建设成本评估、项目工程质量评估、项目建成投产后的实际生产能力与单位生产能力评估等。其中，项目变更评估包括对项目范围变更、设计变更以及变更的原因和影响的评估。施工管理评估是对施工组织方式、实际施工进度、施工工程成本、质量及控制、监理、施工技术与方案等进行的评估，是对项目竣工验收与试生产的评估。项目建设工期评估主要是对实际建设工期及工期提前或延迟的原因进行的评估。项目建设成本评估主要是对项目实际建设成本及其超支或节约的原因进行的评估。

③ 项目生产经营后评估。该项评估主要包括项目达产情况评估，项目产出物的种类与数量、产品销售情况评估，项目获取利润情况评估，项目经营管理评估，劳动定员评估，以及职工培训评估等。其中，项目经营管理评估主要是对机构设置、管理人员的配备及人员素质、管理规章制度、管理效率等进行的评估。

（3）项目效果后评估

项目效果后评估主要有项目财务效益后评估和项目国民经济效益后评估两个方面的内容。项目财务效益后评估主要包括项目财务状况及预测、项目实际财务效益指标评估、主要财务指标的对比分析、财务状况的变化趋势及措施评估等内容。项目国民经济效益后评估主要包括项目国民经济效益状况及预测、项目国民经济效益指标评估、评估指标的对比分析、国民经济效益的变化趋势及措施评估等内容。

（4）综合结论和经验教训

项目结论主要是指上述各项评估内容的基本结论，通常包括：项目准备、决策、实施和生产经营各阶段的主要经验教训；对项目可行性研究及评估决策水平的综合评估；项目在评估后的发展前景；提高项目未来时期内经济效益水平的主要对策等。

项目经验教训主要是指项目具有本身特点的重要收获和教训，可供其他项目借鉴的经验教训，特别是可供项目决策者、投资者、贷款者和执行者在项目决策、程序、管理和实施中借鉴的经验教训，目的是为项目的后续决策和新项目服务。评估人员应根据项目评估的结论、问题、经验教训提出相应的建议和措施。

2）项目后评估报告的格式

不同项目后评估报告的格式可能存在一定的差异，一般项目后评估报告的先后顺序是：报告封面；目录；编制单位资质证书；项目后评估实施单位；参加项目后评估人员名单；报告摘要；报告正文；附图、附表等。

其中，正文内容主要有：

(1) 项目概况，涉及项目背景概述、项目决策要点、项目建设主要内容、项目实施进度、项目总投资、项目资金来源及到位情况、项目运营及效益现状。

(2) 项目实施过程的总结和评估，涉及项目前期决策的总结和评估、项目实施准备工作和评估、项目建设实施的总结和评估、项目运营情况的总结和评估。

(3) 项目效果与效益评估，涉及项目技术水平评估、项目财务经济效益评估、项目经营管理评估。

(4) 项目环境和社会效益评估，涉及项目的环境达标状况、环境设施及制度评估、环境影响和生态保护评估、项目的主要利益群体受影响评估，以及项目对当地就业、生活及财政收支影响的评估。

(5) 项目目标和可持续性评估，涉及项目工程目标、技术目标和效益目标影响评估，项目现状、资源和市场对可持续性的影响评估，以及整个项目的可持续性评估。

(6) 项目后评估结论，涉及项目成功度评估、项目后评估结论及存在的问题、项目的主要经验及教训。

(7) 对策建议，涉及对项目和项目执行机构的建议、对项目投资者的对策建议、宏观对策建议。

(8) 主要附件，涉及后评估任务协议书、项目自评报告、主管部门后评估初审报告、专家组现场调查小结，以及项目后评估报告的附图、附表和其他重要文件。

13.3.3 项目后评估的结果反馈

1) 项目后评估结果反馈的意义

项目后评估的结果反馈是项目后评估体系中一个不可或缺的环节。它是全面沟通和应用项目后评估结果的过程。反馈机制可以使项目后评估的结果和经验教训在未来新建项目中得到采纳和应用，以增强未来的项目决策和项目管理能力，并用于改善被评估项目未来的可持续发展状况。项目后评估作用的关键不仅取决于项目后评估工作的好坏，而且取决于项目后评估所总结的经验教训能否得到反馈和应用，所以，必须有一套项目后评估信息反馈与应用系统，并通过它提供有用的信息和经验教训。项目后评估的结果反馈机制需要与政策制定、计划管理、投资执行过程、人员培训建立联系，这些联系能够使项目后评估的结果有组织、有计划地分发扩散，以发挥项目后评估的最大效用。

2) 项目后评估信息反馈与应用系统

项目后评估的信息反馈是项目后评估成果能够真正起作用的关键环节之一。在很多情况下，由于机构、体制和方法等方面的原因，项目后评估的结果反馈和应用并不理想。为了保证项目后评估信息反馈的及时性、易接受性、有针对性和系统化，需要对项目后评估机构、项目后评估信息反馈与传递机制、项目后评估信息应用系统进行科学合理的设计。项目后评估信息反馈与应用系统应该在项目后评估之初就做出规定，这样能够使项目后评估得到的经验教训得到重视，使项目后评估中得到的信息及时得到反馈和应用。图13-1是亚洲开发银行项目后评估信息反馈与应用系统流程图。

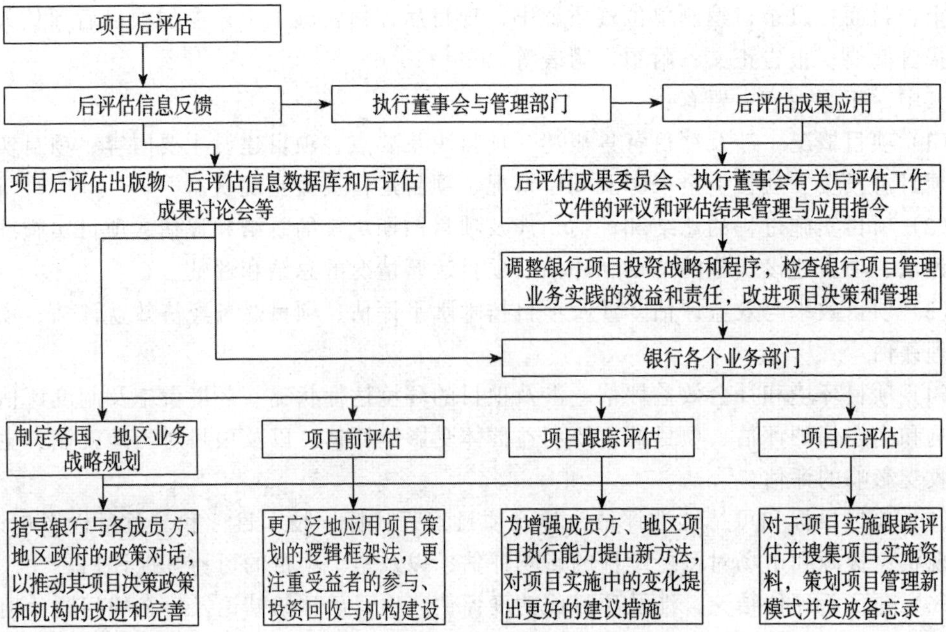

图13-1　亚洲开发银行项目后评估信息反馈与应用系统流程图

本章小结

•项目后评估是在项目建成投产或投入使用一段时间以后，依据项目运营过程中实际发生的数据和资料分析测算项目技术经济指标，通过与项目前评估报告等文件的对比分析，确定项目是否达到原设计和期望的目标，重新估算项目在经济和财务等方面的效益，并总结经验教训的一项综合性工作。

•项目后评估在提高项目决策的科学化水平、改进项目管理水平、监督项目的正常生产经营、降低投资项目的风险、提高投资效益等方面发挥着非常重要的作用。项目后评估具有现实性、系统性、反馈性和修正性的特点。

•项目后评估与项目前评估的差异体现在评估目的不同、评估所处的阶段不同、评估内容不同、评估依据不同和评估侧重点不同。项目后评估的程序包括制订项目后评估计划、收集资料阶段、评估阶段和撰写项目后评估报告及反馈阶段。

•项目后评估的方法主要有对比分析法、逻辑框架法和成功度分析法。对比分析法是根据项目后评估调查得到的项目实际情况，对照项目立项时所确定的直接目标和宏观目标进行分析研究，分为有无对比分析法和前后对比分析法。逻辑框架法一般可用来进行项目实际目标实现程度的评估、项目成败原因的评估和项目可持续发展的评估。成功度分析法主要是依靠评估专家或者专家组多年的工作经验和专业知识，在对项目的各项信息进行综合整理之后客观评价各项指标的评估结果，最终对项目的成功程度形成定性结论。

•项目后评估报告的内容包括项目背景介绍、项目实施评估、项目效果后评估以及综合结论和经验教训。项目后评估报告一般包括：报告封面；目录；编制单位资质证书；项目后评估实施单位；参加项目后评估人员名单；报告摘要；报告正文；附图、附表等。项目后评估的结果反馈是项目后评估体系中一个不可或缺的环节，需要与政策制定、计划管理、投资执行过程、人员培训建立联系。

关键概念

项目后评估　项目前评估　反馈阶段　对比分析法　逻辑框架法　成功度分析法

章后练习

一、选择题

1.项目后评估是对项目（　）的评估。

A.投产建成后　　B.运营全过程

C.经济效益　　D.环境和社会效益

2.项目后评估与项目前评估的主要差别在于（　）。

A.评估目的不同　　B.评估所处的阶段不同

C.评估内容不同　　D.评估侧重点不同

E.评估依据不同

3.项目后评估的基本内容包括（　）。

A.项目立项决策的后评估　　B.生产建设条件及相关配套项目的变化评估

C.项目技术方案的后评估　　D.项目效果后评估

4.项目环境和社会效益评估包括的内容有（　）。

A.项目的环境达标状况评估　　B.环境设施及制度

C.环境影响和生态保护评估　　D.项目对当地就业影响的评估

二、简答题

1.项目后评估的概念是什么？它有哪些特点？

2.项目后评估与项目前评估的区别是什么？

3.项目后评估的基本内容是什么？

4.简述项目后评估的主要方法。

5.论述项目后评估反馈的意义和作用。

三、讨论题

随着市场经济的发展，项目后评估结果的信息公开变得越来越重要，请谈谈在信息高度发达的今天，采取哪些措施可以推动项目后评估结果的公开化，并举例说明。

部分练习参考答案

主要参考文献

[1] 徐强. 投资项目评估 [M]. 3版. 南京：东南大学出版社，2020.

[2] 张志朋. 项目评估——原理与案例 [M]. 沈阳：东北大学出版社，2021.

[3] 张阿芬，傅庆阳. 投资项目评估 [M]. 6版. 厦门：厦门大学出版社，2023.

[4] 周惠珍，徐微. 投资项目评估 [M]. 7版. 大连：东北财经大学出版社，2023.

[5] 王晋，丁琳. 投资项目评估 [M]. 2版. 北京：中国财富出版社，2023.

[6] 简德三. 投资项目评估 [M]. 4版. 上海：上海财经大学出版社，2023.

[7] 韩国高，鞠蕾，王立国. 项目评估理论与实务 [M]. 6版. 北京：首都经济贸易大学出版社，2023.

[8] 宋维佳，王立国，王红岩. 可行性研究与项目评估 [M]. 5版. 大连：东北财经大学出版社，2023.

[9] 刘燕，支玲. 林业投资项目评估 [M]. 2版. 北京：中国林业出版社，2024.

[10] 孙文华，张彬. 新型项目评估与管理 [M]. 上海：上海财经大学出版社，2024.

[11] 刘艳博. 投资项目评估 [M]. 北京：清华大学出版社，2017.

[12] 苏益. 投资项目评估 [M]. 3版. 北京：清华大学出版社，2017.

[13] 杜跃平，段利民. 技术项目评价理论与方法 [M]. 西安：西安电子科技大学出版社，2017.

[14] 成其谦. 投资项目评价 [M]. 5版. 北京：中国人民大学出版社，2017.

[15] 陈宪. 项目决策分析与评价 [M]. 北京：机械工业出版社，2018.

[16] 王力，邓雪莉. 投资项目评估 [M]. 4版. 大连：东北财经大学出版社，2023.

[17] 全国注册咨询工程师（投资）执业资格考试试题分析小组. 项目决策分析与评价 [M]. 北京：机械工业出版社，2018.

[18] 罗伊斯，赛义，帕吉特. 项目评估：循证方法导论 [M]. 王海霞，王海洁，译. 6版. 北京：中国人民大学出版社，2018.

[19] 陈晓莉. 投资项目评估 [M]. 重庆：重庆大学出版社，2018.

[20] 刘泽俊，周杰. 工程项目管理 [M]. 南京：东南大学出版社，2019.

[21] 龚超. 投资决策分析与优化：基于前景理论 [M]. 北京：电子工业出版社，2019.

[22] 高华. 项目可行性研究与评估 [M]. 2版. 北京：机械工业出版社，2019.

[23] 李开孟. 工程项目财务评价理论方法及应用 [M]. 北京：中国电力出版社，2020.

[24] 戚安邦. 项目评估学 [M]. 2版. 北京：科学出版社，2020.

附　录　货币时间价值计算公式及系数表

$F/P=(1+i)^n$

$F/A=\frac{(1+i)^n-1}{i}$

$A/F=\frac{i}{(1+i)^n-1}$

$P/F=(1+i)^{-n}$

$P/A=\frac{1-(1+i)^{-n}}{i}$

$A/P=\frac{i}{1-(1+i)^{-n}}$

货币时间价值系数表

n	F/P	F/A	A/F	P/F	P/A	A/P	i
1	1.0500	1.0000	1.0000	0.9524	0.9524	1.0500	5%
2	1.1025	2.0500	0.4878	0.9070	1.8594	0.5378	5%
3	1.1576	3.1525	0.3172	0.8638	2.7232	0.3672	5%
4	1.2155	4.3101	0.2320	0.8227	3.5460	0.2820	5%
5	1.2763	5.5256	0.1810	0.7835	4.3295	0.2310	5%
6	1.3401	6.8019	0.1470	0.7462	5.0757	0.1970	5%
7	1.4071	8.1420	0.1228	0.7107	5.7864	0.1728	5%
8	1.4775	9.5491	0.1047	0.6768	6.4632	0.1547	5%
9	1.5513	11.0266	0.0907	0.6446	7.1078	0.1407	5%
10	1.6289	12.5779	0.0795	0.6139	7.7217	0.1295	5%
11	1.7103	14.2068	0.0704	0.5847	8.3064	0.1204	5%
12	1.7959	15.9171	0.0628	0.5568	8.8633	0.1128	5%
13	1.8856	17.7130	0.0565	0.5303	9.3936	0.1065	5%
14	1.9799	19.5986	0.0510	0.5051	9.8986	0.1010	5%
15	2.0789	21.5786	0.0463	0.4810	10.3797	0.0963	5%
16	2.1829	23.6575	0.0423	0.4581	10.8378	0.0923	5%
17	2.2920	25.8404	0.0387	0.4363	11.2741	0.0887	5%
18	2.4066	28.1324	0.0355	0.4155	11.6896	0.0855	5%
19	2.5270	30.5390	0.0327	0.3957	12.0853	0.0827	5%
20	2.6533	33.0660	0.0302	0.3769	12.4622	0.0802	5%
21	2.7860	35.7193	0.0280	0.3589	12.8212	0.0780	5%
22	2.9253	38.5052	0.0260	0.3418	13.1630	0.0760	5%
23	3.0715	41.4305	0.0241	0.3256	13.4886	0.0741	5%
24	3.2251	44.5020	0.0225	0.3101	13.7986	0.0725	5%
25	3.3864	47.7271	0.0210	0.2953	14.0939	0.0710	5%
26	3.5557	51.1135	0.0196	0.2812	14.3752	0.0696	5%
27	3.7335	54.6691	0.0183	0.2678	14.6430	0.0683	5%
28	3.9201	58.4026	0.0171	0.2551	14.8981	0.0671	5%
29	4.1161	62.3227	0.0160	0.2429	15.1411	0.0660	5%
30	4.3219	66.4388	0.0151	0.2314	15.3725	0.0651	5%

续表

n	F/P	F/A	A/F	P/F	P/A	A/P	i
1	1.0800	1.0000	1.0000	0.9259	0.9259	1.0800	8%
2	1.1664	2.0800	0.4808	0.8573	1.7833	0.5608	8%
3	1.2597	3.2464	0.3080	0.7938	2.5771	0.3880	8%
4	1.3605	4.5061	0.2219	0.7350	3.3121	0.3019	8%
5	1.4693	5.8666	0.1705	0.6806	3.9927	0.2505	8%
6	1.5869	7.3359	0.1363	0.6302	4.6229	0.2163	8%
7	1.7138	8.9228	0.1121	0.5835	5.2064	0.1921	8%
8	1.8509	10.6366	0.0940	0.5403	5.7466	0.1740	8%
9	1.9990	12.4876	0.0801	0.5002	6.2469	0.1601	8%
10	2.1589	14.4866	0.0690	0.4632	6.7101	0.1490	8%
11	2.3316	16.6455	0.0601	0.4289	7.1390	0.1401	8%
12	2.5182	18.9771	0.0527	0.3971	7.5361	0.1327	8%
13	2.7196	21.4953	0.0465	0.3677	7.9038	0.1265	8%
14	2.9372	24.2149	0.0413	0.3405	8.2442	0.1213	8%
15	3.1722	27.1521	0.0368	0.3152	8.5595	0.1168	8%
16	3.4259	30.3243	0.0330	0.2919	8.8514	0.1130	8%
17	3.7000	33.7502	0.0296	0.2703	9.1216	0.1096	8%
18	3.9960	37.4502	0.0267	0.2502	9.3719	0.1067	8%
19	4.3157	41.4463	0.0241	0.2317	9.6036	0.1041	8%
20	4.6610	45.7620	0.0219	0.2145	9.8181	0.1019	8%
21	5.0338	50.4229	0.0198	0.1987	10.0168	0.0998	8%
22	5.4365	55.4568	0.0180	0.1839	10.2007	0.0980	8%
23	5.8715	60.8933	0.0164	0.1703	10.3711	0.0964	8%
24	6.3412	66.7648	0.0150	0.1577	10.5288	0.0950	8%
25	6.8485	73.1059	0.0137	0.1460	10.6748	0.0937	8%
26	7.3964	79.9544	0.0125	0.1352	10.8100	0.0925	8%
27	7.9881	87.3508	0.0114	0.1252	10.9352	0.0914	8%
28	8.6271	95.3388	0.0105	0.1159	11.0511	0.0905	8%
29	9.3173	103.9659	0.0096	0.1073	11.1584	0.0896	8%
30	10.0627	113.2832	0.0088	0.0994	11.2578	0.0888	8%

续表

n	F/P	F/A	A/F	P/F	P/A	A/P	i
1	1.0900	1.0000	1.0000	0.9174	0.9174	1.0900	9%
2	1.1881	2.0900	0.4785	0.8417	1.7591	0.5685	9%
3	1.2950	3.2781	0.3051	0.7722	2.5313	0.3951	9%
4	1.4116	4.5731	0.2187	0.7084	3.2397	0.3087	9%
5	1.5386	5.9847	0.1671	0.6499	3.8897	0.2571	9%
6	1.6771	7.5233	0.1329	0.5963	4.4859	0.2229	9%
7	1.8280	9.2004	0.1087	0.5470	5.0330	0.1987	9%
8	1.9926	11.0285	0.0907	0.5019	5.5348	0.1807	9%
9	2.1719	13.0210	0.0768	0.4604	5.9952	0.1668	9%
10	2.3674	15.1929	0.0658	0.4224	6.4177	0.1558	9%
11	2.5804	17.5603	0.0569	0.3875	6.8052	0.1469	9%
12	2.8127	20.1407	0.0497	0.3555	7.1607	0.1397	9%
13	3.0658	22.9534	0.0436	0.3262	7.4869	0.1336	9%
14	3.3417	26.0192	0.0384	0.2992	7.7862	0.1284	9%
15	3.6425	29.3609	0.0341	0.2745	8.0607	0.1241	9%
16	3.9703	33.0034	0.0303	0.2519	8.3126	0.1203	9%
17	4.3276	36.9737	0.0270	0.2311	8.5436	0.1170	9%
18	4.7171	41.3013	0.0242	0.2120	8.7556	0.1142	9%
19	5.1417	46.0185	0.0217	0.1945	8.9501	0.1117	9%
20	5.6044	51.1601	0.0195	0.1784	9.1285	0.1095	9%
21	6.1088	56.7645	0.0176	0.1637	9.2922	0.1076	9%
22	6.6586	62.8733	0.0159	0.1502	9.4424	0.1059	9%
23	7.2579	69.5319	0.0144	0.1378	9.5802	0.1044	9%
24	7.9111	76.7898	0.0130	0.1264	9.7066	0.1030	9%
25	8.6231	84.7009	0.0118	0.1160	9.8226	0.1018	9%
26	9.3992	93.3240	0.0107	0.1064	9.9290	0.1007	9%
27	10.2451	102.7231	0.0097	0.0976	10.0266	0.0997	9%
28	11.1671	112.9682	0.0089	0.0895	10.1161	0.0989	9%
29	12.1722	124.1354	0.0081	0.0822	10.1983	0.0981	9%
30	10.0627	136.3075	0.0073	0.0754	10.2737	0.0973	9%

续表

n	F/P	F/A	A/F	P/F	P/A	A/P	i
1	1.1000	1.0000	1.0000	0.9091	0.9091	1.1000	10%
2	1.2100	2.1000	0.4762	0.8264	1.7355	0.5762	10%
3	1.3310	3.3100	0.3021	0.7513	2.4869	0.4021	10%
4	1.4641	4.6410	0.2155	0.6830	3.1699	0.3155	10%
5	1.6105	6.1051	0.1638	0.6209	3.7908	0.2638	10%
6	1.7716	7.7156	0.1296	0.5645	4.3553	0.2296	10%
7	1.9487	9.4872	0.1054	0.5132	4.8684	0.2054	10%
8	2.1436	11.4359	0.0874	0.4665	5.3349	0.1874	10%
9	2.3579	13.5795	0.0736	0.4241	5.7590	0.1736	10%
10	2.5937	15.9374	0.0627	0.3855	6.1446	0.1627	10%
11	2.8531	18.5312	0.0540	0.3505	6.4951	0.1540	10%
12	3.1384	21.3843	0.0468	0.3186	6.8137	0.1468	10%
13	3.4523	24.5227	0.0408	0.2897	7.1034	0.1408	10%
14	3.7975	27.9750	0.0357	0.2633	7.3667	0.1357	10%
15	4.1772	31.7725	0.0315	0.2394	7.6061	0.1315	10%
16	4.5950	35.9497	0.0278	0.2176	7.8237	0.1278	10%
17	5.0545	40.5447	0.0247	0.1978	8.0216	0.1247	10%
18	5.5599	45.5992	0.0219	0.1799	8.2014	0.1219	10%
19	6.1159	51.1591	0.0195	0.1635	8.3649	0.1195	10%
20	6.7275	57.2750	0.0175	0.1486	8.5136	0.1175	10%
21	7.4002	64.0025	0.0156	0.1351	8.6487	0.1156	10%
22	8.1403	71.4027	0.0140	0.1228	8.7715	0.1140	10%
23	8.9543	79.5430	0.0126	0.1117	8.8832	0.1126	10%
24	9.8497	88.4973	0.0113	0.1015	8.9847	0.1113	10%
25	10.8347	98.3471	0.0102	0.0923	9.0770	0.1102	10%
26	11.9182	109.1818	0.0092	0.0839	9.1609	0.1092	10%
27	13.1100	121.0999	0.0083	0.0763	9.2372	0.1083	10%
28	14.4210	134.2099	0.0075	0.0693	9.3066	0.1075	10%
29	15.8631	148.6309	0.0067	0.0630	9.3696	0.1067	10%
30	10.0627	164.4940	0.0061	0.0573	9.4269	0.1061	10%

续表

n	F/P	F/A	A/F	P/F	P/A	A/P	i
1	1.1100	1.0000	1.0000	0.9009	0.9009	1.1100	11%
2	1.2321	2.1100	0.4739	0.8116	1.7125	0.5839	11%
3	1.3676	3.3421	0.2992	0.7312	2.4437	0.4092	11%
4	1.5181	4.7097	0.2123	0.6587	3.1024	0.3223	11%
5	1.6851	6.2278	0.1606	0.5935	3.6959	0.2706	11%
6	1.8704	7.9129	0.1264	0.5346	4.2305	0.2364	11%
7	2.0762	9.7833	0.1022	0.4817	4.7122	0.2122	11%
8	2.3045	11.8594	0.0843	0.4339	5.1461	0.1943	11%
9	2.5580	14.1640	0.0706	0.3909	5.5370	0.1806	11%
10	2.8394	16.7220	0.0598	0.3522	5.8892	0.1698	11%
11	3.1518	19.5614	0.0511	0.3173	6.2065	0.1611	11%
12	3.4985	22.7132	0.0440	0.2858	6.4924	0.1540	11%
13	3.8833	26.2116	0.0382	0.2575	6.7499	0.1482	11%
14	4.3104	30.0949	0.0332	0.2320	6.9819	0.1432	11%
15	4.7846	34.4054	0.0291	0.2090	7.1909	0.1391	11%
16	5.3109	39.1899	0.0255	0.1883	7.3792	0.1355	11%
17	5.8951	44.5008	0.0225	0.1696	7.5488	0.1325	11%
18	6.5436	50.3959	0.0198	0.1528	7.7016	0.1298	11%
19	7.2633	56.9395	0.0176	0.1377	7.8393	0.1276	11%
20	8.0623	64.2028	0.0156	0.1240	7.9633	0.1256	11%
21	8.9492	72.2651	0.0138	0.1117	8.0751	0.1238	11%
22	9.9336	81.2143	0.0123	0.1007	8.1757	0.1223	11%
23	11.0263	91.1479	0.0110	0.0907	8.2664	0.1210	11%
24	12.2392	102.1742	0.0098	0.0817	8.3481	0.1198	11%
25	13.5855	114.4133	0.0087	0.0736	8.4217	0.1187	11%
26	15.0799	127.9988	0.0078	0.0663	8.4881	0.1178	11%
27	16.7386	143.0786	0.0070	0.0597	8.5478	0.1170	11%
28	18.5799	159.8173	0.0063	0.0538	8.6016	0.1163	11%
29	20.6237	178.3972	0.0056	0.0485	8.6501	0.1156	11%
30	10.0627	199.0209	0.0050	0.0437	8.6938	0.1150	11%

续表

n	F/P	F/A	A/F	P/F	P/A	A/P	i
1	1.1200	1.0000	1.0000	0.8929	0.8929	1.1200	12%
2	1.2544	2.1200	0.4717	0.7972	1.6901	0.5917	12%
3	1.4049	3.3744	0.2963	0.7118	2.4018	0.4163	12%
4	1.5735	4.7793	0.2092	0.6355	3.0373	0.3292	12%
5	1.7623	6.3528	0.1574	0.5674	3.6048	0.2774	12%
6	1.9738	8.1152	0.1232	0.5066	4.1114	0.2432	12%
7	2.2107	10.0890	0.0991	0.4523	4.5638	0.2191	12%
8	2.4760	12.2997	0.0813	0.4039	4.9676	0.2013	12%
9	2.7731	14.7757	0.0677	0.3606	5.3282	0.1877	12%
10	3.1058	17.5487	0.0570	0.3220	5.6502	0.1770	12%
11	3.4785	20.6546	0.0484	0.2875	5.9377	0.1684	12%
12	3.8960	24.1331	0.0414	0.2567	6.1944	0.1614	12%
13	4.3635	28.0291	0.0357	0.2292	6.4235	0.1557	12%
14	4.8871	32.3926	0.0309	0.2046	6.6282	0.1509	12%
15	5.4736	37.2797	0.0268	0.1827	6.8109	0.1468	12%
16	6.1304	42.7533	0.0234	0.1631	6.9740	0.1434	12%
17	6.8660	48.8837	0.0205	0.1456	7.1196	0.1405	12%
18	7.6900	55.7497	0.0179	0.1300	7.2497	0.1379	12%
19	8.6128	63.4397	0.0158	0.1161	7.3658	0.1358	12%
20	9.6463	72.0524	0.0139	0.1037	7.4694	0.1339	12%
21	10.8038	81.6987	0.0122	0.0926	7.5620	0.1322	12%
22	12.1003	92.5026	0.0108	0.0826	7.6446	0.1308	12%
23	13.5523	104.6029	0.0096	0.0738	7.7184	0.1296	12%
24	15.1786	118.1552	0.0085	0.0659	7.7843	0.1285	12%
25	17.0001	133.3339	0.0075	0.0588	7.8431	0.1275	12%
26	19.0401	150.3339	0.0067	0.0525	7.8957	0.1267	12%
27	21.3249	169.3740	0.0059	0.0469	7.9426	0.1259	12%
28	23.8839	190.6989	0.0052	0.0419	7.9844	0.1252	12%
29	26.7499	214.5828	0.0047	0.0374	8.0218	0.1247	12%
30	10.0627	241.3327	0.0041	0.0334	8.0552	0.1241	12%

续表

n	F/P	F/A	A/F	P/F	P/A	A/P	i
1	1.1300	1.0000	1.0000	0.8850	0.8850	1.1300	13%
2	1.2769	2.1300	0.4695	0.7831	1.6681	0.5995	13%
3	1.4429	3.4069	0.2935	0.6931	2.3612	0.4235	13%
4	1.6305	4.8498	0.2062	0.6133	2.9745	0.3362	13%
5	1.8424	6.4803	0.1543	0.5428	3.5172	0.2843	13%
6	2.0820	8.3227	0.1202	0.4803	3.9975	0.2502	13%
7	2.3526	10.4047	0.0961	0.4251	4.4226	0.2261	13%
8	2.6584	12.7573	0.0784	0.3762	4.7988	0.2084	13%
9	3.0040	15.4157	0.0649	0.3329	5.1317	0.1949	13%
10	3.3946	18.4197	0.0543	0.2946	5.4262	0.1843	13%
11	3.8359	21.8143	0.0458	0.2607	5.6869	0.1758	13%
12	4.3345	25.6502	0.0390	0.2307	5.9176	0.1690	13%
13	4.8980	29.9847	0.0334	0.2042	6.1218	0.1634	13%
14	5.5348	34.8827	0.0287	0.1807	6.3025	0.1587	13%
15	6.2543	40.4175	0.0247	0.1599	6.4624	0.1547	13%
16	7.0673	46.6717	0.0214	0.1415	6.6039	0.1514	13%
17	7.9861	53.7391	0.0186	0.1252	6.7291	0.1486	13%
18	9.0243	61.7251	0.0162	0.1108	6.8399	0.1462	13%
19	10.1974	70.7494	0.0141	0.0981	6.9380	0.1441	13%
20	11.5231	80.9468	0.0124	0.0868	7.0248	0.1424	13%
21	13.0211	92.4699	0.0108	0.0768	7.1016	0.1408	13%
22	14.7138	105.4910	0.0095	0.0680	7.1695	0.1395	13%
23	16.6266	120.2048	0.0083	0.0601	7.2297	0.1383	13%
24	18.7881	136.8315	0.0073	0.0532	7.2829	0.1373	13%
25	21.2305	155.6196	0.0064	0.0471	7.3300	0.1364	13%
26	23.9905	176.8501	0.0057	0.0417	7.3717	0.1357	13%
27	27.1093	200.8406	0.0050	0.0369	7.4086	0.1350	13%
28	30.6335	227.9499	0.0044	0.0326	7.4412	0.1344	13%
29	34.6158	258.5834	0.0039	0.0289	7.4701	0.1339	13%
30	10.0627	293.1992	0.0034	0.0256	7.4957	0.1334	13%

续表

n	F/P	F/A	A/F	P/F	P/A	A/P	i
1	1.1400	1.0000	1.0000	0.8772	0.8772	1.1400	14%
2	1.2996	2.1400	0.4673	0.7695	1.6467	0.6073	14%
3	1.4815	3.4396	0.2907	0.6750	2.3216	0.4307	14%
4	1.6890	4.9211	0.2032	0.5921	2.9137	0.3432	14%
5	1.9254	6.6101	0.1513	0.5194	3.4331	0.2913	14%
6	2.1950	8.5355	0.1172	0.4556	3.8887	0.2572	14%
7	2.5023	10.7305	0.0932	0.3996	4.2883	0.2332	14%
8	2.8526	13.2328	0.0756	0.3506	4.6389	0.2156	14%
9	3.2519	16.0853	0.0622	0.3075	4.9464	0.2022	14%
10	3.7072	19.3373	0.0517	0.2697	5.2161	0.1917	14%
11	4.2262	23.0445	0.0434	0.2366	5.4527	0.1834	14%
12	4.8179	27.2707	0.0367	0.2076	5.6603	0.1767	14%
13	5.4924	32.0887	0.0312	0.1821	5.8424	0.1712	14%
14	6.2613	37.5811	0.0266	0.1597	6.0021	0.1666	14%
15	7.1379	43.8424	0.0228	0.1401	6.1422	0.1628	14%
16	8.1372	50.9804	0.0196	0.1229	6.2651	0.1596	14%
17	9.2765	59.1176	0.0169	0.1078	6.3729	0.1569	14%
18	10.5752	68.3941	0.0146	0.0946	6.4674	0.1546	14%
19	12.0557	78.9692	0.0127	0.0829	6.5504	0.1527	14%
20	13.7435	91.0249	0.0110	0.0728	6.6231	0.1510	14%
21	15.6676	104.7684	0.0095	0.0638	6.6870	0.1495	14%
22	17.8610	120.4360	0.0083	0.0560	6.7429	0.1483	14%
23	20.3616	138.2970	0.0072	0.0491	6.7921	0.1472	14%
24	23.2122	158.6586	0.0063	0.0431	6.8351	0.1463	14%
25	26.4619	181.8708	0.0055	0.0378	6.8729	0.1455	14%
26	30.1666	208.3327	0.0048	0.0331	6.9061	0.1448	14%
27	34.3899	238.4993	0.0042	0.0291	6.9352	0.1442	14%
28	39.2045	272.8892	0.0037	0.0255	6.9607	0.1437	14%
29	44.6931	312.0937	0.0032	0.0224	6.9830	0.1432	14%
30	50.9502	356.7868	0.0028	0.0196	7.0027	0.1428	14%

续表

n	F/P	F/A	A/F	P/F	P/A	A/P	i
1	1.1500	1.0000	1.0000	0.8696	0.8696	1.1500	15%
2	1.3225	2.1500	0.4651	0.7561	1.6257	0.6151	15%
3	1.5209	3.4725	0.2880	0.6575	2.2832	0.4380	15%
4	1.7490	4.9934	0.2003	0.5718	2.8550	0.3503	15%
5	2.0114	6.7424	0.1483	0.4972	3.3522	0.2983	15%
6	2.3131	8.7537	0.1142	0.4323	3.7845	0.2642	15%
7	2.6600	11.0668	0.0904	0.3759	4.1604	0.2404	15%
8	3.0590	13.7268	0.0729	0.3269	4.4873	0.2229	15%
9	3.5179	16.7858	0.0596	0.2843	4.7716	0.2096	15%
10	4.0456	20.3037	0.0493	0.2472	5.0188	0.1993	15%
11	4.6524	24.3493	0.0411	0.2149	5.2337	0.1911	15%
12	5.3503	29.0017	0.0345	0.1869	5.4206	0.1845	15%
13	6.1528	34.3519	0.0291	0.1625	5.5831	0.1791	15%
14	7.0757	40.5047	0.0247	0.1413	5.7245	0.1747	15%
15	8.1371	47.5804	0.0210	0.1229	5.8474	0.1710	15%
16	9.3576	55.7175	0.0179	0.1069	5.9542	0.1679	15%
17	10.7613	65.0751	0.0154	0.0929	6.0472	0.1654	15%
18	12.3755	75.8364	0.0132	0.0808	6.1280	0.1632	15%
19	14.2318	88.2118	0.0113	0.0703	6.1982	0.1613	15%
20	16.3665	102.4436	0.0098	0.0611	6.2593	0.1598	15%
21	18.8215	118.8101	0.0084	0.0531	6.3125	0.1584	15%
22	21.6447	137.6316	0.0073	0.0462	6.3587	0.1573	15%
23	24.8915	159.2764	0.0063	0.0402	6.3988	0.1563	15%
24	28.6252	184.1678	0.0054	0.0349	6.4338	0.1554	15%
25	32.9190	212.7930	0.0047	0.0304	6.4641	0.1547	15%
26	37.8568	245.7120	0.0041	0.0264	6.4906	0.1541	15%
27	43.5353	283.5688	0.0035	0.0230	6.5135	0.1535	15%
28	50.0656	327.1041	0.0031	0.0200	6.5335	0.1531	15%
29	57.5755	377.1697	0.0027	0.0174	6.5509	0.1527	15%
30	66.2118	434.7451	0.0023	0.0151	6.5660	0.1523	15%

续表

n	F/P	F/A	A/F	P/F	P/A	A/P	i
1	1.1600	1.0000	1.0000	0.8621	0.8621	1.1600	16%
2	1.3456	2.1600	0.4630	0.7432	1.6052	0.6230	16%
3	1.5609	3.5056	0.2853	0.6407	2.2459	0.4453	16%
4	1.8106	5.0665	0.1974	0.5523	2.7982	0.3574	16%
5	2.1003	6.8771	0.1454	0.4761	3.2743	0.3054	16%
6	2.4364	8.9775	0.1114	0.4104	3.6847	0.2714	16%
7	2.8262	11.4139	0.0876	0.3538	4.0386	0.2476	16%
8	3.2784	14.2401	0.0702	0.3050	4.3436	0.2302	16%
9	3.8030	17.5185	0.0571	0.2630	4.6065	0.2171	16%
10	4.4114	21.3215	0.0469	0.2267	4.8332	0.2069	16%
11	5.1173	25.7329	0.0389	0.1954	5.0286	0.1989	16%
12	5.9360	30.8502	0.0324	0.1685	5.1971	0.1924	16%
13	6.8858	36.7862	0.0272	0.1452	5.3423	0.1872	16%
14	7.9875	43.6720	0.0229	0.1252	5.4675	0.1829	16%
15	9.2655	51.6595	0.0194	0.1079	5.5755	0.1794	16%
16	10.7480	60.9250	0.0164	0.0930	5.6685	0.1764	16%
17	12.4677	71.6730	0.0140	0.0802	5.7487	0.1740	16%
18	14.4625	84.1407	0.0119	0.0691	5.8178	0.1719	16%
19	16.7765	98.6032	0.0101	0.0596	5.8775	0.1701	16%
20	19.4608	115.3797	0.0087	0.0514	5.9288	0.1687	16%
21	22.5745	134.8405	0.0074	0.0443	5.9731	0.1674	16%
22	26.1864	157.4150	0.0064	0.0382	6.0113	0.1664	16%
23	30.3762	183.6014	0.0054	0.0329	6.0442	0.1654	16%
24	35.2364	213.9776	0.0047	0.0284	6.0726	0.1647	16%
25	40.8742	249.2140	0.0040	0.0245	6.0971	0.1640	16%
26	47.4141	290.0883	0.0034	0.0211	6.1182	0.1634	16%
27	55.0004	337.5024	0.0030	0.0182	6.1364	0.1630	16%
28	63.8004	392.5028	0.0025	0.0157	6.1520	0.1625	16%
29	74.0085	456.3032	0.0022	0.0135	6.1656	0.1622	16%
30	85.8499	530.3117	0.0019	0.0116	6.1772	0.1619	16%

续表

n	F/P	F/A	A/F	P/F	P/A	A/P	i
1	1.1700	1.0000	1.0000	0.8547	0.8547	1.1700	17%
2	1.3689	2.1700	0.4608	0.7305	1.5852	0.6308	17%
3	1.6016	3.5389	0.2826	0.6244	2.2096	0.4526	17%
4	1.8739	5.1405	0.1945	0.5337	2.7432	0.3645	17%
5	2.1924	7.0144	0.1426	0.4561	3.1993	0.3126	17%
6	2.5652	9.2068	0.1086	0.3898	3.5892	0.2786	17%
7	3.0012	11.7720	0.0849	0.3332	3.9224	0.2549	17%
8	3.5115	14.7733	0.0677	0.2848	4.2072	0.2377	17%
9	4.1084	18.2847	0.0547	0.2434	4.4506	0.2247	17%
10	4.8068	22.3931	0.0447	0.2080	4.6586	0.2147	17%
11	5.6240	27.1999	0.0368	0.1778	4.8364	0.2068	17%
12	6.5801	32.8239	0.0305	0.1520	4.9884	0.2005	17%
13	7.6987	39.4040	0.0254	0.1299	5.1183	0.1954	17%
14	9.0075	47.1027	0.0212	0.1110	5.2293	0.1912	17%
15	10.5387	56.1101	0.0178	0.0949	5.3242	0.1878	17%
16	12.3303	66.6488	0.0150	0.0811	5.4053	0.1850	17%
17	14.4265	78.9792	0.0127	0.0693	5.4746	0.1827	17%
18	16.8790	93.4056	0.0107	0.0592	5.5339	0.1807	17%
19	19.7484	110.2846	0.0091	0.0506	5.5845	0.1791	17%
20	23.1056	130.0329	0.0077	0.0433	5.6278	0.1777	17%
21	27.0336	153.1385	0.0065	0.0370	5.6648	0.1765	17%
22	31.6293	180.1721	0.0056	0.0316	5.6964	0.1756	17%
23	37.0062	211.8013	0.0047	0.0270	5.7234	0.1747	17%
24	43.2973	248.8076	0.0040	0.0231	5.7465	0.1740	17%
25	50.6578	292.1049	0.0034	0.0197	5.7662	0.1734	17%
26	59.2697	342.7627	0.0029	0.0169	5.7831	0.1729	17%
27	69.3455	402.0323	0.0025	0.0144	5.7975	0.1725	17%
28	81.1342	471.3778	0.0021	0.0123	5.8099	0.1721	17%
29	94.9271	552.5121	0.0018	0.0105	5.8204	0.1718	17%
30	111.0647	647.4391	0.0015	0.0090	5.8294	0.1715	17%

续表

n	F/P	F/A	A/F	P/F	P/A	A/P	i
1	1.1800	1.0000	1.0000	0.8475	0.8475	1.1800	18%
2	1.3924	2.1800	0.4587	0.7182	1.5656	0.6387	18%
3	1.6430	3.5724	0.2799	0.6086	2.1743	0.4599	18%
4	1.9388	5.2154	0.1917	0.5158	2.6901	0.3717	18%
5	2.2878	7.1542	0.1398	0.4371	3.1272	0.3198	18%
6	2.6996	9.4420	0.1059	0.3704	3.4976	0.2859	18%
7	3.1855	12.1415	0.0824	0.3139	3.8115	0.2624	18%
8	3.7589	15.3270	0.0652	0.2660	4.0776	0.2452	18%
9	4.4355	19.0859	0.0524	0.2255	4.3030	0.2324	18%
10	5.2338	23.5213	0.0425	0.1911	4.4941	0.2225	18%
11	6.1759	28.7551	0.0348	0.1619	4.6560	0.2148	18%
12	7.2876	34.9311	0.0286	0.1372	4.7932	0.2086	18%
13	8.5994	42.2187	0.0237	0.1163	4.9095	0.2037	18%
14	10.1472	50.8180	0.0197	0.0985	5.0081	0.1997	18%
15	11.9737	60.9653	0.0164	0.0835	5.0916	0.1964	18%
16	14.1290	72.9390	0.0137	0.0708	5.1624	0.1937	18%
17	16.6722	87.0680	0.0115	0.0600	5.2223	0.1915	18%
18	19.6733	103.7403	0.0096	0.0508	5.2732	0.1896	18%
19	23.2144	123.4135	0.0081	0.0431	5.3162	0.1881	18%
20	27.3930	146.6280	0.0068	0.0365	5.3527	0.1868	18%
21	32.3238	174.0210	0.0057	0.0309	5.3837	0.1857	18%
22	38.1421	206.3448	0.0048	0.0262	5.4099	0.1848	18%
23	45.0076	244.4868	0.0041	0.0222	5.4321	0.1841	18%
24	53.1090	289.4945	0.0035	0.0188	5.4509	0.1835	18%
25	62.6686	342.6035	0.0029	0.0160	5.4669	0.1829	18%
26	73.9490	405.2721	0.0025	0.0135	5.4804	0.1825	18%
27	87.2598	479.2211	0.0021	0.0115	5.4919	0.1821	18%
28	102.9666	566.4809	0.0018	0.0097	5.5016	0.1818	18%
29	121.5005	669.4475	0.0015	0.0082	5.5098	0.1815	18%
30	143.3706	790.9480	0.0013	0.0070	5.5168	0.1813	18%

续表

n	F/P	F/A	A/F	P/F	P/A	A/P	i
1	1.1900	1.0000	1.0000	0.8403	0.8403	1.1900	19%
2	1.4161	2.1900	0.4566	0.7062	1.5465	0.6466	19%
3	1.6852	3.6061	0.2773	0.5934	2.1399	0.4673	19%
4	2.0053	5.2913	0.1890	0.4987	2.6386	0.3790	19%
5	2.3864	7.2966	0.1371	0.4190	3.0576	0.3271	19%
6	2.8398	9.6830	0.1033	0.3521	3.4098	0.2933	19%
7	3.3793	12.5227	0.0799	0.2959	3.7057	0.2699	19%
8	4.0214	15.9020	0.0629	0.2487	3.9544	0.2529	19%
9	4.7854	19.9234	0.0502	0.2090	4.1633	0.2402	19%
10	5.6947	24.7089	0.0405	0.1756	4.3389	0.2305	19%
11	6.7767	30.4035	0.0329	0.1476	4.4865	0.2229	19%
12	8.0642	37.1802	0.0269	0.1240	4.6105	0.2169	19%
13	9.5964	45.2445	0.0221	0.1042	4.7147	0.2121	19%
14	11.4198	54.8409	0.0182	0.0876	4.8023	0.2082	19%
15	13.5895	66.2607	0.0151	0.0736	4.8759	0.2051	19%
16	16.1715	79.8502	0.0125	0.0618	4.9377	0.2025	19%
17	19.2441	96.0218	0.0104	0.0520	4.9897	0.2004	19%
18	22.9005	115.2659	0.0087	0.0437	5.0333	0.1987	19%
19	27.2516	138.1664	0.0072	0.0367	5.0700	0.1972	19%
20	32.4294	165.4180	0.0060	0.0308	5.1009	0.1960	19%
21	38.5910	197.8474	0.0051	0.0259	5.1268	0.1951	19%
22	45.9233	236.4385	0.0042	0.0218	5.1486	0.1942	19%
23	54.6487	282.3618	0.0035	0.0183	5.1668	0.1935	19%
24	65.0320	337.0105	0.0030	0.0154	5.1822	0.1930	19%
25	77.3881	402.0425	0.0025	0.0129	5.1951	0.1925	19%
26	92.0918	479.4306	0.0021	0.0109	5.2060	0.1921	19%
27	109.5893	571.5224	0.0017	0.0091	5.2151	0.1917	19%
28	130.4112	681.1116	0.0015	0.0077	5.2228	0.1915	19%
29	155.1893	811.5228	0.0012	0.0064	5.2292	0.1912	19%
30	184.6753	966.7122	0.0010	0.0054	5.2347	0.1910	19%

续表

n	F/P	F/A	A/F	P/F	P/A	A/P	i
1	1.2000	1.0000	1.0000	0.8333	0.8333	1.2000	20%
2	1.4400	2.2000	0.4545	0.6944	1.5278	0.6545	20%
3	1.7280	3.6400	0.2747	0.5787	2.1065	0.4747	20%
4	2.0736	5.3680	0.1863	0.4823	2.5887	0.3863	20%
5	2.4883	7.4416	0.1344	0.4019	2.9906	0.3344	20%
6	2.9860	9.9299	0.1007	0.3349	3.3255	0.3007	20%
7	3.5832	12.9159	0.0774	0.2791	3.6046	0.2774	20%
8	4.2998	16.4991	0.0606	0.2326	3.8372	0.2606	20%
9	5.1598	20.7989	0.0481	0.1938	4.0310	0.2481	20%
10	6.1917	25.9587	0.0385	0.1615	4.1925	0.2385	20%
11	7.4301	32.1504	0.0311	0.1346	4.3271	0.2311	20%
12	8.9161	39.5805	0.0253	0.1122	4.4392	0.2253	20%
13	10.6993	48.4966	0.0206	0.0935	4.5327	0.2206	20%
14	12.8392	59.1959	0.0169	0.0779	4.6106	0.2169	20%
15	15.4070	72.0351	0.0139	0.0649	4.6755	0.2139	20%
16	18.4884	87.4421	0.0114	0.0541	4.7296	0.2114	20%
17	22.1861	105.9306	0.0094	0.0451	4.7746	0.2094	20%
18	26.6233	128.1167	0.0078	0.0376	4.8122	0.2078	20%
19	31.9480	154.7400	0.0065	0.0313	4.8435	0.2065	20%
20	38.3376	186.6880	0.0054	0.0261	4.8696	0.2054	20%
21	46.0051	225.0256	0.0044	0.0217	4.8913	0.2044	20%
22	55.2061	271.0307	0.0037	0.0181	4.9094	0.2037	20%
23	66.2474	326.2369	0.0031	0.0151	4.9245	0.2031	20%
24	79.4968	392.4842	0.0025	0.0126	4.9371	0.2025	20%
25	95.3962	471.9811	0.0021	0.0105	4.9476	0.2021	20%
26	114.4755	567.3773	0.0018	0.0087	4.9563	0.2018	20%
27	137.3706	681.8528	0.0015	0.0073	4.9636	0.2015	20%
28	164.8447	819.2233	0.0012	0.0061	4.9697	0.2012	20%
29	197.8136	984.0680	0.0010	0.0051	4.9747	0.2010	20%
30	237.3763	1 181.8816	0.0008	0.0042	4.9789	0.2008	20%

续表

n	F/P	F/A	A/F	P/F	P/A	A/P	i
1	1.2500	1.0000	1.0000	0.8000	0.8000	1.2500	25%
2	1.5625	2.2500	0.4444	0.6400	1.4400	0.6944	25%
3	1.9531	3.8125	0.2623	0.5120	1.9520	0.5123	25%
4	2.4414	5.7656	0.1734	0.4096	2.3616	0.4234	25%
5	3.0518	8.2070	0.1218	0.3277	2.6893	0.3718	25%
6	3.8147	11.2588	0.0888	0.2621	2.9514	0.3388	25%
7	4.7684	15.0735	0.0663	0.2097	3.1611	0.3163	25%
8	5.9605	19.8419	0.0504	0.1678	3.3289	0.3004	25%
9	7.4506	25.8023	0.0388	0.1342	3.4631	0.2888	25%
10	9.3132	33.2529	0.0301	0.1074	3.5705	0.2801	25%
11	11.6415	42.5661	0.0235	0.0859	3.6564	0.2735	25%
12	14.5519	54.2077	0.0184	0.0687	3.7251	0.2684	25%
13	18.1899	68.7596	0.0145	0.0550	3.7801	0.2645	25%
14	22.7374	86.9495	0.0115	0.0440	3.8241	0.2615	25%
15	28.4217	109.6868	0.0091	0.0352	3.8593	0.2591	25%
16	35.5271	138.1085	0.0072	0.0281	3.8874	0.2572	25%
17	44.4089	173.6357	0.0058	0.0225	3.9099	0.2558	25%
18	55.5112	218.0446	0.0046	0.0180	3.9279	0.2546	25%
19	69.3889	273.5558	0.0037	0.0144	3.9424	0.2537	25%
20	86.7362	342.9447	0.0029	0.0115	3.9539	0.2529	25%
21	108.4202	429.6809	0.0023	0.0092	3.9631	0.2523	25%
22	135.5253	538.1011	0.0019	0.0074	3.9705	0.2519	25%
23	169.4066	673.6264	0.0015	0.0059	3.9764	0.2515	25%
24	211.7582	843.0329	0.0012	0.0047	3.9811	0.2512	25%
25	264.6978	1 054.7912	0.0009	0.0038	3.9849	0.2509	25%
26	330.8722	1 319.4890	0.0008	0.0030	3.9879	0.2508	25%
27	413.5903	1 650.3612	0.0006	0.0024	3.9903	0.2506	25%
28	516.9879	2 063.9515	0.0005	0.0019	3.9923	0.2505	25%
29	646.2349	2 580.9394	0.0004	0.0015	3.9938	0.2504	25%
30	807.7936	3 227.1743	0.0003	0.0012	3.9950	0.2503	25%

续表

n	F/P	F/A	A/F	P/F	P/A	A/P	i
1	1.3000	1.0000	1.0000	0.7692	0.7692	1.3000	30%
2	1.6900	2.3000	0.4348	0.5917	1.3609	0.7348	30%
3	2.1970	3.9900	0.2506	0.4552	1.8161	0.5506	30%
4	2.8561	6.1870	0.1616	0.3501	2.1662	0.4616	30%
5	3.7129	9.0431	0.1106	0.2693	2.4356	0.4106	30%
6	4.8268	12.7560	0.0784	0.2072	2.6427	0.3784	30%
7	6.2749	17.5828	0.0569	0.1594	2.8021	0.3569	30%
8	8.1573	23.8577	0.0419	0.1226	2.9247	0.3419	30%
9	10.6045	32.0150	0.0312	0.0943	3.0190	0.3312	30%
10	13.7858	42.6195	0.0235	0.0725	3.0915	0.3235	30%
11	17.9216	56.4053	0.0177	0.0558	3.1473	0.3177	30%
12	23.2981	74.3270	0.0135	0.0429	3.1903	0.3135	30%
13	30.2875	97.6250	0.0102	0.0330	3.2233	0.3102	30%
14	39.3738	127.9125	0.0078	0.0254	3.2487	0.3078	30%
15	51.1859	167.2863	0.0060	0.0195	3.2682	0.3060	30%
16	66.5417	218.4722	0.0046	0.0150	3.2832	0.3046	30%
17	86.5042	285.0139	0.0035	0.0116	3.2948	0.3035	30%
18	112.4554	371.5180	0.0027	0.0089	3.3037	0.3027	30%
19	146.1920	483.9734	0.0021	0.0068	3.3105	0.3021	30%
20	190.0496	630.1655	0.0016	0.0053	3.3158	0.3016	30%
21	247.0645	820.2151	0.0012	0.0040	3.3198	0.3012	30%
22	321.1839	1 067.2796	0.0009	0.0031	3.3230	0.3009	30%
23	417.5391	1 388.4635	0.0007	0.0024	3.3254	0.3007	30%
24	542.8008	1 806.0026	0.0006	0.0018	3.3272	0.3006	30%
25	705.6410	2 348.8033	0.0004	0.0014	3.3286	0.3004	30%
26	917.3333	3 054.4443	0.0003	0.0011	3.3297	0.3003	30%
27	1 192.5333	3 971.7776	0.0003	0.0008	3.3305	0.3003	30%
28	1 550.2933	5 164.3109	0.0002	0.0006	3.3312	0.3002	30%
29	2 015.3813	6 714.6042	0.0001	0.0005	3.3317	0.3001	30%
30	2 619.9956	8 729.9855	0.0001	0.0004	3.3321	0.3001	30%

续表

n	F/P	F/A	A/F	P/F	P/A	A/P	i
1	1.3500	1.0000	1.0000	0.7407	0.7407	1.3500	35%
2	1.8225	2.3500	0.4255	0.5487	1.2894	0.7755	35%
3	2.4604	4.1725	0.2397	0.4064	1.6959	0.5897	35%
4	3.3215	6.6329	0.1508	0.3011	1.9969	0.5008	35%
5	4.4840	9.9544	0.1005	0.2230	2.2200	0.4505	35%
6	6.0534	14.4384	0.0693	0.1652	2.3852	0.4193	35%
7	8.1722	20.4919	0.0488	0.1224	2.5075	0.3988	35%
8	11.0324	28.6640	0.0349	0.0906	2.5982	0.3849	35%
9	14.8937	39.6964	0.0252	0.0671	2.6653	0.3752	35%
10	20.1066	54.5902	0.0183	0.0497	2.7150	0.3683	35%
11	27.1439	74.6967	0.0134	0.0368	2.7519	0.3634	35%
12	36.6442	101.8406	0.0098	0.0273	2.7792	0.3598	35%
13	49.4697	138.4848	0.0072	0.0202	2.7994	0.3572	35%
14	66.7841	187.9544	0.0053	0.0150	2.8144	0.3553	35%
15	90.1585	254.7385	0.0039	0.0111	2.8255	0.3539	35%
16	121.7139	344.8970	0.0029	0.0082	2.8337	0.3529	35%
17	164.3138	466.6109	0.0021	0.0061	2.8398	0.3521	35%
18	221.8236	630.9247	0.0016	0.0045	2.8443	0.3516	35%
19	299.4619	852.7483	0.0012	0.0033	2.8476	0.3512	35%
20	404.2736	1 152.2103	0.0009	0.0025	2.8501	0.3509	35%
21	545.7693	1 556.4838	0.0006	0.0018	2.8519	0.3506	35%
22	736.7886	2 102.2532	0.0005	0.0014	2.8533	0.3505	35%
23	994.6646	2 839.0418	0.0004	0.0010	2.8543	0.3504	35%
24	1 342.7973	3 833.7064	0.0003	0.0007	2.8550	0.3503	35%
25	1 812.7763	5 176.5037	0.0002	0.0006	2.8556	0.3502	35%
26	2 447.2480	6 989.2800	0.0001	0.0004	2.8560	0.3501	35%
27	3 303.7848	9 436.5280	0.0001	0.0003	2.8563	0.3501	35%
28	4 460.1095	12 740.3128	0.0001	0.0002	2.8565	0.3501	35%
29	6 021.1478	17 200.4222	0.0001	0.0002	2.8567	0.3501	35%
30	8 128.5495	23 221.5700	0.0000	0.0001	2.8568	0.3500	35%

续表

n	F/P	F/A	A/F	P/F	P/A	A/P	i
1	1.4000	1.0000	1.0000	0.7143	0.7143	1.4000	40%
2	1.9600	2.4000	0.4167	0.5102	1.2245	0.8167	40%
3	2.7440	4.3600	0.2294	0.3644	1.5889	0.6294	40%
4	3.8416	7.1040	0.1408	0.2603	1.8492	0.5408	40%
5	5.3782	10.9456	0.0914	0.1859	2.0352	0.4914	40%
6	7.5295	16.3238	0.0613	0.1328	2.1680	0.4613	40%
7	10.5414	23.8534	0.0419	0.0949	2.2628	0.4419	40%
8	14.7579	34.3947	0.0291	0.0678	2.3306	0.4291	40%
9	20.6610	49.1526	0.0203	0.0484	2.3790	0.4203	40%
10	28.9255	69.8137	0.0143	0.0346	2.4136	0.4143	40%
11	40.4957	98.7391	0.0101	0.0247	2.4383	0.4101	40%
12	56.6939	139.2348	0.0072	0.0176	2.4559	0.4072	40%
13	79.3715	195.9287	0.0051	0.0126	2.4685	0.4051	40%
14	111.1201	275.3002	0.0036	0.0090	2.4775	0.4036	40%
15	155.5681	386.4202	0.0026	0.0064	2.4839	0.4026	40%
16	217.7953	541.9883	0.0018	0.0046	2.4885	0.4018	40%
17	304.9135	759.7837	0.0013	0.0033	2.4918	0.4013	40%
18	426.8789	1 064.6971	0.0009	0.0023	2.4941	0.4009	40%
19	597.6304	1 491.5760	0.0007	0.0017	2.4958	0.4007	40%
20	836.6826	2 089.2064	0.0005	0.0012	2.4970	0.4005	40%
21	1 171.3556	2 925.8889	0.0003	0.0009	2.4979	0.4003	40%
22	1 639.8978	4 097.2445	0.0002	0.0006	2.4985	0.4002	40%
23	2 295.8569	5 737.1423	0.0002	0.0004	2.4989	0.4002	40%
24	3 214.1997	8 032.9993	0.0001	0.0003	2.4992	0.4001	40%
25	4 499.8796	11 247.1990	0.0001	0.0002	2.4994	0.4001	40%
26	6 299.8314	15 747.0785	0.0001	0.0002	2.4996	0.4001	40%
27	8 819.7640	22 046.9099	0.0000	0.0001	2.4997	0.4000	40%
28	12 347.6696	30 866.6739	0.0000	0.0001	2.4998	0.4000	40%
29	17 286.7374	43 214.3435	0.0000	0.0001	2.4999	0.4000	40%
30	24 201.4324	60 501.0809	0.0000	0.0000	2.4999	0.4000	40%

续表

n	F/P	F/A	A/F	P/F	P/A	A/P	i
1	1.4500	1.0000	1.0000	0.6897	0.6897	1.4500	45%
2	2.1025	2.4500	0.4082	0.4756	1.1653	0.8582	45%
3	3.0486	4.5525	0.2197	0.3280	1.4933	0.6697	45%
4	4.4205	7.6011	0.1316	0.2262	1.7195	0.5816	45%
5	6.4097	12.0216	0.0832	0.1560	1.8755	0.5332	45%
6	9.2941	18.4314	0.0543	0.1076	1.9831	0.5043	45%
7	13.4765	27.7255	0.0361	0.0742	2.0573	0.4861	45%
8	19.5409	41.2019	0.0243	0.0512	2.1085	0.4743	45%
9	28.3343	60.7428	0.0165	0.0353	2.1438	0.4665	45%
10	41.0847	89.0771	0.0112	0.0243	2.1681	0.4612	45%
11	59.5728	130.1618	0.0077	0.0168	2.1849	0.4577	45%
12	86.3806	189.7346	0.0053	0.0116	2.1965	0.4553	45%
13	125.2518	276.1151	0.0036	0.0080	2.2045	0.4536	45%
14	181.6151	401.3670	0.0025	0.0055	2.2100	0.4525	45%
15	263.3419	582.9821	0.0017	0.0038	2.2138	0.4517	45%
16	381.8458	846.3240	0.0012	0.0026	2.2164	0.4512	45%
17	553.6764	1 228.1699	0.0008	0.0018	2.2182	0.4508	45%
18	802.8308	1 781.8463	0.0006	0.0012	2.2195	0.4506	45%
19	1 164.1047	2 584.6771	0.0004	0.0009	2.2203	0.4504	45%
20	1 687.9518	3 748.7818	0.0003	0.0006	2.2209	0.4503	45%
21	2 447.5301	5 436.7336	0.0002	0.0004	2.2213	0.4502	45%
22	3 548.9187	7 884.2638	0.0001	0.0003	2.2216	0.4501	45%
23	5 145.9321	11 433.1824	0.0001	0.0002	2.2218	0.4501	45%
24	7 461.6015	16 579.1145	0.0001	0.0001	2.2219	0.4501	45%
25	10 819.3222	24 040.7161	0.0000	0.0001	2.2220	0.4500	45%
26	15 688.0172	34 860.0383	0.0000	0.0001	2.2221	0.4500	45%
27	22 747.6250	50 548.0556	0.0000	0.0000	2.2221	0.4500	45%
28	32 984.0563	73 295.6806	0.0000	0.0000	2.2222	0.4500	45%
29	47 826.8816	106 279.7368	0.0000	0.0000	2.2222	0.4500	45%
30	69 348.9783	154 106.6184	0.0000	0.0000	2.2222	0.4500	45%

续表

n	F/P	F/A	A/F	P/F	P/A	A/P	i
1	1.5000	1.0000	1.0000	0.6667	0.6667	1.5000	50%
2	2.2500	2.5000	0.4000	0.4444	1.1111	0.9000	50%
3	3.3750	4.7500	0.2105	0.2963	1.4074	0.7105	50%
4	5.0625	8.1250	0.1231	0.1975	1.6049	0.6231	50%
5	7.5938	13.1875	0.0758	0.1317	1.7366	0.5758	50%
6	11.3906	20.7813	0.0481	0.0878	1.8244	0.5481	50%
7	17.0859	32.1719	0.0311	0.0585	1.8829	0.5311	50%
8	25.6289	49.2578	0.0203	0.0390	1.9220	0.5203	50%
9	38.4434	74.8867	0.0134	0.0260	1.9480	0.5134	50%
10	57.6650	113.3301	0.0088	0.0173	1.9653	0.5088	50%
11	86.4976	170.9951	0.0058	0.0116	1.9769	0.5058	50%
12	129.7463	257.4927	0.0039	0.0077	1.9846	0.5039	50%
13	194.6195	387.2390	0.0026	0.0051	1.9897	0.5026	50%
14	291.9293	581.8585	0.0017	0.0034	1.9931	0.5017	50%
15	437.8939	873.7878	0.0011	0.0023	1.9954	0.5011	50%
16	656.8408	1 311.6817	0.0008	0.0015	1.9970	0.5008	50%
17	985.2613	1 968.5225	0.0005	0.0010	1.9980	0.5005	50%
18	1 477.8919	2 953.7838	0.0003	0.0007	1.9986	0.5003	50%
19	2 216.8378	4 431.6756	0.0002	0.0005	1.9991	0.5002	50%
20	3 325.2567	6 648.5135	0.0002	0.0003	1.9994	0.5002	50%
21	4 987.8851	9 973.7702	0.0001	0.0002	1.9996	0.5001	50%
22	7 481.8276	14 961.6553	0.0001	0.0001	1.9997	0.5001	50%
23	11 222.7415	22 443.4829	0.0000	0.0001	1.9998	0.5000	50%
24	16 834.1122	33 666.2244	0.0000	0.0001	1.9999	0.5000	50%
25	25 251.1683	50 500.3366	0.0000	0.0000	1.9999	0.5000	50%
26	37 876.7524	75 751.5049	0.0000	0.0000	1.9999	0.5000	50%
27	56 815.1287	113 628.2573	0.0000	0.0000	2.0000	0.5000	50%
28	85 222.6930	170 443.3860	0.0000	0.0000	2.0000	0.5000	50%
29	127 834.0395	255 666.0790	0.0000	0.0000	2.0000	0.5000	50%
30	191 751.0592	383 500.1185	0.0000	0.0000	2.0000	0.5000	50%

续表

n	F/P	F/A	A/F	P/F	P/A	A/P	i
1	1.5500	1.0000	1.0000	0.6452	0.6452	1.5500	55%
2	2.4025	2.5500	0.3922	0.4162	1.0614	0.9422	55%
3	3.7239	4.9525	0.2019	0.2685	1.3299	0.7519	55%
4	5.7720	8.6764	0.1153	0.1732	1.5032	0.6653	55%
5	8.9466	14.4484	0.0692	0.1118	1.6150	0.6192	55%
6	13.8672	23.3950	0.0427	0.0721	1.6871	0.5927	55%
7	21.4942	37.2622	0.0268	0.0465	1.7336	0.5768	55%
8	33.3161	58.7565	0.0170	0.0300	1.7636	0.5670	55%
9	51.6399	92.0725	0.0109	0.0194	1.7830	0.5609	55%
10	80.0418	143.7124	0.0070	0.0125	1.7955	0.5570	55%
11	124.0648	223.7542	0.0045	0.0081	1.8035	0.5545	55%
12	192.3005	347.8191	0.0029	0.0052	1.8087	0.5529	55%
13	298.0658	540.1195	0.0019	0.0034	1.8121	0.5519	55%
14	462.0019	838.1853	0.0012	0.0022	1.8142	0.5512	55%
15	716.1030	1 300.1872	0.0008	0.0014	1.8156	0.5508	55%
16	1 109.9596	2 016.2902	0.0005	0.0009	1.8165	0.5505	55%
17	1 720.4374	3 126.2498	0.0003	0.0006	1.8171	0.5503	55%
18	2 666.6779	4 846.6872	0.0002	0.0004	1.8175	0.5502	55%
19	4 133.3508	7 513.3651	0.0001	0.0002	1.8177	0.5501	55%
20	6 406.6937	11 646.7159	0.0001	0.0002	1.8179	0.5501	55%
21	9 930.3753	18 053.4096	0.0001	0.0001	1.8180	0.5501	55%
22	15 392.0817	27 983.7849	0.0000	0.0001	1.8181	0.5500	55%
23	23 857.7266	43 375.8666	0.0000	0.0000	1.8181	0.5500	55%
24	36 979.4763	67 233.5932	0.0000	0.0000	1.8181	0.5500	55%
25	57 318.1882	104 213.0695	0.0000	0.0000	1.8182	0.5500	55%
26	88 843.1917	161 531.2577	0.0000	0.0000	1.8182	0.5500	55%
27	137 706.9472	250 374.4495	0.0000	0.0000	1.8182	0.5500	55%
28	213 445.7682	388 081.3967	0.0000	0.0000	1.8182	0.5500	55%
29	330 840.9406	601 527.1648	0.0000	0.0000	1.8182	0.5500	55%
30	512 803.4580	932 368.1055	0.0000	0.0000	1.8182	0.5500	55%